Sozialökonomische Schriften zur Ruralen Entwicklung
Socioeconomic Studies on Rural Development
Band/vol. 84

ALANO

Herausgeber/Editor: Prof. Dr. Dr. Dr. h.c. Frithjof Kuhnen
Schriftleiter/Executive Editor: Dr. Ernst-Günther Jentzsch
Büsgenweg 2, D-3400 Göttingen
Tel. 0551 / 39 39 02

Thomas Schwedersky

Mitgliederpartizipation in dörflichen Selbsthilfeorganisationen

Das Beispiel der „Groupements Villageois" in der Region von Houndé/Burkina Faso

ALANO
edition herodot

Gefördert von der Friedrich-Naumann-Stiftung

CIP-Titelaufnahme der Deutschen Bibliothek

Schwedersky, Thomas:
Mitgliederpartizipation in dörflichen Selbsthilfeorganisationen :
das Beispiel der "Groupements Villageois" in der Region
von Houndé/Burkina Faso
- 1. Aufl.- Aachen : Alano, Ed. Herodot, 1990
(Sozialökonomische Schriften zur ruralen Entwicklung ; Bd. 83)
ISBN 3-89399-119-0

NE: GT

zugleich: Dissertation des Fachbereichs Agrarwissenschaften
(Landwirtschaftliche Fakultät) der Georg-August-Universität
Göttingen 1989

D 7

© 1990 by Alano Verlag/edition herodot
Kongreßstr. 5, D-5100 Aachen
Druck: Kinzel, Göttingen
Alle Rechte vorbehalten

1. Auflage
ISBN 3-89399-119-0

INHALTSVERZEICHNIS

	Seite
ABKÜRZUNGSVERZEICHNIS	V
VERZEICHNIS DER BWAMU-BEGRIFFE	VI
VERZEICHNIS DER SCHAUBILDER UND KARTEN	VIII
VORWORT	
EINFÜHRUNG	1

I. THEORETISCHE GRUNDLAGEN ZU PARTIZIPATION UND SELBSTHILFE   5

1. KONZEPT DER PARTIZIPATION   5
   - 1.1. Partizipation - eine Begriffsbestimmung   6
   - 1.2. Der europazentrierte Entstehungshintergrund   8
   - 1.3. Der entwicklungszentrierte Entstehungshintergrund   13
   - 1.4. Zur Ausdeutung von Partizipation - Integration versus Konflikt   17
   - 1.5. Zur Dimensionierung von Partizipation   24
     - 1.5.1. Dimensionen von Partizipation auf der organisationsübergreifenden Ebene   24
     - 1.5.2. Dimensionen von Partizipation auf der Mikroebene   26
       - 1.5.2.1. Partizipationspotential   27
       - 1.5.2.2. Partizipationsprozeß   29
       - 1.5.2.3. Partizipationsantriebe und -barrieren   35

2. KONZEPT DER SELBSTHILFE   41
   - 2.1. Selbsthilfe - eine Begriffsbestimmung   42
   - 2.2. Der europazentrierte Entstehungshintergrund   48
   - 2.3. Der entwicklungszentrierte Entstehungshintergrund   53
   - 2.4. Selbsthilfeorganisationen als Träger von Selbsthilfe   62
   - 2.5. Zum Spannungsverhältnis von Selbst- und Fremdhilfe   67

3. SOZIALSTRUKTUR UND WANDEL IM AFRIKANISCHEN DORF   71
   - 3.1. Zur Destabilisierung autochthoner Sozialsysteme   73

		Seite
3.2.	Ausprägungen und Wirkungen der sozioökonomischen Differenzierung	84
3.3.	Herrschaft über Bäuerinnen und Bauern: Zum Verhältnis von dörflichen Gesellschaften und Verwaltung	100
3.4.	Schlußfolgerungen	106

4. PARTIZIPATION UND SELBSTHILFE IN DER SOZIALEN UND POLITÖKONOMISCHEN REALITÄT: ERFAHRUNGEN AFRIKANISCHER SELBSTHILFEORGANISATIONEN (SHO) 108
    4.1. Die Partizipationsakteure: Zwischen Homogenität und Heterogenität 109
    4.2. Partizipationsregeln und Entscheidungsstrukturen: Zwischen Konsensfindung und Mehrheitsprinzip 122
    4.3. Schlußfolgerungen 133

II. MITGLIEDERPARTIZIPATION IN DEN "GROUPEMENTS VILLA-GEOIS" (GV) DER REGION VON HOUNDÉ/BURKINA FASO 135

1. ANALYSE DES NATIONALEN, REGIONALEN UND LOKALEN KONTEXTES 136
    1.1. Burkina Faso - Problemkomplexe einer ruralen Gesellschaft 138
    1.2. Houndé - eine privilegierte Region 144
        1.2.1. Die Bwa - eine dorfgemeinschaftliche Gesellschaft 146
        1.2.2. Die Einführung der Baumwolle in das Produktionssystem der Bwa - Dynamik und Konsequenzen 149
    1.3. Strategien und Strukturen der Förderung ländlicher SHO in Burkina Faso 163
    1.4. Die "Groupements Villageois" - Charakteristika einer polyvalenten dörflichen SHO 167

	Seite
1.5. Zur externen Unterstützung der GV in der Region von Bobo-Dioulasso	171
1.5.1. Der Beitrag des Organisme Régional de Développement	173
1.5.2. Der Beitrag des Weltfriedensdienst-Projektes	175
2. ZUR METHODISCHEN UMSETZUNG DER FORSCHUNGSKONZEPTION	177
2.1. Charakteristika des durchgeführten Untersuchungstypus	177
2.2. Auswahl der Untersuchungsdörfer	179
2.3. Die Auswahl der Untersuchungsmethoden	183
2.4. Erfahrungen mit den angewandten Erhebungstechniken	185
2.4.1. Steckbriefe	185
2.4.2. Dorfcensus	186
2.4.3. Qualitatives Interview	187
2.4.4. Teilnehmende Beobachtung	189
2.4.5. Schlüsselinformanten	190
2.4.6. Gruppendiskussion	191
2.4.7. Feed back-Gespräche	191
2.4.8. Dokumentenanalyse	192
2.5. Der weiße Forscher im afrikanischen Dorf	193
3. VORAUSSETZUNGEN, STRUKTUREN UND BEDINGUNGEN VON MITGLIEDERPARTIZIPATION IN DÖRFLICHEN SELBSTHILFE-ORGANISATIONEN: ERGEBNISSE AUS DEN FÜNF UNTERSUCHUNGSDÖRFERN	200
3.1. Fallstudie Boho-Bereba	201
3.1.1. Einführung in die dörflichen Lebensverhältnisse	201
3.1.2. Das Partizipationsgeschehen im GV - Eindrücke auf der phänomelogischen Ebene	215
3.1.3. Der Stellenwert von Partizipation in der Bwa-Gesellschaft	222

Seite

3.1.4. Zur Partizipationsgeschichte des GV
- Gründungsphase und nachfolgende
Weichenstellungen   231
   3.1.4.1. Die Entstehung des GV in Kassaho:
        Ein GV muß sich durchsetzen   232
   3.1.4.2. Die GV-Gründung in Boho:
        Ein GV wird eingesetzt   237
   3.1.4.3. Zur GV-Biographie von Boho:
        Zentrale Weichenstellungen   247
3.1.5. Einstellungen und Motivationen der
Mitglieder   250
3.1.6. Das Partizipationskalkül der Mitglieder
Formen und Regeln des Partizipations-
verhaltens   264
   3.1.6.1. Partizipationsformen   265
   3.1.6.2. Das Partizipationskalkül der
        Mitglieder am Beispiel der
        GV-Buchhaltung   267
   3.1.6.3. Partizipationskalkül und Partizi-
        pationsregeln im Spannungsfeld
        von Büro-Macht und Mitglieder-
        Ohnmacht   274
3.1.7. Zur Stellung der Frauen im GV von Boho   288
3.1.8. Die Bedeutung von Außeneinflüssen für die
GV-internen Partizipationsprozesse   292
3.1.9. Schlußbetrachtung: Das Wirkungsgefüge von
partizipationsfördernden und -hemmenden
Faktoren im GV von Boho   297

3.2. Skizze 1: Kassaho   301
3.3. Skizze 2: Popioho   306
3.4. Skizze 3: Kiere   316
3.5. Skizze 4: Dohoun   321

	Seite
III. SCHLUSSFOLGERUNGEN	327
ZUSAMMENFASSUNG	337
LITERATURVERZEICHNIS	343

ANNEXES:
I Dorf- und GV-Steckbrief	366
II Interview-Leitfäden	376

ABKÜRZUNGSVERZEICHNIS

CDR	=	Comité de la Défense de la Révolution
CESAO	=	Centre d'Etudes Sociales et Economiques de l'Afrique de l'Ouest
CFDT	=	Compagnie Francaise du Développement des Fibres Textiles
CNR	=	Conseil National de la Révolution
CP	=	Caisse Populaire
DC	=	Développement Communautaire
GV	=	Groupement Villageois
MAC	=	Marché Autogéré Coton
m.t.	=	moyen terme
ORD	=	Organisme Régional de Développement
PPD	=	Programme Populaire de Développement
PS	=	Part Social
SHFI	=	Selbsthilfeförderungsinstitution
SHO	=	Selbsthilfe-Organisation
SOFITEX	=	Société Burkinabé des Fibres Textiles
UABEC	=	Union des Associations Burkinabe d'Epargne et du Crédit
WFD	=	Weltfriedensdienst

VERZEICHNIS DER BWAMU-BEGRIFFE

dôh	=	wichtigster Fetisch der Bwa
dôh banso	=	wichtigster religiöser Chef der Bwa
gninde banso	=	Chef für die Gesundheit der Dorfbewohner außerhalb ds Dorfes
loba banso	=	Chef für die Gesundheit der Dorfbewohner innerhalb des Dorfes
lo banso	=	Dorfchef
lo muu waani	=	Versammlung der wichtigsten Ältesten im Dorf
lo nikien	=	Angehörige der höchsten Altersklassen innerhalb der Großfamilie
nan kozo	=	Chef der Speicher
ta banso	=	oberster Bodenpriester
varo kanla	=	Chef der landwirtschaftlichen Arbeiten
zin	=	früher vorherrschende Lebens- und Arbeitseinheit der Bwa
zin banso	=	Chef eines 'zin'
zin waani	=	Versammlung aller erwachsenen Männer eines 'zin'

VIII

VERZEICHNIS DER SCHAUBILDER UND KARTEN

Seite

Schaubild 1:	Übersicht: Dimensionen von 'Partizipation' auf der Mikroebene	40
Schaubild 2:	Typen von SHO	66
Schaubild 3:	Calendrier agricole du Bwaba dans la subdivision de Houndé	156
Schaubild 4:	Landwirtschaftskalender der Bwa in der Region von Houndé (1985)	157
Schaubild 5:	Aufgaben eines Groupement Villageois (Stand 1985)	170
Schaubild 6:	Förderungsstrukturen und administrativ-politische Einbettung der GV (Stand Juni 1985)	172
Schaubild 7:	Übersicht: Partizipationsfördernde und -hemmende Faktoren im GV von Boho	296
Karte 1:	Lage des Untersuchungsgebietes in Burkina Faso	136
Karte 2:	Lage der Untersuchungsdörfer im Untersuchungsgebiet	137

VORWORT

Die vorliegende Arbeit ist aus einer langjährigen Beschäftigung mit Obervolta bzw. Burkina Faso und dabei insbesondere mit der Region von Houndé und den dort lebenden Menschen entstanden. Nach Forschungsaufenthalten 1976 und 1979 arbeitete ich von 1980 bis 1983 als Entwicklungshelfer des Weltfriedensdienstes e.V. in Houndé und kehrte schließlich 1984/'85 zu einem Forschungsaufenthalt nach Houndé zurück, auf dem die in dieser Arbeit vorgestellten Untersuchungsergebnisse hauptsächlich basieren. Dieses Buch soll einen Gegenakzent zu der Vielzahl von Publikationen zu Problemen der ländlichen Entwicklung setzen, die die dörflichen Strukturen allzuoft nur recht oberflächlich erfassen können. Dadurch soll diese Arbeit auch meinen Beitrag dazu leisten, das entwicklungs-politisch bedeutsame Defizit an "Grass Roots"-Kenntnissen und -Wissen gerade auch in entwicklungspolitischen Institutionen und Organisationen abzubauen.

Meine aufrichtige Verbundenheit gilt zuallererst den Mitgliedern in den "Groupements Villageois" der Untersuchungsdörfer, die durch ihre herzliche Aufnahme und durch ihre geduldige Gesprächsbereitschaft meine Feldforschungsarbeit überhaupt erst möglich gemacht haben. Zum Gelingen der Feldforschung haben insbesondere auch mein Übersetzer, Koura Henry, mein ehemaliger Projektkollege Tioro M. Raphael und die Verantwortlichen des früheren ORD (Organisme Régional de Développement) beigetragen. Ihnen sei hiermit gedankt ebenso wie der Friedrich-Naumann-Stiftung, die meine Feldforschung durch ein Stipendium von der finanziellen Seite her absicherte. Meinem Doktorvater, Prof. Julius-Otto Müller, sei besonderer Dank gesagt für die Betreuung meiner Dissertation. Für wertvolle Hinweise und Anregungen im Entstehungsprozess dieses Buches bin ich Winfried Kalhöfer, Oskar Kölsch, Michael Thomas Marx und Marita Obbelode besonders verbunden. Mein Dank gilt auch Frau Dietz für ihre textverarbeitende Unterstützung bei der Erstellung dieser Arbeit. An dieser Stelle soll auch ein herzliches Wort des Dankes an den Weltfriedensdienst e.V. gehen, der es mir ermöglicht hat, in Houndé zu leben und zu arbeiten.

Für meinen Vater,
der die Vollendung dieser Arbeit
nicht mehr miterleben durfte.

"Le piment fait mal aux yeux,
mais il ne les crève pas"
Burkinisches Sprichwort

EINFÜHRUNG

Die Förderung von Selbsthilfeorganisationen (im folgenden SHO genannt) gehört spätestens seit Mitte der zweiten Entwicklungsdekade zu den zentralen Orientierungspunkten einer auf die Verbesserung der Lebenssituation in den ländlichen Gebieten der Dritten Welt zielenden Entwicklungspolitik. Diese Neurorientierung in der bundesrepublikanischen ländlichen Entwicklungspolitik zog die Konsequenzen aus der vorher verfolgten Förderungspolitik, in der unangepaßte Kooperationsformen in der ländlichen Entwicklung favorisiert wurden. Vor allem die häufig zu starke Anlehnung an das europäische Genossenschaftskonzept verhinderte, daß die angesprochene Bevölkerung zu Trägern "ihrer" Organisationen in der ländlichen Entwicklung werden konnte(1).

Die Bedeutung der Partizipation der ländlichen Bevölkerung am Entwicklungsprozeß ist seit Beginn der sechziger Jahre zu einem entscheidenden entwicklungspolitischen Postulat geworden. Die von Entwicklungsmaßnahmen angesprochene Bevölkerung sollte durch aktive Partizipation zu Trägern des Entwicklungsprozesses werden. Die Einlösung dieses Postulats gelang in der Praxis jedoch nur selten. Allzuoft konnten die politisch und ökonomisch mächtigen Akteure im ländlichen entwicklungspolitischen Handlungsfeld bei der Umsetzung von Entwicklungsprogrammen ihren Einfluß geltend machen, so daß reale Partizipationsspielräume für die hauptsächlich angesprochenen Bevölkerungsgruppen kaum entstehen konnten(2). Die Verheißungen von neuen Partizipationschancen für die ländliche Bevölkerung wurden in den meisten Fällen schon durch das "top to bottom"-Vorgehen der mit der Realisierung von Entwicklungsprogrammen betrauten administrativ-politischen Strukturen wieder konterkarriert.

---

1. Hier sei auf Abschnitt I.2.3 und die dort angegebene Literatur verwiesen.

2. Es sei auf Abschnitt I.1.3 sowie die dort angegebene Literatur verwiesen.

Die Förderung von Selbsthilfeorganisationen kann als wichtiger Versuch einer Konkretisierung des Partizipationsanspruchs begriffen werden. Diese Neuorientierung in der Unterstützung ruraler Kooperationsformen speist sich aus der immer wiederkehrenden Beobachtung, daß Partizipation als Ausdruck von Trägerschaft für und in einer Organisation sich nicht etwa verordnen läßt, sondern nur dann eingebracht wird, wenn sich die Mitglieder mit Zielen, Aufgaben und Strukturen einer Organisation identifizieren können. Erst unter letztgenannten Bedingungen kann von einer Selbsthilfeorganisation gesprochen werden.

Der Maßstab wird durch selbstinitiierte SHO gesetzt, denen es eher als fremdinitiierten SHO gelingt, sich auf die gesicherte Partizipationsbereitschaft ihrer Mitglieder stützen zu können(1). Eine entscheidende Rolle für dieses günstigere Partizipationsklima spielen die in selbstinitiierten SHO verbreiteten Organisationsformen, die sich an die vertrauten ortsbürtigen Kooperationsformen anlehnen oder deren Weiterentwicklung darstellen.

Der Versuch, das Entstehen von SHO durch entwicklungspolitische Bemühungen 'von außen' bzw. 'von oben' anzuregen, bewegt sich zwangsläufig in dem Spannungsverhältnis zwischen Fremd- und Selbsthilfe(2). Die vielfältigen Erfahrungen, vor allem auch im afrikanischen Kontext, lehren, daß eine "Überdosis" an Fremdhilfe die Aktivierung der lokal gegebenen Selbsthilfekräfte ganz nachhaltig unterminieren kann. In SHO mit zu starken fremdhelfenden Eingriffen fehlen die Voraussetzungen für die Entfaltung von Mitgliederpartizipation im Sinne einer eigenverantwortlichen Trägerschaft.

---

1. Es sei auf die weiteren Ausführungen dazu in Abschnitt I.2.4 hingewiesen.

2. Eine genauere Darstellung dieses Spannungsverhältnisses findet sich in Abschnitt II.2.5.

Die vielfältigen SHO-Erfahrungen in afrikanischen Gesellschaften machen aber auch deutlich, daß sich je nach den lokalen soziopolitischen und -ökonomischen Gegebenheiten die tatsächlichen Partizipationsspielräume für die SHO-Mitglieder ganz unterschiedlich gestalten(1). Dies gilt für fremd- und selbstinitiierte SHO.

In der folgenden Arbeit wird ein Ausschnitt aus dem bisher skizzierten Problemkomplex genauer beleuchtet. Am Beispiel einer Region soll aufgezeigt werden, wie sich in fremdinitiierten dörflichen SHO unter bestimmten soziopolitischen und -ökonomischen Bedingungen ganz spezifische Strukturen der Mitgliederpartizipation herausgebildet haben. Dabei wird die Fallstudie einer SHO im Vordergrund stehen, um mit Blick auf Mitgliederpartizipation das Zusammenwirken von organisationsexternen und -internen Faktoren im Entstehungs- und Entwicklungsprozess einer dörflichen SHO genauer nachzeichnen zu können. Diese exemplarische Analyse von Partizipationsprozessen soll eingebettet werden in den Zusammenhang grundlegender Konzeptualisierungsversuche von 'Partizipation' und 'Selbsthilfe'.

Als konkretes Beispiel für die Darstellung wurden die "Groupements Villageois" (GV) in der Region von Houndé in Burkina Faso ausgewählt. GV haben in Burkina Faso eine herausragende Bedeutung als ländliche Organisationsformen. Die ausgeprägte Diversität der GV hinsichtlich Aufgabenstellung, Organisations- und Mitgliederstruktur in Burkina Faso legte eine regionale Konzentration nahe, um die Ziele der Untersuchung einlösen zu können. Die Region von Houndé bot sich an, weil dort eigene Erfahrungen aus einer dreijährigen Entwicklungshelfertätigkeit für den Weltfriedensdienst e.V. vorlagen. Die dadurch gewonnenen Einblicke in die Strukturen der GV konnten ausgehend von den spezifischen Fragestellungen dieser Arbeit durch einen

---

1. Hier sei auf das 4. Kapitel in Teil I und die dort angegebene Literatur verwiesen.

fünfmonatigen Feldaufenthalt (1984/85) vertieft werden.

Der Gang der Darstellung ergibt sich folgerichtig aus den Zielsetzungen der Arbeit. In Teil I werden zunächst auf einer theoretischen Ebene die Konzepte von 'Partizipation' und 'Selbsthilfe' entfaltet. Dabei wird ein Schwerpunkt auf die Konzeptualisierung der <u>Dimensionen von organisationsinterner Partizipation</u> gelegt. Im 3. Kapitel wird über eine Analyse der sozioökonomischen und soziopolitischen Veränderungsprozesse in afrikanischen Gesellschaften eine Charakterisierung des Kontextes geleistet, in dem afrikanische SHO arbeiten. Dem folgt eine problemorientierte Aufarbeitung von Partizipationserfahrungen afrikanischer SHO, die den 1. Teil abschließt.

Im Zentrum von Teil II steht eine Fallstudie über die Partizipationsstrukturen im GV von Boho in der Region von Houndé. Auf diese Fallstudie hin führen die beiden einleitenden Kapitel, in denen zum einen der nationale, regionale und lokale Kontext, in dem die GV agieren, charakterisiert und zum anderen das methodische Konzept vorgestellt wird, nach dem die empirische Untersuchung durchgeführt wurde. Dabei soll einer rückblickenden methodologischen Reflektion ein besonderer Stellenwert eingeräumt werden. Der zweite Hauptteil wird abgerundet durch vier Skizzen, in denen die Partizipationsstrukturen von vier GV der Region von Houndé in Bezug auf Konvergenzen und Divergenzen mit den in der Fallstudie dargestellten Partizipationsprozessen beleuchtet werden.
In den abschließenden Schlußfolgerungen wird eine Gesamtbetrachtung der Partizipationserfahrungen der GV in der Region von Houndé vorgenommen.

I. THEORETISCHE GRUNDLAGEN ZU PARTIZIPATION UND SELBSTHILFE

1. KONZEPT DER PARTIZIPATION

'Partizipation' ist spätestens seit dem Beginn der ersten Entwicklungsdekade zu einer magischen Formel in der entwicklungspolitischen Diskussion geworden. Hinter dieser Formel verbergen sich eine Fülle von Prozessen, Phänomenen, Konzepten, wodurch 'Partizipation' eine nur schwer faßbare Vielschichtigkeit bekommt. Für die überwiegende Zahl der Akteure im weit verzweigten entwicklungspolitischen Handlungsfeld ist 'Partizipation' positiv besetzt. Ein Konzept oder Programm, das der Partizipation der davon Betroffenen einen hohen Stellenwert zumindest ex-ante zuweist, kann sich eines positiven Image gewiß sein. Dies fördert in Verbindung mit seiner Vielschichtigkeit die inflationäre Verwendung dieses Begriffs, die sich - nach "konjunkturellen" Schwankungen - zu Beginn der achtziger Jahre wieder verstärkt hat. Ein Partizipationspostulat in jedwedem Entwicklungsprogramm impliziert notwendigerweise die Nachfrage des 'wer', 'wie' und 'woran', um die Ebene der entwicklungstheoretischen Uneindeutigkeiten verlassen zu können.

Die analytische Betrachtung des Begriffs wie auch der dahinter stehenden Konzepte soll hier nach einer allgemeinen Begriffsbestimmung über die Rezeption verschiedener Konzeptualisierungsversuche geleistet werden. Dabei soll der historischen Genese gefolgt werden, was die getrennte Behandlung des europazentrierten und des entwicklungsländerzentrierten Entstehungshintergrundes notwendig macht. Diese Betrachtungen münden in die Darstellung des dieser Arbeit zugrundeliegenden Partizipationskonzeptes. Davon ausgehend bildet die Dimensionierung und Operationalisierung von 'Partizipation' in bezug auf die Teilnahme und Teilhabe an Organisationen den Schluß dieses Kapitels.

1.1. Partizipation - eine Begriffsbestimmung

Die im folgenden vorgenommene Trennung zwischen 'Begriff' und 'Konzept' ist ausschließlich von analytischer Bedeutung. In der Wirklichkeit ist eine wertfreie wissenschaftliche Betrachtung von partizipationsbezogenen Phänomenen undenkbar. Wenn z.B. HETTLAGE (1979:24) mit Bezug auf Genossenschaften als Hauptcharakteristikum von 'Partizipation' herausarbeitet, daß durch sie Autorität und Verantwortung auf gesellschaftliche Basiseinheiten übertragen wird, gibt er nicht nur die Beschreibung eines beobachteten Partizipationsprozesses wieder, sondern legt auch seine Option hinsichtlich Ziel und Verlauf des Partizipationsprozesses mit hinein. Wenn er unter Rückführung von 'Partizipation' auf 'Partner' von der dem Begriff inhärenten mitverantwortlichen und verpflichtenden Teilhaberschaft spricht (ebd.:25), wird die Verquickung von Begriff und Konzept der Partizipation noch offensichtlicher. Diese Einheit von Begriff und Konzept soll beibehalten werden, jedoch müssen dabei die in Erklärungs- und Deutungsversuche über 'Partizipation' eingehenden normativen Optionen explizit gemacht werden.

Die meisten Autoren, auf die im Weiteren Bezug genommen wird, tun sich schwer mit der Begriffsbestimmung von 'Partizipation'. Fehlende wissenschaftliche Anstrengung kann hier als Grund ausgeschlossen werden, da Komplexität und Facettenreichtum gerade dieses Begriffes und die Anforderungen einer aussagekräftigen, klaren Definition Antipoden darstellen. COHEN/UPHOFF (1977) weichen einer Definition auf allgemeiner Ebene ganz aus, indem sie 'Partizipation'
"as a general category for related but often quite different things, usually activities but including sometimes material and attitudional contributions" (ebd.:5)
bezeichnen und erst in bezug auf 'Partizipation in der ländlichen Entwicklung' Definitionen anbieten. Auch OAKLEY/MARSDEN (1984) verzichten auf eine ihrer Meinung nach wenig aussagekräftige Definition und machen deshalb sofort den Schritt zur Ausdeutung des Begriffes durch die Gegenüberstellung verschie-

dener Interpretationsversuche in der einschlägigen Literatur. Am Entschiedensten verweigert sich BUGNICOURT (1982) jeglicher Definitionsversuche:

"Rather than discuss abstract definitions, it may perhaps be more useful to try to define some cases of popular participation, in order to take it's exact measurements." (ebd.:58).(1)

MÜLLER (1980A) und COLIN (1984) betonen in ihren Begriffsbestimmungen die Einheit von Teil<u>nahme</u> und Teil<u>habe</u>, jedoch mit unterschiedlichen Akzentsetzungen. Während für COLIN Teilhabe die passive und Teilnahme die aktive Komponente von Partizipation darstellt, geht MÜLLER darüber hinaus, indem er in Teilnahme aktives und passives Verhalten eingeschlossen und Teilhabe als Erwartung einer Gratifikation für Teilnahme sieht:

"Eine wechselseitige, komplementäre Beziehung zwischen dem partizipatorischen Verhalten und einem daraus für die Partizipanden erwachsenen Effekt, einem weiterhin verhaltensmotivierenden Nutzen, wird deutlich" (1980A:23).

HETTLAGE verwischt zwar diese Unterscheidung zwischen Teilnahme und Teilhabe, qualifiziert jedoch das partizipatorische Verhalten in einem weitergehenden Sinne:

"Dabei wird klar, daß sich Partizipation nicht nur in einer Mitgliedschaft in Sozialgebilden erschöpft, sondern immer auch eine <u>aktive</u> lebendige Teilhaberschaft, also einen eigenständigen Steuerungsbeitrag zum Gesamtgeschehen beinhaltet" (1979: 24).

Da sich Partizipation nicht im luftleeren Raum vollziehen kann, müssen bei der Begriffsbestimmung die zentralen Partizipationskontexte miteinbezogen werden: der soziale, der politische und der ökonomische. Partizipation im <u>sozialen</u> Kontext bezieht sich auf die Teilnahme und Teilhabe an Interaktionen innerhalb sozialer Gruppen (vgl. ALLARDT 1969:983), im <u>politischen</u> Kontext auf die Teilnahme und Teilhabe an politischen Entscheidungsprozessen in allen gesellschaftlichen Bereichen (vgl. RUCHT 1982: 131ff) und im <u>ökonomischen</u> Kontext auf die Teilnahme und Teilhabe an den Beratungs- und Entscheidungsprozessen innerhalb eines Wirtschaftsunternehmens (vgl. COLIN 1984:94ff). In der Wirklichkeit können sich diese Partizipationskontexte in viel-

---

1. Auf das spezifische Profil von "popular participation" wird weiter unten näher einzugehen sein.

fältiger Weise überlappen (vgl. MÜLLER 1978:58). Die Verschmelzung der verschiedenen Kontexte im realen partizipativen Handeln nimmt dabei umgekehrt proportional zur Komplexität gesellschaftlicher Organisation zu. Dies wird für die in dieser Arbeit im Vordergrund stehende Analyse von 'Partizipation' in ortsgesellschaftlichen Bezügen von besonderer Bedeutung sein.

Als allgemeine Begriffsbestimmung wird für den Kontext dieser Arbeit folgende Definition vorgenommen: 'Partizipation' bezeichnet die Teilnahme von Individuen im Gesamtspektrum von passiven bis zu aktiv-steuernden Verhaltensmustern an Handlungsabläufen in sozialen, politischen und ökonomischen Kontexten. Mit der Teilnahme verbindet sich für die handelnden Individuen die Erwartung der Teilhabe am Nutzen der Handlungsabläufe.

Um diese Begriffsbestimmung qualifizieren zu können, soll als nächster Schritt der europa- und der entwicklungsländerzentrierte Entstehungshintergrund von 'Partizipation' skizzenhaft aufgerollt werden.

1.2. Der europazentrierte Entstehungshintergrund

Der Ursprung der Partizipationskonzepte muß in den politischen Bewegungen der frühen Industrialisierung Europas gesucht werden. Die entscheidenden Impulse kamen hierbei aus der politischen Partizipationsdiskussion, da dort das Handlungsfeld für Partizipation die gesamte gesellschaftliche Organisation umfaßte. In der gesellschaftlichen Organisation drückt sich das Verhältnis von Herrschenden und Beherrschten aus. RUCHT (1982) schreibt dazu:
"Mit zunehmender gesellschaftlicher Arbeitsteilung, mit der Ausdifferenzierung von Subsystemen, Rollen und Machtpositionen traten ... Herrscher und Beherrschte immer weiter auseinander und standen schließlich in einem unversöhnlichen Gegensatz, der in den Sklavenaufständen der Antike, den Bauernkriegen des Mittelalters oder den bürgerlichen Revolutionen der Neuzeit manifest wurde." (ebd.:134f).

In dieses Spannungsverhältnis von Herrschenden und Beherrschten stieß das aufstrebende Bürgertum des ausgehenden 17. aber vor allem des 18. Jahrhunderts mit seiner Forderung nach politischer Teilnahme. Voraussetzung dafür bildete die Erschütterung der traditionellen Grundlagen staatlicher Autorität durch Aufklärung und Rationalismus (vgl. ZIMPEL 1970:22f). JOHN (1979) schreibt dieser Partizipationsforderung des Bürgertums "primär abwehrenden Charakter" (ebd.:8) zu, da durch Partizipation vor allem staatliche Eingriffe in vertraglich garantierte Freiräume kontrolliert und verhindert werden sollten. In dieselbe Richtung zielten auch "das in der Rechtsordnung fixierte Prinzip des Widerstandsrechts" (ebd.:8) sowie die Institutionalisierung des Prinzips der Gewaltenteilung. Diese Forderungen hatten als einen ihrer Kristallisationspunkte die angelsächsisch-liberale Theorie, von J. Locke ausgehend, die auch eine der Grundlagen der amerikanischen Unabhängigkeitserklärung bildete (vgl. ebd.:9).

Bezüglich des Verhältnisses von Herrschenden und Beherrschten ergibt sich daraus, daß im Sinne einer Machtbalance die Gegenmacht der Beherrschten als Pendant zur Macht der Herrschenden zum politischen Gestaltungsprinzip gemacht werden sollte. Als führender Vertreter der französischen Aufklärung versuchte Jean-Jacques Rousseau, dieser angestrebten Machtbalance zwischen Herrschenden und Beherrschten durch sein Konzept eines Gesellschaftsvertrages zwischen allen gesellschaftlichen Gruppen Dauerhaftigkeit zu verleihen. Im Gegensatz zu Locke, der im Staat ein notwendiges Übel sah, mußte für Rousseau der Staat als von allen "citoyens" legitimierter Sachwalter der Einhaltung des Gesellschaftsvertrages auftreten (vgl. JOHN 1979:10f). Rousseaus Versuch blieb jedoch "eine voluntaristische Konstruktion" (RUCHT 1982:134), die die Mechanismen der innergesellschaftlichen Machtregulierung verkannte.

Das von Locke und Rousseau zum Souverän erklärte Volk konnte seinen Auftrag zur Demokratie faktisch nicht durchsetzen, da das Bürgertum zwar mit dem Anspruch auftrat, die Interessen des Volkes in einer repräsentativen Demokratie vertreten zu können, faktisch aber die unteren Stände von der politischen Teilnahme ausschloß. Trotzdem sind hier die Wurzeln für die enge Ver-

bindung von 'Partizipation' und 'Demokratisierung' zu suchen. Für VILMAR (1986) konvergieren diese beiden Begriffe im Kontext der politischen Partizipationsdiskussion als der subjektive (Partizipation) und der objektive (Demokratisierung) Ausdruck desselben Sachverhaltes einer Erweiterung demokratischer Strukturen in der Gesellschaft (vgl. ebd.:339).
Dieses hatte auch die Arbeiterbewegung des 19. Jahrhunderts auf ihre Fahnen geschrieben. Was sie an Demokratisierung erreichen und damit an Partizipationsmöglichkeiten institutionalisieren konnte, waren nicht mehr als Zugeständnisse des bürgerlichen Verfassungsstaates in Form einer Wahlrechtsegalisierung, sozialer Reformen sowie einer parlamentarischen Interessenvertretung für die Arbeiterbewegung (vgl. RUCHT 1982:134). Die Entwicklung bis zu den sechziger Jahren unseres Jahrhunderts charakterisiert RUCHT folgendermaßen:
"Mit der zunehmenden Professionalisierung der Volksvertreter, dem Bedeutungszuwachs und der Oligarchisierung der Parteien, der Bürokratisierung und Durchstaatlichung vieler Lebensbereiche, der Kompetenzverlagerung von der Legislative zur Exekutive und neokorporativen Tendenzen erneuerte sich jedoch die Kluft zwischen Herrschenden und Beherrschten." (ebd.:134f).

Das Auftreten von Bürgerinitiativen Anfang der siebziger Jahre, das sich bis heute zu einer Bewegung ausweitete, war eine deutliche Reaktion der von staatlichem Handeln Betroffenen auf die Partizipationsdefizite des repräsentativ-demokratischen Systems (vgl. RUCHT 1982, JOHN 1979, VILMAR 1986). Per definitionem hätte die Legislative nach den Regelungen des Grundgesetzes als Repräsentant des politischen Mehrheitswillens staatliches Handeln gestalten und kontrollieren sollen. Aufgrund der von RUCHT beschriebenen Tendenzen konnte jedoch das repräsentativ-demokratische System eine nur eingeschränkte Legitimität für staatliches Handeln beanspruchen, so daß die Betroffenen, vor allem von Projekten des Infrastrukturausbaus (Verkehrswege, Kraftwerke) und der Industrieansiedlung, über Bürgerinitiativen versuchten, staatliches Handeln direkt zu beeinflussen, da ihnen der "Umweg" über die repräsentativ-demokratischen Institutionen als für ihre Interessenwahrnehmung nicht mehr ausreichend erschien (vgl. dazu als Beispiel: NÖSSLER/DE WITT

1976).

Die Verbreiterung der Handlungsbasis der Bürgerinitiativen regte die schon in den sechziger Jahren vor allem aus politikwissenschaftlicher Sicht geführte Diskussion um Möglichkeiten und Grenzen der repräsentativen Demokratie wieder an. JOHN führt vor allem HENNIS und FRAENKEL als Vertreter derjenigen Gruppe an, für die die Partizipationsmöglichkeiten durch das repräsentativ-demokratische System eine für alle gesellschaftlichen Gruppen akzeptable Interessensvertretung ermögliche (vgl. JOHN 1979:32f). Während HENNIS der Forderung nach mehr Partizipation und Mitbestimmung das für ihn damit unvereinbare "Verantwortlichkeitspostulat" (HENNIS 1971, in KEMPF 1974:29) entgegensetzt, akzeptiert FRAENKEL diese Forderung insofern, als sie sich auf die organisierte Interessenvertretung durch Verbände, Interessenorganisationen und Parteien bezieht (vgl. JOHN 1979:33f).

Aus OFFE's Analyse der Funktion des Staates in einer spätkapitalistischen Gesellschaft wird deutlich, daß die Durchsetzungschancen für eine organisierte Interessenvertretung der verschiedenen gesellschaftlichen Gruppen strukturell sehr ungleich verteilt sind (vgl. OFFE 1974). Daraus leitet OFFE die Legitimität für alle gesellschaftlich benachteiligten Gruppen ab, ihren Interessen durch verschiedenen Formen von Bürgerinitiativen und damit verbundene direkte politische Aktionen Geltung zu verschaffen.

VILMAR verbindet diese Pluralismuskritik wieder mit dem Partizipationskonzept, indem er zwischen "institutionalisierter Partizipation" und "Formen der kollektiven Gegenmachtbildung" (VILMAR 1986:340) unterscheidet. Den Unterschied zwischen den beiden für ihn komplementären Organisationsformen von Partizipation verdeutlicht er durch ein Bild:
"Man zwingt den Steuermann, in eine andere Richtung zu steuern, aber man lernt nicht selbst steuern." (ebd.:341). Punktuelle Gegenmachtaktionen können zu institutionalisierter Gegenmacht

führen, was ihr zu mehr Dauerhaftigkeit verhilft und den Ausgangspunkt für weitere Gegenmachtaktionen bilden kann. Zielt Partizipation auf Gegenmachtbildung und deren mögliche Institutionalisierung, muß sie für VILMAR umfassender "als Beteiligung des Bürgers an gesellschaftlichen Prozessen, und zwar sowohl an Meinungsbildungs- und Entscheidungsprozessen als auch an sozialen und speziell politischen Aktivitäten selbst" begriffen werden (ebd.:339).

Wie reagiert die Exekutive auf Gegenmachtbildung? OFFE spricht in diesem Zusammenhang von der "Doppelstrategie der planenden Verwaltung" (OFFE 1974). Einerseits soll staatliches Handeln angesichts dauerhafter Legitimationsdefizite durch das Einräumen von Partizipationsspielräumen für Bürgerinitiativen effektiver gemacht werden, andererseits dürfen Partizipationsspielräume nur soweit eingeräumt werden, als sie systemintegrativen Charakter haben. Letzteres kann dadurch erreicht werden, daß punktuelle oder begrenzte Beteiligungschancen die Illusion von Partizipation vermitteln, wodurch strukturelle Partizipationsschranken verdeckt werden. Diese beiden Strategien sind jedoch nicht komplementär, da dies eine Verfügung der Verwaltung über Handlungsmöglichkeiten und -alternativen der Bürgerinitiativen voraussetzen würde, die ersterer nicht zu Gebote steht. Die Unmöglichkeit für die Verwaltung, zugestandene Partizipationsspielräume nach ihrer systemintegrativen Funktion hin zu dosieren, ermöglicht es den Bürgerinitiativen, das Spannungsverhältnis, in dem die beiden genannten Strategien zueinander stehen, auch zur Gegenmachtbildung zu nutzen. Spezifische Problemlösungen können von der Exekutive das Risiko fordern, den systemintegrativen Aspekt zu vernachlässigen (vgl. OFFE ebd.:79).

Bevor die Konsequenzen dieses Exkurses für das dieser Arbeit zugrundeliegende Partizipationskonzept herausgearbeitet werden können, müssen Wurzeln und Verlauf der Partizipationsdiskussion im entwicklungspolitischen Kontext beleuchtet werden.

1.3. Der entwicklungsländerzentrierte Entstehungshintergrund

Das Postulat 'Partizipation' hat spätestens seit Beginn der ersten Entwicklungsdekade Eingang in fast alle Programme und Strategien gefunden, die auf nationaler und internationaler Ebene zur Orientierung und Gestaltung des Entwicklungsprozesses entwickelt wurden. Die Vielschichtigkeit des Begriffes ermöglichte seine relativ unverbindliche, rein programmatische Verwendung. Um den Verlauf der entwicklungspolitischen und -theoretischen Diskussion in bezug auf 'Partizipation' zumindest grob nachzeichnen zu können, müssen die wechselnden Akzentsetzungen und der Grad der praxisorientierten Ausformulierung der Partizipationspostulate deutlich gemacht werden.

Auch wenn die Vereinten Nationen schon zu Beginn der ersten Entwicklungsdekade der Partizipation der ländlichen Bevölkerung an ihrem Entwicklungsprozeß einen besonderen Stellenwert einräumten (vgl. UN 1962), blieb die Forderung nach Partizipation bis zur Mitte der siebziger Jahre nicht mehr als ein Schlagwort, da die Überzeugung eines unvermeidlichen trickle-down-Effektes im Zuge der Umsetzung modernisierungstheoretisch inspirierter Entwicklungsstrategien vorherrschend war (vgl. dazu NUSCHELER 1987:16ff und OAKLEY/MARSDEN 1984:5ff)(1). Partizipation an der "Modernisierung" sollte sich quasi automatisch einstellen, ohne daß sich dazu Strukturen hätten entwickeln müssen, in denen die Partizipation der Bevölkerung am Entwicklungsprozeß praktisch hätte werden können.

Auch wenn 'Partizipation der Bevölkerung auf allen Ebenen des Entwicklungsprozesses' durch die kritische Aufarbeitung der Ergebnisse der ersten Entwicklungsdekade erheblich an Bedeutung für die programmatische Ausrichtung von Entwicklungsanstrengungen gewonnen hatte, ergab sich auch zu Beginn der achtziger Jahre hinsichtlich der realen Partizipationsspielräume vor

---

1. Auf eine genauere Darstellung modernisierungstheoretischer Annahmen und Konzepte und ihrer kritischen Analyse wird an dieser Stelle verzichtet.

allem der ländlichen Bevölkerung ein wenig verändertes Bild (vgl. UN 1982, OAKLEY/MARSDEN 1984:17ff und HALL 1988). Dies lag trotz vermeintlich entscheidender Kurskorrekturen z.B. durch die Orientierung der Weltbankprogramme auf kleinbäuerliche Entwicklung (vgl. HANISCH/TETZLAFF1979:185ff) oder dem WCARRD (World Conference on Agrarian Reform and Rural Development)-Prozeß(1) an der vorherrschenden Tendenz, 'Partizipation' für die Durchsetzung von aus der Sicht der Partizipanden fremdbestimmten politischen und ökonomischen Interessen zu instrumentalisieren (vgl. UN 1982:4ff und HALL 1988:93ff).

Aus dem Interesse nationaler Regierungen aber auch bi- und multilateraler Entwicklungsagenturen heraus, die Akzeptanz für Entwicklungsprogramme bei der angesprochenen Bevölkerung zu erhöhen und dies möglichst kostengünstig zu erreichen, wurden partizipative Elemente bei der Umsetzung derartiger Programme zusätzlich eingebaut, ohne jedoch einen tatsächlichen Machttransfer von oben nach unten zu intendieren(2). Hier ist auch das Partizipationskonzept von COHEN/UPHOFF einzuordnen, die im Auftrag von USAID (United States Agency for International Development) Konzepte für partizipationsorientierte ländliche Entwicklungsprojekte erarbeitet haben (vgl. COHEN/UPHOFF 1977:7ff). Die Dynamik des Partizipationsprozesses soll für die Projektträger unter Kontrolle bleiben, was auf die Intention rückschließen läßt, daß über gewährte Partizipationsspielräume die Akzeptanz für fremddefinierte Projekt- bzw. Entwicklungsziele erhöht werden soll. Dies wird auch deutlich, wenn sie

---

1. Auf die verschiedenen Programme der einzelnen UN-Organisationen in Verbindung mit dem WCARRD-Prozess soll hier nicht näher eingegangen werden (vgl. dazu FAO 1979, OAKLEY/MARSDEN 1984:5ff, FAO 1984 und FAO/DSE 1984).

2. HALL schreibt dazu: "The majority of participation programmes seem to be motivated by instrumental goals such as taking advantage of local resources or knowledge in order to reduce costs of administration and implementation, or that of increasing political support for the government... Participation is therefore conceived as another kind of resource injection from outside, necessary in order to make development activities function with as few hitches as possible" (1988:94).

unter dem Oberbegriff "empowering", was 'Umverteilung von Macht' entsprechen würde, als "significant power" für ländliche Partizipationsgruppen im Bereich der projektbezogenen Entscheidungsprozesse " (the) right to be informed and make decisions on program elements subject to higher authority's review" (ebd.:106) bezeichnen(1).

Teilweise wurde diese Instrumentalisierungsstrategie auch eingesetzt, um die Ineffizienz bestehender Strukturen zu überwinden, woraus sich sozusagen im Windschatten administrativen Unvermögens durchaus reale Partizipationsspielräume ergeben können(2).

Diese Instrumentalisierung von 'Partizipation' reicht zurück bis in die fünfziger und sechziger Jahre, wo Programme des 'Community Development' und der 'Animation Rurale' in anglophonen bzw. frankophonen Entwicklungsländern weit verbreitet waren. Sie sollten die Bevölkerung zu einer stärkeren Beteiligung an einem faktisch von oben geplanten Entwicklungsprozeß

---

1. Auch eine neuerliche Veröffentlichung der Weltbank muß in diesen Kontext gestellt werden (vgl. PAUL 1987). Zu dem Partizipationsziel "empowerment" heißt es nur: "So far not a major objective of Bank projects"(ebd.:table 1 (o.S.)). Und zur Intensität von "community participation" (CP) schreibt PAUL: "When beneficiaries are able to take the initiative in terms of actions/decisions pertaining to a project, the intensity of CP may be said to have reached its peak" (ebd.:5).

2. GENTIL macht diesen Zusammenhang sehr anschaulich für die Förderung des Baumwollanbaus in Westafrika, wo staatliche Einrichtungen die Verteilung von Produktionsmitteln, die Kreditverwaltung und die Vermarktung garantieren sollten. Er schreibt weiter:
"Dans ce cas, les organisations paysannes vont être suscitées seulement si l'appareil d'encadrement n'est pas suffisamment efficace et coûte trop cher. Avec un peu de recul, il est <<amusant>> de voir ressortir, en 1980, par les mêmes financiers ou les mêmes techniciens, un discours sur la participation populaire et les organisations paysannes qu'ils avaient violemment combattues au lendemain de l'Indépendance. La crise est passée par là, avec ses difficultés budgétaires pour payer les fonctions publiques" (1986:252f).

mobilisieren(1). Ihr harmonistisches Grundverständnis verstellte den Blick auf die realen gesellschaftlichen Machtverhältnisse, die sich dann offenbarten, wenn 'Partizipation im Sinne von Gegenmachtbildung' von unten auf die Tagesordnung gesetzt wurde (vgl. UN 1982:5f, OAKLEY/MARSDEN 1984:17ff und HALL 1988:93ff). Den Eliten auf den verschiedenen Handlungsebenen gelang es in den meisten Fällen, ihr Machtpotential zur Abwehr derartiger Partizipationsstrategien zu mobilisieren. Daraus wurde auf dem bereits zitierten UN-Seminar die Notwendigkeit struktureller Veränderungen als Voraussetzung für eine authentische Partizipation der Bevölkerung abgeleitet(2).

BUGNICOURT setzt etwas andere Akzente, wenn er 'Partizipation' im Sinne einer Gegenmachtbildung in den Initiativen ländlicher und städtischer Gruppen sieht:

"The sequence of events on each occasion is the same: the villagers or the city dwellers analyse the situation jointly and then take action, also jointly. This is rightly called "participation"." (BUGNICOURT 1982:63).

Für BUGNICOURT steht mit Bezug auf den afrikanischen Kontinent die Gegenmachtbildung gegenüber der "antiparticipatory orientation of ... administrative systems" (ebd.:70) im Vordergrund. Die vielfältigen partizipativen Basisinitiativen sollten für ihn in eine reale Dezentralisierung der Verfügungsmacht über Ressourcen münden, wodurch größere Macht-

---

1. Hier sei stellvertretend für die breite CD-kritische Literatur auf HALL Bezug genommen. Er schreibt: "In spite of the rhetoric frequently employed, this philosophy became merely another mechanism for promoting existing official programmes, denying participants any real involvement in implementation" (1988:98). Auch wenn bedeutsame Unterschiede zwischen beiden Konzepten bestehen, so kommt SPITTLER in der Bewertung der 'Animation Rurale' im Niger doch zu einer ähnlichen Einschätzung (vgl. 1978:81ff). Auf beide Ansätze soll hier nicht näher eingegangen werden (vgl. COLIN 1966, JOERGES 1968, WELTFRIEDENSDIENST 1973; ILLY/ILLY 1979).

2. "Les tensions découlant des conflits d'intérêts entre classes ou groupes signifient qu'une participation authentique de la majorité, comme celle qui est envisagée ici, exige une modification structurelle des rapports socio-économiques et un partage du pouvoir politique, de même qu'un access aux ressources" (1982:6).

potentiale auf lokaler Ebene entstehen könnten (vgl. dazu auch ELA 1985). Damit verknüpft BUGNICOURT den Partizipationsbegriff mit einer bestimmten Entwicklungsorientierung, so daß für ihn 'Partizipation' nicht nur Mittel zur Erreichung bestimmter Entwicklungsziele, sondern selbst Entwicklungsziel wird.

Zusammenfassend kann gesagt werden, daß 'Partizipation' mit seiner Vieldeutigkeit und positiven Besetzung und verstärkt zu Beginn der dritten Entwicklungsdekade ein dauerhaftes entwicklungsorientiertes Postulat bildete. Vom begrifflichen und konzeptuellen Verständnis her markieren 'Partizipation als gewährter zusätzlicher Einfluß auf Entscheidungsprozesse und Ressourcenverteilung' und 'Partizipation als Gegenmachtbildung' die Eckpunkte in der Partizipationsdiskussion.

1.4. Zur Ausdeutung von Partizipation - Integration versus Konflikt?

Sowohl die Nachzeichnung des europazentrierten wie auch des entwicklungsländerzentrierten Entstehungshintergrundes von 'Partizipation' haben deutlich machen können, daß 'Partizipation' neben der Integrations- auch eine Konfliktkomponente in sich birgt. Darüber hinaus hat sich in beiden Entstehungskontexten die Schlüsselfunktion dieser beiden Komponenten für das Verständnis von 'Partizipation' herausgeschält. Im folgenden soll analysiert werden, in welchem Verhältnis diese beiden Komponenten zueinander stehen. Dabei wird diskutiert werden müssen, inwieweit sie unvereinbare Gegenpole oder komplementäre Spannungsmomente bilden.

Geht man auf die semantische Ebene zurück und betrachtet die Begriffe Teilnahme und Teilhabe, so wird die erste Assoziation Integration und nicht Konflikt sein. Die Vorstellung, an etwas teilzunehmen bzw. teilzuhaben, an dem man vorher nicht beteiligt war, ist mit dem Gefühl verbunden, integriert, d.h. in ein Ganzes eingefügt zu werden. Darauf bezieht sich MÜLLER, wenn er - für den Kontext von Agrargesellschaften in Entwicklungsländern - die "positive Integration in kleine informelle Gruppen" hervorhebt, wobei für ihn

"die gleichzeitige Mitgliedschaft in mehreren solcher Gruppen und die Loyalität gegenüber ihren Werten und Verhaltensnormen ... den Mitgliedern in den lokalen Systemen starke Gefühle der Zusammengehörigkeit und Solidarität (verleiht (A.d.V.))" (MÜLLER 1978:62).

Integration im Sinne der Einfügung in ein Ganzes wird aber nicht nur auf der Mikroebene von Gruppen, sondern auch auf den verschiedenen Makroebenen bis hin zur supranationalen Ebene mit 'Partizipation' verknüpft. Wenn die Vereinten Nationen ihre Forderung nach "popular participation" in die folgenden Teilforderungen aufgliedern

"(1) Beteiligung der Menschen am Nutzen der Entwicklung;
 (2) aktiver Beitrag der Menschen zu den Entwicklungsaktivitäten;
 (3) aktiver Einbezug der Menschen in den Prozeß der entwicklungsbezogenen Entscheidungsfindung auf allen Ebenen der Gesellschaft." (UN 1974:255-257, zitiert nach MÜLLER 1980:24),

dann tritt die Integrationskomponente deutlich hervor. Schon die Verbindung von "participation" mit dem Adjektiv "popular", was ins Deutsche mit 'Volks-Beteiligung' übersetzt werden könnte, suggeriert ein Ganzes, das durch Partizipation zu einer höheren Stufe der Integration gebracht wird. Diese 'Volks-Beteiligung' zielt auf ein anderes Ganzes, auf einen Entwicklungsprozeß, in dessen Nutzen, Aktivitäten und Entscheidungsprozesse alle Menschen einbezogen werden sollen.

Für HARTFIEL/HILLMANN verbindet sich Integration mit Identifikation, wenn sie Partizipation als einen "... Begriff für die Beteiligung an u. die Identifikation mit bestimmten Institutionen, Werten und sozial relevanten Kräften einer Gesellschaft" (1982:573) sehen. Identifikation wird so zum subjektiven Ausdruck des Integrationsprozesses.

Dieser Integrationsprozeß, der durch 'Partizipation' befördert werden soll, verliert seinen ausschließlich positiven Anschein, wenn die Wirklichkeit gesellschaftlicher Machtverhältnisse in die Betrachtung miteinbezogen wird (vgl. Abschnitt 1.3). Dann kann 'Partizipation' im Sinne von Integration einen zwiespältigen Charakter dadurch bekommen, daß sie zur Sicherung von Herrschaftsverhältnissen beiträgt, obwohl den Partizipanden mehr Teilnahme und Teilhabe verhießen wurde. Dies verweist auf die Möglichkeit der gesellschaftlich Mächtigen, 'Partizipation' als Mittel einzusetzen, um eine Integration der Gesellschaftsmitglieder im Sinne von Herrschaftsstabilisierung zu befördern(1). DUMAS schreibt dazu:

"Trop souvent en effet, la participation n'est qu'un simple moyen utilisé par les gouvernements, où un simple mythe mobilisateur véhiculé par l'Etat, pour obtenir un soutien populaire." In einer Fußnote schreibt er dazu ergänzend: "L'histoire a souvent montré comment la (ou les) classe(s) dominante(s) pouvait annexer les idéaux populaires pour les utiliser à son propre profit." (1983:514).

Diese Strategien der Instrumentalisierung von Partizipation zur Sicherung gesellschaftlicher Macht verweisen auf die Konfliktkomponente, mit der, wie bereits gezeigt werden konnte, 'Partizipation' untrennbar verbunden ist. DUMAS macht diesen Zusammenhang deutlich:

"La participation a en effet pour conséquence de redistribuer le pouvoir de décision et les richesses disponibles au détriment des privilégiés. Il ne sera donc pas surprenant que ces derniers opposent une résistance à la mise en oeuvre de la participation, d'autant que les choix politiques de nombreux pays ne sont guère favorables à une véritable participation populaire." (DUMAS 1983:517).

Wenn die im gesellschaftlichen Machtgefüge Schwächeren 'Partizipation' durchsetzen wollen, die tatsächlich im Sinne von DUMAS eine Umschichtung von Verfügung über Entscheidungsmacht und Ressourcen bedeutet und damit den herrschaftsstabilisierenden Strategien zuwiderläuft, ist der Konflikt vorprogram-

---

1. In diesem Zusammenhang sei auf die von RUCHT dargestellte Integration der Arbeiterbewegung in das parlamentarischdemokratische System (vgl. Abschnitt 1.2), aber auch auf das "Community Development" als eine Mobilisierungsstrategie für die effektivere Durchsetzung staatlich definierter Entwicklungsziele (vgl. Abschnitt 1.3) rückverwiesen.

miert(1) (vgl. auch HANISCH 1981 und 1983). Die internen gesellschaftlichen Strukturen können nicht als ein vermeintlich harmonisches Ganzes begriffen werden, das Partizipationschancen vergibt, die von den an 'Partizipation' Interessierten lediglich aufgegriffen werden müssen. Vielmehr müssen die gesellschaftsinternen Macht- und Einflußsphären als verteilt angesehen werden, so daß ein Partizipationsprozeß, der in diese gesellschaftlichen Verhältnisse verändernd eingreift, zwangsläufig Partizipationschancen umschichten muß. Das dadurch entstandene Mehr an Macht und Einfluß für die eine korrespondiert daher mit entsprechend weniger Einfluß für die andere Gruppe.

Wenn VILMAR (vgl.Abschnitt 1.1) und BUGNICOURT (vgl. Abschnitt 1.3) ihre Partizipationskonzepte konfliktorientiert anlegen, dann zielen sie auf eine Gegenmachtbildung zu den gesellschaftlich mächtigen Gruppen, die die "Abgabe" von Partizipationschancen und der damit verbundenen Macht- und Einflußmöglichkeiten zu verhindern suchen. Dabei legt VILMAR den Schwerpunkt auf die politische Partizipation, durch die Gegenmachtbildung in der direkten Auseinandersetzung mit den gesellschaftlich Mächtigen erreicht werden soll, während BUGNICOURT mit Bezug auf den afrikanischen Kontext die Gegenmachtbildung als Basisentwicklung in Handlungsfeldern sieht, in denen sich die gesellschaftlich Mächtigen kaum engagiert haben. Dabei wird unter den letztgenannten Bedingungen der Konflikt im Sinne einer direkten Auseinandersetzung mit der Bürokratie mit zeitlicher Verzögerung auftreten. ELA sieht in einem weitergehenden Sinne eine Gegenmachtbildung in den Basisinitiativen, die sich

---

1. HALL bringt hierfür zwei Beispiele. Er bezieht sich einmal auf die "Ruvuma Development Association in Tanzania, one of the original models for the later ujamaa policy, yet which became so successful that it was banned as a threat to government authority" (1988:104). Und zum anderen berichtet er über die "farmers of Jamaane in Senegal [who] took the initiative of forming a peasants' association and even hired an agronomist to advise them, but they clashed with the irrigation development authority which had other plans for their future...." (ebd.).

die Entwicklung wieder anzueignen versuchen und damit die staatlichen Top-down-Entwicklungsstrategien in Frage stellen(1).

Die auf der gesamtgesellschaftlichen Ebene manifeste Aufteilung der Macht- und Einflußsphären läßt sich auch auf der Mikroebene von Gemeinden, Organisationen und Gruppen beobachten. Darauf zielt auch MÜLLER, wenn er im Zusammenhang mit der oben zitierten Integrationsfunktion der kleinen informellen Gruppen (vgl. Abschnitt 1.1) schreibt:

"Andererseits muß an die grundsätzliche Heterogenität der Agrar- und Sozialstrukturen auf Gemeindeebene erinnert werden mit der Konsequenz von Unterschieden in der sozialökonomischen Stratifikation und in der Verteilung von lokalpolitischer Macht." (MÜLLER 1978:62)

Auch auf die internen Machtstrukturen von Gruppen und Organisationen ist immer wieder hingewiesen worden (vgl. dazu HOMANS 1968, MILLS 1969, BADELT 1985 und SCOTT 1986). Insofern muß auch für Gemeinden, Organisationen und Gruppen davon ausgegangen werden, daß Partizipationsprozesse, die verändernd in diese sozialen Systeme eingreifen, durch die damit verbundene Umschichtung von Macht- und Einflußmöglichkeiten eine signifikante Konfliktkomponente erhalten.

Bei der bisherigen Betrachtung der Integrations- und Konfliktkomponente von 'Partizipation', die in bezug auf den Partizipationsprozeß als Gegenpole entwickelt wurden, dominierte eine statische Sichtweise. Dadurch gerieten zum einen die Integrations- und Konfliktkomponente in einen scheinbar unvereinbaren Gegensatz und zum anderen entstand eine mechanistische Vorstellung von der Umschichtung von Partizipationschancen. Dieses Vorgehen war jedoch notwendig, um diese beiden Komponenten hinsichtlich ihrer unterschiedlichen Funktion und Wirkung

---

1. "...:les expériences par lesquelles les paysans se réapproprient le développement par des organisations de base interrogent à la fois les stratégies de développement par le haut et les systèmes politiques dont la centralisation constitue le trait dominant" (1985:76).

zu explizieren. Nunmehr soll durch eine dynamische Betrachtungsweise das Prozeßhafte von 'Partizipation' in den Vordergrund gestellt werden, was den Blick für die Veränderungen hinsichtlich Funktion und Wirkung der Integrations- und der Konfliktkomponente im Verlauf des Partizipationsprozesses öffnet.

Zu diesem Zweck soll auf die in Kapitel 1.2. skizzierte Doppelstrategie der planenden Verwaltung gegenüber Bürgerinitiativen zurückgegriffen werden. Dabei wird deutlich, daß für die Verwaltung die mit der Einräumung von Partizipationschancen verbundene Integration in den Prozeß der Exekution staatlicher Entscheidungen im Vordergrund steht, während die Bürgerinitiativen eher konfliktorientiert agieren müssen, um so weit wie möglich Einfluß auf das Verwaltungshandeln nehmen zu können. In dem Prozeß können die Integrations- und die Konfliktkomponente ein wechselndes Gewicht bekommen, je nach der Durchsetzungsfähigkeit, mit denen die beteiligten Akteure ihre Strategien umsetzen. Für den hier gewählten Kontext müssen die Durchsetzungsmöglichkeiten der Verwaltung als dem gesellschaftlich mächtigeren Akteur in diesem Prozeß für ihre Strategie als strukturell günstiger angenommen werden. Der Prozeß wird von Teilintegration und Teilkonflikten gekennzeichnet sein, da die Verwaltung in Verfolgung ihrer Doppelstrategie Partizipationsspielräume sozusagen konfliktlos "abzugeben" bereit sein wird, um weiteren Forderungen von seiten der Bürgerinitiative nach zusätzlichen Einflußmöglichkeiten, deren Durchsetzung einen empfindlichen Machtverlust für die Verwaltung bedeuten würde, die Spitze zu nehmen. Die Verwaltung kann jedoch nicht davon ausgehen, daß die Bürgerinitiative die in der Integrationsstrategie vorgesehene Rolle auch tatsächlich spielt (vgl. OFFE 1974:74ff).

Nehmen wir nun an, daß die Bürgerinitiative die Doppelstrategie der Verwaltung in der Weise nutzen konnte, daß sie Macht- und Einflußmöglichkeiten in einem über das von der Verwaltung intendierte Maß hinaus durchsetzen konnte, was sich vor allem

als permanente Präsenz im administrativen Handlungsfeld darstellen könnte, dann hat sich das ergeben, was VILMAR "institutionalisierte Partizipation" (VILMAR 1986:340) nennt. Sie liegt für VILMAR eine Stufe über der Gegenmachtbildung, weil sie nicht "nur" wie erstere eine Annullierung oder Änderung von z.B. staatlichen Entscheidungen bewirken kann, sondern darüber hinaus den Partizipanden Einblick gewährt in die "Regelungsmechanismen, die zur Entscheidungsbildung im Detail beherrscht werden müssen". (VILMAR 1986:341). Auch für COLIN wird die Partizipation durch Institutionalisierung zur Macht:
"La participation au développement ne prend tout son sens que lors qu'elle pénètre au coeur des mécanismes de la vie sociale en affectant leur fonctionnement régulier. C'est la condition pour qu'elle devienne un pouvoir. Ce caractère de permanence associé à celui de pouvoir exige la création d'un rapport de participation prenant place dans un support, autrement dit une institutionalisation." (COLIN 1984:74).

Diese so verstandene institutionalisierte Partizipation weist auf einen weiteren wesentlichen Bedeutungsgehalt von 'Integration' hin. Sie kann in diesem Zusammenhang als Ergebnis erfolgreicher Gegenmachtbildung begriffen werden, wodurch die Funktion der Herrschaftssicherung überlagert wird. Letztere bemißt sich danach, wieviel Partizipationschancen institutionalisiert werden konnten und damit korrespondierend von einer gesellschaftlich mächtigeren zu einer gesellschaftlich schwächeren Gruppe umgeschichtet wurden. Je mehr Partizipationschancen institutionalisiert werden konnten, desto geringer wirkt 'Integration' im Sinne von Herrschaftssicherung und desto mehr kann sich eine Partizipationsgruppe qua Institutionalisierung von 'Partizipation' in ein bestimmtes Handlungsfeld integrieren.

Die beiden Komponenten von 'Partizipation' erweisen sich somit als Spannungsmomente innerhalb des Partizipationsprozesses, in dem sie Kraftfelder bilden, deren Gewicht sich je nach Verlauf des Prozesses verändert. Betrachtet man den Partizipationsprozeß phasenweise, dann kann die Spannung der beiden Komponenten dann vorübergehend aufgehoben werden, wenn zusätzlichen Partizipationsmöglichkeiten von den daran Interessierten Dauerhaftigkeit verliehen werden konnte. Die Bewegungsmuster der beiden Kraftfelder ergeben sich aus den spezifischen Bedingungen des Partizipationsprozesses. Damit ist auch die Möglichkeit gegeben, daß Partizipationschancen von einer daran interessierten Gruppe nicht dauerhaft durchgesetzt werden können, und damit die herrschaftssichernde Funktion von 'Integration' dominiert.

1.5. Zur Dimensionierung von 'Partizipation'

Nachdem im vorangegangenen Kapitel der dieser Arbeit zugrundeliegende Partizipationsbegriff hinsichtlich der beiden Schlüsselkomponenten seines Bedeutungsgehaltes ausgeleuchtet wurde, sollen im folgenden die verschiedenen Dimensionen entwickelt und erläutert werden, die insgesamt das in dieser Arbeit vertretene Partizipationskonzept ausmachen. Dabei wird sich die Dimensionierung auf die Partizipationsprozesse der Mikroebene (Gemeinde, Organisation, Gruppe) konzentrieren.

1.5.1. Dimensionen von Partizipation auf der organisationsübergreifenden Ebene

Es soll damit begonnen werden zu rekapitulieren, welche Dimensionen von 'Partizipation' bisher bereits entwickelt wurden. Die in Kapitel 1.1. abschließend vorgenommene Begriffsbestimmung enthielt bereits folgende Dimensionierungen:
- die im Begriff aufgehobene Einheit von Teilnahme und <u>Teilhabe</u>
- die Differenzierung der drei wesentlichen <u>Partizipationskontexte</u>: der soziale, politische und ökonomische.
- die Differenzierung in aktive und passive <u>Partizipationsformen</u>.

In Abschnitt 1.3. sind die Dimensionen <u>Partizipationsakteure</u> und <u>Partizipationsumwelt</u> angeschnitten worden, wobei letztere relativ global durch die gesellschaftsinternen Machtverhältnisse qualifiziert wurde. Ebenso wurde deutlich, daß, wenn Partizipation als veränderungsorientiertes Konzept in bestehende gesellschaftliche Strukturen eingreift, die Integrations- und Konfliktkomponente ihm als Spannungsmomente inhärent sind. Auf die drei Dimensionen Partizipationsformen, -akteure und -umwelt wird weiter unten noch näher einzugehen sein.

MÜLLER führt eine wesentliche Dimension von Partizipation ein, indem er zwischen der quantitativen und qualitativen Dimension unterscheidet (vgl. MÜLLER 1978:59f). Dabei umfaßt erstere anhand der "quantifizierbaren interpersonalen Handlungen ... allein das formale partizipatorische Verhalten ohne seine inhaltliche Bestimmung." (ebd.:59). Letztere umfaßt, ausgehend von der "selbstverantwortliche(n) Zielbestimmung und Zielverwirklichung der Partizipanden ..., die gezielten Aktionen zur Durchsetzung gewünschter Effekte im Gefolge einer selbstbestimmten Mitwirkung an der Gestaltung des Sozialsystems der Partizipanden." (ebd.:59).

Die beiden Dimensionen stehen in einem komplementären Verhältnis zueinander, da erstere eine deskriptive Grobdiagnose erlaubt und letztere die analytische Feindiagnose über die "Befindlichkeit" eines Partizipationsprozesses ermöglicht. Als weitere Dimension soll die der Partizipationsebene eingeführt werden. HUGHES spricht mit Bezug auf den Kontext der ökonomischen Partizipation von verschiedenen Partizipationsebenen innerhalb eines Unternehmens (vgl. HUGHES 1985:78), verwendet den Begriff aber auch mit Bezug auf die administrativ-territoriale Gliederung einer Gesellschaft, wenn er von "participation as practised at the local level" (ebd.:53) spricht. Diese Begriffsverwendung soll übernommen werden, wobei an die Stelle von 'Wirtschaftsunternehmen' die Begriffe Gemeinde, Organisation oder Gruppe gesetzt werden sollen.

1.5.2. Dimensionen von 'Partizipation' auf der Mikroebene

Für den weiteren Gang der Darstellung soll eine Begrenzung auf Partizipationsprozesse auf der gesellschaftlichen Mikroebene(1), d.h. vor allem in Gemeinden(2), Organisationen (vgl. dazu SCOTT 1986:42ff) und Gruppen (vgl. HOMANS 1968:100ff) vorgenommen werden. Damit fallen Partizipationsprozesse vor allem im politischen Partizipationskontext, die Mikro- und Makroebene umfassen, ebenso wie in komplexen Organisationen (vgl. dazu ETZIONI 1975) aus der Betrachtung heraus.

Gemeinde soll in diesem Kontext mit HARTFIEL/HILLMANN als "eine lokale Einheit mit (nach außen) abgrenzbaren sozialen Interaktionsgefügen und gemeinsamen kulturellen, wirtschaftlichen und sozialen Bindungen der betroffenen Bewohner" (1982:242) definiert werden. Dabei werden Gemeinde und Ortsgesellschaft (vgl. SCHÜTZE 1975:1f) synonym verwendet. Als Gruppe soll mit HOMANS "eine Reihe von Personen, die in einer bestimmten Zeitspanne häufig miteinander Umgang haben und deren Anzahl so gering ist, daß jede Person mit allen anderen in Verbindung treten kann, und zwar nicht nur mittelbar über andere Menschen, sondern von Angesicht zu Angesicht" (1969:29) bezeichnet werden. Schließlich soll hinsichtlich des Organisationsbegriffs ETZIONI gefolgt werden, wenn er schreibt, "that organizations are social units oriented to the realization of specific goals" (1975:111).

---

1. 'Mikroebene' und 'lokale Ebene' werden im weiteren Gang der Darstellung synonym verwendet.

2. Die Qualifizierung von 'Gemeinde' aus soziologischer Sicht soll erst in Kapitel 3 durch die Einführung des Begriffs 'Dorfgemeinschaft' für den Kontext afrikanischer Agrargesellschaften vorgenommen werden.

1.5.2.1. Partizipationspotential

In Anlehnung an HETTLAGE sollen mit **Partizipationspotential** die Gesamtheit der Komponenten bezeichnet werden, die auf der individuellen Ebene des Partizipanden als Voraussetzungen in das tatsächliche partizipatorische Verhalten eingehen (vgl. HETTLAGE 1979:45). Den Ausgangspunkt bilden die **Partizipationserwartungen**, mit denen die Partizipanden in den Partizipationprozeß "eintreten".
In diese Partizipationserwartungen sind zum einen die **Partizipationseinstellungen** und das **Partizipationswissen** eingeflossen. Zum anderen konkretisieren sich in den Partizipationserwartungen die aus einer bestimmten sozioökonomischen und soziokulturellen Situation entstandenen individuellen Aspirationen der Partizipanden (vgl. MEISTER 1969:21), die wiederum mit einem bestimmten **Partizipationsangebot** abgeglichen werden müssen.
Die Partizipationseinstellungen (vgl. MEISTER 1969:21) haben sich aus den individuellen **Partizipationserfahrungen** entwickelt und bilden damit den individuellen Ausdruck ""sedimentierte(r)" sozialer Partizipationserfahrung" (HETTLAGE 1979:46). In diesem Erfahrungsprozeß sind somit auch die für die ortsgesellschaftliche Sozialstruktur spezifischen Partizipationsregeln und -normen (vgl. Abschnitt 1.5.2.2 und 1.5.2.3) verarbeitet worden. Das Partizipationswissen beinhaltet die potentiellen **Partizipationskompetenzen**, die sich aus partizipationsrelevanten Qualifikationen aber auch konkreten Partizipationserfahrungen herleiten können (vgl. DEMONQUE/EICHENBERGER 1969:40ff).

Die Erwartungen der Partizipanden ergeben sich aus individuellen Interessenkonstellationen (vgl. SCHÜTZE 1976:166f), die auf ein spezifisches sozioökonomisches und soziokulturelles

Bedingungsgefüge verweisen(1). In diesen Aspirationen drückt sich das Maximum an Nutzen aus, welches das Individuum vom Partizipationsprozeß für sich erwarten würde(2). Der wahrscheinlich realisierbare Nutzen ergibt sich zum einen aus dem Partizipationsangebot und zum anderen aus dem Zielfindungsprozeß, in dem die Partizipanden ihre unterschiedlichen Partizipationserwartungen in Einklang zu bringen versuchen.

Ein **Partizipationsangebot** kann von Akteuren (Individuen, Gruppen, Organisationen oder Institutionen), die innerhalb oder außerhalb des ortsgesellschaftlichen Handlungsfeldes angesiedelt sein können, ausgehen. HETTLAGE kennzeichnet die Minimalanforderungen an ein erfolgversprechendes Partizipationsangebot:

"Betrifft der durch eigene Aktivität zu beeinflussende Tatbestand nicht die Präferenzstruktur, Interessenlage und die Bedürfnisse (needs) des Individuums ..., so ist Engagement nicht zu erwarten." (HETTLAGE 1979:48).

Je stärker das betreffende Individuum Initiator oder Mit-Initiator des Partizipationsangebotes ist, desto bedeutender wird der Zielfindungsprozeß für die Abgleichung von maximalem individuellem und wahrscheinlich realisierbarem Nutzen. Da der Zielfindungsprozeß bereits als Teil des eigentlichen Partizipationsprozesses angesehen werden kann, soll er im folgenden Kapitel genauer erläutert werden.

---

1. MÜLLER schreibt dazu: "Motivation und Partizipation sind abhängig von gegebenen Zielstrukturen, die in sozialökonomischen Schichten und lokalen Subkulturen variieren. Sie sind komplex, über unterschiedliche, aber interdependente, dem kulturellen System eigene soziale Institutionen verteilt und mögen je nach lokaler Situation der Gruppen verschiedene Prioritäten bezüglich ihrer Realisierung, also unterschiedlichen Motivationsdruck besitzen" (1980C:222).

2. 'Nutzen' soll hier nicht auf seine ökonomische Dimension reduziert wurden, sondern auch alle denkbaren Formen nicht materialisierbaren Nutzens (z.B. soziale Anerkennung oder Erweiterung des Wissens) miteinbeziehen.

1.5.2.2. Partizipationsprozeß

Die Zielfindung hat Initialfunktion für den Partizipationsprozeß, begleitet ihn aber auch als dauerhafte Möglichkeit seiner Umorientierung. Je formalisierter der Zusammenschluß der Partizipanden angelegt ist, desto höher wird auch der Formalisierungsgrad des Zielfindungsprozesses sein. Eine Genossenschaftsgründung zum gemeinsamen bewässerten Gemüseanbau in einem afrikanischen Dorf, wozu in der Regel die Einigung mit der Genossenschaftsbehörde und gegebenenfalls auch die Beschaffung einer Pumpe gehört, wird eine formalisiertere und differenziertere Zielfindung erfordern als die Bildung einer Freundschaftsgruppe in demselben Dorf, die eher informell darüber befinden wird, ob nun die Anschaffung eines Fußballs oder die eines Plattenspielers Priorität haben soll.

Im Zielfindungsprozeß ergibt sich zum ersten Mal eine direkte Interaktion zwischen allen Partizipanden, da in der Initiierungsphase, in der zuerst das grundsätzliche Einverständnis über die Bildung einer Partizipationsgruppe geklärt werden muß, der Initiator die Kommunikation zwischen den potentiellen Partizipanden kanalisiert. Diese Initialinteraktion zwischen allen Partizipanden hat nicht nur den expliziten Zweck der Zielfindung, sondern auch die implizite Funktion, die ortsgesellschaftlichen Sozialstrukturen in die Partizipationsgruppe hineinwirken zu lassen. Somit gibt die Zielfindung die Initialzündung für die Ausbildung einer Identität als Partizipationsgruppe; sie bindet damit aber gleichzeitig die Partizipationsgruppe an die ortsgesellschaftlichen Sozialstrukturen. Bevor dieser Zusammenhang näher analysiert werden kann, müssen noch einige weitere Dimensionen des Partizipationsprozesses eingeführt werden.

Die Partizipationstypen, die in einem Partizipationsprozeß beobachtet werden können, ergeben sich aus der Verdichtung verschiedenster Partizipationsformen. Diese bezeichnen partizipationsrelevante Verhaltensmuster direkt über der konkreten Hand-

lungsebene. Die Partizipationstypen sollen in zwei Gruppen unterteilt werden, entsprechend ihrer Funktion zur:
1. Charakterisierung des gesamten Partizipationsprozesses als Reaktion auf ein bestimmtes Partizipationsangebot,
2. Charakterisierung des Verhaltens der Partizipanden innerhalb des Partizipationsprozesses.

In Anlehnung an MEISTER sollen mit Bezug auf die erste Gruppe folgende Partizipationstypen unterschieden werden (vgl. MEISTER 1969:22f):
- faktische Partizipation: Gruppen, an denen ohne Entscheidungsmöglichkeit über den Willen zur Teilnahme qua sozialstrukturell gegebener Verpflichtungen, natürlicher Merkmale und/oder der Arbeits- und Wohnbedingungen teilgenommen wird;
- freiwillige Partizipation: Gruppen, die sich aus Eigeninitiative konstituiert haben, d.h. basierend auf einem aus der Ortsgesellschaft hervorgegangenen Partizipationsangebot;
- induzierte Partizipation: Gruppen, die von Akteuren außerhalb des ortsgesellschaftlichen Handlungsfeldes initiiert werden;
- auferlegte Partizipation: Gruppen, die von Akteuren innerhalb und/oder außerhalb des ortsgesellschaftlichen Handlungsfeldes qua spezifischem Macht- und Einflußpotential durchgesetzt werden können.

MEISTER hat in seiner Typologie auch den Typus 'spontane Partizipation' aufgenommen (ebd.:22), der hier jedoch in den Kontext einer Reihe von Gegensatzpaaren gestellt werden soll, die als Partizipations-Typen gesehen werden müssen. So läßt sich der spontanen Partizipation die dauerhafte Partizipation gegenüberstellen (vgl. COLIN 1984:74 und VILMAR 1986:340). Ein weiteres Gegensatzpaar bildet die formelle und informelle Partizipation (vgl. HETTLAGE 1979:30). So kann eine Partizipationsgruppe auf informellem Wege Einfluß nehmen auf Entscheidungsprozesse innerhalb und/oder außerhalb des ortsgesellschaftlichen Handlungsfeldes, zu denen sie keinerlei formellen Zugang besitzt.

Über formelle und informelle Partizipation gelingt der Übergang zu der <u>zweiten Gruppe</u> von Partizipationstypen, die sich auf den gruppeninternen Partizipationsprozeß beziehen. Auch für letzteren hat die Unterscheidung in formelle und informelle Partizipation Gültigkeit. Des weiteren soll zwischen <u>aktiver</u> und <u>passiver</u> Partizipation differenziert werden (vgl. HETTLAGE 1979:33).

HETTLAGE differenziert dieses Gegensatzpaar noch hinsichtlich der Art und Weise, "wie sich psychischer Affekt und sachliche Kompetenz verbinden... (So (A.d.V.)) läßt sich der Typus der aktiven (mit positiv geladenem Affekt und Kompetenz) von der nur symbolischen (mit hoher Affektbindung, aber geringer Kompetenz) und der latenten Partizipation hervorheben (geringe Affektbindung, hohe Kompetenz)." (HETTLAGE ebd.:32) Hinsichtlich des Typus der passiven Partizipation und der sich darin verdichtenden Partizipationsformen soll ebenfalls HETTLAGE gefolgt werden, wenn er schreibt,

"dass die Spanne der Partizipationsgebaren sehr weit reicht und auch nicht offen erkennbare Verhaltensweisen mit in die Betrachtung einzubeziehen sind. ... Nicht alles, was sich nicht in offensichtlichen, handgreiflichen Teilnahmegebaren äußert, ist deshalb schon als Apathie und Abstinenz, den Gegenstücken zu Partizipation, zu werten". (vgl. ebd.:32).

Schließlich sollen <u>konstruktive</u> und <u>destruktive</u> Partizipation einander gegenübergestellt werden. Den Bezugspunkt dafür bildet der Beitrag, den das konkrete Verhalten der Partizipanden zur Erreichung der Ziele des Partizipationsprozesses leistet.

Das konkrete Agieren der Partizipanden im Partizipationsprozeß soll hinsichtlich seiner Intensität in <u>Partizipationsgrade</u> unterteilt werden. Ebenso wie bei den Partizipationstypen muß auch hier zwischen zwei Partizipationskonstellationen unterschieden werden, je nachdem ob das Partizipationsverhalten der gesamten Gruppe als Reaktion auf ein von außen kommendes Partizipationsangebot oder das gruppeninterne Partizipationsverhalten betrachtet wird.

Für die erste Gruppe spricht OAKLEY von <u>marginaler</u>, <u>substan-</u>

tieller und struktureller Partizipation (vgl. DSE/FAO (OAKLEY) 1985:23). Die strukturelle Partizipation als höchster Grad entspricht dabei dem, was COLIN und VILMAR "institutionalisierte Partizipation" nennen (vgl. COLIN 1984:74 und VILMAR 1986:340).

Für beide Gruppen gilt HETTLAGEs Unterscheidung von indirekter und direkter Partizipation:

"Direkte Partizipation betrifft dabei das Recht, Entscheidungen direkt zu fällen oder an ihrem Zustandekommen unmittelbar mitzuwirken. Indirekt oder repräsentativ sind die Partizipationsrechte, wenn dieses Entscheidungsrecht delegiert ist und sich auf einen mittelbaren Einfluß, die Kontrolle von Entscheidungsbefugten erstreckt." (vgl. HETTLAGE 1979:30).

Direkte und indirekte Partizipation markieren zwei unterschiedliche Partizipationsgrade, können aber auch Partizipationstypen bilden, wenn sich das Partizipationsverhalten von bestimmten Gruppen von Mitgliedern in der einen oder anderen Richtung verdichtet. Umgekehrt können die o.g. Gegensatzpaare (Partizipationstypen) je nach Betrachtungsperspektive auch Partizipationsgrade ausdrücken.

Als Partizipationsbereiche sollen die einzelnen Segmente des Partizipationsprozesses bezeichnet werden. Dabei bezieht sich 'Segment' nicht nur auf die Abfolge des Prozesses, sondern auch auf die Aktionsfelder, in denen sich der Partizipationsprozeß manifestiert. Für den Kontext einer dörflichen Selbsthilfeorganisation in einer westafrikanischen Agrargesellschaft können z.B. 'Dorfprojekte', 'Getreidevermarktung', 'Baumwollvermarktung', 'Gemeinschaftsfeld' aber auch, auf einer übergeordneteren Ebene, 'Entscheidungsfindung' oder 'Finanzkontrolle' als Partizipationsbereiche identifiziert werden.

Eine weitere Dimension von 'Partizipation' wird durch die Partizipanden gegeben. Als Partizipanden werden die Mitglieder einer Partizipationsgruppe bezeichnet, in Abgrenzung von der Gesamtheit der Akteure im Partizipationsprozeß, zu der je nach Partizipationstypus und Partizipationsbereich unterschiedliche Akteure innerhalb und/oder außerhalb des ortsgesellschaftlichen

Handlungsfeldes gehören können.

Zwischen den Partizipanden entwickelt sich wie in allen Gruppen eine bestimmte <u>innere Differenzierung</u> (vgl. HOMANS 1968:143ff). Dabei bildet sich eine interne Machtstruktur (vgl. SCOTT 1986: 367ff) heraus, die sich auch in einer bestimmten sozialen Rangeinstufung (vgl. HOMANS 1969:149ff) niederschlägt. Die deutlichste Differenzierung ergibt sich dadurch, daß bestimmte Partizipanden Führungspositionen und die damit verbundenen -rollen übernehmen (vgl. ebd.:178ff und MILL 1969:133ff). In diese gruppeninterne Differenzierung wirkt die ökonomische und soziale Differenzierung hinein, die unter den Partizipanden außerhalb der Partizipationsgruppe im ortsgesellschaftlichen Handlungsfeld herrscht. MÜLLER schreibt dazu für den Kontext von Entwicklungsgesellschaften:

"Die sozialen Strukturen auf lokaler Ebene sind entsprechend der differenzierten sozialökonomischen Schichtung und ungleicher Verteilung von wirtschaftlichen und politischen Opportunitäten recht heterogen. Folgerichtig sind auch die Motivations- und Zielstrukturen der Mitglieder des sozialen Systems an der Basis heterogen und teilgruppenspezifisch. Außerdem gibt es spezifische, ökonomische, soziale und politische Abhängigkeiten im Sinne divergierender Patron-Klient-Beziehungen." (MÜLLER 1980A:28).

Auch wenn die Partizipationsgruppe eine gruppenspezifische Differenzierung herausbildet, so sind die ortsgesellschaftlichen Strukturen doch permanent wirksam, was vor allem auch die Ausprägung von Führungspositionen beeinflußt(1).

Die <u>normative Partizipationsstruktur</u>(2) bildet sich gemeinsam mit der internen Differenzierung in der Partizipationsgruppe

---

1. Es wird im 4. Kapitel an Hand der Partizipationserfahrungen von Selbsthilfeorganisationen zu zeigen sein, daß die Wirksamkeit der ortsgesellschaftlichen Sozialstrukturen für den Partizipationsprozeß unterschiedlich intensiv sein kann. Positiv formuliert lassen sich daraus verschieden große Handlungsspielräume erklären, um unabhängige, <u>gruppenspezifische</u> Strukturen entwickeln zu können.

2. Vgl. zur Definition von 'normative Struktur' SCOTT (1986: 36).

heraus. Partizipationswerte, -normen(1) und die sich daraus ergebenden Rollenerwartungen, fügen sich zur normativen Partizipationsstruktur zusammen. In ihnen sind sowohl die gruppenspezifischen Partizipationserfahrungen als auch der ortsgesellschaftliche Erfahrungshintergrund der Partizipanden aufgehoben. Gleichzeitig enthalten sie den "Kompaß" für den Grad gruppeninterner Kohäsion.

Die gruppeninterne Kohäsion ergibt sich aus dem Spannungsverhältnis von normativer Struktur und Verhaltensstruktur:
"Die normative Struktur erlegt der Verhaltensstruktur eine ganze Reihe massiver Zwänge auf, die das Verhalten prägen und kanalisieren und zum großen Teil für seine Regelhaftigkeit und Standardisierung verantwortlich sind. Andererseits weicht das Verhalten in vielen Punkten von der normativen Struktur ab und stellt damit eine wichtige Quelle für Neuerungen und Veränderungen in der Struktur dar." (SCOTT 1986:37).

Je stärker diese Abweichung ist, desto stärker wird auch die normative Struktur Inkonsistenzen aufweisen. Je nach der konkreten empirischen Situation werden die Partizipanden diese Inkonsistenzen eher positiv oder eher negativ bewerten.

Im konkreten Partizipationsprozeß drückt sich die normative Partizipationsstruktur in bestimmten Partizipationsregeln aus. Partizipationsregeln sollen nach dem Grad ihrer Verbindlichkeit und ihrer Evidenz differenziert werden. Bei der Verbindlichkeit von Partizipationsregeln soll zwischen bedingten und unbedingten und in bezug auf die Evidenz zwischen offenen und verdeckten Partizipationsregeln unterschieden werden.

Auf der Ebene des einzelnen Partizipanden bildet sich im Zuge des Partizipationsprozesses ein Partizipationskalkül heraus. Darin drückt sich die Verarbeitung des Partizipationsprozesses mit seinen Dimensionen auf der individuellen Ebene aus, was vor allem auch eine ständige Überprüfung im Blick auf die eigenen

---

1. Vgl. zu den Begriffen Wert und Norm die Definitionen von HARTFIEL/HILLMANN (1982:809f und 542ff).

Partizipationserwartungen beinhaltet. Im Zeitablauf wechselnde und je nach gruppeninterner Differenzierung unterschiedliche Partizipationskalküle begleiten somit den Partizipationsprozeß. Der einzelne Partizipand versucht auf diesem Wege immer wieder, die mehr oder weniger latente Diskrepanz zwischen seinen Partizipationserwartungen und den Ergebnissen des realen Partizipationsgeschehens zu bewältigen.

1.5.2.3. Partizipationsantriebe und -barrieren

Dieses Gegensatzpaar bringt über eine dynamisch-zielorientierte Betrachtungsweise den Partizipationsprozesses dergestalt ins Blickfeld, daß nicht nur die Häufigkeit bzw. Bedeutung z.B. einer bestimmten Partizipationsform konstatiert, sondern darüber hinaus gefragt wird, ob sie den Partizipationsprozeß ausgehend von den Zielsetzungen der Partizipanden fördert oder hemmt (vgl. dazu auch SSENKOLOTO 1984:114ff und KUHN 1985:142).

Bei der Betrachtung von Partizipationsantrieben und -barrieren muß zwischen den Einflußfaktoren innerhalb und außerhalb der Partizipationsgruppe unterschieden werden. Hinsichtlich der ersten Gruppe von Einflußfaktoren können bisher nur wenige eindeutig identifiziert werden. So können 'konstruktiver Partizipationstypus' und 'gruppeninterne Kohäsion' unzweideutig den Partizipationantrieben und der 'destruktive Partizipationstypus' den Partizipationsbarrieren zugeordnet werden. Gruppeninterne Desintegration muß jedoch nicht zwangsläufig zu einer Partizipationsbarriere werden, weil sie auch Teil einer Krise sein kann, aus der die Partizipationsgruppe gestärkt hervorgeht. Inwieweit die bisher entwickelten Dimensionen den Partizipationsantrieben oder -barrieren zugeordnet werden müssen, kann daher nur ausgehend von dem konkreten Verlauf eines Partizipationsprozesses beurteilt werden.

Grundlegende Partizipationsbarrieren lassen sich in Verbindung mit der gruppeninternen Differenzierung ausmachen. Gruppeninterne Führungsstrukturen können vor allem im Kontext von

gruppenintern deutlich ungleich verteilten Partizipationskompetenzen die Transparenz des Informationsflusses zugunsten der Inhaber der Führungsrollen einschränken (vgl. HETTLAGE 1979:54f und VAN DOOREN 1982:217ff). Diese Tendenz verstärkt sich mit zunehmender Komplexität und Größe der Partizipationsgruppe bzw. -organisation (ebd.:54f). HETTLAGE schreibt dazu weiter:
"Es bilden sich Statusunterschiede zwischen "oben" und "unten" heraus, Machtmonopole, Interessenformationen und Kommunikationssperren ... Intraorganisatorisch können auf diese Weise Partizipationsungleichgewichte zwischen Führungspositionen und Basis entstehen, mit organisierten Beteiligungsvorteilen bzw. -nachteilen je nach Position. " (HETTLAGE 1979:55).

Bezieht man diese Aussagen zurück auf den grundlegenden Partizipationsantrieb 'gruppeninterne Kohäsion', dann ergibt sich hier ein wesentliches Spannungsverhältnis, dessen Bewegungsverlauf letzlich von der konkreten Partizipationswirklichkeit abhängt.

Die Partizipationsantriebe und -barrieren, die von außerhalb auf die Partizipationsgruppe einwirken, sind bereits mehrfach durch den Hinweis auf die ortsgesellschaftliche Sozialstruktur angedeutet, aber bisher nicht ausgewiesen worden. Die ortsgesellschaftliche Sozialstruktur kann als ein Teil dessen angesehen werden, was im weiteren als Partizipationsumwelt bezeichnet werden soll. Die <u>Partizipationsumwelt</u> umfaßt auch das lokale Ökosystem, in das die ortsgesellschaftliche Sozialstruktur eingebettet ist. Die Nutzung natürlicher Ressourcen in der lokalen Ökonomie wirkt vor allem in Form der weit verbreiteten Übernutzung sowohl auf die natürlichen Ressourcen als auch die ortsgesellschaftlichen Strukturen und damit indirekt auch auf die Partizipationsgruppen zurück.

Die Partizipationsumwelt umgreift darüber hinaus die sozioökonomischen und soziopolitischen Strukturen oberhalb der lokalen Ebene, die, bis zur Ebene der internationalen Politik und der Weltmarkt-Ökonomie hinaufreichend, die ortsgesellschaftliche Sozialstruktur und damit auch die in sie eingebundenen Partizipationsgruppen in einen interdependenten Wirkungszusammenhang eingewoben haben. SCHÜTZE spricht in diesem Zusammenhang von den

"Mechanismen des Umschlags gesamtgesellschaftlicher Strukturen und Prozesse in die Sphäre der individuellen Lebensführung und der tagtäglichen Interaktionsprozesse, wie sie sich im Interaktionstableau der Ortsgesellschaft aktualisieren." (SCHÜTZE 1976:166).

Diese gesamtgesellschaftlichen Strukturen "tendieren" als Partizipationsumwelt eher zu den Partizipationsbarrieren als zu den -antrieben. Dies haben die Ausführungen über den Entstehungshintergrund von 'Partizipation' (vgl. Kapitel 1.2. und 1.3.) ergeben. Dabei sei vor allem an die von BUGNICOURT herausgestellten "anti-participatory orientation ... of administrative systems" (BUGNICOURT 1982:70) erinnert, die für die Mitglieder von Ortsgesellschaften im Kontext afrikanischer Agrargesellschaften eines der zentralen Momente der Partizipationsumwelt ausmachen.

SCHÜTZE faßt das Spezifische in der Beziehung zwischen orts- und gesamtgesellschaftlichen Strukturen, das als Partizipationsbarriere wirkt, in den Begriff der "heteronome(n) Systembedingungen des Handelns" (1976:167). Er versteht darunter "Ereignismengen" (ebd.:167), die aus Handlungsfeldern oberhalb der lokalen Ebene in das ortsgesellschaftliche Handlungsfeld hineinwirken. Aus der Sicht einer afrikanischen, ruralen Ortsgesellschaft können weltmarktbedingte Preisschwankungen für Agrarprodukte oder landwirtschaftliche Inputs, administrative Entscheidungen zur Infrastrukturentwicklung oder das "plötzliche" Auftreten eines Entwicklungsprojektes als treffende Beispiele für heteronome Systembedingungen des Handelns genannt werden.

Letztere werden von den Akteuren im ortsgesellschaftlichen Handlungsfeld dergestalt verarbeitet, daß sie

"nur zum kleineren Teil ... intentional (in Rechnung gestellt werden (A.d.V.)); zum überwiegenden Teil werden sie jenseits der Handlungsplanung der Interaktionspartner als unkontrollierte Hemmnisse oder Begünstigungsfaktoren des Handlungsprozesses wirksam - Phänomene, die sich insbesondere in Diskrepanzen zwischen früheren Handlungsplanungen und später eingetretenen Handlungsergebnissen (einschließlich neuer

Handlungsplanungen) niederschlagen. Diese Diskrepanzen werden nur in den seltensten Fällen bewußt: der Handelnde versucht, mit ihnen vermittels routinisierter Praktiken des Ausweichens, Umgehens, Kompensierens, Rationalisierens fertig zu werden." (ebd.:167f).

Dies verweist auf das, was NARR/NASCHOLD den "Perzeptionsfaktor" (1971:171) nennen, d.h. die Möglichkeiten der Akteure, strukturelle Zusammenhänge oberhalb der lokalen Eben in ihrer inneren Logik und ihren Wirkungsmechanismen zu verstehen. Da die Akteure im ortsgesellschaftlichen Handlungsfeld diesbezüglich nur sehr eingeschränkte Möglichkeiten haben, sind sie gezwungen, die hinter den Wirkungen der heteronomen Systembedingungen des Handelns verborgenen gesellschaftlichen Machtzentren zu mystifizieren, anstatt sie genau lokalisieren und damit auch Strategien der Gegenmachtbildung entwickeln zu können. Diese Wirkungszusammenhänge zwischen orts- und gesamtgesellschaftlichen Strukturen als Teile der Partizipationsumwelt sollen im 3. Kapitel mit Bezug auf den afrikanischen Kontext konkreter dargestellt werden.

Als grundlegender Partizipationsantrieb kann in der ortsgesellschaftlichen Sozialstruktur die Überschaubarkeit der sozialen Bezüge im lokalen Handlungsfeld identifiziert werden, die "soziale Vernetzung" (MÜLLER 1980A:16) ermöglicht. Diese Überschaubarkeit wirkt sich in den Partizipationsgruppen - zumindest wenn sie den Typen 'faktische' und 'freiwillige' Partizipation zugerechnet werden können - partizipationsfördernd aus, da

"der Einzelne weiß, welche Teilhabe, welche Vorteile er selbst durch die Teilnahme für sich, seine Familie, seine Haus- und Betriebswirtschaft verwirklicht." (ebd.:26).

Die soziale Vernetzung ermöglicht so eine uneingeschränkte Transparenz und eine relative Ausgewogenheit von 'Teilnahme' und 'Teilhabe' als den beiden Schlüsseldimensionen von Partizipation. Daraus ergibt sich, daß die

"gleichzeitige Mitgliedschaft in mehreren ... (informellen (A.d.V.)) Gruppen und die Loyalität gegenüber ihren Werten und Verhaltensnormen ... den Mitgliedern in den lokalen Systemen starke Gefühle der Zusammengehörigkeit und Solidarität (verleiht (A.d.V.))" (MÜLLER 1978:62).

Wenn MÜLLER von der "gleichzeitigen Mitgliedschaft in mehreren ... Gruppen" spricht, dann weist dies auf die grundlegende Partizipationsbedingung hin, daß Partizipanden immer mehreren Gruppen angehören und somit die Partizipationsumwelt für eine Partizipationsgruppe auch immer durch die anderen Partizipationsgruppen mitkonstituiert wird.

In Schaubild 1 sind die verschiedenen Dimensionen von 'Partizipation' in einer Übersicht zusammengestellt.

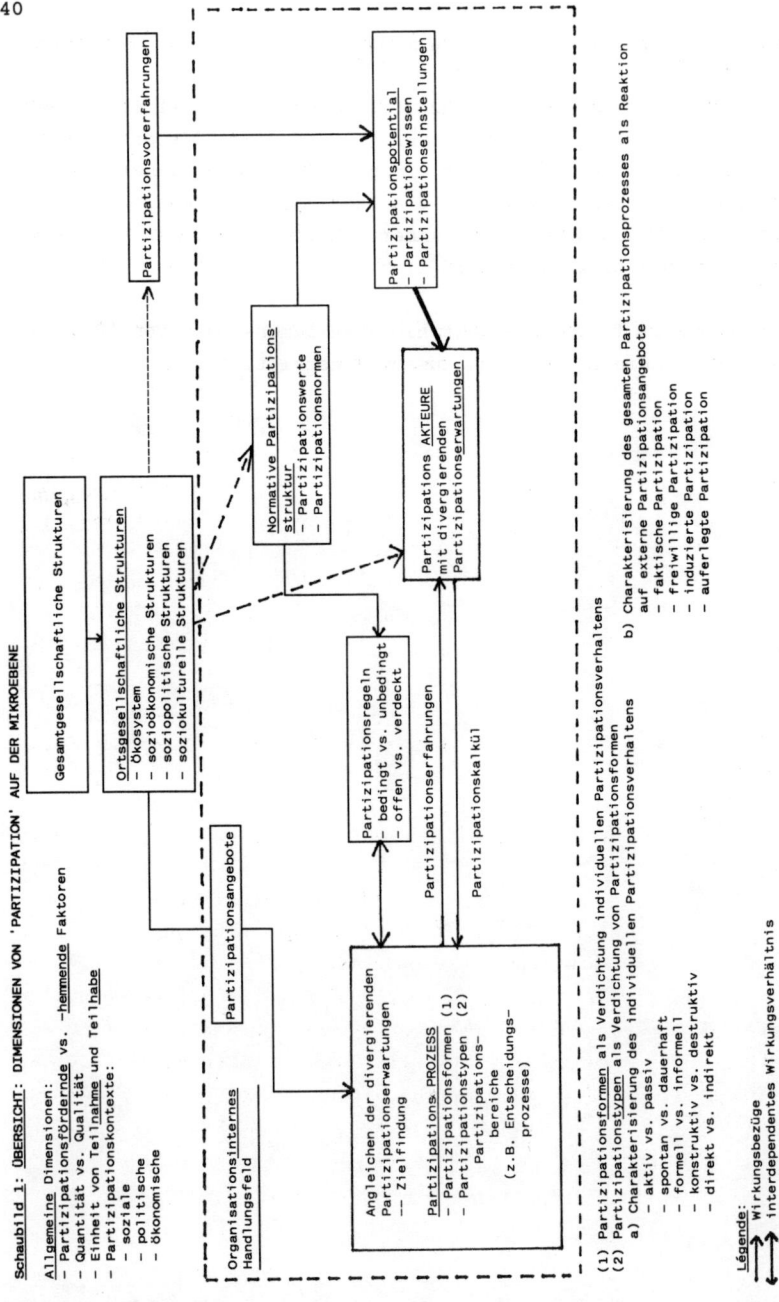

Schaubild 1: ÜBERSICHT: DIMENSIONEN VON 'PARTIZIPATION' AUF DER MIKROEBENE

Allgemeine Dimensionen:
- Partizipationsfördernde vs. -hemmende Faktoren
- Quantität vs. Qualität
- Einheit von Teilnahme und Teilhabe
- Partizipationskontexte:
  - soziale
  - politische
  - ökonomische

Gesamtgesellschaftliche Strukturen

Ortsgesellschaftliche Strukturen
- Ökosystem
- sozioökonomische Strukturen
- soziopolitische Strukturen
- soziokulturelle Strukturen

Normative Partizipations-struktur
- Partizipationswerte
- Partizipationsnormen

Partizipationsvorerfahrungen

Partizipationspotential
- Partizipationswissen
- Partizipationseinstellungen

Partizipations AKTEURE mit divergierenden Partizipationserwartungen

Partizipationsregeln
- bedingt vs. unbedingt
- offen vs. verdeckt

Partizipationserfahrungen

Partizipationskalkül

Organisationsinternes Handlungsfeld

Partizipationsangebote

Angleichen der divergierenden Partizipationserwartungen
— Zielfindung

Partizipations PROZESS
- Partizipationsformen (1)
- Partizipationstypen (2)
- Partizipationsbereiche
  (z.B. Entscheidungsprozesse)

(1) Partizipationsformen als Verdichtung individuellen Partizipationsverhaltens
(2) Partizipationstypen als Verdichtung von Partizipationsformen
 a) Charakterisierung des individuellen Partizipationsverhaltens
   - aktiv vs. passiv
   - spontan vs. dauerhaft
   - formell vs. informell
   - konstruktiv vs. destruktiv
   - direkt vs. indirekt

 b) Charakterisierung des gesamten Partizipationsprozesses als Reaktion auf externe Partizipationsangebote
   - faktische Partizipation
   - freiwillige Partizipation
   - induzierte Partizipation
   - auferlegte Partizipation

Legende:
- ⇅ Wirkungsbezüge
- ↕ interdependentes Wirkungsverhältnis
- ---- Zusammenhangsbeziehungen

2. KONZEPT DER SELBSTHILFE

'Selbsthilfe' hat sich ebenso wie 'Partizipation' den Status einer magischen Formel in der entwicklungspolitischen Diskussion sichern können. Vor dem Hintergrund der Ergebnisse der beiden ersten Entwicklungsdekaden, die weit hinter den in sie gesetzten Erwartungen zurückblieben, wurde 'Selbsthilfe' seit dem Ende der siebziger Jahre mehr und mehr zu einem zentralen entwicklungspolitischen Topos. Dabei wurde die Eindeutigkeit des Begriffes, die schon in der unmittelbaren Assoziation der <u>sich selbst helfenden Menschen</u> steckt, dadurch aufgehoben, daß von vorneherein die Legitimität der von außen kommenden Anregungen zur Selbsthilfe als für die entwicklungspolitische Praxis verbindlich angesehen wurde. Dies drückt sich in dem Zusatz Selbsthilfe-<u>Förderung</u> und in der Formel <u>Hilfe zur</u> Selbsthilfe deutlich aus. Somit muß die Betrachtung jeglicher Aktivität, die im entwicklungspolitischen Handlungsfeld mit 'Selbsthilfe' etikettiert wird, automatisch von der Frage nach dem Verhältnis von Selbst- und Fremdhilfe begleitet werden, um Eindeutigkeit darüber herzustellen, ob die Bezeichnung 'Selbsthilfe' berechtigt oder unberechtigt verwendet wurde.

Auch im Kontext der hochindustrialisierten Gesellschaften Europas hat Selbsthilfe seit Beginn der achtziger Jahre eine verstärkte Bedeutung erlangt. Dabei haben sich die Aktivitätsschwerpunkte gegenüber den Selbsthilfebewegungen der frühen Industrialisierung im achtzehnten und neunzehnten Jahrhundert deutlich verlagert. Es fällt auf, daß Selbsthilfeförderung bzw. 'Hilfe zur Selbsthilfe' im europäischen Handlungsfeld einen wesentlich geringeren Stellenwert haben.
Im folgenden wird damit zu beginnen sein, den Selbsthilfebegriff auszuleuchten, was auf einen europazentrierten und einen entwicklungsländerzentrierten Entstehungshintergrund verweist. Aus der Skizzierung dieser Entstehungshintergründe ergibt sich eine Grobdimensionierung des Selbsthilfebegriffs, wobei ein Schwerpunkte auf die Selbsthilfeorganisationen (SHO) als Träger von Selbsthilfe sowie das Spannungsverhältnis von

Selbsthilfe und Fremdhilfe gelegt werden sollen.

2.1. Selbsthilfe - eine Begriffsbestimmung

"Die Begriffsbestimmung kennzeichnet die Selbsthilfe dadurch, daß sie von einem Gegensatz ausgeht: selbst und nicht-selbst. Was sonst durch eine höhere Organisation oder in ihrem Namen geschieht, wird hier durch eine niedere Macht oder durch ein Individuum, und zwar im eigenen Belange, getan..." (STEINMETZ 1959:518).

STEINMETZ macht hier deutlich, daß die Betrachtung des spezifischen Charakters von Selbsthilfe erst dadurch sinnhaft wird, daß ein "Nicht-Selbst" als Widerpart gegeben ist, "eine höhere, umfassendere Autorität als die sich selbst helfende Instanz" (ebd.:518). Mit dieser Grundbedingung von Selbsthilfe verbindet sich eine weitere, die durch ein Spannungsverhältnis von selbst helfender Instanz (A) und umfassenderer Autorität (B) gegeben ist, daß sich in aus der Sicht von A von B nicht erbrachten Leistungen manifestiert, wobei bereits die Erwartung derartiger Leistungsdefizite diese Bedingung erfüllt (vgl. MÜLLER 1980A:18ff).

MÜLLER wählt einen anderen Ausgangspunkt, indem er eine Problemsituation als gegeben sieht, in der bestimmte Probleme von einer Person oder einer Gruppe von Personen "als drückend empfunden" werden, wodurch ein "Zustand der Bedürftigkeit bewußt (wird)" (ebd.:18). Daraus ergibt sich eine "Ausprägung konkreter Bedürfnisse, die ... zur Formulierung von Zielen führen, mit deren Erreichung zugleich ... die Erfüllung der Bedürfnisse willentlich aktiv angestrebt wird" (ebd.). Bei der sich nun notwendigerweise anschließenden Suche nach einer angemessenen Problemlösungsstrategie wird dann für Selbsthilfe optiert werden, wenn die beiden o.g. Grundbedingungen gegeben sind (vgl. ebd.:19). Dabei sieht MÜLLER diesen Prozeß durch "die Entfaltung von Triebkräften ("drives") im personalen wie interpersonalen System zur Reduktion von Spannungen und Konfliktzuständen, die durch ein Mangelgefühl entstehen und

Handlungsbereitschaft auslösen ..." (ebd.) charakterisiert. Damit schält sich als weitere Grundbedingung von Selbsthilfe ein problemlösendes und damit zielorientiertes Handeln heraus (vgl. auch BODENSTEDT 1975:2f).

Betrachtet man das Zusammenwirken der drei genannten Grundbedingungen von Selbsthilfe an dem fiktiven Beispiel einer Gruppe von Bauern in einem afrikanischen Dorf, die sich zusammengefunden haben, um den Brunnen in ihrem Dorfviertel um einige Meter zu vertiefen, dann kann dies "nur" als Gemeinschaftsarbeit bezeichnet werden, wenn dieses gemeinsame Handeln unter dem Motto stand: "Da der Grundwasserspiegel schon wieder gesunken ist, müßten wir den Brunnen mal wieder etwas vertiefen." Wenn sich jedoch der Chef des Dorfviertels vergeblich bei der Brunnenbauabteilung des Projektes X oder der zuständigen staatlichen Behörde dafür eingesetzt hat, daß sie, wie in früheren Fällen geschehen, den Brunnen wegen des sinkenden Grundwasserspiegels vertiefen soll und nun ins Dorf zurückkehrt und den anderen Familienchefs in seinem Dorfviertel sagt, daß man die Arbeiten am Brunnen wegen der vagen Zusagen der verantwortlichen Dienste wohl selber machen müsse, dann kann dieses gemeinsame Handeln als Selbsthilfe bezeichnet werden.

Dieses fiktive Beispiel hat auch deutlich gemacht, daß auf einer bestimmten gesellschaftlichen Handlungsebene eingespielte Problemlösungsformen nicht als Selbsthilfe bezeichnet werden können. Dies bedeutet, daß gerade die im afrikanischen Kontext weit verbreiteten autochthonen Kooperationsformen (vgl. BRINKSCHULTE 1976, MÜNKNER 1981, SEIBEL 1987) nicht per se als 'Selbsthilfe' betrachtet werden können, sondern nur dann, wenn sie für die Durchführung einer Selbsthilfeaktivität genutzt werden. Wenn in einem Dokument der Sondereinheit 'Armutsbekämpfung durch Selbsthilfe' des BMZ "alle Aktivitäten zur Sicherung des individuellen/familiären Überlebens" (BMZ 1984I:7) als "Selbsthilfe i.w.S." (ebd.) angesehen werden, dann wird diese wesentliche Differenzierung zwischen eingespielten

Problemlösungsformen und Selbsthilfe verwischt. Auch KUHN übergeht diese Differenzierung, wenn er schreibt: "In each society exist various, sometimes very old forms of mutual self-help." (KUHN 1985:131).

An dieser Stelle kann eine vierte Grundbedingung von 'Selbsthilfe' eingeführt werden, die BODENSTEDT "in der Betonung gemeinsamer Anstrengungen" (1975:4) bei Selbsthilfehandeln sieht. Für den Kontext dieser Arbeit soll auch gelten, was BODENSTEDT im Anschluß daran schreibt:
"Obwohl Selbsthilfe strenggenommen auch auf individuelle Unternehmungen anwendbar ist, bezieht sie sich in den uns interessierenden Fällen in Entwicklungsregionen fast immer auf gemeinschaftliche Aktivitäten." (ebd.).
Auch DÜLFER (1977:16) und MÜLLER (1980A:20) gehen von dieser grundlegenden Verknüpfung von Selbsthilfe und kollektivem Handeln aus.

VILMAR/RUNGE gehen mit Bezug auf den europäischen Kontext ebenfalls von den vier genannten Grundbedingungen von Selbsthilfe aus, jedoch setzen sie im Spannungsverhältnis zwischen den sich selbst Helfenden und der höheren sozialen Organisation andere Akzente. Übergreifendes Ziel der sich selbst Helfenden ist es, "selbst, ohne Staat, ohne Gängelung, Regelung, Betreuung von "oben", geistige, soziale, materielle, therapeutische Leistungen für ihr eigenes und das Wohlergehen ihrer Mitmenschen zu bewirken." (1986:11).
Eine der Haupttriebfedern für Selbsthilfe steckt somit im europäischen Kontext in einem 'zu viel' und 'zu unangemessen' an Leistungen der höheren sozialen Organisation, womit in diesem Falle vor allem der Staat, aber auch sonstige komplexe Organisationen (z.B. Wohlfahrtsverbände) gemeint sind. Für VILMAR/RUNGE geht es unter diesen Bedingungen um die "Wiederaneignung dessen, was der Obrigkeits- und Wohlfahrtsstaat uns an sozio-kultureller Kompetenz weggenommen, "abgenommen" hat ..." (ebd.:12).

Für BODENSTEDT verbindet sich mit 'in Selbsthilfe Handeln', "daß die sich selbst Helfenden einen neuen, d.h. in der sie umgebenden Gesellschaft nicht allgemein anerkannten Normensatz verwenden." (1975:2). Eine solche Verletzung allgemein anerkannter Normen würde Sanktionen von seiten der höheren, umfassenderen Autorität unausweichlich machen. BODENSTEDT schränkt dadurch die Betrachtung in unvertretbarer Weise ein, da das Selbsthilfehandeln, das Leistungsdefizite der höheren, umfassenderen Autorität ausgleichen möchte, aus dem Blick geriete(1). STEINMETZ wählt hier eine dem Gegenstand angemessenere, breitere Perspektive, auch wenn unter den von ihm aufgeführten 22 "Erscheinungsformen der Selbsthilfe" (1959:521) die normverletzenden dominieren (vgl. ebd.:518ff).

Diese Normverletzung, die mit 'Selbsthilfe' verbunden sein kann, verweist auf die unterschiedliche Konfliktintensität, die im Spannungsverhältnis zwischen der sich selbst helfenden Instanz und der höheren, umfassenderen Autorität virulent sein kann. Darauf bezieht sich BODENSTEDT, wenn er an anderer Stelle schreibt, daß

"der Wortsinn von Selbsthilfe (auch (A.d.V.)) darauf hinweise(n), daß eine bestimmte Gruppe Teile ihrer Umwelt als ihr nicht wohlgesonnen oder aus gegensätzlichen Interessen handelnd ansieht, oder anders gesagt: sich selbst schlechter gestellt findet." (1975:4).

In diese Richtung zielt auch HANISCH, wenn er mit Bezug auf die Situation in Entwicklungsländern drei Typen von 'Selbsthilfe' im Sinne von zielorientiertem Handeln unterscheidet:
- Entwicklung der produktiven Kapazitäten der sich selbst Helfenden, ohne die direkte oder indirekte Berührung der Interessen Dritter.
- Zurückdrängung oder Ausschaltung etablierter Interessengruppen (z.B. Zwischenhändler, private Kreditgeber), was

---

1. Dies kann gerade im afrikanischen Kontext häufig beobachtet werden, wobei die Billigung der höheren Autorität für dieses Selbsthilfehandeln vorausgesetzt werden kann (vgl. Abschnitt 2.3 und 2.5).

"eine Opposition der betroffenen Interessengruppen und Sabotageaktionen derselben gegen die SHO (Selbsthilfeorganisation (A.d.V.) wahrscheinlich (macht)" (1981:34).
- Bewußte politische Aktionen, die durch Einwirkung auf den Staatsapparat die Rahmenbedingungen der Arbeit der sich selbst Helfenden zu verändern und zu verbessern suchen (ebd.:33ff).

Nach der Typologie von HANISCH können Selbsthilfeaktivitäten auch ohne Konflikt mit der höheren sozialen Organisation unternommen werden. Es muß jedoch von einem latenten Konfliktpotential ausgegangen werden, das sehr schnell dadurch aktualisiert werden kann, daß "die Entwicklung der produktiven Kapazitäten der sich selbst Helfenden" (ebd.:34) den Zugang zu Ressourcen voraussetzt, über die die höhere soziale Organisation verfügt. Dann kann auch eine bewußte politische Aktion notwendig werden, um den Zugang zu diesen Ressourcen zu ermöglichen. Somit müssen die Grenzen zwischen den drei genannten Selbsthilfetypen in bezug auf den konkreten Verlauf des Selbsthilfehandelns als fließend angesehen werden.

VILMAR/RUNGE unterscheiden zwei grundlegende Typen von 'Selbsthilfe, wobei sie ihren Wirkungsgrad als Differenzierungskriterium heranziehen:
- Private Selbsthilfe:
  "Aktivitäten von Gruppen, deren Mitglieder ausschließlich sich selbst helfen wollen, und die sich zu diesem Zweck zusammentun..." (1986:12).
- Soziale Selbsthilfe:
  "Aktivitäten von Gruppen, die auch anderen Gruppen helfen wollen, einem größeren Kreis von Betroffenen, zu dem sie allerdings auch selbst gehören." (ebd.).

Auch wenn diese Unterscheidung für den europäischen Kontext Gültigkeit beanspruchen soll, kann sie ebenso für die Charakterisierung von Selbsthilfe in Entwicklungsländern dienlich sein. Dabei wird in der konkreten Selbsthilfepraxis die Zuordnung vor allem davon abhängen, inwieweit die betreffende

Selbsthilfegruppe offen für andere an einer bestimmten Selbsthilfeaktivität Interessierte ist bzw. durch ein gezieltes Engagement eine Verbreiterung der Selbsthilfegruppen-Basis herbeizuführen versucht.

Ebenso wie von Partizipationskontexten (vgl. Abschnitt 1.1) soll auch von **Selbsthilfe in bestimmten Kontexten** gesprochen werden. Als grobe Differenzierung wird zwischen Selbsthilfe im **sozialen**, **ökonomischen** und **politischen** Kontext unterschieden. Damit werden gleichzeitig Handlungsfelder abgesteckt, die sich in der Realität, zumal auf der lokalen, gesellschaftlichen Ebene, überlappen können. Der soziale Selbsthilfekontext läßt sich mit Bezug auf die afrikanischen Entwicklungsbedingungen mit den Beispielen 'lokale Wasser- und Gesundheitsversorgung', 'Erziehung und Ausbildung' und 'System sozialer Sicherung' charakterisieren.
Im **ökonomischen** Kontext bezieht sich 'Selbsthilfe' auf direkte und/oder indirekte Beiträge zur Problemlösung in Produktionssystemen, wobei durch Selbsthilfe auch neue, alternative Produktionssysteme entstehen können. Hierbei kommt der **genossenschaftlichen Selbsthilfe** (vgl. DRAHEIM 1965:35ff.) besondere Bedeutung zu (vgl. dazu Abschnitt 2.2. und 2.4.). Im **politischen** Selbsthilfekontext sind in bezug auf die europäische Entwicklung vor allem die Bürgerinitiativen zu nennen (vgl. Abschnitt 1.2), wobei hier die zu enge Selbsthilfedefinition von VILMAR/RUNGE nicht übernommen werden soll, für die Bürgerinitiativen nur dann Selbsthilfe praktizieren, wenn sie "selbst Alternativen zur abgelehnten Realität gestalten." (1986:20). Im Bezugsrahmen der vorwiegend rural geprägten Gesellschaften Afrikas wären z.B. alle Formen bäuerlicher Interessenvertretung - sofern sie unter den o.g. Grundbedingungen entstanden sind - in den politischen Selbsthilfekontext einzuordnen.

Folgende allgemeine Begriffsbestimmung für 'Selbsthilfe' soll für den Kontext dieser Arbeit Gültigkeit haben: Selbsthilfe bezeichnet kollektives, problemlösungsorientiertes Handeln in sozialen, ökonomischen und politischen Kontexten, das als Reaktion auf in Quantität und Qualität als unzureichend empfundene Leistungen einer höheren sozialen Organisation entstanden ist, wobei zwischen den sich selbst Helfenden und der höheren sozialen Organisation ein Spannungsverhältnis besteht, das sich in einem Spektrum von latent bis manifest bewegt.

2.2. Der europazentrierte Entstehungshintergrund

Ansätze zur Selbsthilfe lassen sich zurückverfolgen bis in die Phase der Frühindustrialisierung, die in den einzelnen europäischen Ländern mit relativ deutlichen zeitlichen Verschiebungen einsetzte. Die Vorreiterfunktion Englands drückte sich folgerichtig auch in den ersten Selbsthilfebemühungen von Arbeitern im 19. Jahrhundert aus, die ihre durch die Gesetze des Frühkapitalismus geprägten miserablen Lebensverhältnisse z.B. durch die Schaffung von Konsumgenossenschaften zu lindern versuchten (vgl. MÜLLER, 1976:10f). Begünstigt wurden diese Selbsthilfeinitiativen

" durch eine lange Tradition rechtlich anerkannter wohltätiger Vereine zur Sicherung von Menschen mit kleinem Einkommen gegen Krankheit, Unfall und Tod, durch die frühzeitige Aufhebung des Koalitionsverbotes von Angehörigen der niederen Stände und eine im Verhältnis zu den übrigen europäischen Staaten schnellere Gewährung rechtlichen Schutzes für die Genossenschaftsbewegung." (ebd.:66f)

Gestützt auf die ideengeschichtlichen Beiträge von Sozialreformern wie King und Owen entwickelten vor allem die Redlichen Pioniere von Rochdale in der Mitte des 19. Jahrhunderts die Genossenschaft zu einer in erster Linie auf Selbsthilfe basierenden Organisation. Über das Konsumgeschäft hinaus sollten preiswerte Arbeiterwohnungen erstellt sowie genossenschaftliche Beschäftigungsmöglichkeiten für Arbeitslose geschaffen werden (vgl. ebd.:21 und BOLGER 1977:32ff). Dabei wurde ein freiwilliger Zusammenschluß mit einer gleichberechtigten Mitwirkung aller Genossen geschaffen, der von der ökonomischen Seite her seinen Zusammenhalt dadurch stärkte, daß Waren nur an Mitglieder und zu Tagespreisen verkauft wurden und die Gewinnbeteiligung nach der Inspruchnahme der Genossenschaft und erst nach bestimmten Abzügen (für Risikosicherung, Kultur- und Bildungsaktivitäten) erfolgte. Die Rochdaler Pioniere verstanden ihre Selbsthilfeorganisation als Gegenentwurf zur kapitalistischen Produktionsweise. Sie wollten sich nicht mit den Forderungen der sich zunehmend entwickelnden Arbeiterbewegung "begnügen", sondern konkrete Gegenmodelle für nichtkapitalistisches Wirtschaften und Kooperieren schaffen (vgl. MÜLLER 1976:20ff).

In Deutschland, wo die Selbsthilfebemühungen aufgrund der im Vergleich zu England späteren Industrialisierung erst Mitte des 19. Jahrhunderts deutlichere Ausprägungen fanden, war die Selbsthilfebewegung eher von sozialreformerischen als von -utopischen Ideen getragen. Besondere Bedeutung als Förderer der Selbsthilfebewegung erlangten Schulze-Delitzsch und Raiffeisen, die durch die von ihnen mitentwickelten Genossenschaftsmodelle zu einer aktiven Überwindung wirtschaftlicher Not bestimmter Bevölkerungsgruppen beizutragen versuchten. Dabei zielte die Arbeit von Schulze-Delitzsch und seiner Bewegung auf den Aufbau von Kreditgenossenschaften verarmter, vornehmlich städtischer Handwerker, während die Raiffeisen'schen Spar- und Darlehnskassen den Bauern, denen die Mittel zur Modernisierung ihre Höfe fehlten und die sich teilweise schon bei Wucherern verschulden mußten, Finanzierungsmöglichkeiten bieten sollten (vgl. ebd.:39ff und MÜLLER 1986:45ff).
Die in den Schulze-Delitzsch'schen Kreditgenossenschaften geltenden Selbsthilfeprinzipien waren: solidarische Haftung, 'ein Mann : eine Stimme', einmalige Zahlung von Eintrittsgebühr und Geschäftsanteile(n) sowie Gewinnbeteiligung nach Inanspruchnahme. Entsprechend den besonderen dörflichen Lebensbedingungen ärmerer Bauern entschied sich Raiffeisen für andere Optionen. So wurde in den Spar- und Darlehnskassen auf Mitgliedsbeiträge verzichtet, es gab keine Gewinnbeteiligung - stattdessen wurde ein Fonds für wohltätige Zwecke gebildet -, die Darlehn sollten bevorzugt kleinen Landwirten zugute kommen und möglichst auch langfristig gewährt werden können. Auch versuchten die Spar- und Darlehnskassen durch einen überschau-

baren Aktionsradius und durch eine ehrenamtliche Verwaltung eine möglichst intensive Trägerschaft durch die Vereinsmitglieder zu gewährleisten. Als ein wesentlicher Unterschied zwischen den beiden Genossenschaftstypen sollte darüber hinaus festgehalten werden, daß Raiffeisen
"im absoluten Gegensatz zu Schulze (und durch diesen heftig bekämpft) eine Selbsthilfe ergänzt durch Staatshilfe (anstrebte (A.d.V.)), denn er konnte und wollte eigene Kapitalbeiträge seitens der Bedürftigen wegen ihrer Armut nicht einfordern" (MÜLLER 1986:52).

Diese finanzielle Fremdhilfe war jedoch dadurch in ihrer Wirkung auf die Selbständigkeit des betreffenden Vereins "dosiert", daß sie nur vermittelt über Selbsthilfepromotoren (dörfliche Führungspersönlichkeiten (Lehrer, Pfarrer, Bürgermeister u.a.)) in den Verein eingebracht wurde. Auf weitere Ausprägungen des Verhältnisses von Selbst- und Fremdhilfe vor allem im Sinne einer möglichen Erstickung der Selbsthilfe durch Fremdhilfe wird weiter unten näher einzugehen sein (vgl. Kapitel 2.5).

Ausgehend von den von Schulze-Delitzsch vertretenen Genossenschaftsprinzipien versuchte Haas, als ebenfalls bedeutender Selbsthilfepromotor des 19. Jahrhunderts, Kreditgenossenschaften in den ländlichen Gebieten aufzubauen. Diese erreichten bis zur Jahrhundertwende eine größere Bedeutung als die Spar- und Darlehnskassen des Raiffeisen'schen Typus. MÜLLER nennt dafür folgende Gründe:
"Organisatorisch trug die Bewegung des Raiffeisen'schen Typus zumindest zu seinen Lebzeiten die Züge ständiger Improvisation aus den lokalen und zeitlichen Gegebenheiten. In der starken Zentralisation (bis fast zur Jahrhundertwende), einem mehrfach veränderten Finanzierungssystem zur Erhaltung des organisatorischen Mittel- und Oberbaus und der relativ frühen Übernahme polyvalenter Dienstleistungen neben der Spar- und Darlehnsfunktion lagen Mängel, die zumindest die Gründung und Verwaltung der frühen Vereine erschwerten." (MÜLLER 1976:71).

Für das Verständnis des Entstehungshintergrundes von Selbsthilfe muß neben der Genossenschaftsbewegung auch das breit gefächerte Handlungsfeld der sozialen Selbsthilfe in der zweiten Hälfte des 19. Jahrhunderts mit einbezogen werden. Im Sinne der dieser Arbeit zugrunde liegenden Definition von

Selbsthilfe schreibt BELLERMANN dazu:

" In Deutschland wurde von dem Zeitpunkt an der Begriff der Selbsthilfe ins Spiel gebracht, wo es ökonomisch und politisch möglich war, daß staatliche Einrichtungen für die Sicherung von sozialen Risiken wie Krankheit, Unfall, Arbeitslosigkeit oder Invalidität im Prinzip in Frage hätten kommen können." (1986:95).

Soziale Selbsthilfeinitiativen hatten sich vor allem im städtischen Bereich gebildet. Ein Teil der Industriearbeiter hatte zur sozialen Sicherung Selbsthilfevereine organisiert; darüber hinaus gab es die von liberaler Seite - die vor allem von Schulze-Delitzsch vertreten wurde - angeregten Arbeiterbildungskassen- und Kassenvereine (vgl. ebd.:96f). Auch die eher karitativ ausgerichteten Selbsthilfeorganisationen der Kirchen leisteten einen wichtigen Beitrag für die soziale Sicherung der städtischen Arbeiterfamilien.

In der damaligen politischen Diskussion über Selbsthilfe zeigte sich das **Spannungsverhältnis von Selbst- und Fremdhilfe** besonders deutlich in der ambivalenten Haltung der Sozialdemokraten, die auf die Forderung einer staatlich getragenen Sozialversicherung nicht verzichteten, andererseits aber auch den Selbsthilfevereinen der Arbeiter nicht in den Rücken fallen wollten. Nach dem Aufbau gesetzlicher Krankenkassen zeigte sich jedoch, daß ein Nebeneinander von Selbsthilfe- und staatlichen sozialen Einrichtungen durchaus möglich war. Es stellte sich relativ schnell heraus, daß bürokratische Apparate nicht in dem Maße auf soziale Bedürfnisse eingehen konnten, wie das in einem Selbsthilfeverein möglich war (vgl. ebd.:97f).

In den zwanziger Jahren und dann verstärkt nach dem zweiten Weltkrieg entwickelten sich in der Bundesrepublik durch die Verstaatlichung der Sozialpolitik anonyme bürokratische Apparate, deren Handeln sozusagen als Gegenreaktion der von staatlicher Sozialpolitik Betroffenen eine seit den siebziger Jahren immer breitere neue Selbsthilfebewegung hat entstehen lassen (vgl. VILMAR/RUNGE 1986). Diese Bewegung wurde noch dadurch angeregt, daß sich auch die freien Wohlfahrtsverbände mehr und mehr zu relativ zentralisierten, bürokratischen

Organisationen gewandelt hatten. In dem breiten Spektrum von Selbsthilfeinitiativen drückt sich jedoch auch eine über den Rahmen der Sozialpolitik hinausweisende Unzufriedenheit mit administrativem Handeln aus. Dabei können die "sozialen Selbsthilfegruppen" (ebd.:1) als der Versuch angesehen werden, über die von Bürgerinitiativen und verschiedenen sozialen Bewegungen (z.B. Umwelt- und Friedensbewegung) praktizierte Gegenmachtbildung (vgl. dazu RASCHKE 1985, MAYER-TASCH 1976 und RUCHT 1982) hinauszugehen, um konkrete Alternativen zu praktizieren.

"Sie (die sozialen Selbsthilfegruppen (A.d.V.)) haben begonnen, in ihrem unmittelbaren Lebensbereich die Existenzbedingungen für sich und andere menschlicher zu gestalten: oft in konstruktiver, aber kritischer Zusammenarbeit mit etablierten Verwaltungen, - oft auch unabhängig von ihnen und in Konfrontation mit ihnen. Sie haben begonnen, den bürokratischen und privatwirtschaftlichen Strukturen Alternativen entgegenzusetzen, sie zeigen neue Möglichkeiten des Zusammenlebens, erproben gleichberechtigte genossenschaftliche Kooperationsformen in der Arbeitswelt." (ebd.:1).

Daß die Selbsthilfebewegung in der ambivalenten Position eingebunden ist, Alternativen zu administrativem Handeln praktizieren zu wollen, damit aber gleichzeitig konservativen Tendenzen zur Abwälzung sozialstaatlicher Aufgaben - mehr oder weniger unwillentlich - Vorschub zu leisten, macht LÜHR deutlich (1987:129ff). Er spricht von faktischer "Entstaatlichung" durch die Selbsthilfebewegung. Zu den Konsequenzen schreibt er:

"Dies "heißt aber in diesem Zusammenhang nichts anderes als die Privatisierung gesellschaftlicher Problemlagen: ob alte oder neue Armut, der Staat wird, wenigstens programmatisch, aus seinen Verpflichtungen der umfassenden Daseinsvorsorge entlassen." (ebd.:140).

Auch wenn LÜHR die Seite der Ambivalenz, die den Aufbau von Gegenmachtpositionen ausmacht, zu gering bewertet, macht er doch auf ein zentrales Konfliktfeld aufmerksam, in dem sich Selbsthilfehandeln in der Bundesrepublik aber auch im entwicklungspolitischen Umfeld bewegt (vgl. dazu die Abschnitte 2.3

und 2.5 sowie Kapitel 4)(1).

Auch die genossenschaftliche Selbsthilfebewegung hatte vor allem nach dem zweiten Weltkrieg einer Professionalisierung, Bürokratisierung und Zentralisierung ihrer Organisationen nichts entgegenzusetzen. Die überwiegende Zahl der Genossenschaften verlor dadurch die Bedingungen für eine selbstverantwortliche Trägerschaft durch die Genossinnen und Genossen, ein für die Genossenschaftspioniere im 19. Jahrhundert zentrales Charakteristikum einer Selbsthilfeorganisation(2). Die Bewältigung der Probleme in bezug auf Mitgliederpartizipation in den Genossenschaften wurde somit zwangsläufig zu einer permanenten Herausforderung (vgl. dazu RINGLE 1983 und DÜLFER/HAMM 1983).

2.3. Der entwicklungsländerzentrierte Entstehungshintergrund

Versucht man in einem historischen Rückblick Selbsthilfebewegungen in den Entwicklungsländern der verschiedenen Kontinente auszumachen, so fällt auf, daß der Blick auf sie lange Zeit durch Entwicklungsansätze verstellt wurde, die mit dem mehr oder weniger manifesten Anspruch, Fremdhilfe zur Selbsthilfe zu leisten, umgesetzt wurden. Dabei wird von der Annahme ausgegangen, daß dieser Anspruch von vorneherein durch deutliche Eigeninteressen der Fremdhelfer ausgehöhlt wurde. Die Grundsteine dafür wurden bereits in der Kolonialzeit gelegt.

---

1. Als Vorgriff auf Abschnitt 2.3 sei hier auf ELA Bezug genommen, der für den afrikanischen Kontext ganz ähnlich wie LÜHR argumentiert, wenn er die Frage aufwirft: "Faut-il confier aux seules communautés de village les activités de développement qui relèvent de l'Etat, avec le risque de provoquer la démission du pouvoir dont on connaît la tendance à se servir au lieu de servir?" (1985:75).

2. In der Zeit des Wiederaufbaus lassen sich jedoch noch Beispiele originärer Selbsthilfebewegungen finden (vgl. WEISSER 1956 und die dort angegebene Literatur).

So wurde in der britischen und französischen Kolonialpolitik in Afrika die Genossenschaftsförderung vor allem zu einem Instrument der ökonomischen Ankoppelung besonders der ländlichen Gebiete an die wirtschaftlichen Bedürfnisse des jeweiligen "Mutterlandes"(vgl. SEIBEL/DAMACHI 1982:11 und HYDEN 1982). Dies zeigte sich darin, daß über Genossenschaften die Produktion von Verkaufsfrüchten wie Kaffee, Kakao, Erdnüsse und Baumwolle entwickelt und gesteigert werden sollte. Die Produktion von Nahrungsmitteln war nur insoweit von Interesse, als die Versorgung der Städte gesichert werden sollte. Die Kolonialregierungen griffen dabei auf die Genossenschaftsmodelle aus der europäischen Selbsthilfebewegung zurück und "verordneten" sie ländlichen Gesellschaften, die mit denen im Europa des 19.Jahrhunderts kaum etwas gemein hatten (vgl. MÜNKNER 1980A:28ff, BEAUDOUX/NIEUWKERK 1985:9f und GENTIL 1984:9ff). Es mußten daher entsprechende administrative Strukturen geschaffen werden, um die genossenschaftlichen Organisationsbemühungen von oben durchzusetzen. Während im Einflußbereich der britischen Kolonialverwaltung spezielle Genossenschaftsbehörden eingerichtet wurden, gehörte im kolonialen frankophonen Afrika die Förderung genossenschaftlicher Organisationsformen zu den allgemeinen Verwaltungsaufgaben. Dabei war in den "Sociétés Indigènes de Prévoyance" ein noch stärkerer direkter staatlicher Einfluß gegeben als in den vergleichbaren Organisationen des anglophonen kolonialen Afrika (vgl. MÜNKNER 1980A:28ff, GENTIL 1986:27ff, ACI/MALI 1987:33f und ACI/CI 1987:59).

Auch wenn somit kein Interesse der kolonialen Machthaber an der Entstehung originärer Selbsthilfebewegungen bestand und damit geeignete Voraussetzungen für den Aufbau von Genossenschaften als Selbsthilfeorganisationen fehlten, ergaben sich in der Phase der Dekolonisierung aus der kolonialen Genossenschaftspolitik doch entscheidende Vorgaben für die nationalen Regierungen der unabhängigen afrikanischen Staaten. So hatte sich im anglophonen Afrika je nach Land ein relativ differenziertes Genossenschaftswesen etabliert, mit Schwerpunkten im Bereich

der Kredit-, Vermarktungs- und Konsumgenossenschaften (vgl.
z.B. für Ostafrika: TRAPPE 1966:207ff)(1).

Im frankophonen Afrika hatten sich bereits in den fünfziger
Jahren die "Sociétés Indigènes de Prévoyance" zu "Sociétés
Mutuelles de Développement" gewandelt, wodurch eine Übergangsstruktur zu den sich in den sechziger und siebziger Jahren
entwickelnden halbstaatlichen Entwicklungsgesellschaften geschaffen wurde (vgl. GOUSSAULT 1970:10ff). Die Organisationen
auf primärer Ebene (Genossenschaften oder Vorgenossenschaften)
hatten eine wesentlich geringere Bedeutung als im anglophonen
Afrika (vgl. MÜNKNER 1980A:30ff und GENTIL 1986:59ff), auch
wenn durch das Genossenschaftsstatut von 1947 (vgl. GENTIL
1986:49ff) eine gewisse Liberalisierung für die Gründung von
Genossenschaften festgeschrieben wurde.

Die Übernahme der Genossenschaftsförderung durch die nationalen
Regierungen führte nicht etwa dazu, daß der ursprüngliche
Selbsthilfecharakter von Genossenschaften stärker in den
Vordergrund gestellt wurde oder daß entscheidende Weichenstellungen für das Entstehen angepaßterer afrikanischer Genossenschaftsmodelle vorgenommen wurden. Vielmehr entdeckten auch
die neuen politischen Entscheidungsträger, denen die früheren
Kolonialmächte einen faktisch je nach Land mehr oder weniger
geringen politischen und ökonomischen Handlungsspielraum
"hinterlassen" hatten, schnell die Möglichkeit, Genossenschaften für die Durchsetzung politischer und ökonomischer Interessen zu instrumentalisieren. Vor allem die Förderung der cash-crop-Produktion sollte über Genossenschaften effektiviert und
intensiviert werden, um die nach den Regeln des Weltmarktes

---

1. HANEL weist auf eine Reihe von Beispielen erfolgreicher und
relativ selbständiger Genossenschaften hin, macht jedoch die
Einschränkung, daß die faktischen Partizipationsmöglichkeiten für die ökonomisch schlechter gestellten Mitglieder
gering waren (vgl. 1986:4).

unverzichtbaren Devisen zu erwirtschaften(1). In diesem Zusammenhang sollten die Genossenschaften auch als Transmissionsriemen für die Verbreitung technologischer und organisatorischer Neuerungen fungieren (vgl. DÜLFER 1983:33) über ihre ökonomische Funktion hinaus sollten die Kooperativen vielfach auch der politischen Absicherung der staatlichen Entscheidungsträger dienen(2).

Es entwickelte sich somit nach der Unabhängigkeit der afrikanischen Staaten insgesamt ein nachhaltiger Staatsinterventionismus in der Genossenschaftsförderung, der die Herausbildung von durch die Selbsthilfe der Mitglieder getragenen Genossenschaften weitgehend erstickte(3). Dieser Staatsinterventionismus erfaßte auch den Bereich der ländlichen Infrastrukturentwicklung z.B. in Tanzania, wo über sogenannte "self-help-schemes" eine möglichst große Beteiligung der Bevölkerung am Ausbau der Infrastruktur (Straßen, Brücken, Lagerhäuser, Schulen und Gesundheitsstationen u.a.), korrespondie-

---

1. Dies wird durch die Beispiele der Erdnußproduktion im Senegal (vgl. BELLONCLE 1978:27ff und GENTIL 1986:73ff) und der Kakaoproduktion in Kamerun (vgl. GABELMANN 1971) besonders gut illustriert.

2. Die Auswirkungen einer Instrumentalisierung der Genossenschaften für politische Ziele beschreibt MÜNKNER am Beispiel des anglophonen Afrika: "Im Umgang mit solchen durch politischen Druck oder Versprechungen von oben geschaffenen Genossenschaften mußten die Beamten der Genossenschaftsbehörde mehr und mehr zu administrativem Zwang, zu direkter Intervention und sogar zur Übernahme der Geschäftsführung greifen, um Zusammenbrüche dieser künstlich geschaffenen Gebilde zu verhindern. So entwickelten sich Einwirkungs- und Kontrollrechte, Genehmigungsvorbehalte und Strafvorschriften, die zunächst nur in der Praxis angewendet, später aber auch in die Genossenschaftsgesetze übernommen wurden." (MÜNKNER 1980A:30).

3. Auch das in den frankophonen afrikanischen Ländern nach 1960 entwickelte Konzept der "Animation Rurale", das bei der staatlichen Förderung ländlicher genossenschaftlicher Organisationen stärker die Dorfgemeinschaften ausgehend von deren Bedürfnis- und Interessenlagen zu mobilisieren versuchte, konnte diese vorherrschende Tendenz einer massiven Einmischung des Staates in die Genossenschaftsentwicklung nicht nachhaltig beeinflussen (vgl. dazu Abschnitt 1.3).

rend mit einer möglichst großen Entlastung der staatlichen Budgets erreicht werden sollte (vgl. TRAPPE 1966:247ff). In anderen Ländern wie z.b. Gambia war diese Form der Selbsthilfemobilisierung eingebunden in ein staatliches Konzept der Gemeinwesenarbeit (Community Development)(vgl. WELTFRIEDENSDIENST 1978:21ff sowie Abschnitt 1.3). Dieses Konzept des "Community Development", das bereits in der Kolonialzeit vor allem auch in Indien umgesetzt wurde (vgl. JÖRGES 1968:), hat ein ganz bestimmtes Verständnis von Selbsthilfe in die entwicklungspolitische Diskussion eingebracht. Selbsthilfe wird hier auf die Durchführung von quasi staatlich zugewiesenen Entwicklungsaufgaben reduziert. Die Mobilisierung zur Selbsthilfe wird dabei nicht in bezug auf das Verhältnis von Fremd- und Selbsthilfe problematisiert (vgl. Kapitel 2.5).

Erst seit der ersten Hälfte der siebziger Jahre konzentrierte sich die entwicklungspolitische Diskussion(1) stärker auf die Mißerfolge in der afrikanischen Genossenschaftsförderung (vgl. DÜLFER 1975, FALS-BORDA/ATHORPE/INAYATULLAH 1976 und KIRSCH 1975). Bei der Auslotung der Ursachen für diese Mißerfolge wurde besonders auf die negativen Folgen der vielfältigen staatlichen Interventionen (s.o.) hingewiesen (vgl. DÜLFER 1975:10ff). Die relativ häufig festgestellte Verfügung einer Zwangsmitgliedschaft in der Genossenschaft machte eine Identifikation der Mitglieder mit "ihrer" Genossenschaft von vorneherein unmöglich (vgl. FALS-BORDA/ATHORPE/INAYATULLAH 1976:442). Darüber hinaus hatten die dominierenden staatlichen Instrumentalisierungsinteressen zum Entstehen zu großer Einheiten geführt, die - selbst bei freiwilliger Mitgliedschaft - von den Mitgliedern nicht mehr kontrolliert werden konnten und somit zunehmenden Bürokratisierungstendenzen ausgesetzt

---

1. Es kann an dieser Stelle nicht genauer zwischen den verschiedenen Diskussionskontexten (anglophones vs. frankophones Afrika, Entwicklungshilfeorganisationen vs. nationale Förderorganisationen und wissenschaftlicher vs. entwicklungspraktischer Kontext) differenziert werden.

waren(1) (vgl. HETTLAGE 1979:235 und GENTIL 1986:249ff).

Die staatlichen Eingriffe bewirkten häufig eine ineffiziente Verwaltung der Genossenschaftsangelegenheiten, indem unqualifizierte Beamte und Genossenschaftsmanager, die teilweise auch in politische und ökonomische Patron-Klient-Beziehungen verflochten waren, einen dominierenden Einfluß in den Genossenschaften gewinnen konnten (vgl. KIRSCH 1975:56f und DÜLFER 1975:11f). MÜLLER betonte in diesem Zusammenhang das vor allem in Afrika verbreitete strukturelle Problem eines Mangels an engagierten, uneigennützig agierenden Genossenschaftspromotoren, auf die die europäische Genossenschaftsbewegung im 19. Jahrhundert sich ganz wesentlich stützen konnte. (vgl. MÜLLER 1980D:29). Daß sich Genossenschaften mit ihrem Anspruch einer gleichberechtigten Partizipation aller Mitglieder an ihrer Organisation (ein Mitglied -> eine Stimme) auch als mit lokalen Machtstrukturen unvereinbar erweisen konnten, hat BERGMANN am Beispiel des Senegal herausgearbeitet (vgl.1972 sowie Abschnitt 4.2).

Die Diskussion blieb jedoch nicht bei der Analyse der Genossenschaftskrise stehen, sondern suchte nach neuen, angepaßteren Organisationsformen, die die Entwicklungsaufgaben vor allem in den ländlichen Gebieten tragen könnten und dabei auf eine stärkere Partizipation der interessierten Bevölkerung gegründet sein müßten.(vgl. NASH/DANDLER/HOPKINS 1976, DÜLFER 1977, MÜNKNER 1980B, MÜLLER 1981 und GENTIL 1984:4ff). Der Blick wurde nunmehr über den eingeschränkten Bereich der genossenschaftlichen Entwicklung hinaus auf eine Fülle von Kooperationsformen gelenkt, die teilweise schon lange bestanden, jedoch durch die Fixierung auf die Umsetzung eines bestimmten Genossenschaftsmodells kaum in den Blick der Entwicklungsplaner gelangen konnten.

---

1. KIRSCH/ARMBRUSTER/KOCHENDÖRFER-LUCIUS machen auf den hier auch wirksamen Widerspruch von "'economies of scale'" und "'social diseconomies'" (1983:52) aufmerksam (vgl. dazu auch Abschnitt 4.1).

Hier sind zuerst die Fülle von tradierten ortsbürtigen Kooperationsformen in den verschiedensten Bereichen der dörflichen Ökonomie wie z.B. bei der Feldarbeit, bei der Wasserversorgung oder bei der Finanzierung zu nennen ("Tontines") (vgl. SEIBEL/ KOLL 1967, BRINKSCHULTE 1976, MÜLLER 1980A, LIPEB 1980 und SEIBEL/DAMACHI 1982). Diese Formen der Zusammenarbeit hatten sozusagen im Windschatten der Genossenschafsförderung eine unverändert große Relevanz für die dörfliche Ökonomie. Vor allem das breite Spektrum der Spar- und Kreditgruppen konnte als originäre Selbsthilfebewegung zur Bewältigung der zunehmend in die Dörfer eindringenden Geldwirtschaft verstanden werden, da entsprechende Hilfe weder von den Geldverleihern noch von den formellen Finanzinstitutionen erwartet werden konnte (vgl. SEIBEL/DAMACHI 1982:59ff). Zum anderen hatten sich je nach Land mit unterschiedlicher quantitativer Bedeutung teilweise informelle Organisationen (z.B. dörfliche Entwicklungskomitees) gebildet, die als originäre Selbsthilfezusammenschlüsse die verschiedensten Aktivitäten in der dörflichen bzw. ländlichen Entwicklung entfaltet hatten(1).

Über die kritische Reflektion der Genossenschaftsentwicklung gelang somit eine Rückbesinnung auf die Notwendigkeit von Selbsthilfe als Voraussetzung für eine eigenverantwortliche Trägerschaft von entwicklungsrelevanten Kooperationsformen. Daraus erklärt sich die seit der zweiten Hälfte der siebziger Jahre herausragende Bedeutung des Begriffs 'Selbsthilfeorganisation' (SHO) (vgl. dazu vor allem Kapitel 2.4). Er etablierte sich als Bezeichnung für ein breites Spektrum von Zusammenschlüssen, das von kleinen autochthonen Kooperationsgruppen über Primärgenossenschaften bis hin zu Bauernverbänden (Farmers' Associations) reichte. Er schloß somit Genossenschaften ein, implizierte aber auch, daß Genossenschaften je nach

---

1. Bereits in den sechziger Jahren hatte TRAPPE auf die Bedeutung derartiger Selbsthilfeinitiativen in Tansania hingewiesen (vgl. TRAPPE 1966:173ff). Weitere Beispiele finden sich bei SEIBEL/DAMACHI (1982:87ff) und bei GENTIL (1986: 205ff).

ihrem tatsächlichen Selbsthilfecharakter nicht mehr zu den SHO gerechnet wurden (vgl. COPAC 1978:15 und OLLAWA 1977:412).

Als Ergebnis dieser entwicklungspolitischen Diskussion läßt sich die Forderung nach angepaßteren Formen der Unterstützung von SHO festhalten. Es sollte nicht prinzipiell auf Fremdhilfe verzichtet werden, aber die Wahrung der eigenverantwortlichen Trägerschaft in den SHO und die Förderung von für das Entstehen von SHO günstigen Rahmenbedingungen sollten zur Richtschnur für die Beurteilung von Fremdhilfekonzepten werden (vgl. DÜLFER 1977, BMZ 1977, MÜLLER 1981, BELLONCLE/GENTIL 1983, KIRSCH/ ARMBRUSTER/KOCHENDÖRFER-LUCIUS 1983). Die Wahrung der eigenverantwortlichen Trägerschaft verwies auf die Notwendigkeit, der Mitgliederpartizipation in SHO einen höheren Stellenwert einzuräumen (vgl. MÜLLER 1980B, DÜLFER/HAMM 1983 und BELLONCLE 1983:12ff). Mit zunehmender Komplexität einer SHO wurde es umso schwieriger, dauerhafte Trägerschaft durch Mitgliederpartizipation zu erreichen (vgl. dazu auch Abschnitt 4.1).

In der Diskussion über angepaßtere Strategien der Selbsthilfeförderung wurde in den achtziger Jahren vor allem auch in den entwicklungspolitischen Organisationen der Bundesrepublik die Frage der institutionellen Voraussetzungen von Selbsthilfeförderung stärker thematisiert, vor allem auch unter dem Aspekt der selbstgesetzten Barrieren und Restriktionen durch institutionenspezifische "settings". Diesbezügliche kritische Einschätzungen richteten sich dabei vor allem an die staatlichen Entwicklungshilfeorganisationen, während die nichtstaatlichen Institutionen eher zu flexiblerem Vorgehen in der entwicklungspolitischen Praxis in der Lage zu sein scheinen (vgl. BMZ 1986, DIDIERLAURENT 1985, VERHAGEN 1987, LÜHR 1987 und HALL 1988). Die stärkere Bedeutung von Selbsthilfeförderung führte auch zu einer genaueren Aufarbeitung des breiten Spektrums von SHO in den verschiedenen Entwicklungsgesellschaften (vgl. BMZ 1984II, ENDA 1985, DSE/BMZ/DSV 1986, SCHNEIDER 1986 und ASCOOD/EZE 1987).

Es wäre jedoch verfehlt, aus diesen Umorientierungen bereits jetzt auf eine grundsätzlichen Abkehr von durch Fremdhilfe instrumentalisierter "Selbst"hilfe in der entwicklungspolitischen Praxis schließen zu wollen (vgl. KIRSCH/BENJACOV/ SCHUJMANN 1980, SEIBEL/MARX 1984 und VERHAGEN 1987). An diesem Punkt ergibt sich eine deutliche Parallele zum entwicklungsländerzentrierten Entstehungshintergrund von 'Partizipation' (vgl. Abschnitt 1.3). Wie dort offenbarte sich auch in der gesamten Selbsthilfediskussion immer wieder das Interesse von nationalen Förder- wie auch von Entwicklungshilfeorganisationen, über 'Selbsthilfe' die Akzeptanz für Entwicklungsprogramme und -projekte bei der angesprochenen Bevölkerung zu erhöhen sowie SHO für eine reibungslosere Umsetzung ländlicher Entwicklungsmaßnahmen zu benutzen(1). Auf die damit verbundenen Implikationen für den Handlungsspielraum von SHO wird weiter unten näher einzugehen sein (vgl. Abschnitt 2.5).

Diese grobe Skizzierung des Entstehungshintergrundes von Selbsthilfe sollte verdeutlichen, wie 'Selbsthilfe' zu einem vorherrschenden entwicklungspolitischen Topos werden konnte. Dabei konnte herausgestellt werden, daß der Blick auf das tatsächliche Selbsthilfegeschehen in den Entwicklungsgesellschaften, wobei hier vor allem der afrikanische Bezug hergestellt wurde, lange Zeit durch ein eingeengtes Genossenschaftsförderungskonzept verstellt war. Darüber hinaus wurde deutlich, daß die zunehmende Berücksichtigung von SHO in der Entwicklungspraxis durchaus ambivalent beurteilt werden muß, da die "Entdeckung" einer SHO für sie nicht nur die Chance einer externen Unterstützung sondern auch das Risiko beinhaltet,

---

1. Auch wenn der GTZ-Orientierungsrahmen für die Ländliche Regionalentwicklung (LRE) die Selbstbestimmung der betroffenen Bevölkerung betont, dominiert doch der instrumentelle Aspekt: "Les groupements d'entraide, quelle que soit leur forme d'organisation, s'avèrent être des structures d'accueil particulièrement efficaces pour diffuser des innovations techniques, financières et organisationnelles intéressant les groupes-cibles dans les secteurs de la production, de la transformation et de la distribution" (BMZ/GTZ 1984:64).

durch Fremdhilfe überfördert zu werden.

2.4. Selbsthilfeorganisationen als Träger von Selbsthilfe

Bei der Entwicklung einer allgemeinen Begriffsbestimmung von Selbsthilfe zu Beginn dieses Abschnitts war die grundlegende Verknüpfung von Selbsthilfe und kollektivem Handeln für den Kontext dieser Arbeit festgelegt worden. Bei der Skizzierung des Entstehungshintergrundes von Selbsthilfe war durchgehend von verschiedenen Formen die Rede, in denen sich das kollektive Selbsthilfehandeln realisiert. Für die Bezeichnung dieses Gesamtspektrums von durch Selbsthilfe getragenen Kooperationsformen soll hier der Terminus 'Selbsthilfeorganisation' gewählt werden. In der Literatur wird teilweise auch der Begriff 'Selbsthilfegruppe' verwendet (vgl. KIRSCH/ARMBRUSTER/KOCHEN-DÖRFER-LUCIUS 1983 und DSE/BMZ 1987). Ausgehend von den in Abschnitt 1.5.2 vorgenommenen Begriffsbestimmungen von 'Organisation' und 'Gruppe' soll im weiteren zur Betonung des mit Selbsthilfe verbundenen zielgerichteten Handelns von Selbsthilfeorganisationen (SHO) gesprochen werden. Dabei sind sich ausdrücklich als Selbsthilfegruppen verstehende Zusammenschlüsse im Begriff SHO mit aufgehoben.

Für die Definition einer SHO kann es hier genügen, sie als Form des kollektiven Selbsthilfehandelns im Sinne der für den Kontext dieser Arbeit maßgeblichen Bestimmung von Selbsthilfe (vgl. Abschnitt 2.1) zu bezeichnen. Zum Verständnis des breiten Spektrums von SHO, die in der Wirklichkeit beobachtet werden können, müssen jedoch eine Reihe von Merkmalen und Typen näher erläutert werden.

Merkmale und Typen von SHO

Hinsichtlich ihres Entstehungszusammenhangs können SHO, vor allem wenn sie im für den Kontext dieser Arbeit besonders relevanten entwicklungspolitischen Handlungsfeld beleuchtet werden, selbstinitiiert d.h. ortsbürtig entstanden oder von außen induziert sein. MÜLLER konkretisiert diese Unterscheidung folgendermaßen:

" Autochthone Selbsthilfeorganisationen sind bedürfnisbezogen, selbstorganisiert, selbstüberschaubar, selbstkontrollierbar, unbürokratisch und kostenextensiv. Sie sind sozial organisiert im Sinne der interdependent verbundenen, lokalen, sozialen Institutionen...
Diese Selbsthilfe-Institutionen sind darum wesentlich attraktiver, stabiler als jede formelle Selbsthilfe-Organisation, die von außen und oben zu den von dorther bestimmten Zwecken errichtet wird. Sie sind folglich durch hohe Teilnahme ausgezeichnet..." (1981:6).

Daß die ortsbürtig entstandenen SHO wesentliche günstigere Voraussetzungen für eine eigenverantwortliche Trägerschaft durch die Mitglieder und damit für eine höhere Wahrscheinlichkeit der Dauerhaftigkeit des kollektiven Selbsthilfehandelns mitbringen, wird auch von anderen Autoren bestätigt (vgl. MÜNKNER 1981:20, SEIBEL/MARX 1984:99ff und SEIBEL 1987:183ff).

Folgende weitere Merkmale von SHO sollen festgehalten werden (vgl. MÜLLER 1984A:21f, KUHN 1985:126ff und MÜNKNER/JEETUN 1986:20f):
- relative Homogenität der Mitglieder(1)
- Identität von Trägern und Nutzern der SHO
- relative Dauerhaftigkeit des gemeinsamen Handelns (zur Abgrenzung von ad-hoc-Gruppenaktivitäten)
- offene Organisations- und Entscheidungsstrukturen, die eine eigenverantwortliche Trägerschaft durch die Mitglieder (Mitgliederpartizipation) ermöglichen.

---

1. "It strengthens the group if, apart from the interest in satisfying common operational goals, the members harmonize also in social and cultural values." (KUHN 1985:135).

Weitere Merkmale von SHO sind in der folgenden Typenbildung mit aufgehoben, die in Anlehnung an DÜLFER (1977:17), KIRSCH/ARMBRUSTER/KOCHENDÖRFER-LUCIUS (1983:25), BODENSTEDT (1980:111) und BEAUDOUX/NIEUWKERK (1985:47ff) vorgenommen wird. Um in Anbetracht der Fülle der SHO eine gewisse Übersichtlichkeit zu wahren aber auch unter Berücksichtigung der zentralen Fragestellungen dieser Arbeit soll diese SHO-Typenbildung auf den Raum afrikanischer Übergangsgesellschaften begrenzt werden.

Grundsätzlich soll zwischen **formellen** und **informellen** SHO unterschieden werden, wobei hier ausschließlich die rechtliche Anerkennung als Unterscheidungskriterium fungieren soll. Dabei sollen jedoch die gewohnheitsrechtlich anerkannten SHO besonders berücksichtigt werden(1).
Bei den **informellen** SHO soll zwischen **tradierten** und **nicht tradierten Basisgruppen** unterschieden werden. Unter erstere sind folgende SHO zu subsumieren:
- Gruppen der gegenseitigen Hilfe
- einfache Spar- und Kreditringe
- Übergangsformen der gegenseitigen Hilfe (z.B. Lohnarbeitsverein (vgl. SEIBEL 1987:186))

Es sei an dieser Stelle nochmals auf die zu Beginn dieses Kapitels vorgenommene Differenzierung hingewiesen, daß nicht alle tradierten Kooperationsformen als SHO einzustufen sind, sondern nur dann, wenn sie unter Bedingungen der Selbsthilfe agieren.
Zu den **nichttradierten Basisgruppen** werden folgende SHO gerechnet:
- Dorfentwicklungskommitees (vgl. z.B ASCOOD/EZE 1987)
- dörfliche Gruppierungen ("Groupements Villageois" oder

---

1. Auf dieser gewohnheitsrechtlichen Grundlage agieren bis heute die "Groupements Villageois" (GV) in Burkina Faso (vgl. Teil II). Eine 1983 praktisch gesetzlich verfügte rechtlich Anerkennung konnte aus politischen Gründen bis heute nicht angewendet werden. Nichtsdestotrotz können die GV Baumwolle an die staatliche Baumwollgesellschaft (SOFITEX) verkaufen und Kredite von einer Genossenschaftsbank (Union des Coopératives d'Epargne et du Crédit du Burkina (URCECB)) erhalten (vgl Kapitel II:1.5).

"village self-help groups") mit ökonomischem und sozialem Aktivitätsspektrum:
- Vermarktung
- Versorgung mit Konsumgütern
- Versorgung mit Produktionsmitteln
- kollektive Produktion
- Ausbau und Unterhaltung der sozialen Infrastruktur (Brunnen, Krankenstationen, Schulen, Kindergärten, Getreidemühlen u.a.)
- Kredit- und Bürgschaftsgruppen
- Vorgenossenschaften ohne Statut

Bei den *formalen* SHO muß unterschieden zwischen solchen mit und ohne Organbetrieb. Zur ersten Gruppe können die registrierten Genossenschaften (z.B. Credit Unions), Paragenossenschaften sowie autochthone Spar- und Kreditringe mit dauerhafter Geschäftstätigkeit (vgl. z.B. SEIBEL/MARX 1984:148ff) gezählt werden. Zu den Paragenossenschaften gehören Produzentenvereinigungen, Vorgenossenschaften mit legalem Status und "Farmers' Associations". Schließlich sollen unter die formalen SHO ohne Organbetrieb Clubs, Verbände und Gewerkschaften subsumiert werden, die Interessensvertretungsfunktionen wahrnehmen. Eine Gesamtübersicht dieser SHO-Typenbildung findet sich in Schaubild 2.

Bei der bisher gemachten Typisierung von SHO konnten die *Organisationsebenen* noch nicht genügend berücksichtigt werden. Insofern soll in Anlehnung an KIRSCH/ARMBRUSTER/KOCHENDÖRFER-LUCIUS (1983) zwischen primären, die durch die Typenbildung abgedeckt sind, und sekundären SHO unterschieden werden. KIRSCH kennzeichnet letztere folgendermaßen:

"Leistungsfähige autonome Primär-SHO können sich selbst kooperativ zusammenschließen, wobei die erreichbare Autonomie dieses Sekundär-Zusammenschlusses u.a. von der Autonomie der Basisstrukturen abhängt. In dem neuen Verbund treten die Mitglieds-SHO einen Teil ihrer Autonomie an die Sekundär-SHO ab" (1983:78).

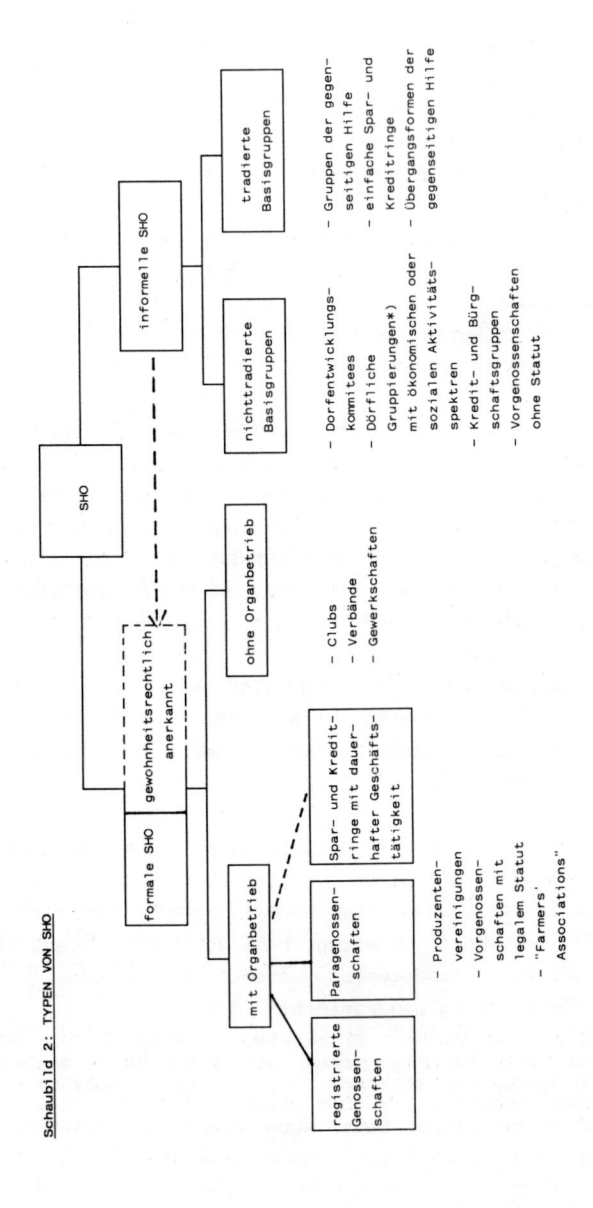

Schaubild 2: TYPEN VON SHO

```
                                    SHO
                                     |
        ┌────────────────────────────┼────────────────┐
        |                            |                |
   formale SHO              gewohnheitsrechtlich   informelle SHO
        |                      anerkannt                |
        |                         (- - -)               |
  ┌─────┴─────┐                      |           ┌─────┴─────┐
  |           |                      |           |           |
mit Organ-  ohne Organbetrieb                nichttradierte  tradierte
betrieb                                       Basisgruppen  Basisgruppen
  |
┌─┴──────────┬─────────────────┐
|            |                 |
registrierte Paragenossen-   Spar- und Kredit-
Genossen-    schaften         ringe mit dauer-
schaften                      hafter Geschäfts-
                              tätigkeit
```

- Produzenten-
  vereinigungen
- Vorgenossen-
  schaften mit
  legalem Statut
- "Farmers'
  Associations"

- Clubs
- Verbände
- Gewerkschaften

- Dorfentwicklungs-
  kommitees
- Dörfliche
  Gruppierungen*)
  mit ökonomischen oder
  sozialen Aktivitäts-
  spektren
- Kredit- und Bürg-
  schaftsgruppen
- Vorgenossenschaften
  ohne Statut

- Gruppen der gegen-
  seitigen Hilfe
- einfache Spar- und
  Kreditringe
- Übergangsformen der
  gegenseitigen Hilfe

*) "Groupements Villageois"/"Village self-help groups")

Schaubild in Anlehnung an DÜLFER (1977:17), KIRSCH/ARMBRUSTER/KOCHENDÖRFER-LUCIUS (1983:25), BODENSTEDT (1980:111) und BEAUDOUX/NIEUW KERK (1985:47 ff)

2.5. Zum Spannungsverhältnis von Selbst- und Fremdhilfe

Die Fremdhilfe zur Selbsthilfe erscheint wie eine contradictio in adjecto. Wie jedoch bei der Skizzierung des Entstehungshintergrundes von 'Selbsthilfe' deutlich wurde, hat Fremdhilfe zur Selbsthilfe sowohl in der Geschichte der Selbsthilfebewegungen als auch im entwicklungspolitischen Handlungsfeld einen relativ konstant hohen Stellenwert eingenommen. Aus diesen Erfahrungen läßt sich auch die scheinbare contradictio in adjecto dahingehend auflösen, daß Fremdhilfe nicht per se Selbsthilfe außer Kraft setzt, sondern je nach Art, Intensität und Dauerhaftigkeit des Eingriffs im Sinne von Fremdhilfe das Selbsthilfehandeln bis zur Unkenntlichkeit schwächen, es aber eben auch nachhaltig stärken kann.

Stellt man sich kooperative Selbsthilfe in ein Kräftefeld eingebettet vor, aus dem sie ihre Dynamik bezieht, dann beeinflußt jeder Eingriff von außen dieses Kräftefeld in konstruktiver oder destruktiver Weise. Von einem konstruktiven Beitrag kann dann gesprochen werden, wenn von außen genau die Teile des Kräftefeldes verstärkt werden, die aufgrund des internen Selbsthilfepotentials Defizite aufweisen. Von destruktiver Wirkung muß dann gesprochen werden, wenn die Fremdhilfe nur scheinbare Dauerhaftigkeit verheißt, wenn sie kontraproduktive Problem"lösungs"beiträge leistet oder für die Selbsthilfeorganisation Abhängigkeiten nach außen zur Folge hat, die ihre Handlungsfähigkeit im Sinne einer kooperativen Problemlösung vermindern.

Günstigstenfalls haben die Träger der Selbsthilfe den notwendigen Handlungsspielraum, um die Fremdhilfe zu kanalisieren und damit die positiven oder negativen Wirkungen von Fremdhilfe, so sie ihnen bewußt sind, zu steuern. Unter diesen Bedingungen ist es auch vorstellbar, daß Fremdhilfeeingriffe in ihrer Wirkung neutral sein können, da von den Selbsthilfeakteuren ggf. rechtzeitig "entschärft". Sieht man diesen notwendigen Handlungsspielraum nicht als gegeben an, stellt sich die Frage nach dem Wissen der Fremdhelfer über die positiven oder negativen Auswirkungen ihrer Eingriffe. Geht man von

Wissensdefiziten aus, führt dies zu der Frage, ob mehr oder weniger unwissentlich von den Fremdhilfeakteuren unterstützend oder unterminierend in das Selbsthilfehandeln eingegriffen wird, oder ob hier ein eindeutig interessegeleitetes Handeln vorliegt. Diese Fragen stellen sich umso drängender, wenn die im entwicklungspolitischen Umfeld häufig zu beobachtende Konstellation angenommen wird, daß kollektives Selbsthilfehandeln noch gar nicht praktiziert wird, sondern durch Fremdhilfe überhaupt erst initiiert werden soll.

Für den Fall der staatlichen Fremdhilfeakteure macht MÜLLER die Interessengebundenheit dieser Eingriffe aber auch die damit verbundenen Interessendivergenzen zwischen Verwaltung und Selbsthilfeakteuren ganz deutlich:

" In den Händen einer höheren Planungsbehörde, die möglichst bald wirtschaftliche Erfolge nachweisen muß, droht das originäre Selbsthilfemuster umfunktioniert zu werden: Nämlich zu einem artifiziellen Instrument für staatsgebundene Vorstellungen von Selbsthilfe, Kooperation und Entwicklung. Solche Vorstellungen sind nun einmal anonym von oben nach unten einwirkenden politischen Planungsbehörden zu eigen, zumal wenn sie unverändert Anspruch auf technokratische Modernisierung nach industriekapitalistischem Vorbild erheben. Sie sind im allgemeinen nicht deckungsgleich mit dem Selbstverständnis der Selbsthilfe in den sozialen Zielgruppen solcher Entwicklung." (1980C:216)

Aber auch fehlendes Wissen und Verständnis über das Handlungsfeld der Selbsthilfegruppen gehen in administratives Fremdhilfehandeln mit ein:

"Es besteht darum die Gefahr der autoritären Aufoktroyierung von Selbsthilfe-Interpretationen durch lokal-kulturfremde Planer und die Gefahr der Degradierung des ursprünglichen Selbsthilfe-Konzepts zum technokratischen Instrument einer unkritischen, weil im Milieu der zu Entwickelnden unüberprüften Übertragung von Regierungs- und Planungsinteressen von oben nach unten " (ebd.:216).

KIRSCH/ARMBRUSTER/KOCHENDÖRFER-LUCIUS zeigen noch einen weiteren Mechanismus auf, wie bei dieser Interessenkonstellation des Staates die Selbsthilfegruppen quasi zur Aufnahme von für sie schädlicher Fremdhilfe genötigt werden.

"Bereits das Angebot staatlicher Leistungen kann die Autonomie einer SHO dann einschränken, wenn die ursprünglichen Ziele der SHO-Mitglieder den angebotenen Programmen untergeordnet und diese dadurch in den Hintergrund gedrängt werden. Die den SHO gebotene Alternative der unmodifizierten Annahme des Angebots von Förderleistungen oder der totalen Nicht-Förderung verleitet viele SHO, Förderleistungen zu akzeptieren, ohne sich damit identifizieren zu können (1983:120f).

Eine ebenso unverminderte Aktualität für das Spannungsverhältnis von Fremd- und Selbsthilfe hat die bereits in Zusammenhang mit den "self-help schemes" in Tansania und dem Konzept des Community Development angesprochene Interessenlage der Administration, durch die Mobilisierung von Selbsthilfeaktivitäten vor allem bei der Entwicklung der ländlichen Infrastruktur das staatliche Budget zu entlasten (vgl. KABBA 1978, KIRSCH/ BENJACOV/SCHUJMANN 1980 und Kapitel II:1.4). Die SHO müssen hier den Zwiespalt bewältigen, einerseits Ansprüche an staatliche Entwicklungsleistungen geltend machen zu wollen und andererseits die Nachdrücklichkeit, mit der diese Ansprüche artikuliert werden, durch Selbsthilfeaktivitäten indirekt abschwächen zu müssen, wenn sie nicht dauerhaft auf bestimmte Infrastruktureinrichtungen verzichten wollen.

Beleuchtet man nun die Strategien der Fremdhilfeakteure im entwicklungspolitischen Handlungsfeld (staatliche, nichtstaatliche und multilaterale Entwicklungshilfeorganisationen), dann darf begründet angenommen werden, daß hier ebenso wie bei der staatlichen Fremdhilfe von Wissensdefiziten über das Aktionsfeld der SHO ausgegangen werden muß (vgl. z.B. DSE/GTZ 1982, MUSTO 1987, DÜNKI 1987 und VERHAGEN 1987). Jedoch lassen sich über die Interessenlagen dieses sehr weit gefächerten Spektrums von Fremdhilfeakteuren auf dieser allgemeinen Ebene kaum sinnvolle Aussagen treffen, zumal sie in ihrem Handeln wiederum direkt oder indirekt eingebunden sind in die administrativen Fremdhilfestrukturen des jeweiligen Landes[1]. Auf der konkreteren Ebene von Ländern bzw. einzelnen Projekten lassen sich dann auch eher die Schwierigkeiten festmachen, mit denen sich die Fülle der gerade auch in den letzten Jahren entwickelten

---

1. Es sei jedoch rückverwiesen auf die Abschnitte 1.3 und 2.3, wo die Instrumentalisierungsstrategien in bezug auf 'Partizipation' und 'Selbsthilfe' herausgearbeitet werden konnten.

Konzepte der Fremdhilfe zur Selbsthilfe (vgl. z.B. DÜLFER 1977, MÜLLER 1981, KIRSCH/ARMBRUSTER/KOCHENDÖRFER-LUCIUS 1983, OSNER 1986, VERHAGEN 1987) auseinandersetzen mußten und müssen(1). OSNER hat die Anforderungen an ein derartiges Selbsthilfeförderungskonzept auf den Punkt gebracht: "Hilfe zur Selbsthilfe ist als Schlagwort in der Entwicklungszusammenarbeit nicht neu. Die zur Verfügung stehenden Förderinstrumente haben aber häufig nicht nur das Problem der ungenügenden Zielgruppenerreichung und Nachhaltigkeit, sie entsprechen auch noch nicht genügend dem Grundsatz der Hilfe zur Selbsthilfe. Selbsthilfe als eigenständiges Handeln verträgt sich auf Dauer schlecht mit Abhängigkeit von außen. Daher müssen wir an uns die Frage stellen, wie die externe Förderung ihren Subventionscharakter mit ihren demobilisierenden und entmotivierenden Wirkungen auf die Selbsthilfe abstreifen und sich in die Bemühungen der Zielgruppe einordnen kann, ohne daß Fremdbestimmung entsteht " (DSE/DSGV/BMZ 1986:92).

Bevor jedoch in der Darstellung auf eine konkretere Analyse der Partizipationswirklichkeit in SHO übergegangen werden kann, müssen mit Bezug auf die afrikanischen Gesellschaften eine Reihe von sozioökonomischen und -politischen Rahmenbedingungen geklärt werden, die für das Verständnis des Selbsthilfe- aber auch des Partizipationsumfeldes in diesen Ländern unerläßlich sind.

---

1. Auf die unterschiedlichen Konzepte kann hier nicht näher eingegangen werden. Es sei jedoch auf das bei der Förderung der "Groupement Villageois" in Burkina Faso maßgebliche Konzept der Fremdhilfe zur Selbsthilfe verwiesen (vgl. Abschnitt II.1.4).

3. SOZIALSTRUKTUR UND WANDEL IM AFRIKANISCHEN DORF

Um Partizipationsprozesse in dörflichen Selbsthilfeorganisationen analysieren zu können, muß zuerst das Partizipationsumfeld näher charakterisiert werden. Auf dieser allgemeinen Ebene heißt das, die sozioökonomischen und -politischen Strukturen in afrikanischen Dörfern(1) eingehender zu beleuchten. Auch wenn die Verstädterung, bei Berücksichtigung erheblicher Unterschiede zwischen den einzelnen Ländern, insgesamt zunehmende Bedeutung gewonnen hat, sind die afrikanischen Länder weiterhin als überwiegend rurale Gesellschaften zu bezeichnen. Das Dorf erscheint dabei als Kristallisationspunkt ländlicher Lebensverhältnisse.

Für BELLONCLE haben afrikanische Dörfer drei hervorstechende Charakteristika (1982:75ff):
1. Die relativ konzentrierte Siedlungsform, die gerade unter Dorfentwicklungsgesichtspunkten kooperationsfreundlich ist, da sie Begegnungen sowie Informations- und Erfahrungsaustausch erleichtert.
2. Die insgesamt demokratischen Entscheidungsstrukturen, die sich auf das "Palaver" und die Anwendung des damit verbundenen Konsensprinzips, sei es in der Dorfversammlung, sei es im Rat der Familienchefs, stützen.
3. Eine noch sehr große ökonomische Homogenität, die sich vor allem im noch weitgehend gleichberechtigten Zugang zum Boden äußert.

Diese Einschätzung von BELLONCLE wird zunächst Verwunderung auslösen in Anbetracht einer Fülle von Literatur, in der die destabilisierenden Eingriffe in die dörflichen Strukturen durch externe politische und ökonomische Einflüsse als einschneidenster Veränderungsprozeß in den letzten Jahrzehnten angesehen

---

1. Zur besseren Lesbarkeit des Textes wird im weiteren von 'afrikanischen' Dörfern die Rede sein, auch wenn eigentlich nur die zum subsaharen Afrika gehörenden Dörfer gemeint sind.

wird. So geht z.B. die ARBEITSGRUPPE BIELEFELDER SOZIOLOGEN von einer " fortschreitende(n) Beeinträchtigung und teilweise(n) Zerstörung der bestehenden Formen subsistenzökonomischer Produktion und Reproduktion der Bevölkerung durch Ausdehnung der verschiedenen Formen der Marktintegration und Wanderarbeit" (1979:9) aus. MÜLLER sieht " vor allem die Veränderung zweier tragender Elemente, nämlich der autochthonen Autorität und des gemeinschaftlichen Bodenrechts, die jetzt zum zentralen Anlaß der Bedrohung und Auflösung eigenständiger bäuerlicher Agrarkultur [werden]" (1988A:136).

Zur Klärung dieser auf den ersten Blick entgegengesetzten Positionen müssen zunächst die Veränderungsprozesse, denen die afrikanischen Dörfer ausgesetzt waren und von denen auch BELLONCLE ausgeht (1982:75ff), skizziert werden. Dadurch sollen Dimensionen, Dynamik und Auswirkungen des sozialen Wandels(1) sichtbar gemacht werden. In einem weiteren Schritt soll dann das soziopolitische Umfeld der afrikanischen Dörfer charakterisiert werden, um ihre Handlungsstrategien und -potentiale unter den Bedingungen nationalstaatlicher politischer Strukturen deutlich zu machen.

---

1. Der Begründungszusammenhang für eine allgemeine Begriffsbestimmung kann an dieser Stelle nicht entfaltet werden. Dazu sei auf die Arbeit von WISWEDE/KUTSCH (1978) verwiesen.

3.1. Zur Destabilisierung(1) autochthoner Sozialsysteme(2)

Durch intensive anthropologische und ethnologische Forschung hat sich inzwischen ein relativ differenziertes Bild der Gesellschaften ergeben, die sich den einschneidenden kolonialen Eingriffen ausgesetzt sahen. Dabei konnte sowohl das breite Spektrum von Organisationsformen zwischen zentralistischen und segmentären Gesellschaften aber auch der Grad interner Differenzierungen sichtbar gemacht werden(3). Ebenso wurde deutlich, daß viele Gesellschaften schon vor dem Kontakt mit den europäischen Kolonisatoren relevanten externen Einflüssen ausgesetzt waren(4). Trotz der teilweisen Einbindung in lokale und regionale Handelsstrukturen (vgl. COQUERY-VIDROVITCH 1977) kann insgesamt von einer relativ autonomen Produktions- und Reproduktionsstruktur in den verschiedenen lokalen Gesellschaften gesprochen werden (vgl. MEILLASSOUX 1978). Dies gilt auch für die eher zentralistisch strukturierten Gesellschaften, "(where) there is a superimposed bureaucracy, which interferes only indirectly with the community" (COCQUERY-VIDROVITCH 1977:79).

Daß diese Gesellschaften je nach ihrer spezifischen Gestalt unterschiedlich auf die Kolonisation reagiert haben, wird noch

---

1. Dieser Begriff wird in Anlehnung an LACHENMANN (1983) verwendet. Er wird den Begriffen 'Destrukturierung' (DESCLOITRES 1965) und Desintegration (TRAPPE 1984:70ff) deshalb vorgezogen, weil er ein breites Spektrum von Reaktionsmustern lokaler Gesellschaften auf exogene Einflüsse offenhält, die sich zwischen 'das Gleichgewicht wieder finden' und 'das Gleichgewicht gänzlich verlieren' bewegen. Dies wird im weiteren Gang der Darstellung zu explizieren sein.

2. Dieser Begriff wir hier im Sinne von SEIBEL (1980) verwendet.

3. Es soll hier genügen, auf die entsprechenden Arbeiten von FORTES/EVANS-PRITCHARD (1940), SAHLINS (1972), SIGRIST (1967), TRAPPE (1984:227-260) und KI-ZERBO (1979) zu verweisen.

4. Hier spielte, vor allem in Westafrika, der Islam eine herausragende Rolle (vgl. dazu DIA (1975) und CLARKE (1987)).

zwingender, wenn die internen Machtstrukturen und Stratifikationsmuster berücksichtigt werden.

"A relatively stable political system in Africa presents a balance between conflicting tendencies and between divergent interests. In Group A (den Gesellschaften mit Zentralinstanz (A.d.V.)) it is a balance between different parts of the adminstrative organization. The forces that maintain the supremacy of the paramount ruler are opposed by the forces that act as a check on his powers" (FORTES/EVANS-PRITCHARD 1940:11).

Bei den segmentären Gesellschaften handelt es sich um

"an equilibirum between a number of segments, spatially juxtaposed and structurally equivalent, which are defined in local and lineage, and not in admininstrative terms. Every segment has the same interests as other segments of a like order. The set of intersegmentary relations that constitutes the political structure is a balance of opposed local loyalties and of divergent lineage and ritual ties " (ebd.:13)(1).

Interne Stratifizierungen erklärten sich in vielen Ackerbaugesellschaften auch aus der zeitlichen Aufeinanderfolge in der Besiedlung eines bestimmten Areals, wobei der Gründerfamilie die Funktion des Bodenpriesters zukam (vgl. GALLAIS 1959/60:138f, CAPRON 1973:265ff, DACHER 1984).

Diese internen gesellschaftlichen Differenzierungen waren wiederum eingebunden in eine gemeinsame kulturelle und soziale Identität. Vor allem bei den Ackerbaugesellschaften gilt, was MÜLLER über dieses ganzheitliche Lebensverständnis schreibt:

"Ursprünglich bilden der Boden und die Gemeinschaft der auf ihm Lebenden, der Toten (Ahnen) und der noch zu Gebärenden, eine soziokulturelle Ganzheit. Der Boden ist aber nicht nur sozialökonomische, sondern religiöse Lebensgrundlage. Er ist "Eigentum" der Ahnen, die ihn einst in Kultur genommen hatten und in ihm selbst wieder zu Erde wurden, während ihr Geist lebendiger Mittler zwischen Kosmos und Erde, Gott und den Menschen ist"

---

1. Hier sei auf die Ausführungen von TRAPPE (1984:249ff) verwiesen, der 'Segment' dahingehend weiterentwickelt, daß er von drei unterschiedlichen "quasi-autonome(n) Teilordnungen" (ebd.:250) spricht, die sich jeweils in Segmente aufgliedern: Verwandschafts-, Nachbarschafts- und Alterklassenordnung.

(1988A:136f)(1).

Für die der Dependenztheorie(2) verpflichteten Autoren erklärt sich die entscheidende Destabilisierung dieser autochthonen Sozialsysteme aus dem durch koloniale Eingriffe bewirkten Aufbrechen der jeweiligen Produktions- und Reproduktionsstrukturen mit dem Ziel, ihre Anbindung und Unterordnung an bzw. unter die ökonomischen und politischen Interessen des jeweiligen kolonialen "Mutter"landes zu ermöglichen(3). Um dies durchzusetzen, stützten sich die Kolonialregierungen nach der "Befriedung" der eroberten Gebiete und dem Aufbau eines Verwaltungssystems auf die Zwangsmechanismen der Kopfsteuern oder der direkten Rekrutierung von Arbeitskräften für Infrastrukturprojekte. Parallel wurden Vermarktungsstrukturen für die die Kolonialverwaltung interessierenden cash-crop-Produkte (vor allem Erdnüsse, Kakao, Kaffee und Baumwolle)(4) aufgebaut, wodurch insgesamt die sukzessive Anbindung der Dörfer an die Geldwirtschaft gewährleistet wurde, da sich die einzelnen Familien i.d.R. nur über den Anbau dieser cash-crop-Produkte das Geld für die verlangten Steuerzahlungen beschaffen konnten.

Teilweise mußten auch per administrativer Verfügung Gemeinschaftsfelder für die Produktion bestimmter cash-crops angelegt

---

1. Eine ausführlichere Darstellung zum besonderen Charakter des tradierten Bodenrechts gibt MÜLLER an anderer Stelle (1984B:58ff).

2. Vgl. zum Entstehungshintergrund dieses kritischen theoretischen Ansatzes SENGHAAS (1974 und 1977).

3. Aus der Fülle der entsprechenden Arbeiten soll hier vor allem auf AMIN (1973, 1975 und 1976), GUTKIND/WATERMAN (1977), MEILLASSOUX (1978), ARBEITSGRUPPE BIELEFELDER SOZIOLOGEN (1979) und ELWERT/FETT (1982) zurückgegriffen werden. Auf die notwendigen Differenzierungen zwischen den Strategien der verschiedenen Kolonialmächte kann an dieser Stelle nicht näher eingegangen werden (vgl. dazu NUSCHELER/ZIEMER 1978:39-81).

4. In diesem Kontext soll die Terminologie von FETT/HELLER (1982:76) Gültigkeit haben, die innerhalb der 'Marktprodukte' die 'cash-crop-Produkte' als fast ausschließlich für den Verkauf angebaute Früchte besonders hervorheben.

werden, wenn die Wirkungsmechanismen der Einführung der Kopfsteuer aus der Sicht der Kolonialregierung nicht schnell genug griffen. Wer seine Steuern nicht durch eigene cash-crop-Produktion erwirtschaften konnte, mußte die entsprechende Summe ggf. durch den Verkauf anderer Marktprodukte oder durch <u>Wanderarbeit</u> zu verdienen versuchen. Über letztgenannten Mechanismus konnten Arbeitskräfte in die Gebiete gelenkt werden, deren ökonomisches Potential für die Kolonialregierungen von besonderem Interesse war(1).

Die dörflichen Ökonomien konnten die erzwungene Lenkung von Ressourcen auf den cash-crop-Anbau und die durch Wanderarbeit sowie durch Zwangsrekrutierungen (kollektive Arbeiten, Militär) bedingten Verluste von Arbeitskräften nicht auffangen(2). Über den Zwang zur Zahlung von Kopfsteuern hinaus bewirkte auch die zunehmende, von den städtischen Zentren ausgehende Verbreitung neuer Konsummuster eine Stimulierung der cash-crop-Produktion. Diese destabilisierenden Eingriffe führten zu <u>sozioökonomischen Differenzierungen</u>. Die tradierten Entscheidungsstrukturen konnten auf die Dauer die externen Eingriffe nicht bewältigen, so daß mehr und mehr individualisiertere Problemlösungen gesucht wurden. Dieser Prozeß wurde noch dadurch verstärkt, daß die durch die oben geschilderten ökonomischen Mechanismen erzwungene Mobilität die zu verarbeitenden externen Einflüsse

---

1. Für die Einführung von cash-crops sei auf folgende Arbeiten verwiesen: für die Erdnuß auf AMIN (1971:3ff) und COMITE D'INFORMATION DU SAHEL (1975:54ff), für Kakao auf WEBER (1975), für Kaffee auf BOESEN (1975) und für die Baumwolle auf SPITTLER (1981B:152ff). SPITTLER stellt an Hand der Einführung der Baumwolle auf dem Gebiet des heutigen Burkina Faso besonders Formen und Auswirkungen der Anlage von Zwangsgemeinschaftsfeldern dar. Entstehung, Formen und Auswirkungen der Wanderarbeit sind von SCHULZ (1979) für die Pflanzungsökonomie in der Elfenbeinküste exemplarisch dargestellt worden.

2. MAZOYER belegt diesen Zusammenhang für die Baoulé-Gesellschaft, die in Spitzenzeiten 90% ihrer disponiblen Arbeitskraft für die notwendigen Arbeiten auf ihren Feldern mobilisieren mußte und somit einen Abzug von Arbeitskräften nicht auffangen konnte (vgl. 1975:153f).

noch multiplizierten.

In den genannten Arbeiten werden die kolonial induzierten Destabilisierungen der dörflichen Produktions- und Reproduktionsstrukturen als Grundlage für die Entstehung von peripheren nationalen Ökonomien gesehen(1). Sie sind über Abhängigkeitsmechanismen an die Ökonomien der kolonialen "Mutter"länder bzw. an den Weltmarkt gebunden, die sich vor allem aus der einseitigen Fixierung auf bestimmte Exportfrüchte (z.B. Senegal und Gambia -> Erdnüsse, Ghana und Elfenbeinküste -> Kakao) entwickelt haben. Die internen Strukturen der peripheren Ökonomien sind durch eine mehr oder weniger starke Einbindung der ländlichen Gebiete in die dominierende kapitalistische Produktionsweise gekennzeichnet. Für SAUL/WOODS haben sich somit unterschiedlich stark ausgeprägte Differenzierungen zwischen "primitive agriculturalists (1971:105), "peasants" (ebd.)(2) und "capitalist farmers" herausgebildet. MEILLASSOUX (1978) betont, daß von der sich "selbst versorgenden Landwirtschaft" (1978:113) bzw. dem "häuslichen" (ebd.) Sektor der kapitalistisch durchdrungene Sektor der Exportproduktion mit billigen Arbeitskräften versorgt wird, was nur unter der Bedingung funktioniert, daß sich dieser häusliche Sektor auf Subsistenzniveau, d.h. ohne vollständige Marktintegration reproduziert(3).

---

1. Auf die Besonderheiten des Zentrum-Peripherie-Ansatzes kann hier nicht genauer eingegangen werden (vgl. die genannten Arbeiten von AMIN aber auch von SENGHAAS (1974)).

2. "Thus peasants are those whose ultimate security and subsistence lies in their having certain rights in land and in the labour of family members on the land, but who are involved, through rights and obligations, in a wider economic system which includes the participation of non-peasants." (ebd.:104f)

3. "It is clearly to the advantage of the mines that native labourers should be encouraged to return to their homes after the completion of the ordinary period of service. The maintenance of the system under which the mines are able to obtain unskilled labour at a rate less than ordinarily paid in industry depends upon this, for otherwise the subsidiary

Bevor Ausprägungen und Wirkungen dieser Veränderungsprozesse näher nachgegangen werden kann, muß die Frage nach dem Erklärungsgehalt der bisher rezipierten Arbeiten für die Destabilisierung der autochthonen Sozialsysteme aufgeworfen werden. Gerade bei Beibehaltung der dörflichen Perspektive ergibt sich ein relativ hoher Erklärungswert für die ökonomische und politische Einbindung in nationale und internationale Machtstrukturen mit den daraus resultierenden Abhängigkeitsmechanismen <u>aber nicht für die endogene Dynamik, die diese Einbindung ermöglicht hat</u>(1). Die Überbetonung der exogenen Dynamik führt zu einer <u>deterministischen Sichtweise,</u> die unterschiedliche Reaktionsmuster und Handlungspotentiale von lokalen Gesellschaften auf bzw. gegenüber den externen Kräften nicht mehr erklären kann(2). Dadurch wurde der Blick verstellt für den eher widersprüchlichen Verlauf der endogenen Dynamik. Auch die Ausführungen von POST weisen in diese Richtung:

" Many of the social phenomena with which we are concerned, particularly organizationally, represent techniques for meeting new demands, rather than crystallizations of new class structures. Indeed, since these new techniques often incorporate traditional relationships, they may serve to perpetuate

---

means of subsistance would disappear and the labourer would tend to become a permanent resident upon the Witwatersrand, with increased requirements..." Rapport de la Mine Natives Wages Commisssion (U.G. 21, 1944, paragraphs 309-310), cité par I.Schapera, Migrant Labour and Tribal Life, a study of conditions in the Bechuanaland Protectorate, Oxford University Press, Londres 1947, p. 204", zitiert nach MEILLASSOUX (1964:309).

1. Auch LACHENMANN argumentiert in diese Richtung: "Dependenztheorien und ihre Weiterentwicklung haben - auch bei nichtstrukturalistischem Selbstverständnis - vor allem Prozesse und Strukturen herausgearbeitet, die durch die Integration in das internationale System zustandekommen; Fragen der Penetration und Eigendynamik fremder Elemente wurde kaum ein eigenständiges Forschungsinteresse zugebilligt" (1983:8).

2. CHAUVEAU/RICHARD schreiben dazu: "Cependant, en privilégiant l'aspect <<tronqué>> de la structure sociale (absence de la bourgeoisie <<centrale>>), ces analyses introduisent une autre forme de dualisme: le déterminisme du rapport Centre-Périphérie occulte la dynamique propre des rapports sociaux au sein même des formations périphériques..." (1977:486).

kinship and communality, rather than destroy them "
(1977:248).

Die widersprüchlichen Entwicklungsverläufe, wie z.B. die von POST angesprochene Perpetuierung von "kinship and communality" (ebd.), können bei der Betrachtung der Reaktionen einer Gesellschaft auf die Kolonialisierung aber auch bei einer Gesamtbetrachtung sichtbar werden, eingedenk der anfangs aufgezeigten Heterogenität autochthoner Sozialsysteme. Über eine Reihe von Arbeiten aus den Bereichen der ökonomischen- und Sozialanthropologie aber auch der Soziologie lassen sich Einblicke gewinnen in die endogene Dynamik einzelner Gesellschaften bei der Verarbeitung des außeninduzierten kolonialen Drucks(1).

Die Etablierung kolonialer Herrschaft konnte in einer Reihe von Fällen "dank" der internen Machtstrukturen einer Gesellschaft durch eine divide-et-impera-Strategie erleichtert werden. BALANDIER belegt diesen Mechanismus am Beispiel der Fang und der Ba-Kongo, zweier zentralafrikanischer Gesellschaften, bei denen sich aus der Notwendigkeit einer internen Machtbalance eine Reihe von "'weak spots'" (1970:482) ergaben, die die Kolonialisten sich zunutze machten. Im Fall der Seharuli, von dem BENINI berichtet, konnten die Kolonisatoren von zwischengesellschaftlichen Konfliktkonstellationen profitieren. Die Seharuli, zur Mandinka-Gruppe gehörend,

"with their strong trading element, came to be considered and to consider themselves particularly devout Muslims. The permanent threat of slave and cattle raids had required them to live in large villages, often stockaded. They eagerly awaited the French troops to repel the Tukulor from their territory but later refused living at, and kept distance from administra-

---

1. Hier muß auch auf MEILLASSOUX und die ARBEITSGRUPPE BIELEFELDER SOZIOLOGEN Bezug genommen werden. MEILLASSOUX hat ausgehend von der ökonomischen Anthropologie (vgl. 1964) den Versuch unternommen, diese Einsichten mit einem dependenztheoretischen Ansatz zu verknüpfen (vgl. 1978). Die ARBEITSGRUPPE BIELEFELDER SOZIOLOGEN hat sich von einem dependenztheoretischen Ausgangspunkt her mehr und mehr den endogenen Prozessen in den verschiedenen lokalen Gesellschaften, vor allem Westafrikas zugewendet.

tive centres" (1978:159)(1).

Die Festigung kolonialer Herrschaftsstrukturen in den Dörfern konnte sich auch sozusagen als unerwünschter kontraproduktiver Effekt einstellen. GALLAIS macht dies an der damaligen Strategie vieler dörflicher Entscheidungsträger deutlich, die sich den administrativ verfügten Rekrutierungsanforderungen (für Zwangsarbeiten oder Militärdienst) dadurch zu entledigen versuchten, daß sie die Dorfbewohner mit dem niedrigsten Sozialstatus (z.B. Zugewanderte) benannten (1959/60:153f). Zu den Konsequenzen schreibt er:

"Cette politique a porté ses fruits amers. Voilà le captif devenu fonctionnaire, homme politique; voilà le fils d'une famille pauvre rapportant de quelques années sous l'uniforme un esprit d'indépendance...., un air d'autorité et une expérience qui groupent ceux de sa condition autour de lui, un rudiment d'instuction et de connaissances du francais qui fait de lui l'intermédiaire entre les villageois et l'administration" (ebd.:154).

Die von GALLAIS dargestellten Strategien dörflicher Entscheidungsträger verweisen zu ihrer Erklärung auf das bereits oben dargestellte strukturelle Problem der "Einarbeitung" externer Einflüsse in die gesellschaftsspezifischen Produktions- und Reproduktionsstrukturen. BALANDIER belegt diesen Zusammenhang für die Gesellschaft der Fang:

"The connection which still exists, between social status (depending upon the size of group a man controls) and the mechanisms ensuring the circulation of wives and property involved careful planning. And this could only be effective within a framework in which the field of social relationships was restricted, where the volume of goods remained limited and where it was possible to control external influences. The development of a money economy and a class of wage earners, and the increase in competition, radically modified this combination of circumstances" (1970:483).

Dieses strukturelle Problem traf die segmentären Gesellschaften nachhaltiger als die eher zentralistischen, wie FORTES/EVANS-PRITCHARD in einer Gesamtbewertung der Reaktionen der von ihnen

---

1. Die Serahuli konnten sich so verhalten, weil sie sich durch ihre gefestigte Position im Handel und ihre Öffnung für den Islam relativ stark gegenüber kolonialen Zugriffen abschotten konnten. BENINI schreibt daher auch folgerichtig, daß die Serahuli-Gesellschaft durch den Kolonialismus nicht grundlegend verändert werden konnte (vgl. 1978:158f).

untersuchten Gesellschaften auf die Kolonialherrschaft deutlich machen (1940:15f). Erstere sahen sich mit der unausweichlichen Anforderung konfrontiert, die Macht einer höheren Autorität anerkennen zu müssen, wofür es im gesellschaftlichen Repertoire keinerlei Präzedenzfälle gab(1). Letztere mußten die widersprüchlichen Legitimationsanforderungen der zentralen Entscheidungsträger, einerseits gegenüber den Kolonialregierungen und andererseits gegenüber den unteren gesellschaftlichen Einheiten, zu bewältigen versuchen, was jedoch die dörflichen Entscheidungsstrukturen nicht in dem Maße destabilisierte wie in den segmentären Gesellschaften.

Wenn sich nicht nur zum Zeitpunkt der kolonialen Eroberung sondern auch während der Ausübung kolonialer Herrschaft immer wieder aktiver kollektiver Widerstand manifestierte, so galt dies vor allem für segmentäre Gesellschaften, die sich der Unterordnung unter fremde Autoritäten zu entwinden versuchten(2). FORTES/EVANS-PRITCHARD betonen jedoch, daß koloniale Herrschaft zu keinem Zeitpunkt in die religiös-soziale Dimension von Macht in den autochthon gewachsenen Autoritätsstrukturen eindringen konnte(3). Dadurch konnten sich die

---

1. MARTIN stellt diesen Zusammenhang am Beispiel der Matakam, einer dorfgemeinschaftlichen Gesellschaft im heutigen Kamerun, dar (vgl. 1976:153f).

2. Die Geschichte der westafrikanischen Gesellschaften der Bwa und der Lobi dokumentiert diese Auflehnung gegen die koloniale Herrschaft besonders nachdrücklich (vgl. CAPRON 1973:91ff und SAVONNET 1975). BONI (1971) hat insgesamt die Geschichte des Widerstandes afrikanischer Gesellschaften gegen Fremdherrschaft, auch in der vorkolonialen Zeit, dargestellt.

3. Sie schreiben dazu: "His [the African Ruler's (A.d.V.)] credentials are mystical and are derived from antiquity. Where there are no chiefs, the balanced segments which compose the political structure are vouched for by tradition and myth and their interrelations are guided by values expressed in mystical symbols. Into these sacred precincts the European Rulers can never enter. They have no mystical or ritual warranty for their authority" (1940:16). MARTIN berichtet auch für die Gesellschaft der Matakam von diesem Reaktionsmuster: "Toutefois, l'action administrative, par ses implications politiques, ne peut à elle seule briser les

Träger von autochthoner Autorität einen bestimmten politischen Einflußbereich auf dörflicher bzw. lokaler Ebene bewahren, der durch Eingriffe der Kolonialverwaltung nicht direkt tangiert werden konnte.

Von dieser Machtbasis aus war es möglich, externe politische und ökonomische Einflüsse zu unterlaufen. So haben sich die Gesellschaften in der Regenwaldzone der Elfenbeinküste durch den Hinweis auf bestimmte religiöse Tabus dem Vorhaben der Kolonialadministration, die Nahrungsmittelkulturen auszudehnen und zu intensivieren, entziehen können (vgl. CHAUVEAU 1985: 298)(1). Durch tradierte Umverteilungsgebote wurde vor allem in den egalitären Gesellschaften versucht, die außeninduzierten ökonomischen Differenzierungen aufzufangen. Dies ist z.B. bei den Holli in Benin eine bis heute probate Strategie gewesen (vgl. ARBEITSGRUPPE BIELEFELDER SOZIOLOGEN 1979:22ff). Bei besonderen Festen müssen sich die Wohlhabenderen durch Umverteilung ihres relativen Reichtums soziale Anerkennung sichern(2).

Für die Gesellschaft der Serer im Senegal, die durch die Einbindung in die Erdnußökonomie besonders intensiven externen Einflüssen ausgesetzt war, belegt GASTELLU sehr detailliert, daß es dieser besonderen Mechanismen zur Reichtumsvernichtung gar nicht bedurfte, da die besondere Verknüpfung von patrilinearen und matrilinearen Verwandtschaftsstrukturen ein so dichtes Netz wechselseitiger Verpflichtungen bedingte, daß individuelle Akkumulation nur in unbedeutendem Maße möglich war (vgl.

---

communautés villageoises qui reposent aussi sur la trame des liens agraires et réligieux" (1976:154).

1. CHAUVEAU macht deutlich, daß es sich um eine bewußt eingesetzte Abwehrstrategie handelte, die auch noch in den sechziger Jahren in vergleichbaren Situationen eingesetzt wurde (vgl.ebd.). Vgl. dazu auch Abschnitt 3.3.

2. BALANDIER ebenso wie FIEGE/KRANZ-PLOTE haben vergleichbare Mechanismen bei den Gesellschaften der Fang und Ba-Kongo (vgl. 1970:486ff) bzw. den Bété (Elfenbeinküste) (1984:97) beobachtet.

GASTELLU 1981, besonders S. 687ff). Bei den Gouro wiederum nutzten die Träger autochthoner Autorität ihre unangetastete Machtbasis, um sich an die Spitze der Bewegung zu setzen, als der externe Druck zur Öffnung der dörflichen Ökonomie für die Geldwirtschaft und die Umorientierung der Produktion auf marktorientierte Erzeugung zu groß wurde (vgl. MEILLASSOUX 1964:344ff)(1).

Als Beispiel für eine Gesellschaft, die den externen ökonomischen Druck nicht "einzuarbeiten" vermochte, können die Yoruba stehen (vgl. AY 1980:77-139). Hier hat die Sogwirkung der Urbanisierung mehr und mehr zur Entstehung von Lohnarbeit als wesentliche Voraussetzung für die Sicherung der landwirtschaftlichen Produktion geführt. Dies hat eine deutliche dorfinterne Differenzierung hinsichtlich der Arbeitsteilung und damit auch der Einkommensmöglichkeiten begründet.

Die Darstellung von Reaktionsmustern autochthoner Sozialsystem auf die in den kolonialen Eingriffen wurzelnden Destabilisierungen hat die endogene Dynamik in den beispielhaft genannten Gesellschaften nur ansatzweise offenlegen können. Es ging jedoch an dieser Stelle zunächst darum, über die Problematisierung der endogenen Dynamik der betroffenen Gesellschaften zu einer differenzierteren Einschätzung der Wirkungen der exogenen ökonomischen und politischen Dynamik, die von dependenz-theoretisch begründeten Arbeiten in den Vordergrund ihrer Analysen gestellt wurden, zu gelangen. Zur weiteren Entfaltung der endogenen Dynamik sollen Verlaufsformen und Konsequenzen der Differenzierungsprozesse in den lokalen Gesellschaften im

---

1. MEILLASSOUX macht dazu folgende Ausführungen: "Les effets de la pénétration de l'économie de profit dans l'économie gouro sont encore très amortis car ce sont les vieilles autorités qui se trouvent toujours en place pour capter les ressources monétaires, pour en neutraliser les effets au sein des communautés, ou pour les orienter vers de nouveaux emplois " (ebd.:345). Aus neueren Feldforschungen bei den Gouro ergibt sich jedoch, daß diese ökonomische Machtposition der " alten Autoritäten " nur von vorübergehender Dauer war und durch die fortschreitende sozioökonomische Individualisierung mehr und mehr überlagert wurde (vgl. v.GLISCYNSKI-HINNENKAMP 1984:129 und die dort angegebenen Quellen).

folgenden Abschnitt genauer analysiert werden.

Im Sinne eines Zwischenrésumés kann in Anlehnung an MARTIN (1976:156ff) und SPITTLER (1982) von einem Reaktions_muster_ der autochthonen Sozialsysteme insoweit gesprochen werden, als jede autochthone Gesellschaft versucht hat, ihr Reproduktionsmodell grundsätzlich aufrecht zu erhalten. Dies war je nach Grad der Kompatibilität von endogenen und exogen induzierten Strukturen mit mehr oder weniger gravierenden Modifikationen möglich, konnte aber auch bis zur erzwungenen Aufgabe des eigenen Reproduktionsmodells führen(1).

3.2. **Ausprägungen und Wirkungen der sozioökonomischen Differenzierung(2)**

Bisher wurde von Individualisierung bzw. sozioökonomischer Differenzierung als Folge der Destabilisierung autochthoner Sozialsysteme gesprochen, ohne genau auszuweisen, wie sich diese Prozesse in der dörflichen Produktions- und Reproduktionsstruktur niedergeschlagen haben. Kernpunkt der Veränderungsdynamik war, wie gezeigt werden konnte, die im Gefolge der

---

1. SPITTLER schildert einen solchen Fall an Hand eines Haussa-Dorfes, das in einer mehr und mehr durch Islamisierung und Monetarisierung geprägten Umgebung ein religiös vermitteltes und durch historische Erfahrung getragenes Reproduktionsmodell zu realisieren versucht und schließlich aufgeben muß (vgl. 1977.). Auf der anderen Seite des Spektrums von Reaktionsmustern sind die Gesellschaften anzusiedeln, auf die sich BUNTZEL für den tansanischen Kontext bezieht. Wie er betont, "konnte sich die Partizipation der vorkolonialen Produzenten am Weltmarkt durch den Aufbau und Verkauf von Exportprodukten nur deshalb so erfolgreich durchsetzen, weil sie nicht unbedingt mit den vorkapitalistischen Produktionsbeziehungen in Konflikt geriet" (1976:157).

2. In der gesamten folgenden Darstellung wird bewußt auf die Einbeziehung der für diese Arbeit relevanten Bwa-Gesellschaft in Burkina Faso verzichtet, da die dort zu beobachtenden Differenzierungsprozesse in Teil II gesondert beschrieben und analysiert werden sollen (vgl. dort Abschnitt 1.2.2).

Kolonialherrschaft zunehmend in die Dörfer eindringende Geldwirtschaft. Der mit der Ankoppelung an die Geldwirtschaft verbundene Zwang, eine für die Vermarktung bestimmte Überproduktion zu erzeugen, barg gleichzeitig die Möglichkeit in sich, über den Zugang zu Geld neue Bedürfnisse zu befriedigen. Dadurch wurde die Verfügungsgewalt über diese nunmehr zugänglichen Bareinkünfte zu einem neu zu bewältigenden Topos in den Hausgemeinschaften als den Basiseinheiten für Produktion und Reproduktion innerhalb einer Gesellschaft(1).

Die Verwendung des mit den Verkaufsfrüchten verdienten Geldes entwickelte sich zu einem zentralen Konfliktpunkt zwischen den jüngeren Mitgliedern der Hausgemeinschaften und den Alten(2), d.h. den Entscheidungsträgern. Die zunehmende Mobilität und die wachsenden externen Einflüsse (Christentum(3), Islam, Schule) ließen die Jungen immer weniger akzeptieren, daß die Alten nach

---

1. Diese Terminologie wird in Anlehnung an MEILLASSOUX verwendet. Er charakterisiert sie als "das einzige ökonomische und soziale System, das die physische Reproduktion der Individuen, die Reproduktion der Produzenten sowie die soziale Reproduktion in all ihren Formen mittels einer Gesamtheit von Institutionen reguliert und sie durch die geordnete Mobilisierung der menschlichen Reproduktionsmittel, d.h. der Frauen beherrscht" (1978:9, vgl. auch die Begriffsherleitung S. 13ff).

2. Wenn hier von jüngeren Hausgemeinschaftsmitgliedern gesprochen wird oder zur besseren Lesbarkeit des Textes im weiteren auch von 'Jungen', so sind damit auch die erwachsenen Männer gemeint, die aufgrund der gerontokratisch geprägten internen Hierarchisierung noch nicht zu den Entscheidungsträgern gehörten. Diese werden konsequenterweise als 'Alte' bezeichnet, auch wenn sie nicht unbedingt im physischen Sinne alt sein müssen. SAUTTER (1980) schreibt in diesem Zusammenhang über die Mossi-Gesellschaft: "..., selon l'enquête statistique, l'autonomie économique n'est atteinte, en moyenne, que passé 33 ans, l'autonomie résidentielle plus tard encore" (ebd.:234).

3. GALLAIS weist darauf hin, daß sich der Widerstand der Jungen auch gegen die von den Alten verfügten Heiraten richtete (vgl. 1959/60:154). Wie sich aus eigenen Gesprächen mit 'weißen Vätern' in der Diözese Ouakara/Burkina Faso ergeben hat, war dies einer der entscheidenden Ansatzpunkte für die christlichen Missionare, um in den Dörfern Fuß zu fassen. Sie boten jungen unverheirateten Männern, die sich den Alten zu verweigern versuchten, ihre Unterstützung an.

ihren Bedürfnissen das gemeinsam erwirtschaftete Geldeinkommen verwendeten(1). Darüber hinaus wurde eine größere ökonomische Unabhängigkeit auch als Chance gesehen, sich der Unterordnung unter die Autorität der Alten zu entziehen(2). Für die Jungen bestanden folgende Optionen:
- durch innerhausgemeinschaftliches "Bargaining" die Entscheidungen der Ältesten zugunsten eines zumindest teilweisen Entgegenkommens im Sinne der Bedürfnisse der Jungen zu erreichen;
- durch Migration zu einem eigenen Geldeinkommen zu gelangen, um damit eine später möglicherweise stärkere Position im Dorf zu haben;
- durch partielle individuelle Produktion eigenes Geldeinkommen zu erwirtschaften.

Die erste Option erwies sich als wenig aussichtsreich, da die Alten soweit wie möglich versuchten, ihre ökonomischen Entscheidungsbefugnisse zur Festigung ihrer innerfamiliären und damit auch ihrer innerdörflichen Position zu nutzen. Dies war in Anbetracht der bereits dargestellten Destabilisierungsprozesse, dem das Dorf ausgesetzt war, der für die Alten einzig naheliegende Weg.
Es soll hier nicht um die Gewichtung der Bedeutung der beiden anderen Optionen der Jungen gehen. Je nach spezifischen lokalen

---

1. TALLET (1987) bezeichnet als Fazit einer Querschnittsuntersuchung zur sozioökonomischen Differenzierung - er spricht von "fragilisation" - bei verschiedenen Gesellschaften in Burkina Faso den "Autonomiewunsch der ökonomisch Abhängigen" ("le désir d'autonomie des dépendants économiques" (ebd.:118) als zentrales Antriebsmoment für Differenzierungsprozesse. PONTIÉ (1976) bestätigt dies für die Guiziga-Gesellschaft in Kamerun ebenso wie FETT/HELLER (1982:86ff) für die Boko-Gesellschaft in Benin, wo in beiden Fällen über die Einführung der Baumwollproduktion Differenzierungsprozesse in Gang gesetzt wurden. Auch BOSSE (1979:41ff) berichtet von Konflikten zwischen Jungen und Alten im Zuge der Verbreitung der Geldwirtschaft bei den Agni in der Elfenbeinküste.

2. SCHWARTZ belegt diesen Zusammenhang für die Gesellschaft der Guéré in der Elfenbeinküste (vgl. 1971:240).

und regionalen Bedingungen hatte die Entscheidung der Jungen für beide Optionen einen teilweise sich wechselseitig verstärkenden Effekt(1). Durch Drohung mit Migration konnte teilweise erreicht werden, daß von Seiten der Alten Zugeständnisse hinsichtlich individueller Produktionsmöglichkeiten gemacht wurden(2).

Aus dieser gesamten Konfliktkonstellation entwickelte sich somit ein hausgemeinschaftsinterner und damit, wie zu zeigen sein wird, auch ein dorfinterner sozioökonomischer Differenzierungsprozeß(3). Um ersteren kennzeichnen zu können, muß zuerst geklärt werden, mit welchen Kategorien die Organisation von Produktion und Reproduktion in der Hausgemeinschaft analysiert werden kann. Nur so lassen sich die Formen der hausgemeinschaftsinternen Individualisierungsprozesse konkret ausmachen.

In Anlehnung an GASTELLU (1980 und 1981) und AMIRA (1978) soll von drei grundlegenden ökonomischen Phänomenen bei der Betrachtung der internen ökonomischen Organisation einer

---

1. MARCHAL schildert diesen Problemzusammenhang am Beispiel der Mossi-Gesellschaft (vgl. 1985:268). Für dieselbe Gesellschaft nennt SAUTTER (1980) die Notwendigkeit zur Zahlung eines Brautpreises im Gefolge der Monetarisierung als eine der Hauptmotivationen für Migration. Er fügt jedoch hinzu: "Mais l'efficacité directe de ces dépenses, en vue du mariage, est très faible ou nulle. Les biens matériels continuent à ne jouer dans l'accès aux épouses qu'un rôle symbolique, et les vieux restent les maîtres du jeu" (ebd.:235).
AMSELLE hat Ursachen und Formen von Migration in der Bambara-Gesellschaft mit Hilfe von individuellen Protokollen von Migranten sehr anschaulich darstellen können (vgl. 1978).

2. ELWERT/PROJEKTGRUPPE WESTAFRIKA (1979) berichten über dieses Reaktionsmuster bei der Boko-Gesellschaft in Benin (vgl. ebd.:25).

3. Bei dieser notwendigen Konzentration der Darstellung auf die Verbreitung der Geldwirtschaft darf nicht übersehen werden, daß einige Gesellschaften bereits durch massive koloniale Eingriffe in die Siedlungsstrukturen Differenzierungsprozessen ausgesetzt waren (vgl. z.B. SCHWARTZ (1971:239).

Hausgemeinschaft ausgegangen werden, aus denen sich alle weiteren ableiten lassen: Produktion, Konsumtion und Akkumulation. Da innerhalb der Hausgemeinschaft diese drei Funktionen nicht zusammenfallen(1), müssen die entsprechenden Einheiten bzw "Gemeinschaften" ("communautés") bestimmt werden:

1. "la communauté de production, percue comme le groupe de personnes qui contribuent à la création et à la fourniture du produit;
2. la communauté de consommation, percue comme le groupe de personnes qui participent à la destruction d'une partie du produit en vue de la reconstitution de la force de travail;
3. la communauté d'accumulation, percue comme le groupe de personnes qui mettent en commun le surplus obtenu après la consommation(2)" (1980:4).
4. die Wohn-Gemeinschaft wird als die geographische Referenzeinheit eingeführt, in der sich die genannten Phänomene lokalisieren lassen(3).

GASTELLU geht darüber hinaus von <u>Entscheidungsniveaus</u> und damit verbundenen Interessen innerhalb der genannten Gemeinschaften aus. Nur so läßt sich das Kräftefeld angemessen beschreiben und analysieren, in dem sich Differenzierungs- bzw. Individualisierungsprozesse vollziehen.

---

1. GASTELLU hat dies in seiner Analyse von Struktur und Entwicklung der Serer-Gesellschaft eindrucksvoll herausgearbeitet (vgl. insbesondere S. 58ff). Es sei hier auch auf den Beitrag von BERRY (1986, vor allem S. 74ff) hingewiesen.

2. Die Akkumulation kann die verschiedensten Formen annehmen: "Le terme d'<<accumulation>>, quoique contesté, a été maintenu, car il s'agit d'une masse de biens qui permet d'acquérir de la force de travail, qu'il s'agisse de l'<<accumulation lignagère>> des Serer, qui sert à obtenir des épouses en échange de bovins, ou qu'il s'agisse de l'accumulation individuelle d'un planteur Agni, qui lui sert à rémunérer des manoeuvres, et donc à fonder et agrandir son exploitation. Toutefois, l'<<accumulation>> est un domaine sur lequel les villageois préfèrent de faire le silence" (GASTELLU 1980:10).

3. GASTELLU (1981) spricht von "habitation".

Diese verschiedenen funktionalen Einheiten innerhalb der Hausgemeinschaft überschneiden sich hinsichtlich der jeweils einbezogenen Hausgemeinschaftsmitglieder je nach spezifischer Gesellschaftsstruktur und Grad der Invidiualisierung in sehr unterschiedlichen Konstellationen. Es lassen sich idealiter zwei Pole festlegen, an dessen beiden Enden die vier Einheiten zusammenfallen, jedoch einmal in der Form der ursprünglichen Hausgemeinschaft und zum anderen in der Form eines Hausgemeinschaftssegments, das sozusagen am Endpunkt des Individualisierungsprozesses angekommen ist und nur noch die Kernfamilie umfaßt. Zwischen den beiden Polen lassen sich nunmehr die unterschiedlichen Stadien des Individualisierungsprozesses nachzeichnen.

Wenn die Verfügung über Bargeld das entscheidende Antriebsmoment für ein jüngeres Hausgemeinschaftsmitglied darstellt, ist für ihn die Umstrukturierung der Produktions- und Akkumulationsgemeinschaften vordringlich. Da die Chancen für finanzielle Beteiligung der Jungen an den Einkünften der marktorientierten Produktion gering waren, mußten die Jungen sich den Zugang zu Geld über eine individuell bewirtschaftete Parzelle verschaffen. Deshalb mußten sie aber nicht zwangsläufig auch eine neue Wohn- und Produktionsgemeinschaft bilden. Bei den Produktions-Gemeinschaften ergab sich somit anfangs nicht notwendigerweise eine glatte Spaltung; vielmehr entwickelte sich ein mehr oder weniger spannungsvolles Nebeneinander von gemeinschaftlicher und individueller Produktion (Vgl. ELWERT/PROJEKTGRUPPE WESTAFRIKA 1979:24f)(1).

---

1. TALLET schreibt in diesem Zusammenhang: "Avec le mariage, par exemple, l'objectif de l'homme marié n'était pas d'obtenir l'autonomie immédiate, mais de tempérer le pouvoir économique du chef d'unité en développant ses propres champs. Il cherchait ensuite à améliorer sa situation matrimoniale, afin de rassembler les moyens humains lui permettant de se libérer des contraintes économiques et sociales pesant encore sur lui" (1987:119). Auch SCHWARTZ berichtet von den Guéré, daß ein radikaler Bruch mit der hausgemeinschaftlichen Produktion nicht stattgefunden hat (vgl. 1971:240).

Solange die Jungen jedoch in der ursprünglichen Wohn-, Produktions- und Konsumtionseinheit verblieben, war unter der Bedingung von Arbeitskräfteknappheit vor allem zu den Spitzenzeiten der Pflegearbeiten ein ständiges Konfliktpotential zwischen Jungen und Alten um die Allokation der Arbeitskraft im Spannungsfeld zwischen individueller und gemeinschaftlicher Produktion gegeben. Daraus läßt sich erklären, daß jüngere Hausgemeinschaftsmitglieder nach der Heirat eine auch räumliche Trennung suchten oder sich für die Migration entschieden.

Dieser Schritt läßt sich jedoch nur begreifen, wenn die interhausgemeinschaftlichen Austauschbeziehungen in die Betrachtung mit einbezogen werden (vgl. CHAUVEAU 1985:308f). Eine räumliche Trennung von der früheren Wohneinheit bedeutete nicht etwa den Zwang zur Bildung einer quasi autarken Produktionseinheit, sondern nur das Ausscheren aus der hausgemeinschaftlichen Produktion, was jedoch die Einbindung in Kooperationsstrukturen oberhalb der Hausgemeinschaftsebene (z.B. altersklassengebundene Systeme der gegenseitigen Hilfe) nicht direkt tangierte.

Die hausgemeinschafsinterne sozioökonomische Differenzierung bildete die Grundlage für zunehmende Differenzierungsprozesse auch innerhalb der Dorfgemeinschaf (vgl. ELWERT/PROJEKTGRUPPE WESTAFRIKA 1979:13ff, LACHENMANN 1983:13ff und MÜLLER 1984B: 58ff). Den verschiedenen mehr oder weniger stark segmentierten Hausgemeinschaften gelingt es in unterschiedlichem Maße, über die Marktproduktion ihre Akkumulationsmöglichkeiten zu verbessern. Neben der tradierten Rangskala der verschiedenen 'lineages'(1) beginnt sich eine an ökonomischen Kriterien ausgerichtete Rangskala zu entwickeln, die sich direkt oder indirekt am ökonomischen Erfolg der Marktproduktion der jeweiligen Hausgemeinschaften bzw. der Hausgemeinschafts-

---

1. In Anlehnung an SIGRIST (1967:25), der die korrespondierenden deutschen Begriffe 'Geschlecht' oder 'Sippe' für ungeeignet hält, verzichte ich auf eine Übersetzung dieses Begriffs.

segmente orientiert. Das Entstehen einer derartigen ökonomischen Rangskala wird durch externe Einflüsse zusätzlich stimuliert. Über das Netz von Patron-Klient-Beziehungen(1), über unterschiedliche Erfahrungshintergründe und damit Wissensstände in den verschiedenen Hausgemeinschaften(2), über von der Verwaltung angebotene Innovationspakete mit faktisch ungleich verteilten Zugangsmöglichkeiten(3) erweiterte sich die Spannbreite der dorfinternen Differenzierungen.

Wenn im nächsten Schritt nach den Wirkungen dieser Differenzierungsprozesse gefragt wird, so sollten diese nicht im Sinne monokausaler Beziehungen mißverstanden sondern als in einen dynamischen Prozeß eingebunden begriffen werden. In einem so gestalteten dynamischen Kräftefeld sind ständige Wechselwirkungen zwischen den im weiteren dargestellten Wirkungskomplexen und den sozioökonomischen Differenzierungsprozessen als gegeben anzusehen. Dies läßt sich, wie im folgenden zu zeigen sein wird, besonders gut an dem bodenrechtlichen und dem ökologischen Wirkungskomplex verdeutlichen.

---

1. Stellvertretend für die umfangreiche Literatur zu diesem Problemkomplex sei hier hingewiesen auf SPITTLER (1977) sowie die dort angegebene Literatur, auf BENINI (1978, besonders S.111ff), THODEN VAN VELZEN (1973) und JOBERT (1983).

2. Durch zunehmende Mobilität und damit verbundene Außenkontakte aber vor allem auch durch die Rückkehr von Hausgemeinschaftsmitgliedern nach Migration oder Militärdienst kamen einige Hausgemeinschaften bzw. Hausgemeinschaftssegmente zu einem direkt oder indirekt produktionsrelevanten Wissen. MÜLLER spricht in diesem Zusammenhang für die Guéré-Gesellschaft von "saekularisierenden Einflüssen, die der enge Kontakt mit den Familienangehörigen in den Zentren der industrieökonomischen Entwicklung, ihren Schulen, Märkten und anderen Informations- und Animationskanälen ausgelöst hat" (1984B:61).

3. An dieser Stelle kann nicht näher auf die Wirkungen landwirtschaftlicher Entwicklungsprogramme eingegangen werden. Angesichts der Fülle der Literatur sei hier nur auf einige ausgewählte Arbeiten hingewiesen: ORSTOM (1979), HOROWITZ/PAINTER (1986), BUNTZEL (1976), AY (1980), ELWERT/BIERSCHENK (1988), OLIVIER DE SARDAN (1988) und KIRK (1987).

Ein erster Wirkungskomplex ergibt sich aus dem Spannungsverhältnis zwischen stärker "hoffähig" gewordenen individuellen ökonomischen Aspirationen und den tradierten sozialen Verpflichtungs- und Sicherungssystemen (vgl. LACHENMANN 1983:9ff, OBBELODE/BUSACKER 1984:222ff, MÜLLER 1984B:63ff, ELWERT 1984:44ff). Diese neu entstandene Konkurrenzsituation zwischen sozialen Verpflichtungen und möglichem individuellem Einkommen, die bei fixem Produktionspotential einer Hausgemeinschaft scheinbar nur zugunsten der einen oder anderen Seite gelöst werden kann, ließ sich jedoch nicht mit einem rein individualökonomischen Kalkül bewältigen. Auch die auf die Kernfamilie reduzierte Hausgemeinschaft konnte auf die Aufrechterhaltung von Austauschbeziehungen nicht völlig verzichten, weil sie sie zur materiellen Sicherung aber eben auch zur Sicherung der sozialen Identität brauchte. Sie hat jedoch versucht, die sozialen Verpflichtungen zu reduzieren, ohne allerdings eine soziale Isolierung riskieren zu wollen. Dieses konfliktreiche Kräftefeld wird noch transparenter, wenn die oben bereits angesprochenen Mechanismen der sozialen Umverteilung auf der einen Seite und die gleichzeitig zunehmende Monetarisierung der sozialen Verpflichtungen (vgl. BUNTZEL 1976:158, SPITTLER 1978:101ff, SCHWARTZ 1971:214 und ELWERT/BIERSCHENK 1988:107) auf der anderen Seite berücksichtigt werden.

Eine wichtige Sicherungsfunktion kam den verschiedenen autochthonen Kooperationsgruppen zu (vgl.GASTELLU 1981:586ff, MARTIN 1976:151f, BONTIÉ 1976:135ff, BUNTZEL 1976:34ff und BRINKSCHULTE 1976). Ihre ökonomische Bedeutung ist insgesamt zurückgegangen(1). Jedoch verlief dieser Prozeß sehr ambivalent, da einerseits die auf die Kernfamilie reduzierten Hausgemeinschaften mehr als vorher auf die Systeme der

---

1. Zu diesem Fazit kommt BRINKSCHULTE in ihrer Arbeit (1976: 269ff) ebenso wie TALLET in seiner Querschnittuntersuchung (1987:119ff).

gegenseitigen Hilfe angewiesen waren(1), andererseits aber die Reziprozität ermöglichende relativ egalitäre Basis der beteiligten Hausgemeinschaften durch die zunehmende dorfinterne sozioökonomische Differenzierung brüchig wurde(2). Parallel zu dem Funktionsverlust autochthoner Kooperationsgruppen entwickelten sich teilweise Systeme der Lohnarbeit(3), auf die vor allem die Familien zurückgriffen, die nur unter grober und damit nicht tolerierbarer Verletzung des Reziprozitätsprinzips die Systeme der gegenseitigen Hilfe hätten nutzen können(4).

---

1. Hier muß unterschieden werden zwischen den von Migration betroffenen Dörfern, wo gegenseitige Hilfesysteme reaktualisiert wurden, um die fehlenden Arbeitskräfte auszugleichen (vgl. ABS 1979:26ff) und den Dörfern, wo Hausgemeinschaftssegmente für bestimmte Feldarbeiten kooperative Unterstützung benötigten, die sie früher durch die Kooperation in der Hausgemeinschaft sicherstellen konnten (vgl. DOZON 1977:480, MARCHE 1978:111 UND FETT/HELLER 1982:83). In einer Reihe von Gesellschaften haben sich bestimmte Kooperationsformen in der Nahrungsmittelproduktion aufrechterhalten lassen, während sie in der cash-crop Produktion verdrängt wurden (vgl. SCHWARTZ 1971:238ff und ABS 1979:19ff).

2. Vgl. zu den Regeln der Reziprozität vor allem SAHLINS (1972:185ff). GASTELLU weist darauf hin, daß zur Gewährleistung von Reziprozität auch eine entsprechende Norm als Ausdruck sozialer Kohäsion, die bei den Serer besonders ausgeprägt war, Geltung haben muß: "Peu importe de savoir s'il y a ou non réciprocité, et au bout de quelle période cette réciprocité sera atteinte. L'important est que tout se passe comme s'il devait y avoir réciprocité, même si cet idéal de réciprocité n'est en réalité jamais accompli: c'est là la véritable fonction d'une norme" (1981:622).

3. Vgl. dazu MEILLASSOUX (1964:327ff), SPITTLER (1978:106ff), LACHENMANN 1983:11 und CHAUVEAU/RICHARD 1977:500ff. Der Begriff 'Lohnarbeit' hat in diesem Zusammenhang eher die Bedeutung von 'bezahlter Arbeit', impliziert aber nicht, daß bestimmte Gruppen ausschließlich über Lohnarbeit ihren Lebensunterhalt bestreiten müssen.
MARX/MÖNIKES/SEIBEL zeigen am Beispiel der Gesellschaften der Tiv und Igala in Nigeria, wie tradierte Kooperationsformen trotz Entstehen von Lohnarbeit eine zentrale ökonomische Bedeutung behalten konnten (vgl. 1988:60ff).

4. Über eine Übergangsform in der Mossi-Gesellschaft berichten OBBELODE/BUSACKER: "Die sosoaga [ein einmaliger kollektiver Arbeitseinsatz zur Bewältigung von Arbeitsspitzen (A.d.V.)] ist der kostspieligste Weg, um in den Genuß fremder Arbeitskraft zu kommen, denn sie ist mit erheblichen, auch mone-

Ein weiterer Wirkungskomplex, der auch als Ausdruck einer stark reduzierten sozialen Sicherung gesehen werden muß, ist das teilweise prekäre Gleichgewicht zwischen Subsistenz- und Marktproduktion (vgl. LACHENMANN 1983:9ff). Dies erklärt sich zum einen aus einer Reduzierung der familieninternen Lagerhaltung aufgrund einer stärkeren Marktorientierung der Produktion(1). Zum anderen bewirkte die Aufnahme ökonomischer Verpflichtungen mit Akteuren außerhalb des Dorfes (staatliche Kreditprogramme, Händler, Geldverleiher) aber auch die jeweilige staatliche Getreidepolitik (Preise, Vermarktungsmöglichkeiten) eine Vernachlässigung der Subsistenzproduktion (vgl. DWHH/DIE 1986:157ff, FETT/HELLER 1982:83 und BÄNZIGER 1986:97ff). Aber auch die Verfolgung individueller Aspirationen, verbunden mit dem Kalkül, Getreide für die Eigenversorgung gegebenfalls auf dem Markt kaufen zu können, kann eine Hintanstellung der Subsistenzproduktion bewirken. SPITTLER weist darauf hin, daß die Subsistenzproduktion jedoch relativ häufig aus einem Sicherheits- und Verweigerungskalkül heraus so weit aufrechterhalten wird, daß bei einer Verschlechterung der externen Beziehungen Rückzugsmöglichkeiten bestehen bleiben (vgl. 1983). Je nach dem Grad der Degradierung der natürlichen Ressourcenbasis - darauf wird weiter unten noch zurückzukommen sein - sind jedoch eingeschränktere Rückzugsmöglichkeiten gegeben (vgl. MARCHAL 1985).

---

tären Aufwendungen verbunden. Sie stellt aber auch den einzigen Fall dar, in dem erhaltene Arbeit nicht zwingend durch eigene Arbeit kompensiert werden muß. Sie ist deshalb gerade auch für wohlhabendere Bauern interessant, um die Anbaufläche auszudehnen (die sie dann mit modernen Produktionsmitteln bestellen), ohne daß sie Reziprozitätsverpflichtungen eingehen müßten" (1984:226).

1. Es gibt Gesellschaften, die diesem Trend nicht gefolgt sind. So haben die Bolon im Südwesten von Burkina Faso, obwohl stark in den Getreidehandel involviert, noch heute Getreidevorräte für durchschnittlich zwei Jahre. Sicherlich spielte dabei eine Rolle, daß sie der Einführung der Baumwolle sehr reserviert gegenüberstanden (persönliche Information von TIORO M.R., Mitarbeiter des Weltfriedensdienstprojektes in Houndé/Burkina Faso).

Zu den Wirkungskomplexen im Zusammenhang vor allem mit hausgemeinschafts<u>internen</u> Differenzierungsprozessen gehört auch die <u>veränderte geschlechtsspezifische Arbeitsteilung</u>. Die Individualisierung der Produktion bringt in der Regel eine zusätzliche Belastung für die Bäuerinnen bei der Feldarbeit mit sich, die bereits durch ihre Verpflichtungen in der Feldarbeit und im Reproduktionsbereich (Wasser- und Holzholen, Kochen, Kinderbetreuung u.a.) einer Doppelbelastung unterliegen (vgl. BOSERUP 1970, OBERMAIER 1986, SAVANNÉ 1986, DUMONT 1980:154ff und HARDIMAN 1988). Da die neu entstandenen Produktionseinheiten nicht mehr auf die Arbeitskraft der Hausgemeinschaft zurückgreifen können, mußte die tradierte geschlechtsspezifische Arbeitsteilung aufgebrochen werden, so daß Frauen bisher nur den Männern obliegende Arbeiten mit übernehmen müssen (z.B. Jäten, Dünger ausbringen). Je nach konkreten Vorgaben in den einzelnen Gesellschaften entwickelte sich auch eine Arbeitsteilung dahingehend, daß die Frauen die Subsistenzproduktion garantieren mußten und müssen, gleichzeitig aber für die Männer in dem von letzteren dominierten cash-crop-Anbau arbeiten, ohne jedoch angemessen an dem damit erzielten Geldeinkommen beteiligt zu werden(1). In den Gebieten, wo durch staatliche Innovationsangebote ein Zugang zu verbesserten Produktionsmitteln gegeben war, waren die Bäuerinnen davon häufig de facto ausgeschlossen (vgl. BECK/DORLÖCHTER 1988).

Ein zentraler Wirkungskomplex, der auch bei der Darstellung der Destabilisierungen der autochthonen Sozialsysteme noch nicht angesprochen wurde, liegt in den <u>Wandlungen des tradierten Bodenrechtes</u> (vgl. LE BRIS/LE ROY/LEIMDORFER 1982:26-217, MÜNKNER 1984 und MÜLLER (1984B und 1988C). Bei der Charakterisierung der autochthonen Ackerbaugesellschaften war die tragende Bedeutung des Bodens als Begründung eines ganzheitlichen soziokulturellen Lebenszusammenhangs herausgestellt

---

1. JONES (1986) hat in einer Fallstudie in Nord-Kamerun untersucht, welche Strategien Frauen unter derartigen Bedingungen anwenden, um stärker an den Geldeinkünften des Mannes partizipieren zu können.

worden (vgl. Abschnitt 3.1). Wenn somit die Bebauung eines Bodens nicht ohne die Protektion der Ahnen Früchte tragen kann, sondern im Gegenteil zu einer Gefährdung der betreffenden Familie führt, kann es nicht verwundern, daß die gemeinschaftliche Grundlage des Bodenrechtes den destabilisierenden Kräften insgesamt mehr Widerstand bieten konnte als die Organisation von Produktion und Reproduktion (vgl. DESCLOITRES 1965:359f).

Es muß jedoch differenziert werden zwischen (a) Gebieten mit Landüberschuß, (b) mit starkem sozioökonomischen Druck auf den Boden und damit einhergehender Säkularisierung des Bodenrechts sowie (c) mit nachhaltiger Degradierung der Bodenqualität. In ersteren haben sich zwar definitive Nutzungsrechte für die einzelnen Familien etabliert, aber die Privatisierung des Bodens - sei es zum Verkauf oder im Rahmen eines Pachtsystems - hat sich (noch) nicht durchsetzen können. Hierbei spielte hinsichtlich der endogenen Dynamik eine entscheidende Rolle, daß sich die Alten trotz Autoritätsverlustes über die Weihung des Bodens aber auch über die Schlichtung bodenrechtlicher Streitigkeiten einen gewissen Einfluß bewahren konnten.

In Regionen, wo bedingt durch die demographische Entwicklung oder durch Ausweitung der (cash-crop)Produktion landwirtschaftlich nutzbarer Boden knapp wurde, hat sich die durch tradiertes gemeinschaftliches Bodenrecht nicht mehr eingeschränkte individuelle Verfügung über den Boden mehr und mehr durchsetzen können(1). Aber auch bei permanenter Bodennutzung müssen sich definitive Nutzungsrechte nicht zwangsläufig zu privatrechtlichen Besitztiteln entwickeln(2).

---

1. Die Anlage von Dauerkulturen wie Kaffee oder Kakao begünstigten diese Tendenz nachhaltig (vgl. DOZON 1977:478ff).

2. BUNTZEL belegt diesen Zusammenhang für eine Reihe von Gesellschaften in Tansania (vgl. 19876:155ff).

Bei starker Degradierung der Bodenqualität, was vor allem weite
Gebiete des Sahel betrifft(1), ist dem teilweise eine Periode
des cash-crop-Anbaus vorausgegangen. Der nunmehr fehlende
ökonomische Druck im Sinne eines (individuellen) Interesses an
einer In-Wert-Setzung des Bodens für marktorientierte Produktion(2) erhält dem tradierten Bodenrecht einen gewissen
Einfluß(3).

Staatliche Eingriffe und Migration sind als die wichtigsten
Faktoren der exogenen Dynamik zu nennen, die zu einer Auflösung
des tradierten Bodenrechtes beitragen können. Dies gilt vor
allem dann, wenn durch staatliche Entwicklungsplanung bodenrechtliche Vorgaben gesetzt werden, die das tradierte Bodenrecht nicht berücksichtigen. Wenn dadurch Migranten zu
Bodenbesitztiteln gelangen, die durch das autochthone Bodenrecht nicht gedeckt sind, sind Konflikte zwischen autochthoner
Bevölkerung und Migranten vorprogrammiert (vgl. CHAUVEAU/
RICHARD 1977:491ff und MÜLLER 1984B).

Ein Handlungsspielraum für die Träger des autochthonen
Bodenrechts ergibt sich jedoch dadurch, daß in der überwiegenden Zahl der "künstlichen" Nationalstaaten rechtliche Regelungen - nicht nur das Bodenrecht betreffend - nur bedingt
angewendet werden können, was nur dann gewährleistet wäre, wenn
staatliche Sanktionen bei Rechtsverletzungen nicht nur

---

1. Diese Schwerpunktsetzung bedeutet nicht etwa eine Geringschätzung der ökologischen Schäden, die durch bestimmte
Anbausysteme auch in der Regenwaldzone bewirkt wurden und
werden (vgl. MÜLLER 1984B:69ff).

2. Dies kann auch wörtlich verstanden werden, da die meisten
Dörfer in diesen Gebieten einen großen Teil ihrer jungen
Männer durch Migration verloren haben.

3. MÜLLER hat diesen Prozeß am Beispiel des Ferlo im Senegal
dargestellt (vgl. 1985:1-88 und 1988C). MARCHAL hat für den
Yatenga, der in den sechziger Jahren eines der wichtigsten
Baumwollanbaugebiete des damaligen Obervolta war, den Zusammenhang von Desertifikation und Wandel des Bodenrechts
herausgearbeitet (vgl. 1985).

angedroht sondern ggf. auch durchgesetzt werden könnten(1) (vgl. dazu Abschnitt 3.3). Der Staat kann allerdings dann einen positiven Einfluß ausüben, wenn durch Verstaatlichung des Bodens bei Respektierung tradierter Bodenrechte der Privatisierungsdruck quasi neutralisiert werden kann (vgl. MÜNKNER 1984:174).

Die Darstellung der Auswirkungen von sozioökonomischen Differenzierungsprozessen muß schließlich die <u>ökologische Dimension</u> miteinbeziehen. Viele dörfliche Gesellschaften sehen sich mit einer wachsenden Degradierung der natürlichen Ressourcen konfrontiert (vgl. DSP/CILSS 1982, LACHENMANN 1984 und BÄNZIGER 1986:48ff). In den autochthonen Anbausystemen war die Einhaltung der Brachezeiten eine der tragenden Säulen für die Praktizierung des Wanderhackbaus bei relativ permanenten Siedlungsformen (vgl. RICHARDS 1985:41ff und JANSSEN 1984). Durch die demographische Entwicklung aber vor allem durch die zunehmende Einbindung der Dorfgemeinschaften in die Geldwirtschaft wurde die Frage der langfristigen Regenerationsfähigkeit des Bodens mehr und mehr in den Hintergrund gedrängt(2). In den sich neu etablierenden Hausgemeinschaftssegmenten war die Sicherung einer gewissen ökonomischen Unabhängigkeit der ökologischen Verträglichkeit der Bodennutzung übergeordnet.

Es war jedoch nicht so, daß die umweltverträglichen tradierten Anbaupraktiken einfach aufgegeben wurden, sondern die zunehmende Bedeutung der Marktproduktion entzog der Anwendung dieser Praktiken mehr und mehr die Grundlage. Die Orientierung auf verkaufsfähige Anbaufrüchte reduzierte die für das tradierte Anbausystem konstitutive breite Palette von Anbaukulturen.

---

1. Eine positive Ausnahme scheint hier die senegalesische Bodenreform darzustellen, deren konkrete Umsetzung auf betont dezentralen Organisationen basiert, in denen die Vertreter der jeweiligen Dörfer gemeinsam mit den verantwortlichen Kadern die Anwendung des neuen Bodenrechtes tragen (vgl. MÜLLER 1985:30ff und 1988C).

2. MARCHAL hat dies exemplarisch für die Mossi-Gesellschaft im Yatenga dargestellt (vgl. 1985).

Statt des überlieferten Mischkulturanbaus wurde mehr und mehr Monokulturanbau praktiziert. Die seit der Kolonialzeit über staatliche Beratungssysteme einfließenden Innovationen wurden einseitig nach ihrem Beitrag zur Produktionssteigerung und nicht etwa nach ihrer ökologischen Verträglichkeit bewertet(1). Zur damit verbundenen Geringschätzung tradierten ökologischen Wissens hat sich erst seit den siebziger Jahren eine Gegenbewegung gebildet, die aber einen bisher nur begrenzten Einfluß auf die jeweiligen staatlichen Beratungsdienste gewinnen konnte (vgl. ROTTACH 1984, KOTSCHI/ADELHELM 1984 und MÜLLER 1988B).

Die Degradierung der natürlichen Ressourcen muß als schleichender Prozeß gesehen werden, der sich jedoch im Sinne einer sich selbst verstärkenden Spirale in seiner Dynamik beschleunigt. Wenn ein bestimmter Grad der Ressourcenzerstörung erreicht ist, bewirkt die Tendenz zur eher individualistischen Bewältigung von Problemlagen in der Regel eine Verschärfung des Drucks auf die natürlichen Ressourcen und nicht etwa eine gemeinschaftliche Anstrengung zur Umkehr(2) (vgl. SCHADE 1985 und KLEENE/ KEMPER 1985). Die Schwächung der autochthonen dörflichen Autoritäten, zu deren natürlichem Aufgabenbereich der Ressourcenschutz gehörte, in Verbindung mit der zunehmenden Komplexität des Handlungsfeldes durch externe Einflüsse befördern individuelle Problemlösungen(3). Eine zusätzliche Problem-

---

1. "Natürliche Methoden der Bodenfruchtbarkeitserhaltung und Schädlingsbekämpfung und die Integration von Landwirtschaft und Viehhaltung wurden in Beratungsdiensten nicht angeboten" (LACHENMANN 1984:221).

2. MÜLLER schreibt dazu: "Gerade zu langfristigen Investitionen für Maßnahmen des ökologischen Landbaus, die zunächst nur Arbeit bereiten, aber erst später Ertrag bringen, ist man unter dem Druck der Bedürftigkeit nicht bereit. Es werden nicht mehr optimale, sondern maximale Erträge angestrebt, um die Existenz zu sichern" (1988B:12).

3. LACHENMANN schreibt dazu: "Je unsicherer der Ackerbau wird (durch verschiedene Faktoren, u.a. Variabilität der Niederschläge, Abnahme der Bodenfruchtbarkeit, aber auch Monokulturen, Abhängigkeit von externer Preisbildung), um so angemessener ist es, Viehbesitz als Sicherheit gegen Miß-

dimension ergibt sich durch die z.B. im gesamten Sahel inzwischen gegebene Konkurrenzsituation zwischen Ackerbauern und Hirten um die Nutzung des Bodens (vgl. WEICKER 1982).

3.3. Herrschaft über Bäuerinnen und Bauern: Zum Verhältnis von dörflichen Gesellschaften und Verwaltung

Nach der Entfaltung der endogenen Dynamik und exogenen Dynamik, deren Entwicklungsverlauf in Richtung zunehmender Destabilisierungs- und Differenzierungsprozesse aufgezeigt werden konnte, ist es für das Verständnis des gesamten Partizipations- und Selbsthilfeumfeldes notwendig, auch den Handlungsspielraum der Ortsgesellschaften im administrativ-politischen Umfeld zu thematisieren(1). Dies ist deshalb zwingend, weil der Handlungsspielraum einer dörflichen SHO im auch politisch-administrativ geprägten Umfeld nicht prinzipiell unabhängig von dem einer Ortsgesellschaft gedacht werden kann. Würde von einem großen Handlungsspielraum der Verwaltung gegenüber der dörflichen Gesellschaft ausgegangen, so begründete dies die Schlußfolgerung, daß eine dörfliche SHO sich ebensowenig eines autonomen Handlungsfeldes erfreuen könnte. Bei der umgekehrten Annahme wäre davon auszugehen, daß auch eine dörfliche SHO im Sinne von Macht- und Ressourcentransfer "von oben nach unten" relativ günstige Durchsetzungschancen für ihre Anliegen hätte.

Die beiden sich sozusagen kreuzenden Handlungsspielräume lassen sich nicht getrennt voneinander betrachten. Sie sind insofern eng miteinander verknüpft, als die Defizite im Handlungsspielraum der Verwaltung den Handlungsspielraum der dörflichen

---

    ernten anzustreben, obwohl dieser insgesamt gesehen ökologisch bedenklich ist und v.a. bei seßhafter Haltung ohne Weidekontrolle zu hohen Schäden führt" (1984:216).

1. Auf eine allgemeine Bestimmung der Rolle und Funktion des Staates in afrikanischen Gesellschaften muß an dieser Stelle verzichtet werden. Es sei jedoch auf folgende Arbeiten verwiesen: HANISCH/TETZLAFF 1986, BERG-SCHLOSSER 1986, COOK 1988 und SPITTLER 1976.

Gesellschaften ausmachen. Dies ist eine der zentralen Aussagen von SPITTLER, dessen Verdienst darin besteht, durch einen Perspektivenwechsel(1) die in dem vermeintlich innovationsfeindlichen und traditionalistischen Verhalten von bäuerlichen Gesellschaften(2) verborgene Rationalität offenzulegen (vgl. 1975A, 1978, 1981A und 1983).

Sein Ausgangspunkt war die Beobachtung, daß in bäuerlichen Gesellschaften auf administratives Handeln vor allem <u>reagiert</u> wird und zwar mit eher defensiv-abwehrenden Strategien, während organisierte kollektive Widerstandsformen von Bäuerinnen und Bauern gegen staatliches Handeln nur selten anzutreffen sind(3). Und wenn <u>aktive</u> Einflußnahme versucht wurde, dann eher über die individualistischeren Pfade der Klientelbeziehungen als durch organisierten Widerstand gemeinsam Betroffener (vgl. SPITTLER 1977). Zur Begründung dieser Reaktionsmuster ergab die

---

1. Er besteht darin, daß nicht aus der Sicht des administrativen Akteurs die vordergründig kooperationsunwilligen Dörfer betrachtet werden, sondern daß über eine endogene Sichtweise die Perzeption administrativen Handelns durch die Betroffenen zum Ausgangspunkt genommen wird.

2. Dieses Stereotyp bemühen BALDUS/RÖPKE/SEMMELROTH, wenn sie schreiben: "Bei einer hohen Regelverbindlichkeit, wie man sie in stark hierarchisch gegliederten Organisationen und in traditionalen Gesellschaften findet, gilt innovatives Verhalten als abweichend von den traditionalen Normen und wird daher negativ sanktioniert" (1981:74).

3. Diese Einschätzung findet sich auch bei anderen Autoren. So schreibt MICHALON: "L'opposition de l'univers familier, qui est un univers familial, fondé sur des normes parfaitement connues et sur la confiance mutuelle, à l'univers administratif fondé sur une logique étrangère et sur la coercition, a imprimé dans les esprits des traces profondes. Le simple transfert de cet univers administratif au groupe des <<nouveaux Blancs>> ne pouvait suffir à effacer ces marques... et l'attitude, autrefois légitime et salvatrice, de résistance passive à l'Administration coloniale persiste aujourd'hui, devenue peut-être le plus lourd obstacle à l'action d'un Etat qui n'y a pas pu se réformer" (1985:83). Und CONAC schreibt: "Les paysans africains, contrairement à leurs homologues des pays industrialisés, mainifestent très souvent leur hostilité à un projet non avant sa réalisation, mais après" (1985:102).

Auseinandersetzung mit Formen und Strategien staatlichen Handelns mehr Aufschluß als die Analyse der jeweiligen Sozialstrukturen (vgl. ebd.:64ff).

Die passiven Widerstandsformen gegen administratives Handeln sind vielfältig. Wenn möglich wird über Verschleppungstaktiken(1) oder latente Obstruktion(2) versucht, Verwaltungsanordnungen zu unterlaufen. Teilweise genügt auch die Nichtausführung, da die faktischen Kontrollbefugnisse der Verwaltung in den dörflichen Gesellschaften die Einhaltung bestimmter Anordnungen wie z.B. von Jagdverboten nicht erlaubt. Notfalls wird auf "fugitive Reaktion[en]" (1975A:1) ausgewichen, wobei diese von einem kurzfristigen Entfernen aus dem Dorf, "wenn Verwaltungsbeamte kommen, die Steuern einziehen, Arbeiter rekrutieren, einen Gesetzesbrecher suchen usw." (ebd.), bis zur "definitive[n] Emigration" (ebd.)(3) reichen können. Bestimmte Verwaltungsaktionen sind damit zur Wirkungslosigkeit zu bringen, daß sie entweder umfunktioniert(4) oder formal korrekt ausgeführt werden, wobei die letztgenannte Taktik zum gewünschten Ergebnis führt, weil der Verwaltung eine hinreichende

---

1. "Das Hinauszögern von angeordneten Arbeiten, von der anderen Seite als "Faulheit" interpretiert, hat mehrere Funktionen. Der Bauer muß sich dabei weniger anstrengen und obstruiert eventuell das Arbeitsergebnis (bei termingebundenen landwirtschaftlichen Arbeiten). Arbeitsverschleppungen können auch intendieren, einen Personalwechsel in der Verwaltung abzuwarten. Das Verwaltungspersonal wechselt häufig und eine bloße Hinhaltetaktik kann dabei ein Projekt zu Fall bringen" (1975A:1f).

2. "Zur falschen Ausführung von Anordnungen bieten landwirtschaftliche Arbeiten vielfältige Möglichkeiten. Dazu gehören zum Beispiel falscher Zeitpunkt von Saat, Hacken oder Ernte, falsche Bearbeitung" (1975A:2).

3. SPITTLER bezieht sich hier auf die unter Bedingungen des Landüberflusses vor allem in Westafrika häufig praktizierte Strategie, sich kolonialem Herrschaftszugriff zu entziehen.

4. "Man geht auf die Verwaltungsaktion ein, führt sie aber einem anderen Zweck zu. Man akzeptiert das Saatgut, ißt es dann aber auf oder verkauft es. Man akzeptiert das Ochsengespann, bringt es aber dann zum Metzger oder beginnt ein Transportunternehmen statt damit zu pflügen" (ebd.:2).

Kenntnis der dörflichen Verhältnisse fehlt.

Strukturelle und damit chronische Informationsdefizite der Verwaltung über die internen Gegebenheiten in den dörflichen Gesellschaften bilden die Grundlage, auf der bäuerliche Verweigerungsstrategien mit Aussicht auf Erfolg eingesetzt werden können (vgl. SPITTLER 1975B und 1981A:305ff). Beide Seiten sorgen für die Aufrechterhaltung dieser Informationsdefizite: das Dorf durch "spezifische kommunikative Reaktionen" (ebd.:2) und die Agrarbürokratie durch ihre Lernunfähgkeit. Erscheint die Verwaltung nicht nur qua Anordnung sondern in personam im Dorf, kann je nach akutem Anlaß durch Schweigen, das Bekunden von Unverständnis oder nur verbaler Zustimmung aber notfalls auch durch faktische Falschinformationen(1) sichergestellt werden, daß die Verwaltungsbeamten ohne die gewünschten Auskünfte bleiben und günstigstenfalls das Dorf mit dem sicheren Gefühl verlassen, etwas erreicht zu haben.

Die Agrarbürokratie festigt die eigenen Informationsdefizite über den Agrarbereich durch "Fiktionen" (ebd.:16), was es ihr erspart, ihre Unkenntnis einzugestehen.

"Da die Bauern keine offensive Kommunikation entwickeln, können sich solche Fiktionen der Verwaltung frei entfalten. Diese Fiktionen liefern ein komplettes Bild über den Agrarbereich, sie rechtfertigen das Verhalten der Verwaltung und machen für das Scheitern der Programme die Bauern verantwortlich. Eine derartig abgesicherte Fiktion verhindert Lernprozesse. Nur in Krisenzeiten (z.B. Hungersnot) durchbricht die Realität die bürokratische Fiktion" (ebd.).

SPITTLER macht deutlich, daß eine relativ große bäuerliche Selbständigkeit in der Organisation der Produktion und eine damit verbundene geringe Marktabhängigkeit gegeben sein muß, um mit den genannten Strategien der "ökonomische[n] Ausbeutung durch staatliche Verwaltung, [die] physische Gewalt als spezifisches Herrschaftsmittel" (ebd.:11) einsetzt, begegnen zu können. Der erfolgversprechende Einsatz dieser Strategien wird

---

1. SPITTLER differenziert hier noch zwischen gezieltem Lügen, verstecktem Lügen und dem Verbergen der Wahrheit (vgl. ebd.:4f).

bei zunehmender ökonomischer Abhängigkeit von nur über den Markt zugänglichem Geldeinkommen und durch Versuche der Verwaltung, über "lokale Honoratioren als Mittelsmänner ... in die Dörfer einzudringen" (ebd.:12), fraglich.

Bei zunehmender Marktintegration ergeben sich zusätzliche staatliche Druckmittel über die Preispolitik, über staatliche Vermarktungsmonopole(1) oder Zulieferungsmonopole für Produktionsmittel. Wenn die ökologischen Rahmenbedingungen es noch erlauben, bleibt den bäuerlichen Gesellschaften jedoch trotz cash-crop-Produktion die Rückzugsmöglichkeit in die vornehmlich subsistenzorientierte Nahrungsmittelproduktion, was als Verweigerungsstrategie dem auf Deviseneinahmen fixierten administrativen Kalkül diametral entgegenläuft(2).

Warum unter diesen Bedingungen aktive Strategien des Widerstandes eine so geringe Relevanz haben, liegt an der aus der Sicht der bäuerlichen Gesellschaften fehlenden Transparenz der Verwaltungsstrukturen(3) und dem "Fehlen eines elaborierten kognitiven und moralischen Herrschaftsmodells" (ebd.:11). Durch Analphabetentum sind die Bäuerinnen und Bauern faktisch "von der Übernahme sowohl offizieller wie kritischer Herr-

---

1. Vgl. BELLONCLE 1982:63-75.

2. Vgl. SPITTLER 1983 und BUNTZEL 1979:329. In diesem Zusammenhang erscheint auch die von HYDEN vertretene These "that Africa is the only continent where the peasants have not yet been captured by other social classes" (1980:9) von einiger Relevanz zu sein. Jedoch zielt HYDEN in der Essenz darauf ab, die bäuerlichen Gesellschaften stärkerer Kontrolle zu unterwerfen: "Development is inconceivable without a more effective subordination of the peasantry to the demands of the ruling classes. The peasants simply must be made more dependant on the other social classes if there is going to be social progress that benefits the society at large" (1980:31). Es sei auch auf die Kritik von GESCHIERRE hingewiesen (vgl. 1984).

3. "Wie die Kompetenzen in der Verwaltung aufgeteilt sind, welches Ziel Verwaltungsaktionen haben, bleibt oft unklar. Das gilt auch für solche Bereiche, die die Bauern unmittelbar betreffen (Steuersystem, Rechtsprechung, Wahlen, landwirtschaftliche Förderung)" (ebd.:10). Vgl. zu diesem Problemkomplex auch SCHWARZ (1974).

schaftsmodelle" (ebd.:11) ausgeschlossen (vgl. SPITTLER 1978:94ff). Dies führt dazu, daß

"das Herrschaftsmodell der Bauern vor allem auf ihrer unmittelbaren Erfahrung mit Herrschaft [basiert]. Sie perzipieren sie als Ausbeutungs- und Gewaltverhältnis, das nur in geringem Maße berechenbar ist... Aber da ein Legitimitätsmodell als kritischer Maßstab im Hintergrund fehlt, führt die Perzeption in der Regel nicht zu Protest und Widerstand, sondern zu den beschriebenen Reaktionen, die die politische Stabilität keineswegs gefährden" (ebd.:11).

Die SPITTLERsche Analyse belegt die Relevanz der in Abschnitt 1.5.2.3. eingeführten Kategorien von SCHÜTZE für die afrikanischen Ortsgesellschaften. Unter den dargestellten Bedingungen wird Verwaltungshandeln zum Bestandteil der "heteronomen Systembedingungen des Handelns" (1976:167).

Wenn darüber hinaus der Rückbezug zur Diskussion von staatlicher Hilfe zur Selbsthilfe hergestellt wird, dann ist deutlich geworden, daß bäuerliche Gesellschaften administratives Handeln ungeteilt erfahren und entsprechend reagieren und nicht einmal als Manifestation staatlicher Gewalt und zum anderen als Strategie zur Förderung der ländlichen Entwicklung. Daraus kann allerdings nicht geschlossen werden, daß staatliche Entwicklungspolitiken per se zum Scheitern verurteilt wären. Eine differenzierte Betrachtung der verschiedenen Akteure im administrativen Komplex würde im Detail unterschiedliche Strategien erkennen lassen(1); das heißt zwar nicht, daß die dörflichen Gesellschaften in einer damit korrespondierenden Differenziertheit reagieren werden und können. Es ergeben sich jedoch in einer solchen Perspektive Potentiale für ein Vorgehen staatlicher Entwicklungsarbeit, die für die bäuerlichen Gesellschaften nutzbringend sein kann (vgl. auch Abschnitt 4.2).

---

1. Hier sei auf Teil II (Abschnitte 1.4., 1.5. und 3.1.8.) verwiesen, wo die Beziehungen der "Groupement Villageois" zu den verschiedenen administrativen Akteuren beschrieben werden.

3.4. Schlußfolgerungen

Greift man die zu Beginn dieses Kapitels einander gegenübergestellten Positionen zur Charakterisierung afrikanischer Dorfgemeinschaften wieder auf, so läßt sich als Fazit des bisherigen Gedankengangs die Einschätzung BELLONCLEs in dieser Allgemeinheit nicht halten. In diesem Zusammenhang ist vor allem das dritte von ihm genannte Charakteristikum von besonderer Bedeutung(1). Auch wenn BELLONCLE den Vergleich zur lateinamerikanischen Situation herstellt, erscheint die These von "encore une très grande homogénéité économique" (1982:77) doch eher zur Mystifikation der Dorfgemeinschaften als zum Verständnis ökonomischer Ungleichheiten auf Dorfebene beizutragen (vgl. dazu auch AMSELLE 1988). Auch von gleichen Zugangsmöglichkeiten zum Boden wird man in Anbetracht der angesprochenen Veränderungen des tradierten Bodenrechtes in dieser Allgemeinheit nicht ausgehen können(2).

Die Schlußfolgerungen jedoch, die BELLONCLE im Sinne einer entwicklungspolitischen Handlungsorientierung aus seinen Thesen zieht, sind mit diesen kritischen Einschränkungen nicht etwa

---

1. Auf Siedlungsstrukturen konnte in diesem Kapitel nicht detailliert genug eingegangen werden, um BELLONCLEs Einschätzung begründet kritisieren zu können. Auf den "demokratischen" Gehalt des Konsensprinzips als Hauptmoment der tradierten dörflichen Entscheidungsstrukturen kann erst in Abschnitt 4.2. näher eingegangen werden.

2. Würde man die Gesellschaften in den Savannengebieten Westafrikas, die BELLONCLE aus seinen vielfältigen entwicklungspraktischen Erfahrungen heraus besonders vertraut sind, als Referenzgebiete nehmen, ließen sich seine Thesen durchaus begründet vertreten, wenn auch mit der Einschränkung, daß statt von einer 'sehr großen ökonomischen Homogenität' von einer 'noch relativ geringen ökonomischen Heterogenität' gesprochen werden sollte. Mit Blick auf die für den Kontext dieser Arbeit letzlich relevante Handlungsfähigkeit von SHO muß grundsätzlich von ökonomischer <u>Heterogenität</u> ausgegangen werden, die jedoch bei relativ geringer Ausprägung ökonomisches Selbsthilfehandeln auf Dorfebene weiterhin zuläßt. BELLONCLE hat diesen Zusammenhang an anderer Stelle sehr deutlich herausgearbeitet (vgl. 1981:75:FN 22 sowie Abschnitt 4.1.).

hinfällig geworden. Sein engagiertes Plädoyer für "Associations Villageoises" als Träger einer Dorfentwicklung läßt sich durch das in diesem Kapitel herausgearbeitete Handlungspotential von Dorfgemeinschaften, von dem 'trotz' der destabilisierenden exogenen Dynamik insgesamt ausgegangen werden kann, durchaus stützen. Die unterschiedlichen Verlaufsformen der endogenen Dynamik sowie die - wenn auch eher reaktiven - Handlungsmöglichkeiten gegenüber administrativen Eingriffen sind Anzeichen für eine verminderte aber immer noch substantielle Handlungsfähigkeit der Dorfgemeinschaften.

Daß der Grad der dorfinternen sozioökonomischen Differenzierung noch Raum läßt für entwicklungsorientierte Handlungsfelder, die durch _gemeinsame_ ökonomische Interessen bestimmt sind, soll hier wiederum im Sinne eines Zwischenresumées als These formuliert werden (vgl. GOUROU 1979:567ff, DUMONT/MOTTIN 1980:108ff, FIEGE/RAMALHO 1984:23 und ELA 1985). Sie kann erst im 4. Kapitel durch die Sichtung von Partizipationserfahrungen afrikanischer SHO konkretisiert und belegt werden.

4. PARTIZIPATION UND SELBSTHILFE IN DER SOZIALEN UND POLIT-ÖKONOMISCHEN REALITÄT: ERFAHRUNGEN AFRIKANISCHER SELBSTHILFEORGANISATIONEN (SHO) (1)

Bevor im zweiten Teil dieser Arbeit Probleme der Mitgliederpartizipation in dörflichen SHO an Hand von Fallstudien nachgezeichnet werden, soll ausgehend von den bisher entwickelten Konzepten der 'Partizipation' und 'Selbsthilfe' der Frage nachgegangen werden, wie im Kontext afrikanischer Sozialstrukturen und der für sie charakteristischen Wandlungsprozesse 'Partizipation' und 'Selbsthilfe' tatsächlich praktiziert werden konnten. Die Darstellung soll dabei von zwei zentralen Fragestellungen geleitet werden:
1. Welche typischen Probleme sind in Bezug auf Mitgliederpartizipation in afrikanischen SHO beobachtet worden?
2. Unter welchen Bedingungen haben sich Partizipation und Selbsthilfe im Sinne eigenverantwortlicher Trägerschaft entfalten können?

Es kann also nicht darum gehen, das ganze Spektrum der Partizipationsansätze (Partizipation an Entwicklungsprojekten, Partizipation an lokalen Planungsprozessen etc.) zu erfassen, sondern um eine Konzentration der Darstellung auf Partizipationsprozesse in SHO. Jedoch ist die Partizipation an Projekten oder lokalen Planungsprozessen dabei insofern von Bedeutung, als SHO involviert sind.

---

1. Die im folgenden dokumentierten Erfahrungen können sich nur auf das Spektrum von SHO beziehen, zu deren Partizipationsproblemen konkrete Aussagen gemacht wurden. Bei der Durchsicht der diesbezüglichen Literatur fällt auf, daß einerseits der Mitgliederpartizipation eine zentrale Bedeutung für die Erreichung bzw. Wahrung der Selbständigkeit einer SHO zugewiesen wird, daß andererseits aber über den Partizipationsprozeß (interne Organisation, Entscheidungsstrukturen, Informationsfluß, Partizipationskompetenzverteilung) nur vereinzelt konkrete Aussagen gemacht werden (vgl. z.B. die ACI-Länderstudien, DSE/GTZ 1982, BMZ 1984 (Fallstudien), MONDJANAGNI 1984 und ASCOOD 1987). Vielmehr konzentrieren sich die Darstellungen auf Entstehungshintergrund, Aktivitätsspektrum und Außenförderung der betreffenden SHO.

Das in der gesamten bisherigen Darstellung implizierte und für die folgenden Ausführungen maßgebliche Verhältnis von '<u>Partizipation</u>' und '<u>Selbsthilfe</u>' kann dahingehend charakterisiert werden, daß organisierte kollektive Selbsthilfe als Sonderfall von 'Partizipation' begriffen wird. Gemeinsames Selbsthilfehandeln ist automatisch auch partizipatives Handeln im doppelten Sinne der organisationsinternen Partizipation einerseits und der Partizipation als SHO in einem bestimmten (lokalen) Handlungsfeld andererseits. Es umfaßt jedoch nur eine Teilmenge der Gesamtheit von Partizipationsprozessen. Sowohl partizipatives wie auch Selbsthilfehandeln bewegen sich im Spannungsfeld zwischen Integration und Konflikt (vgl. Abschnitte 1.4 und 2.1). Allerdings haben beim Selbsthilfehandeln die spezifischen Antriebskräfte ein so großes Gewicht, daß partizipatives Handeln noch gegeben ist, wenn gemeinschaftliches Handeln wegen zu manifester Fremdbestimmung (vgl. Abschnitt 2.5) seinen Selbsthilfecharakter bereits eingebüßt oder nie erreicht hat.

4.1. Die Partizipationsakteure: Zwischen Homogenität und Heterogenität

In Abschnitt 2.4.1. waren zwei Voraussetzungen für eine hohe Partizipationsbereitschaft der SHO-Mitglieder und eine dadurch mögliche eigenverantwortliche Trägerschaft der gemeinsamen Aktivitäten herausgestellt worden:
1. Entstehung des Selbsthilfehandelns aus ortsbürtiger eigener Initiative;
2. relative Homogenität der Mitglieder in bezug auf soziale und ökonomische Merkmale als Grundlage gemeinsamer Selbsthilfeinteressen.

Die Beispiele von Partizipation in SHO, auf die im folgenden rekurriert werden soll, werden diese Aussagen insgesamt bestätigen können. Es wird jedoch zu zeigen sein, daß auch ortsbürtig entstandene SHO vor die Aufgabe gestellt sein können, Heterogenitäten zwischen ihren Mitgliedern abarbeiten zu müssen. Darüber hinaus wird deutlich werden, daß sich unter bestimmten Bedingungen die Partizipationsbereitschaft der Mitglieder auch in fremdinitiierten SHO entfalten kann.

Zuerst muß genauer beleuchtet werden, welche unterschiedlichen Ausprägungen von Homogenität und Heterogenität besondere Relevanz für den Partizipationsprozeß hatten und welche Auswirkungen sich auch unter Berücksichtigung der Selbst- oder Fremdinitiierung einer SHO daraus ergaben. Heterogenitäten unter den Mitgliedern ließen sich vor allem aus drei Ursachenkomplexen herleiten:
1. Aus sozioökonomischen oder soziopolitischen Differenzierungen in der Ortsgesellschaft,
2. aus unterschiedlichen partizipationsrelevanten Wissensbeständen
3. aus den je nach lokaler Gesellschaft mehr oder weniger stark ausgeprägten sozialen Statusunterschieden.

<u>Sozioökonomische Differenzierungen</u> wurden besonders dann virulent, wenn im Rahmen von Entwicklungsprogrammen über das Angebot des Zugangs zu bestimmten Ressourcen (Kredit, Inputs, Beratung u.ä.) fremdinitiierte SHO konstituiert wurden. So konnten sich im Falle eines integrierten Entwicklungsprojektes in Äthiopien (vgl. KIRSCH/BEN-JACOV/SCHUJMANN 1980:205ff) die ökonomisch besser gestellten Bauern über die SHO einen deutlichen Partizipationsvorteil in bezug auf Projektleistungen verschaffen. Die genossenschaftsrechtlichen Rahmenbedingungen und der Kreditvergabemodus begünstigten diese Tendenz(1).

---

1. "..., the open membership policy prescribed by the country's co-operative law... allowed different classes of farmers, such as poor tenants and rich landlords, to be members of the same co-operative. Since such co-operatives were usually controlled by the well-to-do minority, they were unable to generate an effective and genuine grass root movement" (ebd.:207). "If the borrower was a tenant, two guarantors, one of whom must be the landlord, and a signed lease agreement were also required. These conditions no doubt favoured larger cultivators while considerably restricting credit access for small-scale farmers and tenants"

SEIBEL/MARX (1984) berichten über vergleichbare Mechanismen im Rahmen eines ländlichen Entwicklungsprojektes in Nigeria, wo soziopolitische Differenzierungen eine stärkere Rolle spielten (vgl. 1984:79f)(1). Bei den im Rahmen eines staatlichen Dezentralisierungsprogramms geförderten "Village Development Committees" (VIDCO) als überdörfliche Vertretungsstruktur für die Bevölkerung in Zimbabwe konnten relativ wohlhabende Bauern über den Aufbau von Kontakten zur lokalen Verwaltung ökonomische Partizipationsvorteile realisieren (vgl. DIE 1988: 117ff)(2).

In allen drei Fällen nutzten die Gruppen, die sich Partizipationsvorteile verschaffen konnten, das Vakuum, das durch die zu Beginn und teilweise auch durchgehend nicht gegebene Identifikation der potentiellen Partizipanden mit einer nicht von ihnen initiierten Organisation entstanden war. Diese Okkupation von Partizipationsmöglichkeiten durch eine bestimmte ökonomisch privilegierte Gruppe stieß daher auf relativ unbedeutenden Widerstand der benachteiligten Partizipanden, der allerdings aufgrund der innergesellschaftlichen Machtverhältnisse eine nur bedingte Aussicht auf Erfolg gehabt hätte. Diese Konstellation kann sich ändern, wenn die für die Fremdinitiierung einer SHO verantwortliche (staatliche) Institution zuungunsten der wohlhabenderen Bauern in den Partizipationsprozeß eingreift.

(ebd.:208).

1. "Die Auswahl wird stärker von Parteizugehörigkeit und politischem Einfluß als von Bedarf oder Zuverlässigkeit bestimmt" (ebd.:79) Sie sprechen daher zurecht nicht von SHO sondern von "Selbstbedienungsorganisationen" (ebd.:80).

2. "Master farmers are certainly better educated than the average peasant and are more familiar with the formal sector. ..., holding public office and the resulting contacts with the formal sector are the main vehicles of social advancement. Informally, the office gives privileged access to government services (education, advice, jobs, funds). These resources then generate additional income and ultimately make the office-holder the centre of a patronage network" (DIE 1988:125f).

BENINI berichtet von den "Groupements Villageois" in Benin, die Mitte der siebziger Jahre von den landwirtschaftlichen Entwicklungsbehörden(1) initiiert wurden, um durch einen Verantwortungstransfer an die organisierten Baumwollproduzenten die Vermarktung dieser cash-crop zu effektivieren (vgl. 1981: 274ff). Über das Angebot eines funktionalen Alphabetisierungskurses, das von einer schweizerischen Nichtregierungsorganisation mit unterstützt wurde, gelang es den weniger wohlhabenderen Bauern im Dorf, ihre Position gegen die Interessenkoalition von wohlhabenderen Bauern(2) und dörflichen Landwirtschaftsberatern zu stärken :

"In addition to suppressing commercial fraud..., the farmers wanted to use the new skills to get rid of the "intellectuals", the agents of the state commanding French as a source of power that they are unable to control" (ebd.:289). "The first rewards that the farmers derive from participating in the project are those of managing their local groupements villageois successfully. The two numeracy courses respond to that need" (ebd.:288).

Der Grad der dorfinternen sozioökonomischen Differenzierung bestimmt entscheidend das Durchsetzungspotential für Interessen der wohlhabenderen Bauern und damit auch die Erfolgsaussichten, durch Förderinstitutionen von außen in diesem Prozess zugunsten der ärmeren Bauern zu intervenieren. Im Vergleich zum anfangs herangezogenen äthiopischen Kontext ist eine ähnlich deutliche Ausprägung dorfinterner ökonomischer Widersprüche im Kontext der "Groupements Villageois" in Benin noch nicht gegeben (vgl. ELWERT/FETT 1982:70ff)(3). BELLONCLE zeigt diesen Zusammenhang

---

1. Es handelte sich um die CARDER (Centres d'Action Régionale pour le Développment Rural) (vgl. 1981:276).

2. Deren Interesse war es vor allem, eine Auszahlung der Vermarktungsvergütung nicht pauschal an das "Groupement Villageois" zur Investition in gemeinschaftliche Dorfprojekte gehen zu lassen sondern anteilmäßig zur Produktionsmenge individuell an die Produzenten auszuschütten (vgl. ebd.:285).

3. Eine weiter fortgeschrittene sozioökonomische Differenzierung ist jedoch im Süden Benins zu beobachten. GOSSELIN beschreibt deren Auswirkungen auf die interne Struktur von staatlich initiierten Produktivgenossenschaften in der Palmölgewinnung (vgl. 1976:55ff).

am Beispiel der "Associations Villageoises" in Mali auf, die unter vergleichbaren Bedingungen sozioökonomischer Differenzierung und mit einem fast identischen Aufgabenspektrum arbeiten:

"Une précision importante ici: L'égalitarisme comme valeur peut très bien coexister avec des inégalités dans les faits. L'important est que publiquement ces inégalités ne sont pas admises comme normales. Ainsi dans les associations villageoises du Mali il est probable que certains paysans propriétaires de matériel de culture ne choisiraient pas d'utiliser prioritairement les bénéfices pour équiper les laissés-pour-compte. Il n'empêche qu'ils n'oseront jamais s'opposer publiquement à une telle décision" (1981:75:FN 22).

BELLONCLE fügt jedoch in einem anderen Kontext hinzu, daß die Verschärfung der sozioökonomischen Differenzierung durch den Übergang einiger Bauern von der Pfluganspannung zum Einsatz von Kleintraktoren (vgl. DIANDA 1988) die "Associations Villageoises" mit einem internen Konfliktpotential neuer Qualität konfrontieren wird (vgl. 1985:9).

Wenn nach den internen Partizipationsproblemen gefragt wird, die sich autochthonen SHO aufgrund sozioökonomischer Differenzierungsprozesse unter den Mitgliedern stellten, so finden sich dafür kaum Beispiele. Dies wird verständlich, wenn man durchschnittliche Größe und Aktivitätsschwerpunkte dieser SHO betrachtet. So haben sich vor allem im Spar- und Kreditbereich kleinere überschaubare Gruppen mit relativ großer sozialer Kohäsion gebildet, die ihre Aktivitäten auf eine hohe Identifikation der Mitglieder mit ihrem Zusammenschluß aufbauen können (vgl.MARCHE 1978, SEIBEL/MARX 1984:51ff und SEIBEL 1987:93ff). Dadurch gelingt es, die Durchsetzung ökonomischer Partikularinteressen bestimmter Mitglieder oder -gruppen sozusagen im Keim zu ersticken. Somit können die Auswirkungen der sozioökonomischen Differenzierungen aus den Gruppen herausverlagert werden.

MARCHE weist für den Nordwesten Kameruns nach, daß sich die wohlhabenderen Bauern in eigenen Spar- und Kreditvereinigungen zusammengeschlossen haben (vgl. 1978:85). GENTIL hat vergleichbare Mechanismen für die "tontines" in Rwanda dokumentiert(1). Die soziale Kohäsion als Garant für eine relative Gleichverteilung der tatsächlichen Partizipationschancen greift auch dann, wenn autochthone SHO ein größeres Aktivitätsspektrum im sozialen und ökonomischen Bereich abdecken(2).

Allerdings kann auch eine autochthone SHO unter bestimmten Bedingungen ein erhebliches, aus sozioökonomischen und -politischen Differenzierungen resultierendes Konfliktpotential "anziehen", wenn sie sich in einem für die dörfliche bzw. lokale Ökonomie zentralen Bereich engagiert, wie VINCENT am Beispiel einer Baumwollvermarktungsgenossenschaft in Uganda belegt (vgl. 1976:71ff). Diese Genossenschaft war bereits in den fünfziger Jahren als freiwilliger Zusammenschluss entstanden, jedoch 1968 durch die staatliche Zuweisung eines Vermarktungsmonopols für Baumwolle plötzlich mit völlig veränderten Handlungsbedingungen konfrontiert. Zwar hatten auch schon vor diesem Datum die Mitglieder des genossenschaftlichen Leitungsgremiums stärkere ökonomische Partizipationsvorteile gegenüber den "einfachen" Mitgliedern durchsetzen können. Nun jedoch wurde die Genossenschaft mehr und mehr von den lokalen Herrschaftsträgern für ihre politischen und ökonomischen

---

1. "Les monographies de tontines dans une commune de Kibuye (Rwanda) semblaient montrer qu'elles intéressaient 70% de la population et excluaient de fait les plus pauvres (qui ne pouvaient cotiser) et les plus riches (qui n'avaient pas besoin de tontines pour investir)" (1986:234).

2. "La généralisation de la multifonctionnalité ..., preuve que lorsque les paysans ont véritablement confiance dans leurs propres structures, ils ne se contentent pas d'une ou deux fonctions, comme le crédit-commercialisation dans les coopératives officielles, mais les multiplient pour couvrir tous leurs besoins" (ebd.:226, vgl. auch ASCOOD 1987). Es wird noch darauf zurückzukommen sein, daß diese autochthonen SHO teilweise jedoch erhebliche interne Differenzierungen hinsichtlich der Partizipationskompetenzen zu verarbeiten haben.

Interessen instrumentalisiert(1).

Wenn Heterogenitäten innerhalb von SHO in bezug auf die Verfügung über partizipationsrelevante Wissensbestände beleuchtet werden, so sind deren Ausprägungen immer mehr oder weniger verwoben in die sozioökonomischen und -politischen Differenzierungen, wie z.B. bei den VIDCO in Zimbabwe gezeigt werden konnte. Jedoch kann jemand auch über partizipationsrelevantes Wissen dank eines längeren Aufenthaltes außerhalb des Dorfes verfügen, ohne sich notwendigerweise in den "higher ranks" der dörflichen ökonomischen Erfolgsskala zu befinden.

Daß in diesem Kontext Diskrepanzen unter den Mitgliedern, auch bei relativ homogenen ökonomischen Interessen, überhaupt zu einem Topos werden, hängt einmal mit dem immer noch weit verbreiteten Analphabetismus zusammen. Dieser wiegt dadurch noch schwerer, daß oftmals die Realisierung von SHO-Aktivitäten vielfältige Kontakte zu Akteuren außerhalb des Dorfes (Verwaltung, Banken, Vermarktungsgesellschaften, Entwicklungshilfeagenturen u.a.) erfordert, die mit Kenntnissen der kolonial induzierten Sprachen meistens erfolgversprechender wahrgenommen werden können. Zum anderen ist das tradierte partizipationsrelevante Wissen, welches notwendig sein kann, um z.B. zu einer konsensfähigen Entscheidung innerhalb einer SHO zu kommen, qua gesellschaftsinterner, mehr oder weniger stark ausgeprägter Hierarchisierung ungleich verteilt (vgl. dazu vor allem

---

1. "For the politically ambitious parishioner, cotton-growing was a small part of his operations. The Cooperative Society was, therefore, less important as a means of improving agricultural production than as a means of access to cash that could be invested in nonagricultural enterprises. It was political office in the local society that was valued - and jealously garded by the Big Men and elders - for its contacts with the power structures beyond the parish, its potential political clout, and its kickbacks. The same would have been true of any other voluntary association that was given administrative blessing at the grassroots level. In Gondo, where no such other voluntary association existed, the Cooperative Society became the cockpit of political ambitions" (1976:90f).

Abschnitt 4.2.)(1). Aus dieser Konstellation ergeben sich in vielen SHO Partizipationsdisparitäten zwischen Führungspersönlichkeiten und "einfachen" Mitgliedern. In diesem Zusammenhang haben die fremdinitiierten SHO wiederum schlechtere Ausgangsvoraussetzungen als die selbstinitiierten.

Wenn sich wie z.B. bei den togolesischen Genossenschaften (vgl. ACI TOGO 1986:77ff) mangelnde Identifikation der Mitglieder mit ihrer Organisation mit einer starken Stellung des Genossenschaftspräsidenten paart, zu letzterer aber auch entscheidend beigetragen haben kann, dann sind entscheidende Partizipationsbereiche durch eine oder einige wenige Personen besetzt(2). Weniger krass sind die Partizipationsdisparitäten in den "Banques Populaires" in Rwanda (vgl. TAILLEFER 1986, GRACIA/ MUNYESHEMA 1986 und BEDARD 1986). Diese Spar- und Kreditgenossenschaften haben im ländlichen Bereich nicht nur bäuerliche Mitglieder, sondern ebenso Beamte, Handwerker und Händler. Wenn in den 72 Primärgenossenschaften(3) Mitgliederversammlungen stattfinden, werden oft die von den Statuten geforderten 50% anwesende Mitglieder nicht erreicht. GRACIA/ MUNYESHEMA schreiben dazu weiter:

"A ce sujet, certains sociétaires avancent des raisons de distance, d'autres trouvent l'ordre du jour non motivant et d'autres arguments. Face à ce problème .....le langage ésotérique de certains rapports présentés au moment de l'Assemblée Générale est également en voie d'être allégé en cherchant des moyens appropriés pour la transmission du message à une population en majorité peu instruite" (1986:28).

---

1. Dabei wird auch auf das nicht unbedingt komplementäre sondern teilweise sehr konfliktträchtige Verhältnis von tradiertem und "modernem" partizipationsrelevantem Wissen einzugehen sein.

2. Einer derartigen Konstellation kann ein sehr rationales Partizipationskalkül der Mitglieder zugrunde liegen, die die Genossenschaft quasi als Dienstleistungsbetrieb nutzen und keine darüber hinausgehenden Partizipationserwartungen einbringen wollen.

3. Diese sind auf sekundärer Ebene in einer "Union des Banques Populaires" zusammengeschlossen (vgl. BEDARD 1986:62 und GRACIA/MUNYASHEMA 1986:21f).

Die Erklärungen der nicht erschienenen Mitglieder für ihre Partizipationsverweigerung sind nicht sehr aussagekräftig, weisen aber auf Kommunikations- und Informationsstrukturen hin, unter denen sich Mitglieder von Entscheidungsprozessen ausgeschlossen fühlen können. Der mehr oder weniger lange Weg zum Versammlungsort spielt bei den in Rwanda vorherrschenden Siedlungsstrukturen, die durch um einen Hügel gruppierte Streusiedlungen geprägt sind, durchaus eine Rolle(1). Ein etwas klareres Bild der Partizipationsdisparitäten ergibt sich jedoch bei einer Analyse der Zusammensetzung der "Conseils d'Administration" der Genossenschaften.

Obwohl 67% der Mitglieder Bauern(2) sind, stellen sie nur 29% der Mitglieder der "Conseils d'Administration". Bei Beamten und Lehrern ist das Verhältnis genau umgekehrt; 20% der Genossenschaftsmitglieder aber 63% der Sitze in den Leitungsgremien(3). Diese unausgewogenen Partizipationschancen verschiedener Gruppen innerhalb der Genossenschaften haben sich trotz der Informations- und Bildungsarbeit eines Beratungsdienstes ("Bureau d'Orientation des Banques Populaires") in dieser Deutlichkeit herausbilden können(4). Um dies besser zu

---

1. So müssen beispielsweise in der Präfektur Butaré 46% der Mitglieder mehr als eine Stunde zu Fuβ gehen, um ihre Bank und d.h. auch den Versammlungsort zu erreichen (vgl. ebd.:27).

2. Es findet sich in der angegebenen Literatur keine Hinweis darauf, ob Bäuerinnen unter den Mitgliedern sind.

3. Daβ hier nicht nur die Verfügung über partizipationsrelevantes Wissen eine Rolle spielt, sondern auch durchaus eigennützige Motive macht TAILLEFER am Beispiel der örtlichen "notables" (Bürgermeister, Parteiverantwortliche, Richter, Lehrer u.a.) deutlich: "Leurs intérêts ne concordent pas forcément avec ceux des sociétaires: les besoins en logement d'un Bourgmestre ne sont pas les mêmes que ceux d'un paysan; le Bourgmestre aura donc tendance à faire élever le plafond autorisé de crédit individuel alors que, si cela n'était pas fait, davantage de paysans bénéficieraient de petits crédits à la mesure de leurs besoins" (1986:9f).

4. Es finden sich keinerlei Hinweise über den Niederschlag der Beratungsarbeit im Partizipationsverhalten der Mitglieder.

verstehen, müssen noch weitere Gegenkräfte zu einer ausgeglicheneren Mitgliederpartizipation berücksichtigt werden, auf die BEDARD hinweist: der Rhythmus der Gründung neuer Volksbanken und die Eigengesetzlichkeit sekundärer Organisationen. Er schreibt dazu: "Der Druck seitens der Gemeinden und Behörden, den Ausbau in den 143 Gemeinden zu beschleunigen, ist sehr stark. Eine neuere Untersuchung hat gezeigt, daß das System organisatorisch und hinsichtlich des Genossenschaftsgedankens noch anfällig ist, und daß ein zu schneller Ausbau Desinteresse und Nichtbeherrschung des Systems seitens der Basismitglieder verstärken und somit zu einer Machterweiterung der "Experten" führen könnte" (1986:73).

Die Erhaltung des Zusammenschlusses der Volksbanken mit dem dazugehörigen Beratungsdienst schafft eine Eigendynamik, die Zentralisierungstendenzen innerhalb der Organisation begünstigt und damit dem Abbau von Partizipationsdisparitäten faktisch eine zu geringe Priorität zuweist(1).

Die Volksbanken in Rwanda offenbaren exemplarisch das Spannungsverhältnis zwischen der vertikalen Komplexität einer SHO und einer relativen Gleichverteilung von Partizipationschancen für Mitgliedergruppen mit jeweils unterschiedlichen partizipationsrelevanten Wissensbeständen(2). Diese Konfliktkonstellation war und ist typisch für viele staatlich geförderte Genossenschaften (vgl. KIRSCH 1983:51ff, BELLONCLE 1983, GENTIL 1986:252ff und ACI MALI 1987:43f/76f), in denen sich die Führungsgruppen (Hauptamtliche, Mitglieder der Leitungsgremien, Mitarbeiter der Genossenschaftsbehörde) mehr und mehr

---

1. "Die Suche nach neuen Einkommensquellen zwingt sie (die "Union" (A.d.V.)), einige Kosten auf die Primärgenossenschaften zu überwälzen, Regeln zur Gewinnbegrenzung der Primärgenossenschaften aufzustellen und finanziell gewinnbringende Investitionen zu erkunden, die aber häufig städtischen Zielsetzungen zugute kommen und bisweilen ländlichen Zielsetzungen entgegenstehen" (ebd.).

2. BEDARD hat diesen Zusammenhang - bewußt oder unbewußt - dadurch treffend charakterisiert, daß er von "Basismitgliedern" spricht.

von ihrer Basis "abkoppelten"(1). Der Versuch, eine durch die Art der Fremdinitiierung bedingte Partizipationsverweigerung vieler Mitglieder mit einem 'top-down'-Krisenmanagement zu lösen, vertiefte die Kluft zwischen Führungsgruppen und "einfachen" Mitgliedern zusehends(2). Aber auch ortsbürtig entstandene SHO sehen sich mit dem Problem konfrontiert, dieses Spannungsverhältnis bewältigen zu müssen.

GENTIL sieht diese Problemkonstellation vor allem für SHO gegeben, die mit Hilfe von starken Führungspersönlichkeiten, die der SHO Zugang zu externer Förderung verschaffen konnten, relativ schnell expandierten und dadurch Organisationsstrukturen ausbildeten, die für die "einfachen" Mitglieder nur noch bedingt transparent waren (vgl. 1986:221ff). GENTIL charakterisiert diese SHO-Promotoren als "à cheval sur deux mondes" (ebd.:221) und verweist damit auf den zwischen Selbst- und Fremdinitiierung liegenden Entstehungshintergrund dieser SHO. Aber auch wenn eine autochthone SHO ohne derartige Führungspersönlichkeiten ihre ökonomischen Aktivitäten auf die sekundäre Ebene ausdehnt, besteht die Gefahr von Verselbständigungstendenzen auf der Leitungsebene:

"Malgré des efforts, souvent sincères, on voit apparaître l'opacité de ce second niveau, avec des spécialistes permanentes de type fonctionnaires, souvent payés par l'étranger, des assistants techniques rompus aux techniques bancaires, des comptabilités non compréhensibles par les coopérateurs, des

---

1. Auf eine differenzierte Darstellung der Förderungsstrategien einzelner Länder muß hier leider verzichtet werden. BELLONCLE weist auf Neuansätze in Benin, Burkina Faso (vgl. dazu auch Abschnitt II:1.4) und Senegal hin (vgl. 1983:14ff und ACI BENIN 1986 und ACI SENEGAL 1987), die den SHO einen größeren eigenen Handlungsspielraum zu eröffnen versuchen.

2. "C'est là également une constante: devant les premières difficultés rencontrées on assiste presque partout à la même >>fuite en avant<<. Si l'on a des problèmes avec les coopératives, c'est parce qu'elles ont une dimension économique trop réduite et de ce fait ne peuvent engager les gestionnaires compétents dont elles auraient besoin. Il faut donc >>fusionner<< les coopératives de base pour aboutir à des entrprises de plus grande dimension dont on affirme qu'elles seront mieux gérées et donc plus rentables" (BELLONCLE 1983:6).

monopoles de représentation et de discussion des financements extérieurs" (ebd.:237).
BRUCHHAUS/MEVISSEN haben am Beispiel der AJAC (Association Jeunesse Agricole Casamance) diesen Problemkomplex deutlich gemacht (vgl. 1985:113ff)). Diese senegalesische SHO hat seit ihrer Gründung 1974 aufgrund vielfältiger externer Unterstützung in einer Geschwindigkeit expandiert, die die meisten Mitglieder - in der Mehrzahl Frauen - überfordern mußte. Zwar gibt es in den einzelnen Mitgliedsgruppen ein Grundgefühl der Zugehörigkeit zur Gesamtorganisation, aber die konkreten Informationen über die Vorgänge innerhalb der AJAC gelangen kaum auf dörfliche Ebene. Diese Informationsdefizite scheinen jedoch im Partizipationskalkül der meisten Mitglieder keine zentrale Rolle zu spielen. Partizipationserwartungen an die AJAC beziehen sich vor allem auf finanzielle oder Beratungsleistungen. Ansonsten ist das Partizipationspotential durch die Aktivitäten auf Mitgliedsgruppenebene absorbiert.

Es ergibt sich die drängende Frage, wie derartige Partizipationsdisparitäten bewältigt werden können, vor allem wenn sich die meisten Mitglieder, wie am Beispiel der AJAC deutlich geworden, bei einer zu großen Expansionsgeschwindigkeit der Organisation quasi "ausklinken", wodurch sich Verselbständigungstendenzen der Führungsgruppen manifestieren, ohne daß sich dadurch ein entsprechendes internes Konfliktpotential um die Besetzung von Partizipationschancen ergibt(1).

Als Kontrapunkt aber auch als Beispiel für einen möglichen Lösungsansatz sei das Beispiel einer autochthonen, primären Mehrzweckgenossenschaft in Nigeria angeführt:

---

1. Ähnliche Phänomene sind auch bei anderen - vor allem fremdinitiierten - SHO immer wieder beobachtet worden. Wenn der innerorganisatorische Informationsfluß gestört oder die "von oben" kommenden Informationen wegen der Komplexität der Organisation den Verständnishorizont der "Basismitglieder" überfordern, konzentrieren sich die Mitglieder auf die Partizipationsmöglichkeiten in "face to face"-Untergruppen (vgl. KIRSCH/BEJACOV/SCHUJMANN 1980:71, NZABAHIMANA 1986:56 und DIE 1988:95f und 119).

"Zur Zeit liegen etwa 40 Anträge auf Mitgliedschaft vor; die Genossenschaft will allerdings nur etwa 20 neue Mitglieder pro Jahr aufnehmen, um jedes neue Mitglied entsprechend in die Gruppe integrieren und um die Organisation entsprechend mitwachsen lassen zu können" (SEIBEL/MARX 1984:108f).

BELLONCLE faßt dasselbe Prinzip jedoch mit Blick auf die Ausweitung von SHO-Aktivitäten auf die sekundäre und tertiäre Ebene mit dem Begriff "Fédéralisation" (1983:7, vgl. auch S. 11ff). Damit wird ein Prozess bezeichnet, in dem der Schritt zur Ausweitung von SHO-Aktivitäten von der primären auf die sekundäre Ebene erst dann vollzogen wird, wenn sich autonome und handlungsfähige Basiseinheiten "à échelle humaine et donc maîtrisables à terme par les coopérateurs" (ebd.:7) haben bilden können. Dies schließt ein, daß Disparitäten in bezug auf Partizipationskompetenzen unter den Mitgliedern soweit abgebaut wurden, daß die Basiseinheiten für die Mitglieder auch "maîtrisables" sind.

Wie im einzelnen die Partizipationskompetenzen der benachteiligten Mitglieder erweitert werden können, kann hier nur angedeutet werden. Ein Schwerpunkt wird auf der <u>funktionalen Alphabetisierung in den autochthonen Sprachen</u> und in Verbindung damit auf der Entwicklung von dem jeweiligen Handlungsfeld einer SHO angepaßten Verwaltungssystemen liegen müssen(1). Die "Associations Villageoises" (AV) in Mali haben mit Unterstützung des Beratungsdienstes der Baumwollgesellschaft seit Ende der siebziger Jahre ihre interne Verwaltung weitgehend auf Bambara umstellen können und durch Alphabetisierungskurse die Zahl der Mitglieder, die die Verwaltung der AV-Angelegenheiten(2) wirklich verstehen und auch selbst eine diesbezügliche Verantwortung übernehmen können, wesentlich erhöhen

---

1. Diesbezügliche Konzepte und praktische Erfahrungen sind relativ gut dokumentiert: vgl. BELLONCLE 1981, BELLONCLE/ILBOUDO/EASTON/SENE 1982 und BELLONCLE 1985.

2. Der Umfang der damit zusammenhängenden Aufgaben richtet sich im einzelnen nach dem Aktivitätsspektrum einer SHO. Im Fall der AV umfaßt er den Vermarktungs- und Kreditbereich, die Realisierung von Dorfprojekten und die AV-interne Buchhaltung.

können (vgl. BELLONCLE 1985:6ff).

Fehlende Verwaltungskompetenzen werden häufig als Haupthindernis für die Bewältigung bestimmter Partizipationsbereiche (Vermarktung, Kredit, Dorfentwicklungsprojekte) genannt, ohne daß jedoch spezifiziert wird, ob die diesbezüglichen Partizipationskompentenzen in der SHO nur ungleich verteilt sind oder bezogen auf die gesamte Organisation in unzureichendem Maße vorhanden sind (vgl. ACI/MAURITANIE 1987:64, ACI/CI 1987:77, ACI/BENIN 1987:56 und ACI/TOGO 1987:93).

Es muß an dieser Stelle auf die Verarbeitung von Partizipationsdisparitäten in den Partizipationskalkülen der Mitglieder zurückgekommen werden. Zu deren Verständnis muß noch auf eine dritte Kategorie von Heterogenitäten eingegangen werden, die in den auf tradierten ortsgesellschaftlichen Organisationsformen basierenden sozialen Statusunterschieden begründet liegen. Aufbauend auf dem in Abschnitt 1.5.2.3. bereits entwickelten Zusammenhang von dörflichen Sozialstrukturen und SHO-internen Partizipationsstrukturen soll herausgearbeitet werden, welche für die internen Entscheidungsprozesse relevanten Partizipationsregeln und -probleme sich daraus in der praktischen Arbeit der SHO ergeben haben. Dabei wird auch deutlich gemacht werden müssen, welche Vorgaben sich aus den jeweiligen dörflichen Sozialstrukturen für den Handlungsspielraum und für die Kontrollmöglichkeiten von Führungspersönlichkeiten ableiten lassen.

4.2. Partizipationsregeln und Entscheidungsstrukturen: Zwischen Konsensfindung und Mehrheitsprinzip

Für BELLONCLE war es einer der entscheidenden Fehler in der Genossenschaftsförderung, das Prinzip 'ein Mensch -> eine Stimme' zur Organisationsvorgabe (Genossenschaftsstatuten und -gesetze) für dörfliche Gesellschaften zu machen, deren Entscheidungsprozesse die Aushandlung eines Konsenses als tragendes Element hatten und haben (vgl. 1979:108ff, 1981:63ff und 1983:3ff). Es kann insofern nicht verwundern, daß die Genossenschaftsmitglieder in vielen Fällen erfolgreich versuchten, die Anwendung dieser Organisationsvorgabe zu unterlaufen(1). Wie bereits an anderer Stelle deutlich wurde (vgl. Abschnitt 3.1.), sind dörfliche Gesellschaften auf ein sorgfältig austariertes Machtgleichgewicht unter den verschiedenen 'lineages' angewiesen. Dies gilt umso mehr dann, wenn, wie in den akephalen Gesellschaften, Vorgaben von überdörflichen tradierten Autoritäten fehlen. Entscheidungen können also nicht durch das autoritäre Auftreten einer Führungspersönlichkeit herbeigeführt werden, sondern sie muß der ihr zugewiesenen Führungsrolle dadurch gerecht zu werden versuchen, daß sie möglichst konsensfähige Entscheidungen trifft. Dies verlangt Konsultationen, die je nach Struktur der Ortsgesellschaft unterschiedliche Gruppen von Entscheidungsträgern einbeziehen und so lange geführt werden müssen, bis es zu einer tatsächlich konsensfähigen Entscheidung gekommen ist (vgl. GENTIL 1984: 49ff). Aus der Sicht der dörflichen Entscheidungsträger wäre der zufällige Beschluß einer SHO-Mitgliederversammlung z.B. über die Besetzung von Führungspositionen innerhalb einer SHO nicht tragbar. Dadurch würde das Risiko "heraufbeschworen", daß jemand in diese Führungsposition kommt, der durch die Verbindung von einem bestimmten sozialen Status im Dorf mit der Führungsrolle in der SHO das interfamiliäre Machtgleichgewicht

---

1. GENTIL schreibt dazu: "Si ces formes juridiques sont observées, elles apparaissent comme une sorte de rituel, ou de jeu auxquels les paysans se plient pour faire plaisir à l'encadrement. Très sérieusement les membres du conseil d'administration viennent apposer leur pouce sur un procès verbal écrit en francais dont ils ignorent presque totalement le contenu ou bien les coopérateurs elisent à l'unanimité et sans discussion des responsables désignés à l'avance" (1984:50).
Als Erklärungszusammenhang für diese defensiven Strategien des Widerstandes gegen administratives Handeln sei auf Kapitel 3.3. verwiesen.

gefährden könnte(1).

GENTIL hat Formen und Konsequenzen dieser tradierten Entscheidungsprinzipien folgendermaßen charakterisiert:
"L'impression première est donc celle d'une grande démocratie. La composition et le fonctionnement des assemblées obligent cependant à apporter des nuances. Les femmes à l'exception dans certains cas des veuves ou de femmes âgées n'assistent pas aux Assemblées. Les jeunes hommes restent des spectateurs. S'il peuvent parler, leur parole n'a que peu de poids. Parmi les hommes adultes eux-mêmes, l'importance attachée à chacun est différente. Tout le monde a théoriquement le droit à la parole mais tous ne parlent pas et seuls quelques-uns sont vraiment écoutés. Il y a donc une certaine forme de démocratie, mais pas d'égalité, chacun a un statut différent. Ce qui ne veut pas dire que ceux qui ne parlent pas n'ont aucune influence et aucun moyen de se faire entendre. Mais pour être efficace leur intervention passe par l'intermédiare d'un chef de famille important" (1984:51).

GENTIL macht deutlich, daß im dörflichen Entscheidungsprozeß je nach Geschlecht, Alter und Sozialstatus sorgfältig abgestufte Partizipationschancen gegeben sind. Diese Enscheidungsstrukturen haben somit insgesamt wenig mit egalitär-demokratischen Idealen gemein, die der europazentrierte Beobachter mit ins afrikanische Dorf bringen mag. Jedoch ergibt sich daraus nicht zwangsläufig, daß sich derartige Entscheidungsstrukturen automatisch in gleicher Form innerhalb einer SHO wiederfinden müssen. Vielmehr muß der Frage nachgegangen werden, in welchem Maße dörfliche Entscheidungsmuster die Partizipationsregeln von

---

1. Auch wenn hier nicht auf einen SHO-Kontext rekurriert wird, so ist die Einrichtung der Revolutionskommitees (Comités de Défense de la Revolution (CDR)) 1983 in Burkina Faso per induziertem Mehrheitsvotum der Dorfbevölkerung, d.h. mit einem verordneten Entscheidungsmodus mit eindeutigen zeitlichen Vorgaben, doch ein eindrucksvolles Beispiel für das Spannungsverhältnis zwischen diesen beiden Entscheidungsprinzipien. Ein Jahr später wurde noch einmal eine Wahl angesetzt, um vielen Dörfern die Gelegenheit zu geben, Mehrheitsentscheidungen zu korrigieren, durch die CDR-Vorsitzende mit einem für die Funktion unvereinbaren sozialen Status eingesetzt worden waren. Da die CDR-Vorsitzenden formal die "chef de village" ablösten, konnten sie nicht Familien entstammen, denen aufgrund der gesellschaftsinternen Hierarchisierung die Übernahme einer "Chefferie" nicht möglich war (vgl. auch Teil II:1.1).

SHO vorgeben bzw. welche Möglichkeiten die SHO besitzen, eigene Entscheidungsstrukturen auszubilden. Je nach dörflicher Sozialstruktur und Typ von SHO werden sich unterschiedliche Wirkungsbezüge nachweisen lassen. In diesen Wirkungsbezügen werden sich auch verschiedene Grade des Ausschlusses von Frauen und Jungen von den SHO-internen Entscheidungsprozessen finden.

BENINI zeigt am Beispiel der Serahuli-Gesellschaft, wie einer fremdinitiierten dörflichen SHO zur Organisation bewässerten Reisanbaus im Osten Gambias ganz nachhaltig der Stempel des gesellschaftsspezifischen Herrschaftskonzepts aufgedrückt wurde (vgl. ebd.:207ff). In der tradierten Gesellschaftshierarchie kann das Wahrnehmen von Führungspositionen von ihren Inhabern an sog. "heads" delegiert werden(1):

"Heads are expected to use considerable discretion and to be successful. Those who fail can be legitimately deposed. Koina villagers referred to the President, vice-president and treasurer as the "heads" of the Rice Society" (ebd.:210)

Daraus ergab sich folgerichtig, daß die SHO-Mitglieder an ihren Präsidenten dieselben Erwartungen richteten wie an "heads" innerhalb der dörflichen Hierarchie: Entscheidungen im Namen der SHO-Mitglieder zu treffen. Dem mußten jedoch Konsultationen vorangehen, mit den anderen "heads" der SHO sowie den Ältesten und den Familienchefs. Über die Versammlungen der Rice-Society-Mitglieder schreibt BENINI:

"Babia Ture [der Präsident] and the vice-president were not elders but young married men. Many old members did not attend Society meetings but sent their sons. All the same the Rice Society was not a youth affair. A lot of young married men used to attend, most of them, however, would not dare speak, nor would artisans and slaves. The President, vice-president and Ebrima Gumaneh, the treasurer's son, were said to talk most at meetings. When a decision was reached, Babia Ture wanted some elders to confirm it to the audience as was the custom in ordinary village meetings" (ebd.:214f).

---

1. "The Serahuli concept of power emphazises the possibility of delegation. The political vocabulary terms the supreme master of a thing by the suffix -gumme while those who conduct but do not own it are said to be its "heads" (yime)" (1978:209f).

Frauen - mit Ausnahme derer, die als Pilgerinnen Mekka bereisten - waren von vornherein von den Versammlungen ausgeschlossen, da sie keine Parzellen für bewässerten Reisanbau besitzen konnten(1).

Daß die jungen Männer an Kursen zur funktionalen Alphabetisierung teilnahmen, um sich günstigere Ausgangschancen für eine Arbeit außerhalb des Dorfes zu verschaffen, macht deutlich, daß sie keine Erwartungen an Partizipationschancen in der Rice Society hatten bzw. haben konnten (vgl. ebd.:205).

Das Herrschaftskonzept der Serahuli "bürgte" auch dafür, daß sich der Präsident eine im Vergleich zu den Arbeitskräften in seiner Familie überproportionale Zahl an Reisparzellen sichern konnte, ohne daß sich dagegen Widerspruch hätte regen können. Er profitierte auch bei der Verteilung von Nahrungsmittelhilfe, jedoch nicht in dem Maße wie der wohlhabendste Händler im Dorf, der damit die realen dörflichen Machtverhältnisse deutlich machte - viele Bauern waren bei ihm verschuldet - und wenig später auch durchsetzen konnte, daß dem Präsidenten die Legitimation entzogen wurde.

Es war an anderer Stelle deutlich geworden, daß die Serahuli-Gesellschaft ihr Reproduktionsmodell einer Händlergesellschaft trotz kolonialer Einflüsse weitgehend aufrecherhalten konnte (vgl. Abschnitt 3.1). Daraus läßt sich erklären, daß in anderen Gesellschaften, aufgrund einer wirtschaftlich unabhängigeren Position der Jungen im Gefolge der sozioökonomischen Differenzierung, auch die Entscheidungsstrukturen zu einem gewichtigeren Konfliktpotential zwischen Jungen und Alten wurden als in der Serahuli-Gesellschaft (vgl. Abschnitt 3.2). Dabei würde es eine ungerechtfertigte Vereinfachung darstellen, die Jungen zu Verfechtern des Mehrheitsprinzips und die Alten zu Verteidi-

---

1. "The President explained to Community Services (dies war die Bezeichnung für das Projekt des Weltfriedensdienstes (A.d.V.)) that if women commanded rice stocks of their own they needed not to ask their husbands for the key to the main household store each time they had to feed children between the main meals of the day" (ebd.:208:FN 256).

gern des Konsensprinzips zu erklären. Es ging den Jungen um bessere Partizipationschancen in den dörflichen Entscheidungsprozessen, wobei sich in der Praxis verschiedenste Verbindungen von Konsens- und Mehrheitsprinzip ergeben konnten.

GENTIL beschreibt, wie sich in der stark hierarchisch geprägten Wolof-Gesellschaft ein Zusammenschluss der Jungen zu einer autochthonen SHO mit einem breiten Aktivitätsspektrum entwickeln konnte (vgl. 1986:207ff). Das Besondere an diesem Beispiel ist der Versuch, sich einen von den Ältesten und den religiösen Würdenträgern (Imam) akzeptierten Organisationsspielraum zu sichern, ohne die tradierten, gerontokratisch geprägten Entscheidungsstrukturen direkt anzugehen und ohne die dadurch vorgebenen Entscheidungsstrukturen übernehmen zu müssen.

Anfangs gab es deutlichen Widerstand der Ältesten. Jedoch mußte in Anbetracht einer massiven Landflucht der Jungen im Dorf überlegt werden, wie dem Einhalt geboten werden konnte. In diesem Prozess der Auseinandersetzung mit den dörflichen Entscheidungsträgern spielte ein junger Lehrer, der sich seinem Dorf und nicht seinem Beruf widmen wollte, eine Schlüsselrolle. Die Einrichtung eines gemeinschaftlichen Ladens, einer Dorfapotheke, die Reparatur der sechsklassigen Schule und vor allem der Bau einer Moschee zeigten den dörflichen Entscheidungsträgern die Entschlossenheit der Jungen, Verbesserungen für das gesamte Dorf gemeinschaftlich zu realisieren. Die Jungen konnten daraufhin durchsetzen, daß auf ihren Vorschlag der Ältestenrat eine Verminderung des Brautpreises beschloß. GENTIL gibt folgende Bewertung:

"Les jeunes ont gain de cause pour un problème qui les touche directement mais les formes du pouvoir apparaissent inchangés" (ebd.:211).

Die innerdörfliche Machtverteilung hat sich nicht wesentlich verschoben, aber der Spielraum für eigene Zusammenschlüsse der Jungen konnte erweitert werden. Die interne Organisation war eindeutig durch einen "juridisme d'inspiration occidentale" geprägt, jedoch mit einigen Abweichungen bei dem heiklen Punkt der Finanzverwaltung, wodurch mehr Verantwortliche für das Geld eingesetzt werden konnten als in der (westlichen) Vereinssatzung vorgesehen ist. Leider ist über die Partizipationsregeln im einzelnen zu wenig bekannt(1). Die Durchsetzung eines eigenen Organisationsmodells enthält jedoch genug Anhaltspunkte für die Annahme, daß diese SHO originäre Partizipationsregeln entwickeln konnte.

MARCHÉ stellt am Beispiel der Kom-Gesellschaft im Nordwesten Kameruns dar, wie sich die Jungen im Zuge der sozioökonomischen Differenzierung eigene Kredit- und Sparvereinigungen geschaffen aber gleichzeitig auch in den anderen Zusammenschlüssen versucht haben, Gegenkräfte zu den Alten zu bilden und veränderte Partizipationsregeln durchzusetzen (vgl. 1978:170ff)(2). Dabei war ein Hauptangriffspunkt die zentrale Funktion des "fondateur-président-trésorier" (ebd.:190), dessen Funktion oft erblich war. Demgegenüber favorisierten die Jungen "une forme d'autorité plus communautaire ou à base d'élections" (ebd.:191). Hintergrund der Auseinandersetzung um Entscheidungsstrukturen war jedoch das Interesse nicht nur der Jungen,

---

1. "Des analyses plus détaillés seraient cependant nécessaires pour mieux identifier le fonctionnement réel et sa valeur novatrice: par exemple comment sont prises concrètement les décisions, vote ou recherche de consensus, comment sont vécues les hierarchies et les rôles nouveaux, comment s'effectue dans les faits le contrôle social, y a-t-il diffusion de ces normes d'organisation dans la société des adultes?" (ebd.:214).

2. Auch MÜLLER betont den Aspekt der Bildung von Gegenkräften zu den gerontokratisch geprägten Strukturen. Dabei spielt das religiös-mystisch begründete Machtpotential der Ältesten in der Barega-Gesellschaft in Ost-Zaire eine besondere Rolle: "Problematisch ist die Teilnahme an lokalen Entscheidungen, weil die Macht der Notabeln und ihre Verflechtung mit den gefürchteten Bwamis (religiöse Funktionsträger in den Geheimgesellschaften (A.d.V.)) und der Geheimgesellschaft letztlich noch ungebrochen ist. Ihre übernatürlichen Kräfte wirken einfach - und wenn nur psychologisch... Kein Wunder, wenn sich viele Jugendliche, junge Männer und Frauen den christlichen Gemeinden anschließen, um sich hier einen Freiraum geistigen und physischen Lebens zu schaffen, Gruppen zu bilden, die sich in der Alltagspraxis dem lokalpolitischen Einfluß der Gerontokratie gemeinsam zu entziehen versuchen" (1988D:81).

die Spar- und Kreditvereinigungen den neuen Gegebenheiten der Monetarisierung anzupassen: Reduzierung der Prestigeausgaben (Reichtumsvernichtung vgl. Abschnitt 3.2) der Kreditnehmer, Verbesserung der Sparmöglichkeiten verbunden mit entsprechenden Zinssystemen u.a.. So entwickelten sich je nach Typ und Zusammensetzung der Kredit- und Spar-SHO unterschiedliche (Übergangs-)Konstellationen von Partizipationsregeln, auf die hier im einzelnen jedoch nicht eingegangen werden kann. Unter diesen Bedingungen der Veränderung von Entscheidungsstrukturen konnten Frauen ihre Positionen in gemischten Organisationen stärken; sie gründeten aber auch in zunehmender Zahl eigene Zusammenschlüsse, was durch ihre ökonomisch unabhängigere Position begünstigt wurde(1).

SEIBEL/MARX berichten über autochthone Spar-und Kredit-SHO im Benue-Staat in Nigeria, wo die Konfliktlinie 'Junge<->Alte' nicht im Vordergrund zu stehen und das Mehrheitsprinzip sich durchgesetzt zu haben scheint:

"Der Vorstand wird gewählt und ist normalerweise (91%) ehrenamtlich tätig; nur der Kassierer erhält ein Entgelt, in wenigen Fällen der Sekretär oder Schatzmeister ein kleines Geschenk. Von Unregelmäßigkeiten bei der Geschäftsführung wurde in keinem einzigen Falle berichtet" (1984:90).

Daß sich dennoch unterschiedliche Partizipationsregeln in den einzelnen Zusammenschlüssen etablieren konnten, wird bei dem Entscheidungsmodus über die für alle Gruppen sich stellende Frage der Zuteilung deutlich:

"Die Zuteilungsreihenfolge liegt nicht fest. Hier zeigt sich deutlich, daß der Sparverein primär auf Notlagen oder besonderen Bedarf ausgerichtet ist. Wer die Zuteilung benötigt, meldet seinen Bedarf an. In 43%(2) der Organisationen entscheidet die gesamte Gruppe, bei 32% der Vorsitzende und bei 21% der

---

1. MARCHE berichtet, daß die Männer zwar die Kaffeeproduktion monopolisiert haben, daß die Frauen aber durch den Verkauf von Nahrungsmitteln zusätzliches eigenes Geldeinkommen realisieren konnten (vgl. ebd.:170f).

2. Die Prozentzahlen beziehen sich auf einen sample von 34 Organisationen, die von den Autoren im Rahmen der Untersuchung befragt wurden.

Vorstand" (ebd.:92)(1).

In der bisherigen Darstellung bildeten hinsichtlich der tradierten Entscheidungsstrukturen die dörflichen Entscheidungsregeln den alleinigen Bezugspunkt. ELWERT macht jedoch am Beispiel einer Selbsthilfegruppe in der Fon-Gesellschaft in Süd-Benin deutlich, daß sich bereits aus unterschiedlichen tradierten Organisationsformen innerhalb einer Gesellschaft gegensätzliche Partizipationsregeln ergeben können (ELWERT 1983:89ff). Bei diesem Beispiel steht die Auseinandersetzung zwischen Jungen und Alten wieder im Vordergrund, die sich darin manifestiert, daß jede Gruppe ein unterschiedliches tradiertes Organisationsmuster zu aktualisieren versucht.

Die Alten in der Alphabetisierungsgruppe rekurrierten auf die Kultgemeinschaft, die sog. Vodun-Gruppe, in der der Älteste eine "weitgehende Befehlsgewalt... aber im Konsens mit den anderen "Alten" der Kultgruppe" (ebd.:91) hatte, während die Jungen als "Initianten" (ebd.) keinerlei Rechte hatten. Die Jungen bezogen sich auf eine tradierte Vereinigung der gegenseitigen Hilfe, die nach dem Prinzip der Reziprozität egalitär organisiert war und sowohl das Wahl- wie das Konsensprinzip kannte (vgl. ebd.)(2). Der Konflikt zwischen beiden Gruppen war vorprogrammiert. Auf einer von den Jungen initiierten Versammlung, zu der ein Teil der Alten gar nicht erschien, bahnte sich die Zweiteilung der Gruppe als einzig mögliche Konfliktlösung an:
"Einmal kam die Sprache auch auf die Kasse: "Warum verwalten eigentlich die Alten (gemeint waren der Vorsitzende und zwei mit ihm verbündete Brüder von ihm) die Kasse?" Die Konsequenz der Beratung war, daß man sich von der Bevormundung der "Alten" befreien wollte. Die Jungen scheuten davor zurück,

1. Leider lassen sich diese Zahlen nicht mit der Gruppengröße korrelieren, da vermutet werden könnte, daß ab einer bestimmten Mitgliederzahl - durchschnittlich sind es 45 (vgl. ebd.:89) - diese Entscheidung an den Präsidenten oder Vorstand delegiert wird.

2. Leider macht ELWERT keine Ausführungen dazu, wie die in bezug auf eine Entscheidung unvereinbaren Entscheidungsprinzipien im einzelnen angewendet wurden.

explizit eine Spaltung zu verkünden; die Alphabétisation sollte künftig an einem anderen Ort mit zum Teil neuen Mitgliedern durchgeführt werden" (ebd.:92).

Ohne daß es explizit gemacht wurde, waren dadurch die Weichen für die Gründung einer neuer Organisation nach der von den Jungen favorisierten Organisationsform gestellt worden.

Bisher ist explizit noch zu wenig auf den Teil der Partizipationsregeln eingegangen worden, der die Kontrolle der Führungspersönlichkeiten durch die SHO-Mitglieder betrifft. Am letztgenannten Beispiel der Alphabetisierungsgruppe in Benin wurde deutlich, daß der Rückgriff der Alten auf eine bestimmte tradierte Organisationsform die Wahrnehmung einer Kontrollfunktion durch die Mitglieder bis hin zur Möglichkeit der Abwahl der Führungspersönlichkeiten ausschloß.

Eine gewisse Kontrolle ergab sich nur durch die Eingebundenheit der Alten in ein jedoch nur sie gemeinsam verpflichtendes Konsensprinzip. Insofern mußten die Jungen auf eine Spaltung hinarbeiten, um einen von den dörflichen Entscheidungsnormen her untragbaren Affront gegenüber den Alten in der Gruppe zu vermeiden.

GENTIL rekurriert genau auf diesen Zusammenhang, wenn er schreibt:

"L'idée de contrôle est spontanément difficilement acceptable par les coopérateurs car il indique souvent pour eux une idée de défiance à l'égard des personnalités qu'ils ont choisies. Ceci est donc considéré comme une atteinte à l'honneur des responsables. Cette attitude explique aussi l'excès de fureur allant jusqu'à l'exclusion du village lorsqu'une faute a été découverte, puisqu'il ne s'agit pas alors d'une faute professionnelle mais d'une confiance trahie" (1984:53).

Die Heterogenitäten in bezug auf den Sozialstatus beschränken die Möglichkeiten der einzelnen Mitglieder, Führungspersönlichkeiten, vor allem wenn sie einen hohen sozialen Status haben, direkt in Zusammenhang mit einem möglichen Fehlverhalten anzugehen. Dies stabilisiert zwar bestehende Herrschaftsstrukturen; jedoch zeigen die im Verlaufe dieses Abschnittes einbezogenen Beispiele von Konfliktkonstellationen zwischen

Jungen und Alten um die anzuwendenen Partizipationsregeln auch, daß die Reproduktion von bestimmten dorfinternen Hierarchien nicht statisch gesehen werden kann.

In diesem Sinne impliziert der Kontrollgedanke, der sich aus den tradierten Entscheidungsmustern ergibt, vor allem eine soziale Kontrolle über die Berechtigung des Vertrauensvorschusses an eine Führungsposition. Im Falle der Rice Society in Gambia war das dem Präsidenten entgegengebrachte Vertrauen an den Erfolg der gemeinsamen Aktivitäten gekoppelt, und als er bestimmte Probleme nicht meistern konnte, wurde ihm das Vertrauen entzogen(1). Kontrollmechanismen konzentrieren sich vor allem auf den Umgang mit Geld (vgl. GENTIL 1986:213 u.240f)(2). Dies ist gerade durch die zunehmende Monetarisierung und die damit verbundenen Versuchungen, gemeinschaftliche Mittel für die individuelle Bedürfnisbefriedigung "abzuzweigen", immer dringlicher geworden. Autochthone SHO mit einer starken sozialen Kohäsion haben in diesem Zusammenhang die günstigsten Voraussetzungen, wie SEIBEL/MARX am Beispiel von Spar- und Kreditvereinen der Igbo in Nigeria illustrieren können:

"Die Stigmatisierung infolge Ausschlusses aus einem Spar- und Kreditverein ist so stark, daß eine spätere Aufnahme in irgendeinem anderen Verein äußerst unwahrscheinlich ist. Der soziale Druck ist demzufolge so stark, daß Regelwidrigkeiten äußerst selten sind" (1984:74).

Die Identifikation der Mitglieder mit ihrer SHO ist daher als zentrale Voraussetzung für die Wirksamkeit dieser der Kontrolle

---

1. Der Genauigkeit halber muß hinzugefügt werden, daß der nach der Absetzung des Präsidenten starke Mann in der Rice Society diese Mechanismen der sozialen Kontrolle für die Festigung seiner ökonomischen und politischen Machtposition zu instrumentalisieren vermochte.

2. BENINI bestätigt dies für die Koina Rice Society: "Every member donation was entered into three books, one kept with Babia Ture (dem Präsidenten (A.d.V.)), one in the Imam's compound, one with Balagy Gumaneh, the treasurer. Every payment was thus witnessed by at least three persons" (1978:210).

dienenden Partizipationsregeln anzusehen. Unter dieser Bedingung können auch fremdinitiierte SHO funktionsfähige Kontrollmechanismen entwickeln, wie das Beispiel der "associations villageoises" in Mali belegt (vgl. BELLONCLE/ILBOUDO/ EASTON/SENE 1982:114ff).

4.3. Schlußfolgerungen

Die in Kapitel 3 analysierten sozioökonomischen Differenzierungsprozesse haben sich auch in den Partizipationsprozessen in den verschiedenen SHO deutlich niedergeschlagen. Dabei waren die autochthonen SHO aufgrund ihrer insgesamt größeren selbstbestimmten Handlungsfähigkeit eher in der Lage, sozioökonomische Differenzierung unter den Mitgliedern zu bewältigen oder durch Begrenzung der Mitgliedschaft gar nicht erst entstehen zu lassen. Auch die Differenzierung innerhalb der in einer lokalen Gesellschaft verfügbaren Wissensbestände hat sich im Partizipationsprozeß der SHO niedergeschlagen. Die Behebung von Disparitäten hinsichtlich der Partizipationskompetenzen der Mitglieder in Verbindung mit einer Kompetenzerweiterung der gesamten Organisation SHO erwies sich als eine der zentralen Herausforderungen afrikanischer SHO. Sie stellte sich umso mehr, als eine Ausweitung des Aktivitätsspektrums und damit eine wachsende Komplexität des Handlungsfeldes angestrebt wurden.

Bei einer Erweiterung des Aufgabenspektrums oder einer Ausweitung der bestehenden Aktivitäten ergibt sich als weitere Herausforderung, die SHO im Sinne der "Fédéralisation" wachsen zu lassen und dadurch das Wasserkopfsyndrom zu vermeiden. Dies sollte eingebunden sein in die Entwicklung von angepaßten Entscheidungsstrukturen, die selbst bei einem unverzichtbaren Rückgriff auf das Delegationsprinzip eine Kontrolle des Partizipationsprozesses durch die Mitglieder gestatten. Die Strategie der "Fédéralisation" muß berücksichtigen, daß asymmetrische Partizipationschancen auch in den dörflichen

Mikrostrukturen angelegt sind. Die Annahme eines egalitär-demokratischen Entscheidungsprozesses hat sich als Mythos erwiesen. Dabei sind vor allem die geringen Partizipationschancen von Frauen deutlich geworden.

Die Verlaufsformen der <u>endogenen Dynamik</u> haben im Verhältnis von dörflichen Sozialstrukturen und Partizipationsregeln in den SHO unterschiedlich ausgestattete Handlungsspielräume der SHO erkennen lassen. Dies drückte sich in den verschiedenen Kombinationen von Mehrheits- und Konsensprinzip aus, nach denen die Partizipationsregeln der verschiedenen SHO ausgerichtet waren. Auch in diesem Spannungsfeld konnte ein Konfliktpotential zwischen Alten und Jungen identifiziert werden (vgl. Abschnitt 3.2).

Die <u>exogene Dynamik</u> entfaltete ihre für den Partizipationsprozeß häufig negative Virulenz vor allem bei fremdinitiierten aber auch bei selbstinitiierten SHO, wenn letztere ein für die im Partizipationsumfeld agierenden ökonomischen und politischen Interessengruppen besonders attraktives Aktivitätsspektrum aufwiesen.

Bei der Bewältigung der verschiedenen Partizipationsprobleme, zu denen eine Reihe von Lösungsformen aufgezeigt werden konnten, sollte eine Grundvoraussetzung partizipativen Handelns nicht aus dem Blick geraten, die KIRSCH/BENJACOV/SCHUJMANN in die folgenden Worte fassen:

"Participation is a fundamental aspect of self-help groups. At the same time, it is also a major problem faced by all types of self-help organisations, since experience shows that it is very difficult to maintain active involvement and interest (in joint action) of a large number of persons over a long time. There are frequent instances in the life of any associative type of organisation when many of its members lose their initial interest, particularly in times of economic difficulties, or in the face of strong competition or opposition from vested interests" (1980:71).

II. MITGLIEDERPARTIZIPATION IN DEN "GROUPEMENTS VILLAGEOIS" (GV) DER REGION VON HOUNDÉ/BURKINA FASO

Im folgenden sollen die Partizipationsstrukturen in dörflichen SHO anhand eines konkreten Falles genauer analysiert werden. Dazu soll auf die Erfahrungen von burkinischen "Groupements Villageois" in der Region von Houndé zurückgegriffen werden, die im Rahmen eines Feldaufenthaltes näher untersucht wurden. Im Vordergrund der Darstellung wird eine **Fallstudie** über Voraussetzungen, Strukturen und Bedingungen der Mitgliederpartizipation eines "Groupement Villageois" stehen. Durch eine vergleichende Betrachtung an Hand von vier Skizzen aus anderen "Groupements Villageois" derselben Region wird die Einzelfalluntersuchung in einem zweiten Schritt in den Kontext des regionalen Handlungsfeldes der "Groupements Villageois" eingeordnet.

Vor der Darstellung der Fallstudie soll jedoch zunächst der nationale, regionale und lokale Kontext aufgezeigt werden, in dem die "Groupements Villageois" entstanden sind bzw. agieren. An diese Kontextanalyse schließt sich eine Darstellung des für die empirische Untersuchung maßgeblichen methodischen Ansatzes und des damit korrespondierenden methodischen Instrumentariums an.

1. ZUR ANALYSE DES NATIONALEN, REGIONALEN UND LOKALEN KONTEXTES(1)

Bevor die Partizipationswirklichkeit in den untersuchten GV näher betrachtet und dargestellt werden kann, muß zunächst der Kontext charakterisiert werden, in dem sich die GV bewegen bzw. entstanden sind. Einige Ausführungen über die spezifische Problemsituation Burkina Fasos, über die Charakteristika der Region von Houndé sowie die Kernpunkte der GV-Förderung und -Entwicklung in den letzten zehn Jahren sollen diesen Kontext näher beleuchten.

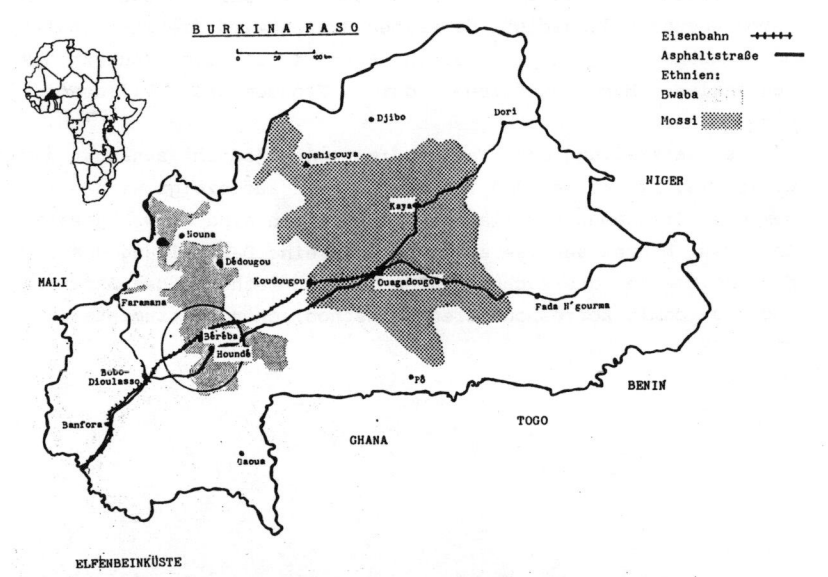

KARTE 1: <u>LAGE DES UNTERSUCHUNGSGEBIETES IN BURKINA FASO</u>
Quelle: IMFELD/MEYNS 1986

---

1. Die folgenden Ausführungen korrespondieren mit dem Erhebungszeitraum (1984/85) für die empirische Untersuchung und geben daher den Stand der Ereignisse von 1985 wieder. Auf jeweils notwendige Aktualisierungen wird in Fußnoten hingewiesen.

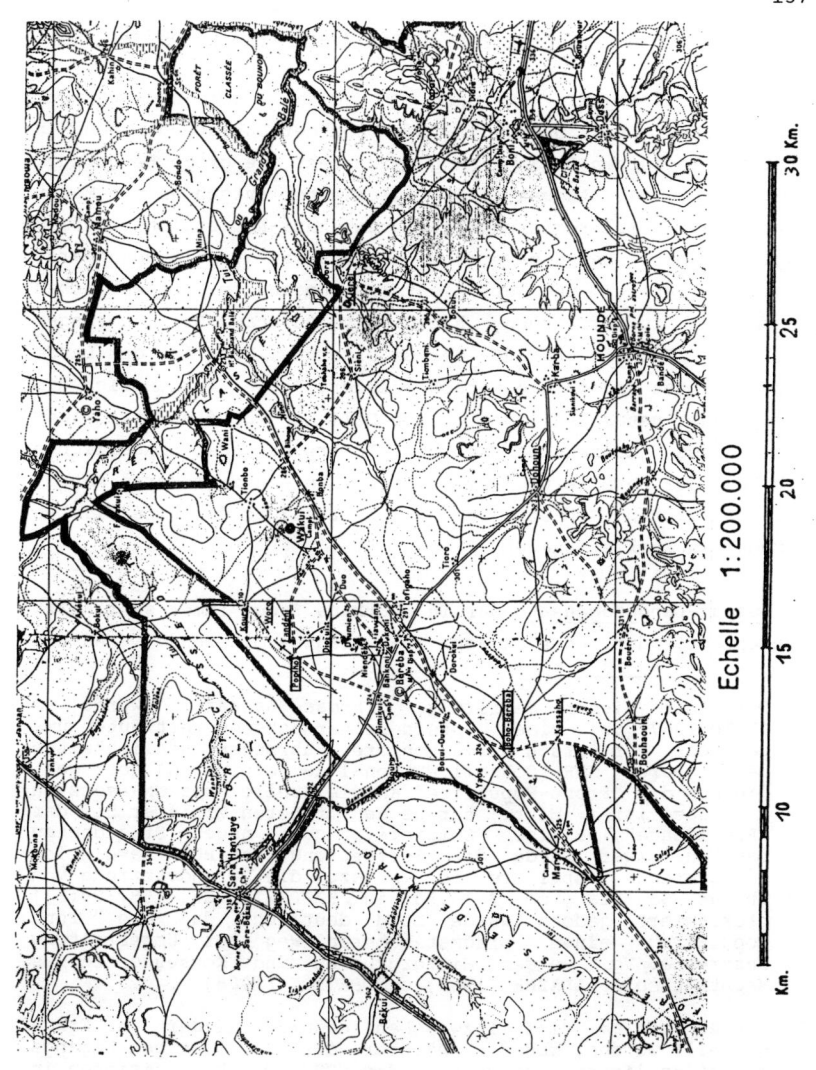

KARTE 2: LAGE DER UNTERSUCHUNGSDÖRFER IM UNTERSUCHUNGSGEBIET

Quelle: Institut National
de Géographie, 1959

1.1. Burkina Faso - Problemkomplexe einer ruralen Gesellschaft

Seit dem 4. August 1984 hat Obervolta einen neuen Namen: Burkina Faso, frei übersetzt: Das Land der Unbestechlichen. In direktem logischen Zusammenhang dazu steht die große Bedeutung, die die am 4. August 1983 durch einen Putsch an die Macht gekommene Militärregierung(1) ihrem Anti-Korruptionsprogramm zugedacht hat. Bei dem Versuch, im gesamten Verwaltungsapparat einen korrekteren und effizienteren Umgang mit öffentlichen Ressourcen zu erreichen, haben sich durchaus Erfolge eingestellt(2). Für die über 90% der Bevölkerung, die auf dem Lande leben, lautet jedoch die entscheidendere Frage: Werden sich die Zusagen der neuen Regierung, ihre Politik für die Entwicklung des Landes konsequent an den Interessen der bäuerlichen Mehrheit der Bevölkerung auszurichten, in einem größeren Anteil der ländlichen Gebiete bei der Verteilung der öffentlichen Ressourcen konkretisieren?

Der <u>Stadt-Land-Gegensatz</u> war in Burkina Faso immer sehr stark ausgeprägt, d.h. die knapp 10% Stadtbevölkerung waren die

---

1. Der Chef dieser Regierung, Thomas Sankara, wurde am 15.10.1987 bei einem Putsch seiner engsten Vertrauten umgebracht. Der Putsch wurde von drei Führungspersönlichkeiten des früheren CNR (Conseil National de Révolution) getragen, die nun die "Front Populaire" an die Stelle des CNR setzten und aus ihrer Mitte heraus den früheren Minister bei der "Présidence", Blaise Compaoré, zum neuen Präsidenten machten. Zwar wurde die Fortsetzung der RDP (Révolution Démocratique Populaire (vgl. dazu die Grundsatzrede von Thomas Sankara vom 2.10.83 in RAPP/ZIEGLER 1987:99ff)) proklamiert, jedoch wurde bald deutlich, daß die "Front Populaire" einen pragmatischeren Weg der Umgestaltung anstrebte. Vgl. zu den Hintergründen und Konsequenzen des Machtwechsels LABAZEE (1987) und PETERS (1988).

2. Diese Erfolge sind inzwischen dadurch wieder in Frage gestellt worden, daß die Wächter des sorgfältigen Umgangs mit öffentlichen Ressourcen, die CDR, nunmehr Positionen in den einzelnen Verwaltungen innehaben, die, bei nachlassendem Druck durch die "Front Populaire", zum "Abzweigen" öffentlicher Mittel für persönliche Zwecke verführen können (Persönliche Information aus Gesprächen mit Mitarbeitern des ex-ORD am 5.1.1988 in Bobo-Dioulasso).

bevorzugte Gruppe bei der staatlichen Mittelverteilung. Sieht man sich z.B. die Jahre 1979-83 an, so gingen in jedem Jahr ca. 60% der staatlichen Ausgaben allein in den Unterhalt des Verwaltungsapparates (vgl. STATISTISCHES BUNDESAMT 1984:48). Darüber hinaus profitierte die Stadtbevölkerung in erheblichem Maße von Infrastrukturprojekten, Versorgungsleistungen im sozialen Bereich sowie der Bevorzugung des städtischen Gesundheitswesens (vgl. REUKE 1982:328). Wenn man dazu noch die steigenden Militärausgaben in Rechnung stellte - ca. 15% der Gesamtausgaben (vgl. STATISTISCHES BUNDESAMT 1984:48) -, blieb kaum noch Hoffnung für die kleinbäuerlichen Familien in den Dörfern, durch eine Entbindungsstation oder eine Schule Nutzen aus dem staatlichen Budget zu ziehen.

Da war es schon realistischer, auf eines der Programme der Vielzahl der im Lande arbeitenden Entwicklungshilfeorganisationen zu hoffen. In diesem Zusammenhang war es von Vorteil, über Familien-, Dorf- und Stammesangehörige, die sich im Verwaltungsapparat einen Platz erobern konnten, einen "guten Draht" zu den städtischen Eliten zu pflegen.

Von den rund 6 Millionen Burkinabé (ca. 90% der Gesamtbevölkerung (vgl. STATISTISCHES BUNDESAMT 1984:17)) in den ländlichen Gebiete betreiben ca. 70% eine kleinbäuerliche, vor allem subsistenzorientierte Landwirtschaft auf relativ niedrigem Produktivitätsniveau, während die anderen 30% von einer auch kleinbäuerlichen aber bereits teilkommerzialisierten Landwirtschaft leben, hauptsächlich im Westen und Südwesten des Landes, wo Baumwolle als Verkaufsfrucht angebaut werden kann.

Von den 6 Millionen Bewohnern der ländlichen Gebiete sind jedoch ca. 2 Millionen Menschen als saisonale oder permanente Arbeitskräfte in die Küstenstaaten gegangen - vor allem in die Elfenbeinküste und nach Gabun -, um sich dort als billige Arbeitskräfte zu verdingen (vgl. LABAZEE 1985A:12)(1). Die geringen Chancen, in der eher subsistenzorientierten Landwirt-

---

1. Einer ganzen Reihe von Arbeitsemigranten aus dem Mossi-Gebiet ist es jedoch gelungen, sich in der Elfenbeinküste als Kaffeebauern eine neue Existenz aufzubauen (vgl. dazu CHAUVEAU/RICHARD 1977 und MÜLLER 1984B).

schaft eigenes Geld durch den Anbau von Sorghum, Kolbenhirse, Mais oder Erdnüssen zu verdienen(1), aber auch der überall virulente Generationenkonflikt (vgl. KALHÖFER 1983:46ff) sind als wesentliche Antriebsmomente für diese massive Arbeitskräfteemigration anzusehen.

Die zügig voranschreitenden Desertifikationsprozesse, die im ganzen Land zu beobachten sind, und die vor allem im Norden und im Zentrum des Landes schon zu einer massiven Gefährdung der natürlichen Produktionsgrundlagen geführt haben (vgl. DSP/CILLS 1982), spielen für die Erklärung der Arbeitskräfteemigration eine ebenso wesentliche Rolle (vgl. KLEENE/KEMPER 1985). Auch die Arbeitskräftemigration in die Gebiete des Westens und Südwestens des Landes erklärt sich vornehmlich aus einer sich massiv verschlechternden natürlichen Ressourcenbasis (vgl. BENOIT 1982).

Der kolonial erzwungene Eintritt der Ackerbauern und Viehzüchter in die Geldwirtschaft brachte die eingespielten Landnutzungssysteme, die die Regeneration der natürlichen Ressourcen gewährleisten konnten, aus dem Gleichgewicht (vgl. SPITTLER 1981:152ff). Die Konflikte zwischen Ackerbauern, die mit Erdnuß- und Baumwollkulturen in ehemalige Weidegebiete vordrangen, und Viehhirten waren somit vorprogrammiert und bewirkten eine zunehmende Degradierung der natürlichen Ressourcen.

Das kolonial induzierte Vordringen der Geldwirtschaft unterminierte aber auch die gut funktionierende Vorratswirtschaft, die sich als Schutz gegen die seit jeher bekannten Dürreperioden entwickelt hatte. So konnte die Dürreperiode Anfang der siebziger Jahre noch katastrophalere Konsequenzen als frühere Dürren haben (BONTE, o.J.). Die als Antwort auf diese Krise gedachten entwicklungspolitischen Bemühungen konnten die

---

1. Die ökonomischen Hintergründe für ein zunehmendes Interesse gerade der jüngeren Bauern an Bargeldeinkommen sind in Abschnitt I:3.2 entfaltet worden. Vgl. für den burkinischen Kontext auch SAUTTER (1980), MARCHAL (1985) und TALLET (1987).

Dynamik der Desertifikation und der Monetarisierung nicht umkehren. Burkina Faso hat bis heute ein strukturelles Getreidedefizit von ca 120.000 Tonnen, was einem Zehntel des Jahresverbrauchs entspricht(1) (vgl.LABAZEE 1985B:14f). Die Desertifikation wurde durch entwicklungspolitische Maβnahmen vielfach sogar noch verstärkt, so z.B. durch die groβflächige Anlage von Erosionsschutzwällen mit Maschineneinsatz (vgl. DUMONT 1986:60)(2).

Die Regenzeit 85 hat dem Land nach den Dürrejahren 82-84 ein gewisses Aufatmen ermöglicht, das jedoch nicht darüber hinwegtäuschen kann, vor wie schwierigen Aufgaben die Regierung und die Bevölkerung stehen, wenn sie die natürlichen Produktionsgrundlagen sichern wollen(3). Der nationale Revolutionsrat (CNR) wird weiterhin hauptsächlich auf bilaterale und multilaterale Hilfsprogramme setzen müssen. Bei teuren Erdölimporten, steigenden Lebensmittelimporten, die mit sinkenden Erlösen für Lebendvieh und Häute einhergehen, ist der Spielraum, Mittel zu mobilisieren, sehr gering (vgl. LABAZEE 1985A:13). Hier gehen aber auch eindeutig politische Prioritätensetzungen mit ein, denn die Vergröβerung der Armee von 5.000 auf 8.000 Mann und die Aussparung der Armee aus den allgemeinen Gehaltskürzungen im Verwaltungsapparat binden

---

1. Andererseits betragen die Lagerverluste nach Schätzungen der FAO zwischen 15 und 30% (vgl. LABAZEE 1985B:17).

2. Seit 1980 versuchen EntwicklungshelferInnen des Deutschen Entwicklungsdienst erfolgreich, Erosionschutzmaβnahmen in Kooperation mit dörflichen Selbsthilfegruppen ("Groupements Villageois") zu realisieren (vgl. ORD DU YATENGA et al. 1985).

3. Auch 1986 war eine gute Regenzeit, so daβ bei Sorghum und Hirse sogar Überschüsse geerntet werden konnten (vgl. SCHMITZ 1987:171). Jedoch wurden die Möglichkeiten der Getreideproduktion bei weitem nicht ausgeschöpft, da schon nach der relativ guten Ernte 1985 die Preise drastisch fielen, und es dem CNR nicht gelang, über das staatliche Getreidebüro OFNACER (Office National des Céréales) preisstützend zu intervenieren. Das verspätete Eintreffen von Nahrungsmittelhilfe machte das Eingreifen des OFNACER noch schwieriger (vgl. WORLD BANK 1988:59ff).

kostbare Mittel, die der Bekämpfung der Desertifikation nicht zur Verfügung stehen.

Die im Volksentwicklungsplan (Programme Populaire de Développement)(1) vorgesehenen 9.546 ha, die mit Erosionsschutzwällen versehen werden sollen, und die 10 Millionen zu pflanzenden Bäume werden bei weitem nicht ausreichend sein, zumal Pflege und Unterhalt dieser Flächen und Bäume eine gut sensibilisierte Bevölkerung voraussetzen. Auch hier spielen politische Prioritäten eine Rolle, da der gesamte PPD, wie LABAZEE zu Recht kritisiert, unter der nicht vollzogenen Trennung von prioritären (Brunnen, kleine Staudämme, Antierosif-Flächen, Bildungs- und Gesundheitsinfrastruktur) und sekundären Aufgaben (Elektrifizierung, Bau von Wohnhäusern für Funktionäre, Bau von Sportstadien und Kinos, Bau von Teerstraßen) leidet (1985A:13). Auch wenn der CNR stärker und eindeutiger als vorherige Regierungen Entwicklungsmaßnahmen im ländlichen Bereich fördert, scheint ihm aus Gründen der Sicherung der eigenen politischen Macht letzlich das städtische Hemd doch noch näher zu sein als der ländliche Rock(2).

Jedoch hat der CNR ausgehend von seinem Umverteilungspostulat bestimmten städtischen Interessengruppen auch nachhaltig Ressourcen entzogen. Durch die Streichung von Vergünstigungen

---

1. Vgl. dazu: CNR (1984B). Das PPD ist für den CNR ein zentrales Mobilisierungsinstrument gewesen. Es enthält eine sektoral gegliederte Zusammenstellung verschiedenster Projekte, die innerhalb von 14 Monaten realisiert werden sollten, und kann damit nicht die Bedingung der praktischen Umsetzung eines konsistenten Konzeptes für die mittel- und langfristige Entwicklung des Landes erfüllen.

2. Inzwischen läuft für die Jahre 1986-1990 ein Fünfjahresplan, in dem fünf Schwerpunkte gesetzt wurden, die den hohen nationalen Stellenwert der ländlichen Entwicklungsförderung wieder sehr eindeutig unterstreichen: nationale Selbstversorgung mit Getreide, Verbesserung der ländlichen Wasserversorgung, Erhaltung der ländlichen Umwelt, Ausbau der Basisgesundheitsdienste, Ausbau des Primarschulwesens (Persönliche Informationen von Helmut Asche, Regierungsberater der GTZ im burkinischen Planungsministerium (vgl. auch SCHMITZ 1987)).

für Staatsbedienstete wurde ihnen eine reale Senkung ihrer Bezüge um ca. 30% "beschert". Dies erscheint als logische Vorbedingung für eine Umverteilung öffentlicher Mittel zugunsten der ländlichen Gebiete, jedoch hatte dieses entschiedene Vorgehen gegen die Privilegien des Verwaltungsapparates gleichzeitig ein Dilemma zur Folge, dem der CNR kaum etwas entgegensetzen konnte: Die reduzierte Nachfrage der Staatsbediensteten hatte drastische Rückwirkungen auf die städtische Konjunktur. LABAZEE schreibt dazu:

"..., les entreprises orientées vers la satisfaction des besoins urbains solvables voient leur chiffre d'affaire fortement réduit: on pouvait estimer à 20% la contraction du volume des affaires réalisées par le grand commerce, qu'il soit d'origine européene, libano-syrienne ou nationale en fin 1984. Cependant, les secteurs les plus touchés sont ceux du bâtiment, de la menuiserie et du travail des métaux, de la restauration, dont la participation à la production urbaine <<moderne>> - hors établissement de service - est de l'ordre de 52%" (1985B:19).

Diese Einbrüche in der städtischen Konjunktur hatten zwangsläufig wiederum Rückwirkungen auf die Staatseinnahmen, vor allem, wenn man bedenkt, daß ein wesentlicher Teil aus Import- und Exportzöllen stammt. Dadurch wurden die Möglichkeiten, finanzielle Ressourcen für die Entwicklung der ländlichen Gebiete zu mobilisieren, zusätzlich eingeschränkt. Potentielle Einnahmequellen wie z.B. der Export von Manganerz müssen erst mit hohen Kosten erschlossen werden (vgl. STATISTISCHES BUNDESAMT 1988:45)(1).

Für die Realisierung von Entwicklungsvorhaben mußte der CNR daher so weit wie möglich auf die unentgeltliche Mitarbeit der Bevölkerung zurückgreifen (vgl. SCHMITZ 1987:167ff). Diese von oben verordnete Gemeinschaftsarbeit muß nicht mit den Betroffenen konsensfähig gemacht werden, da die <u>in 66 verschiedene</u>

---

1. Der Bau der notwendigen Eisenbahnverbindung zu den Manganerzlagerstätten bildete eines der zentralen Vorhaben des CNR. Zu seiner Realisierung wurden immer wieder Arbeitseinsätze organisiert, an denen sich immer wechselnde Bevölkerungsgruppen (z.B. Schüler, Bauern und Bäuerinnen eines Dorfes, Postbedienstete, Lehrer u.a.) zu beteiligen hatten (vgl. DABIRE/OUANGRAOUA 1987).

Ethnien zersplitterte Bauernschaft (LACLAVERE 1975:27f)(1) über kein gewachsenes Organisationspotential verfügt, um Verordnungen von oben ggf. aktiven Widerstand entgegenzusetzen. Die in Abschnitt I:3.3 beschriebenen Strategien des Unterlaufens, verbunden mit dem Versuch, sich mit administrativen Handeln zu arrangieren, prägen auch das Verhältnis burkinischer Dörfer zum Staat. Die Position der Dörfer wird noch dadurch geschwächt, daß ein weiterhin sehr hoher Analphabetismus gegeben ist - 86,8% der Männer und 93,9% der Frauen sind Analphabeten (vgl. STATISTISCHES BUNDESAMT 1988:31) -, der seit 1975 nur um einige Prozentpunkte gesenkt werden konnte (vgl. ebd.:31).

Es verwundert daher nicht, daß sich die vermeintlich originäre Partizipation an den als Basisorganisationen proklamierten Revolutionskommitees(2) bei näherer Betrachtung als vertrautes reaktives Handlungsmuster gegenüber staatlichen Verordnungen entpuppt, wie LABAZEE sehr treffend feststellt:

"Certes, la participation des villageois aux réunions et manifestations des Comités, ou aux opérations de développement qu'ils organisent, est massive, mais elle relève plus de la prudence vis-à-vis du pouvoir politique central que de l'adhésion aux objectifs et aux valeurs qu'il incarne" (1985B:13).

1.2. Houndé - eine privilegierte Region

Als Bezugsrahmen für die Region von Houndé sollen die Grenzen der früheren Unterpräfektur Houndé gelten. Mit der vom CNR 1984/85 durchgeführten Verwaltungsreform wurde die Region von Houndé in vier kleinere Verwaltungseinheiten aufgeteilt. Es

---

1. Jedoch gehören ca. zwei Drittel der Burkinabé zu nur drei Ethnien: Mossi (48%), Peul (10,4%) und Lobi-Dagari (7,0%) (vgl. LACLAVERE 1975:26 und STATISTISCHES BUNDESAMT 1988:25).

2. Sie wurden nach dem 4.August 1983 in allen Dörfern sowie in Stadtteilen, Behörden und Betrieben eingerichtet (vgl. SCHMITZ 1987:161ff). (Es sei hier auf Abschnitt II.3.1.1 verwiesen, wo die Reaktion eines Dorfes auf die Einführung der Revolutionskommitees analysiert wird.)

handelt sich um die Präfekturen von: Houndé, Koumbia, Bereba und Bekui. Im Südwesten des Landes gelegen, ist der Sektor Houndé mit durchschnittlich 830 mm Jahresniederschlägen (vgl. ORD 1982-1985) in einer im Vergleich zu den Zentralregionen des Landes relativ günstigen klimatischen Situation. Die Bauern haben jedoch insofern eine Verschlechterung der klimatischen Verhältnisse konstatieren müssen, als Menge und Verteilung der Niederschläge in Raum und Zeit ungünstiger geworden sind (vgl. SOFITEX 1982:Annexe V-2)(1). Diese Verschlechterung der klimatischen Bedingungen verweist auf die bereits in Abschnitt II:1 aufgezeigten Desertifikationsprozesse.

Auch wenn die Region von Houndé noch nicht akut desertifikationsgeschädigt ist, gibt es doch eine Fülle von Beobachtungen, die auf einen zunehmenden Desertifikationsprozeß hindeuten. Die Verringerung der Baumsavanne durch Feuerholzbedarf der wachsenden Bevölkerung, durch Ausweitung der Anbauflächen, durch das noch nicht eingedämmte Abbrennen vieler Flächen nach der Regenzeit sowie die durchziehenden Viehherden der Nomaden ist unübersehbar. Auch wenn hier kein direkter Zusammenhang zu den reduzierten Niederschlagsmengen hergestellt werden kann, die zu einem gewichtigen Teil auf die zunehmende Abholzung in der Elfenbeinküste zurückgeführt werden können (vgl. DUMONT/MOTTIN 1980:39), hat die Verringerung der Baumsavanne doch einen gewichtigen Einfluß auf den regionalen Wasserhaushalt. Der ständig sinkende Grundwasserspiegel und das allmähliche Verschwinden von Weihern in Feuchtgebieten, die alljährlich während der Regenzeit durch gemeinschaftliches Fischen genutzt wurden, sind deutliche Anzeichen für diesen Zusammenhang.

Der letzte Bevölkerungszensus wurde 1975 durchgeführt. Damals wurden 46.701 Bewohner gezählt (ORD 1975). Eine Schätzung der aktuellen Bevölkerungszahl ist schwierig, da ein großer Teil

---

1. TERRIBLE hat diese Tendenz an Hand von Daten belegen können, die für den Zeitraum der sechziger und siebziger Jahre in 16 über das ganze Land verteilten Klimastationen erhoben wurden (vgl. TERRIBLE 1981:16f).

der zahlreichen, in den letzten Jahren immigrierten Mossi nicht definitiv siedeln, sondern nach einigen Jahren in andere Gegenden des Südwestens weiterziehen. Auch die eher schwache Zunahme der autochthonen Bwa-Bevölkerung(1) muß berücksichtigt werden. Der ORD (Organisme Régional de Développement)(2) geht von 68.279 Bewohnern in der Region Houndé aus (ORD 4/1985: 4)(3), woraus sich bei einer Fläche von 4.200 km² eine Bevölkerungsdichte von 16,3/km² errechnet. Als dritte Ethnie, die den Sektor Houndé bewohnt, sind die Fulbe zu nennen, die wiederum in nomadisierende Viehhalter und seßhafte Viehhalter, die auch Ackerbau betreiben, unterteilt werden können. Ganz im Westen des Sektors hat sich vor ca. 20 Jahren eine größere Zahl von Dafing-Familien angesiedelt.

1.2.1. Die Bwa - eine dorfgemeinschaftliche Gesellschaft

Die Bwa siedeln in ca. 450 Dörfern in einem Gebiet, das zwischen dem 11. und 14. nördlichen Breitengrad und dem 3. und 5. westlichen Längengrad anzusiedeln ist und zum einen auf malischem und zum anderen auf burkinischem Territorium liegt (vgl. CAPRON 1971:24). Die in der Region von Houndé lebenden Bwa gehören zur Untergruppe der 'ba kyihosye' (vgl. CAPRON 1973:37). CAPRON charakterisiert die Bwa als eine dorfgemeinschaftliche Gesellschaft, die somit zwischen einer rein segmentären wie z.B. den Birifor (vgl. SAVONNET 1976) und einer zentralistischen Gesellschaft wie z.B. den Mossi einzuordnen ist (vgl. CAPRON 1971:24ff und SAVONNET-GUYOT 1975).

---

1. Die Besonderheiten der demographischen Entwicklung bei den Bwa sind immer wieder Gegenstand der ethnologischen Literatur gewesen, ohne daß letztendlich befriedigende Erklärungsversuche angeboten werden konnten (vgl. dazu CAPRON 1973:109ff).

2. Entstehungshintergrund, Aufgabenfelder und Interventionsformen der ORD werden weiter unten in Abschnitt 1.5.1 erläutert.

3. Die Grundlagen, auf denen diese Schätzung vorgenommen wurde, werden nicht ausgewiesen.

Das Besondere in der gesellschaftlichen Organisation der Bwa liegt in der Brechung der Exklusivität der verwandschaftlichen Beziehungen durch die Einbindung der verschiedenen sozialen Einheiten in die jeweilige Dorfgemeinschaft, die als selbstständige, keiner höheren Autorität untergeordnete politische Einheit existiert(1).
Die soziale, ökonomische und politische Basiseinheit in der autochthonen Bwa-Gesellschaft ist das 'zin' (vgl. CAPRON 1971:33ff), das unterhalb der 'lineage'-Ebene einen Familienverband umfaßt. Die Einbindung der verschiedenen 'zin' in das "projet communal" (CAPRON ebd.:25) wird über die Verteilung der dorfpolitischen Funktionen (vgl. SAVONNET-GUYOT 1975:1127f), über die Alterklassenstrukturen (vgl. CAPRON 1971) und über die damit eng verbundene Religionsgemeinschaft des 'dôh' (vgl. CAPRON 1973:251ff) realisiert.

In der Regel stammen die fünf dorfpolitischen Funktionsträger aus fünf verschiedenen 'lineages'(2). Der 'ta banso' kommt als oberster Bodenpriester aus der Gründerfamilie einer Dorfgemeinschaft. Er ist 'primus inter pares' und sitzt dem Ältestenrat, dem 'lo muu waani' vor. Der oberste Priester der 'dôh'-Religionsgemeinschaft, der 'dôh banso', kommt aus einem anderen 'lineage'. Oft ist es der Familienverband, der sich nach der Gründerfamilie im Dorf angesiedelt hat. Die für die Gesundheit der Gemeinschaftsmitglieder "zuständigen" 'lo ba banso' (innerhalb des Dorfes) und 'gnindé banso' (außerhalb des Dorfes) kommen wiederum aus zwei verschiedenen 'lineages'. Auch die Funktion des durch die Kolonialzeit den Dorfgemeinschaften aufgezwungenen Dorfchefs, des 'lo banso', wurde nach dem gleichen Prinzip in das dörfliche politische System eingebaut.

---

1. CAPRON spricht bezüglich des Verhältnisses zwischen den Dorfgemeinschaften folgerichtig von einer "juxtaposition des communes autonomes" (1971:33).

2. In kleineren Dorfgemeinschaften, wie z.B. dem in Kapitel II.3.1 vorgestellten Boho, kann es vorkommen, daß sich bestimmte dorfpolitische Funktionen in einem 'lineage' konzentrieren.

Die Hauptfunktionen dieser Machtverteilungsstrategie liegen darin, zum einen einer möglichen Machtkonzentration in einem 'lineage' von vorneherein den Boden zu entziehen und zum anderen die einzelnen Familienverbände in die Verantwortung für das "projet communal" zu nehmen(1).

Die <u>Altersklassen</u> leiten ihre Bedeutung aus der Religionsgemeinschaft des 'dôh' her. Die gemeinsam initiierten jungen Männer bleiben bis zu ihrem Lebensende in einer gemeinsamen, egalitär strukturierten Altersklasse. Da sich die Frauen nach der Heirat den Regeln der Virilokalität zu unterwerfen haben, lösen sich die Alterklassen der jungen Mädchen nach der Initiation auf. Die Altersklassen der jungen Männer bilden in ihrer internen Organisation einen deutlichen Kontrapunkt zu den ansonsten gerontokratisch geprägten dörflichen und familiären Instutionen. Ihr Aufgabenbereich reichte in der autochthonen Bwa-Gesellschaft von der gegenseitigen Unterstützung der 'zin' bei der Feldarbeit bis hin zur gemeinschaftlichen Feldbestellung im Rahmen der dörflichen Religionsgemeinschaft. Die Ernte dieser Gemeinschaftsfelder wanderte in die Dorfspeicher, um bei bestimmten religiösen Festen gemeinschaftlich verbraucht zu werden(2).

Im Gefolge des <u>Eindringens der Geldwirtschaft in die Bwa-Dorfgemeinschaften</u> wurde das "projet communal" durch die zunehmenden individualökonomischen Aspirationen in den 'zin' zurückgedrängt. Es konnte jedoch trotz der Segmentierungsprozesse innerhalb der 'zin' seine grundsätzliche Geltung als Ordnungsprinzip vor allem auch für die politische Organisation

---

1. SAVONNET-GUYOT erwähnt noch zwei weitere Funktionsträger auf dörflicher Ebene, den 'lo nankozo' als Verantwortlichen für die Dorfspeicher und den 'lo kâla', der für die Verteilung der gemeinschaftlichen Lebensmittel bei Festen zuständig ist (1975:1128). Beide haben jedoch als Folge des Eindringens der Geldwirtschaft ihre Funktionen eingebüßt.

2. CAPRON hat die vielfältigen Aufgaben der Altersklassen in der autochthonen Bwa-Gesellschaft in einer Übersicht zusammengestellt (1973:336ff).

der Dorfgemeinschaft aufrecht erhalten. Die deutlichsten Einschnitte gab es bei den gemeinschaftlichen Aufgaben der Alterklassen. Die sich aus den 'zin' heraus entwickelnden Kernfamilien zeigten immer weniger Bereitschaft, Ressourcen in gemeinsame Arbeiten außerhalb des Systems der gegenseitigen Hilfe einzubringen. Diese Tendenz wurde dadurch verstärkt, daß auch die Religionsgemeinschaft des 'dôh' durch den sich verbreitenden Katholizismus teilweise ihre gemeinschaftliche Gestaltungskraft einbüßte.

1.2.2. Die Einführung der Baumwolle in das Produktionssystem der Bwa – Dynamik und Konsequenzen(1)

Für die exogene und endogene Dynamik, die zu prägenden sozio-ökonomischen Differenzierungsprozessen in den Bwa-Dorfgemeinschaften in der Region von Houndé führte, hatte die Baumwolle eine Schlüsselbedeutung. Auch wenn der von der Kolonialadministration in den zwanziger Jahren forcierte Baumwollanbau (vgl. SPITTLER 1981:152ff und SAVONNET 1976:29) diese cash crop gründlich diskreditiert hatte, gelang es der CFDT(2) zu Beginn der fünfziger Jahre, die Baumwolle durch umsichtige Beratungs- und Vermarktungsangebote wieder "hoffähig" zu machen. So wurde ohne Rücksicht auf Kostenargumente auch die kleinste Menge Baumwolle direkt in den Dörfern aufgekauft, um das Vertrauen der Produzenten in die Zuverlässigkeit der Vermarktung zu

---

1. Die folgenden Ausführungen stützen sich hauptsächlich auf Gespräche mit Schlüsselinformanten in den Dörfern Dohoun, Bereba, Kassaho. Boho und Popioho, die teilweise schon während meines Feldaufenthaltes 1979 aber auch während der Projekttätigkeit 1980-83 geführt wurden. Wesentliche Informationen zur Einführung der Baumwolle in der Region von Houndé erhielt ich auch von den Patres Cunot und Moracia, die die inzwischen burkinisierte Missionsstation in Oukara betreuten. (Alle Dörfer westlich von Dohoun gehören zur Diözese Ouakara).

2. Die "Compagnie Francaise du Développement des Fibres Textiles (CFDT)" operiert seit der Kolonialzeit im gesamten frankophonen Afrika in der Förderung und Vermarktung von Baumwolle.

gewinnen. Das direkt ausbezahlte Geld sollte die den Vermarktungsvorgang aufmerksam beobachtenden Nicht-Baumwollproduzenten dazu anregen, sich auch dieser cash crop zuzuwenden.

Entscheidend war jedoch, daß die jüngeren Mitglieder der 'zin' die Baumwolle als ideales Vehikel entdeckten, um sich eigenes Geld zu verschaffen. Mit dem Eindringen der Geldwirtschaft war die Verfügung über Bargeld je nach 'zin' mehr und mehr zu einem Konfliktpunkt zwischen den jüngeren 'zin'-Mitgliedern und ihren Ältesten geworden, die ihr tradiertes Verfügungsrecht nutzten, um möglichst eigene Bedürfnisse zu befriedigen. Vor der Einführung der Baumwollproduktion konnte Geld durch Überweisungen von Migranten bzw. durch deren Heimkehr, durch ehemalige Armeeangehörige aber auch durch den Verkauf von Getreide, Erdnüssen oder Vieh ins Dorf gelangt sein. Der Handel wurde weitgehend von den Dioula-Händlern kontrolliert, so daß sich hier keine Einkommensmöglichkeiten boten, wobei die Ackerbautraditionen der Bwa eine Öffnung für den Handel auch erschwert hätten.

Das nunmehr durch die Baumwolle zusätzlich verfügbare Geld führte zu einer Verschärfung der Konfliktkonstellation zwischen Jungen und Alten. Die Jungen merkten schnell, daß sie mit dem Anbau von Baumwolle zu einer größeren ökonomischen Selbstständigkeit gelangen konnten, was ihnen der Getreideanbau zu diesem Zeitpunkt nicht ermöglicht hätte. Der Getreideverkauf war mit tradierten Verdikten belegt. Der Versuch eines jüngeren 'zin'-Mitgliedes, Hirse oder Sorghum individuell zu verkaufen, wäre von den Ältesten scharf sanktioniert worden. Für den Verkauf von Baumwolle existierten keinerlei Einschränkungen.

In einem ersten Schritt versuchten einige jüngere 'zin'-Mitglieder daher, innerhalb der 'zin'-Ökonomie individuelle Parzellen für den Baumwollanbau zugestanden zu bekommen. Dadurch konnte es jedoch immer wieder zu Konflikten mit den Ältesten kommen, da die auf den individuellen Parzellen eingesetzte Arbeitskraft den gemeinschaftlichen Feldern des 'zin' verloren ging. Damit war die zunehmende Auflösung des 'zin' als tradierte Produktions-, Konsumtions- und Akkumulationseinheit vorgezeichnet. Die produktionstechnischen Verbesserungen im Baumwollanbau beschleunigten diesen Prozeß noch.

Die Ältesten befürchteten, daß eine Ausweitung des Baumwollanbaus zwangsläufig zu einer Nahrungsmittelknappheit führen würde. Durch die Beschwörung dieses Szenarios versuchten sie, Druck auf die jüngeren Bauern auszuüben. Der ab 1960 zunehmende Einsatz der Ochsenanspannung sowie die Verwendung von Kunstdünger wirkten sich jedoch nicht nur für die Baumwolle sondern auch für die Nahrungsmittel produktionssteigernd aus(1).

Der Versuch, die Kernfamilien als Produktions-, Konsumtions- und Akkumulationseinheiten zu etablieren, bewegte sich je nach Familiengröße in dem mehr oder weniger ausgeprägten Spannungsverhältnis zwischen zunehmender ökonomischer Selbständigkeit in Bezug auf die Einkommensverwendung und zunehmender Abhängigkeit hinsichtlich der Mobilisierung familiärer Arbeitskraft. Die jährlichen Arbeitsspitzen durch Pflegearbeiten im Juli und durch die sehr arbeitsintensive Baumwollernte im November und Dezember machen die Mobilisierung von nichtbezahlter familiärer oder ggf. bezahlter nichtfamiliärer Arbeitskraft zu einem Schlüsselproblem in der Individualisierung der Baumwollproduktion(2). Dies ist ein entscheidendes Erklärungsmoment für den

---

1. SAVONNET schreibt dazu: "En quelques années, l'engrais chimique est utilisé partout dans le Bwamu méridional: cet engouement subit provient de ce que la C.F.D.T. propose un produit mieux adapté aux conditions du milieu: présenté sous forme de gros granules à introduire dans la terre au moment de la pleine croissance de la plante et se dissolvant lentement au cours de la saison pluvieuse, cet engrais agit encore l'année suivante lorsque le cotonnier est remplacé par des cultures exigeantes comme le mais ou le sorgho; ainsi, les rendements des produits alimentaires s'en trouvent-ils du même coup accrus..." (1976:29).

2. Einige Kernfamilienchefs versuchten den Arbeitskraftengpässen dadurch zu begegnen, daß sie eine zweite oder dritte Frau heirateten. Sogar in einem stark christianisierten Dorf wie Kassaho (vgl. Abschnitt 3.1.4) hat die Polygamie durch die Indivualisierung der Baumwollproduktion wieder an

bis heute nicht abgeschlossenen Segmentierungsprozeß in den 'zin'.

In den Bwa-Dörfern der Region von Houndé existieren heute noch alle Formen vom 'zin' in seiner autochthonen Vorgabe als Produktions-, Distributions- und Akkumulationseinheit bis hin zur Kernfamilie, die die verschiedenen ökonomischen Funktionen weitgehend unabhängig erfüllt(1). Dazwischen existieren eine Fülle von Übergangsformen, wobei die Diversität der konkreten Bedingungen in den einzelnen 'zin' wie auch in den einzelnen Dorfgemeinschaften die Verdichtung dieser Übergangsformen in einem typenbildenden Phasenschema nicht nahelegt. Hier spielen auch persönliche Faktoren insofern eine Rolle, als die Ältesten nicht als monolithischer Block gesehen werden können, der sich der Individualisierung der Produktion verweigert, sondern als in sich heterogene Gruppe in bezug auf die Zugeständnisse, die sie hinsichtlich der Anerkennung der veränderten ökonomischen Optionen in ihrem 'zin' zu machen bereit sind.

Das Bild der Diversität wird dadurch noch angereichert, daß nicht nur die verschiedenen ökonomischen Einheiten sondern auch die damit korrespondierenden Entscheidungsniveaus mit berücksichtigt werden müssen. So existieren in einem 'zin' in Boho zwar formell fünf Akkumulationseinheiten; faktisch beraten aber der 'zin waani' und drei der Kernfamilienchefs, die seine direkten Nachkommen sind, gemeinsam über größere Ausgaben. In demselben 'zin' gibt es drei der fünf Produktionseinheiten, die bei der Nutzung der Ochsenanspannung miteinander kooperieren. Die 'zin'-Mitglieder,

---

Bedeutung gewinnen können, wie ORTH in seiner empirischen Untersuchung über die durch den Baumwollanbau bewirkten sozioökonomischen Veränderungen in drei Bwa-Dorfgemeinschaften nachweisen konnte (1981:121ff).

1. Von einer uneingeschränkten ökonomischen Unabhängigkeit kann hier nicht gesprochen werden, da auch eine selbständige Kernfamilie in inter- und intrafamiliäre Austauschsysteme wie z.B. über die Altersklassengruppen zur gegenseitigen Hilfe eingebunden bleibt.

die nicht mehr mitarbeiten können, werden abwechselnd aus den Speichern von vier der fünf Konsumtionseinheiten versorgt. Eine häufig anzutreffende Problemkonstellation im Segmentierungsprozeß ergibt sich, wenn die Segmentierung in Produktionseinheiten derjenigen in Konsumtionseinheiten vorauseilt. Die einzelnen Produktionseinheiten versuchen dann, eine möglichst hohe Baumwollproduktion zu realisieren und sich der Verantwortung für die Alimentierung des gemeinsamen Speichers so weit wie möglich zu entziehen. Es hängt sehr stark von der noch verbliebenen Autorität des früheren 'zin waani'ab, ob unter diesen Umständen eine Lösung für das Nahrungsmittelproblem gefunden werden kann. Andernfalls ist die Individualisierung auch im Konsumtionsbereich vorgezeichnet.

Der Zusammenhang von steigender Baumwollproduktion und zunehmender sozioökonomischer Differenzierung im Sinne von Stratifizierungsprozessen innerhalb der Dorfgemeinschaft ist unmittelbarer gegeben als die eher vermitteltere Interdependenzbeziehung zwischen Segmentierungs- (Differenzierungs-) Prozessen in den 'zin' und dorfinterner Stratifikation. Die Familienverbände, die durch günstige demographische Bedingungen genügend familiäre Arbeitskraft für den Baumwollanbau mobilisieren[1] und die zudem interne Konflikte um die Verwendung des Baumwolleinkommens unter Kontrolle halten konnten und können, gehören in der Regel hinsichtlich ihres Einkommens und ihrer Verfügung über produktionsrelevante Ressourcen (Zugochsen, landwirtschaftliches Gerät) zu den obersten 10-20% in ihrer Dorfgemeinschaft, wobei sie einen deutlich höheren Anteil an der Baumwollproduktion des Dorfes

---

1. ORTH schreibt dazu: "Jedoch entsteht die soziale Differenzierung hier nicht wie bei anderen Gesellschaftsformationen aus der Verschärfung schon traditionell vorhandener sozialer Widersprüche, sondern nimmt ihren Ausgang an einem 'natürlich' und früher auch schon vorhandenen Merkmal - der 'demographischen Differenzierung' -, das erst in seiner Kombination mit der Produktion für den Markt zum Auslöser sozialer Differenzierung wird" (1981:182).

halten(1). Die Etablierung einer selbständigen ökonomischen
Einheit auf Kernfamilienebene kann daher nicht als unabdingbare
Voraussetzung angesehen werden, um einen der höheren Ränge in
der ökonomischen Erfolgsskala zu besetzen(2).
Jedoch hat der Segmentierungsprozeß insgesamt die Entfaltung
der Baumwollproduktion begünstigt, da durch ihn die Vorbedingungen geschaffen wurden, um die individualökonomisch orientierten Kräfte aus den verschiedenen 'zin' bzw. Dorfgemeinschaften in den Baumwollanbau einzubinden, was ersteren wiederum familienintern eine stärkere Position sicherte.

Die **Dynamik der dorfinternen sozioökonomischen Differenzierung** hat noch nicht zur Herausbildung von klar abgrenzbaren Strata mit entsprechend unterschiedlicher Ressourcenausstattung und ökonomischer Interessenlage geführt. Dies hängt entscheidend mit dem immer noch gegebenen Landüberschuß und den relativ wenig eingeschränkten Zugangsmöglichkeiten zu verbesserter Produktionstechnologie (Ochsenanspannung) zusammen.
Nimmt man die neueren Zahlen (vgl. DIANDA 1988:33ff), die den Trend von 1985 fortsetzen, so haben 1987 von den 6.066 Produktionseinheiten mit durchschnittlich 5-6 Aktiven und einer bebauten Fläche von 5.45 ha. 66% einen Pflug. Jede Produktionseinheit verfügt rein statistisch über 1,6 Paar Zugochsen. Dabei muß jedoch berücksichtigt werden, daß eine Reihe von Betrieben über mehrere Paar Ochsen verfügen. 67% der angebauten Flächen wurden 1987 mit dem Pflug bearbeitet, jedoch liegt der Anteil

---

1. Zu diesem Ergebnis kommt auch ORTH in seiner empirischen Untersuchung, wobei sich seine Daten vor allem auf Kassaho und Boho-Kari beziehen (vgl. 1981:176ff).

2. Durch das Angebot von Kleintraktoren, das die SOFITEX denjenigen Baumwollproduzenten macht, die über die Pfluganspannung hinausgehen möchten, ist die Notwendigkeit wieder größer geworden, sich oberhalb der Kernfamilienebene zu organisieren, z.B. durch den Zusammenschluss mehrerer Brüder. Der Kredit für die Anschaffung eines derartigen Traktors wird von der SOFITEX nur bei folgender Mindestbetriebsgröße gewährt: 8 aktive Familienmitglieder und 15 ha Gesamtanbaufläche (vgl. DIANDA 1988 und WORLD BANK 1988: 68f).

bei den Baumwollfeldern vermutlich höher, da schon 1985 70% der Baumwollfelder mechanisch gejätet wurden (vgl. ORD 9/1985:2) und die Ochsenanspannung in erster Linie für die Feldvorbereitung eingesetzt wird. Diejenigen Bauern, die noch ausschließlich Hackbau betreiben, haben entweder sehr ungünstige demographische Voraussetzungen oder scheuen aus Altersgründen den Schritt, sich noch mit einer neuen Technologie vertraut zu machen. Auch wenn konkrete Zahlen dazu nicht vorliegen, kann darüber hinaus doch davon ausgegangen werden, daß die Verbreitung der Pfluganspannung in den (Migranten-) Mossi-Produktionseinheiten geringer als in den Bwa-Produktionseinheiten ist.
Betrachtet man das Verhältnis von autochthonen Bwa und zugewanderten Mossi, so fällt auch auf, daß wenn Produktionseinheiten auf nichtfamiliäre Arbeitskräfte zurückgreifen müssen, dies häufig Mossi sind. Allerdings gibt es bisher keine Mossi-Familien, die sich ausschließlich durch Lohnarbeit reproduzieren müssen.

Hinsichtlich der Auswirkungen der Baumwollproduktion auf das <u>Anbausystem der Bwa</u> ist bisher schon deutlich geworden, daß trotz der Ausweitung der Baumwollproduktion auch die Nahrungsmittelproduktion gesteigert werden konnte, und daß der Baumwollanbau neue Anforderungen an die Verfügbarmachung familiärer Arbeitskraft stellte. Darüber hinaus wurde gesagt, daß der Übergang zur Ochsenanspannung sehr weit fortgeschritten ist und relativ geringe Zugangsbarrieren zu dieser Technologie bestehen. Um diese Zusammenhänge weiter zu erläutern, soll ein Vergleich der Anbaukalender von 1960 und 1983(1) vorgenommen werden (vgl. Schaubilder 3 und 4).

---

1. Die entsprechenden Daten wurden 1982/83 gesammelt. Auch wenn eine systematische Neuerhebung 1984/85 nicht möglich war, bestehen doch genügend Anhaltspunkte für die Annahme, daß dieser Landwirtschaftskalender auch für 1985 Gültigkeit beanspruchen kann.

Schaubild 3: CALENDRIER AGRICOLE DU BWABA DANS LA SUBDIVISION DE HOUNDÉ

MOIS	ACTIVITÉS ANNEXES	AMÉNAGEMENTS AGRICOLES	SEMIS ET PLANTATIONS	BINAGE	RÉCOLTES
Janvier	Vente coton, tabac.	Mise en buttes pour plantation d'ignames. Apport de fumure.			Dernier tabac de bas-fond; dernier petit mil.
Février	Battage gros mil dans le ma et transport à la ferme. Fêtes coutumières.	Débroussement du ma.1) Consolidation des murettes. Apport de fumure.			
Mars	Fêtes coutumières. Réparation des cases.	- Apport de fumure.	Fin du mois: plantation d'igname.		
Avril	Fêtes coutumières. Réparation des cases.	Brûlis des herbes sèches des arbres morts dans le ma. Apport de fumure.			
Mai		Buttes dans le lit du marigot. Préparation du ma à la culture.	Fin: mais, gros mil blanc dans le ma.		
Juin		Buttes dans le lit du marigot. Billons dans le wa, débroussement du ka.	Gros mil blanc, haricots=ma. Mais, gros mil= ka et wa. Mais, riz= basfonds.	1er binage dans le ma. Fin: 1er binage wa et ma.	Karité.
Juillet		Fin: débroussement du ka.	Coton, arachide, pois=wa. Patate douce= marigot. Tabac pépinière=ka.		Karité.
Août		Fin: débroussement du nouveau ma.	Sésame dans le nouveau ma.		Fin: 1er mais dans ka et wa.
Septembre		Fin: aménagement du ka pour tabac.	Fin: plantation tabac.		Mais, gros mil rouge wa et ma. 1er igname.
Octobre				Champ de tabac.	Arachide, pois, gros mil rouge. haricot, riz.
Novembre					Riz, gros mil blanc, coton, tabac.
Décembre	Vente coton, tabac, igname.				Sésame, gros mil blanc, coton, igname, tabac, petit mil.

Quelle: SAVONNET (1959: 29)
1) Mit 'ma', 'ka' und 'wa' bezeichnet SAVONNET verschiedene Typen von Feldern.

Zuerst einmal fällt auf, daß die Bedeutung der Feldvorbereitungs- und Pflegearbeiten deutlich zugenommen hat. Die quantitative Steigerung des Baumwollanbaus(1) hat darüber hinaus durch die sehr arbeitsintensive Baumwollernte den Arbeitsablauf der letzten drei Monate des Jahres entscheidend verändert. Durch die gestiegenen Mengen an Baumwolle ist auch der relativ zeitaufwendige Transport der Baumwolle ins Dorf(2) und ihre Vermarktung sehr viel gewichtiger in den Zeitbudgets geworden. Es ist weiterhin auffällig, daß die Diversität in der Anbaupalette der Bwa deutlich zurückgegangen ist.

SAVONNET hat mit dem Titel seines Aufsatzes (1959) das Anbausystem der Bwa als eines der perfektioniertesten im Vergleich zu den anderen westafrikanischen Ackerbaugesellschaften qualifiziert. Die genau an die jeweiligen Standorte angepaßte Kombination bestimmter Anbaufrüchte, die häufig in Mischkultur angebaut wurden, und die sorgfältige Berücksichtigung der Regenerierung der Bodenfruchtbarkeit - durch ausreichende Brache und durch die Nutzung der Acacia AlbidaHaine für die organische Düngung der Hausfelder - machten dieses hochdifferenzierte Anbausystem aus.

Im Gefolge der Entwicklung der Baumwollproduktion konnten sich nur die Getreidekulturen im Anbausystem halten, die, bei mit dem Baumwollanbau vereinbaren Arbeitsanforderungen, Ertragssteigerungen verhießen. Durch das Angebot von selektioniertem Saatgut für den Mais- und Sorghumanbau konnten sich vor allem diese beiden Anbaufrüchte neben dem "petit mil" (Pennisetum spicatum) und dem "sorgho rouge", der für die Hirsebierproduktion besonders geeignet ist, in der stark

---

1. Zwischen 1960 und 1983 hat sich die Produktionsmenge für Baumwolle fast vervierzigfacht (vgl. WORLD BANK 1988:54).

2. Wenn einer Produktionseinheit kein Ochsenkarren zur Verfügung steht, müssen die Frauen die Baumwolle in Körben bis ins Dorf tragen.

Schaubild 4: Landwirtschaftskalender der Bwa in der Region von Houndé (1985)

Monat	Nebenaktivi-täten	Feldvorbereitung	Saat und Düngung	Pflegearbeiten
Januar	Baumwollver-marktung			
Februar	Religiöse und soziale Gemein-schaftsaktivi-täten			
März	Reparatur der Hütten	Ausbringen von getrocknetem Mist auf die Maisfelder		
April		Gestrüppentfernen auf neu anzu-legenden Feldern		
Mai		Pflügen bzw. Um-graben (für alle Kulturen) Gestrüppentfernen	Aussaat Mais und Baumwolle	
Juni			Ausbringen von NPK (Mais) Ausdünnen der Pflanzen (Mais) Aussaat Pennisetum spicatum (Kolbenhirse) Ausdünnen der Pflanzen (Baumwolle) Aussaat Erdnüsse Ausbringen von NPK (Baumwolle) Aussaat Sorghum cernuum Ausbringen von Harnstoff (Mais) Aussaat roter Sorghum vulgare	1.Jäten (Mais)
Juli			Ausdünnen der Pflanzen (Sorghum cernuum) Ausbringen von NPK (Sorghum cernuum) Aussaat Sesam Ausbringen von Harnstoff (Sorghum cernuum)	2.Jäten (Mais) 1.Jäten (Baumwolle) 1.Jäten (Pennisetum spicatum) Aufhäufeln (Mais) 2.Jäten (Baumwolle) 1.Jäten (Sorghum cernuum) 2.Jäten (Pennisetum spicatum) Aufhäufeln (Pennisetum spicatum) Aufhäufeln (Baumwolle) 2.Jäten (Sorghum cernuum) Jäten (roter Sorghum vulgare) Aufhäufeln (Sorghum cernuum)
August				(ggf. Pflegearbeiten bei ungünstiger Niederschlags-situation und/oder Arbeits-organisation
September	Unterpflügen der trockenen Maisstengel			Schäm kam Mais
Oktober	Verkauf von Mais und Sorghum cernuum			pfu Sorghum cernuum Erdnüsse Baumwolle
November	Verkauf von Getreide und Baumwolle			ng Pennisetum spicatum Baumwolle roter Sorghum vulgare
Dezember	Baumwoll-vermarktung			Sesam Baumwolle

Quelle: Eigene Erhebung

reduzierten Anbaupalette halten. Fonio(1), Süßkartoffeln und
Yam sind fast gänzlich verschwunden. Auch die Bedeutung von
Sesam ist stark zurückgegangen. Der Tabak hat sich nur in ganz
wenigen Dörfern als Verkaufsfrucht halten können.
Bei den neuen Arbeitsaufgaben fällt vor allem der Insektizideinsatz auf, der mit letztlich unkalkulierbaren ökologischen
Risiken(2) zu einem unverzichtbaren Bestandteil des Produktionssystems der Bwa geworden ist, wobei der Versuch, Methoden
der biologischen Schädlingsbekämpfung zu entwickeln, niemals
ernsthaft unternommen wurde.

Insgesamt ergibt sich als Bilanz der Verankerung der Baumwolle
im Produktionssystem der Bwa ein sehr zwiespältiges Bild. Auf
der einen Seite konnten durch den weitgehenden Übergang zur
Ochsenanspannung und den Einsatz von Kunstdünger die Produktion
der Baumwolle und der Nahrungsmittel gesteigert werden. Die
dadurch realisierten Geldeinkommen ermöglichten dem überwiegenden Teil der Familien ein im ländlichen burkinischen Maßstab
relativ hohes Konsumniveau (Hausbau (Zementziegel, Wellblechdach), Kauf von Fahr- und Motorrädern, Radios, Kassettenrecordern)(3) und den Dörfern eine überdurchschnittlich gute
Infrastruktur, die dank der "Groupements Villageois" auf- bzw.
ausgebaut werden konnte (vgl. Abschnitt II.1.4).
Diese realen materiellen Verbesserungen waren jedoch nur um den

---

1. Fonio wird heute nur noch ganz vereinzelt angebaut, da die
   Ernte sehr arbeitsintensiv ist. Aus meinen Informationen
   ergibt sich, daß der Fonio-Aufbau um 1960 eine wesentlich
   größere Bedeutung gehabt haben muß. In SAVONNETs Aufsatz
   finden sich jedoch keinerlei Informationen über die damalige
   Bedeutung des Fonio-Anbaus.

2. LABAZEE schreibt dazu:" Notons au passage qu'en l'absence
   d'une législation locale sur l'emploi de produits phytosanitaires, et d'une réglementation mondiale sur la commercialisation des pesticides, l'essentiel des produits
   employés par les paysans de l'Ouest burkinabé est hautement
   toxique et interdit d'emploi dans les pays industrialisés;..." (1985B:17:FN 17).

3. In diesem Zusammenhang sei auf den Beitrag von HILPERT
   (1984) besonders hingewiesen.

Preis zunehmender ökologischer Risiken, zunehmender ökonomischer Instablilität aufgrund wachsender Außenabhängigkeit und einer spürbaren sozialen Destabilisierung der Dorfgemeinschaften zu realisieren.

Neben dem schon erwähnten unkalkulierbaren Gefahrenpotential des Pestizideinsatzes ergeben sich ökologische Risiken aus dem Kunstdüngereinsatz und in einigen Teilen der Region von Houndé durch die Verkürzung der Brachezeiten. Der Einsatz von Kunstdünger (NPK) hat die Sorge um die Regenerierung der Bodenfruchtbarkeit, wie sie für das autochthone Anbausystem der Bwa selbstverständlich war, in den Hintergrund gedrängt(1) und durch übermäßigen NPK-Einsatz zu einem kritischen Ansteigen der pH-Werte geführt(2). Vor allem in den Gebieten mit migrationsbedingtem Druck auf den Boden kann die früher übliche Brachezeit von ca. 20 Jahren nicht mehr aufrechterhalten werden. Durch die standortunangepaßten Landbaupraktiken der Mossi entsteht hier ein besonderer ökologischer Problemdruck (vgl. BENOIT 1982).

Die zunehmende Außenabhängigkeit wurde für die Baumwollproduzenten besonders deutlich, als beginnend mit der Anbausaison 1983/84 nach und nach die staatlichen Subventionen des Düngerpreises (vgl. WORLD BANK 1988:65) zurückgefahren wurden. Aber auch die Preise der Insektizide und des landwirtschaftlichen Materials hatten zu Beginn der achtziger Jahre kräftig angezogen. LECAILLON/MOORRISON haben die "terms of trade" des landwirtschaftlichen Sektors u.a. am Beispiel der Baumwolle berechnet und sind bei einer Langzeitbetrachtung (1960-82) zu

---

1. Durch den auf Druck der Weltbank erfolgten Abbau der staatlichen Subventionen für den Düngerpreis (vgl. WORLD BANK 1988:52 u. 64f) hat die organische Düngung wieder an Attraktivität gewonnen.

2. Diese Tendenz wird in den offiziellen Berichten bewußt übergangen, um den Baumwollanbau als Haupt-Devisenbringer des Landes nicht in die Diskussion zu bringen (Persönliche Information von Pierre Cochelin, 1981-85 technischer Berater des Direktors des ORD der 'Hauts Bassins').

dem Ergebnis gekommen, daß sich trotz kontinuierlich steigender Baumwollpreise(1) die Austauschverhältnisse real um 32% verschlechtert haben, da sich die nachgefragten Produkte aus den nichtlandwirtschaftlichen Sektoren (Produktionsmittel, Konsumgüter) überproportional verteuert haben (1985:49f)(2). Dadurch darf jedoch nicht aus dem Blick geraten, daß die baumwollproduzierenden Gebiete in der nationalen Einkommensskala einen sehr günstigen Platz einnehmen, und daß sich, wie LECAILLON/MORRISON weiterhin betonen, die landesinternen strukturellen Disparitäten seit Beginn der siebziger Jahre noch weiter zuungunsten der im Zentrum und im Norden gelegenen Gebiete verschärft haben (1985:130ff).

Wenn schließlich von <u>sozialer Destabilisierung als Folge des Eintritts der Bwa-Gesellschaft in die Geld-(Baumwoll-) Wirtschaft</u> gesprochen wird, so muß auf die Wirkungen der Segmentierungsprozesse in den 'zin' zurückgekommen werden, um das Pendant der Veränderung der ökonomischen Beziehungen in den sozialen Beziehungen zu identifizieren. Hier gilt es zuerst festzuhalten, daß die Bwa-Dorfgemeinschaften durch die Öffnung

---

1. Am einschneidensten erfuhren die Baumwollbauern ihre Außenabhängigkeit im Oktober 1987, als zum ersten Mal in der Geschichte der Baumwollproduktion der Preis gesenkt wurde. Durch den Eintritt der Volksrepublik China in den Weltmarkt (1986) waren die Weltmarktpreise so weit gefallen, daß die nationale Stabilisierungskasse für 1986/86 ein Defizit von 7,1 Mrd. CFA hinnehmen mußte. Die Weltbank wollte die Regierung zu einer Preissenkung um 15% (von 100 auf 85 CFA pro Kilo) drängen; schließlich wurde eine 5%ige Preissenkung vereinbart, um einem Absacken der Baumwollproduktion nicht noch Vorschub zu leisten (Gespräch mit Somé Henry, technischer Direktor der SOFITEX, am 4.1.1988 in Bobo-Dioulasso). Inzwischen gestaltet sich die Weltmarktsituation aus burkinischer Sicht wieder günstiger (vgl. WORLD BANK 1988: 67).

2. Sie schreiben dazu weiter: "Admittedly this movement is theoretical, in that the real price to the producer depends also on the degree of official or semi-official intervention, which can compensate a long-term decline, for example by altering the rate of the levy. But as none of the available evidence supports this possibility, it can be concluded that the downward trend was bound to have had an impact on the farmer's purchasing power .."(1985:49).

für die Geldwirtschaft auch vielfältige Außeneinflüsse aufnehmen mußten, die die bisher autochthon weitgehend vorgegebenen Lebensorientierungen in Frage stellten. Der Einfluß des Katholizismus und des letztlich städtisch orientierten Schulwesens haben ebenso wie die in die Dörfer zurückfließenden Erfahrungen von ehemaligen Migranten und Armeeangehörigen alternative Lebensentwürfe in den dörflichen Wissens- und Erfahrungsbestand eingeführt.

KALHÖFER hat in seiner empirischen Untersuchung über Bwa-Jugendliche in der Region von Houndé herausgearbeitet, daß diese alternativen Lebensentwürfe vor allem für Jugendliche Verheißungen beinhalten (1983:38ff). Er betont,

"daß die jungen Leute - wenn auch nicht in ihrer Gesamtheit - über reale Chancen verfügen, sich als Heranwachsende zwischen dem afrikanischen und dem europäischen Milieu zu entscheiden. Dadurch, daß sie der dörflichen Sozialisation nicht mehr in der früheren Ausschließlichkeit ausgesetzt sind, verbreitert sich ihr Handlungsspielraum, der das eigentlich neue Kennzeichen gegenwärtiger Sozialisation voltaischer Jugendlicher ist" (1983:41).

Den Zusammenhang zwischen größerer ökonomischer Selbständigkeit durch die Segmentierungsprozesse in den 'zin' und Individiualisierung als Topos auch für die Gestaltung der sozialen Beziehungen macht KALHÖFER an anderer Stelle sehr gut deutlich:

"Bedeutete vordem das Erwachsenwerden das Sichintegrieren und Aufgehen in der Gemeinschaft als nun vollwertigem Mitglied ..., so streben die afrikanischen Jugendlichen heute stärker nach einer individualisierten Erwachsenenpersönlichkeit, die sie durch Handlungskompetenz, Bildung und die Attribute ökonomischen Erfolgs auszudrücken versuchen" (1983:44).

Unter diesen Bedingungen behält der schon bei der Einführung der Baumwolle virulente Generationenkonflikt sein unvermindertes Gewicht für die Gestaltung der sozialen Beziehungen, da Jugendliche aber auch bereits verheiratete junge Männer die von den Ältesten vorgegebenen sozialen Regeln nicht mehr ohne weiteres akzeptieren.

Bevor auf die Bedeutung der "Groupements Villageois" im sozioökonomischen Kontext der Bwa-Gesellschaft in der Region von Houndé eingegangen wird (vgl. Abschnitt 1.4 sowie vor allem Kapitel 3), soll dargestellt werden, wie die "Groupement

Villageois" im Kontext der burkinischen SHO-Förderung entstanden sind.

1.3. Strategien und Strukturen der Förderung ländlicher SHO in Burkina Faso

Vergleicht man Burkina Faso mit anderen westafrikanischen Ländern (z.B. Senegal, Mali, Niger), so fällt auf, daß seit der Unabhängigkeit nur sehr schwach ausgeprägte Strukturen zur Förderung von SHO aufgebaut werden konnten (vgl. ACI BURKINA FASO 1987:18ff und MÜNKNER 1980C:8ff). Während z.B. im Senegal die gesamte Erdnußvermarktung genossenschaftlich organisiert wurde (vgl. BELLONCLE 1978:21ff), fehlten im Obervolta der sechziger Jahre die Voraussetzungen für eine entsprechende staatliche Förderungsstrategie. Bei den für das Land zentralen Devisenbringern (Lebendvieh, Häute, Baumwolle) ergaben sich zu dem Zeitpunkt keinerlei Ansatzpunkte für eine SHO-Förderung, wobei SHO noch weitgehend mit 'Genossenschaft' gleichgesetzt wurde (vgl. dazu auch Abschnitt I:2.3).

Genossenschaftliche Strukturen wurden in der Gemüse- und (bewässerten) Reisproduktion, in der Produktionsförderung (Agrarkredit) und im Spar- und Kreditbereich aufgebaut und unterstützt (vgl. MDR 1979 und GENTIL 1981). In diesen Förderungsaktivitäten dominierte der staatliche Einfluß so nachhaltig, daß das Entstehen von durch die Mitglieder getragenen relativ autonomen Genossenschaften quasi blockiert war(1).

---

1. Die ACI Studie (1987) kommt zu folgendem Ergebnis:" L'histoire coopérative reste ainsi profondément marquée depuis l'époque coloniale jusqu'à nos jours par:
   - la définition des objectifs en dehors du paysan
   - la participation limitée des intéressés
   - la précipitation de voir réaliser des programmes de développment entraînant une rupture entre la croissance agricole et l'éducation coopérative
   - la transformation des organisations paysannes en courrois de transmission ou en appendice de l'Etat
   - la prolifération des coopératives au détriment de l'effi-

Erst 1973 wurde das erste Genossenschaftsgesetz nach der Unabhängigkeit verabschiedet, das sich noch sehr stark an dem französischen Vorbild und damit letztlich dem europäischen Genossenschaftsmodell orientierte. Die im Gesetz vorgesehenen staatlichen Förderungsstrukturen wurden nur zu einem geringen Teil tatsächlich aufgebaut (vgl. SAWADOGO 1984:35). Informelle SHO (vgl. die Typologie in Abschnitt I:2.4.) waren in dem Gesetz noch überhaupt nicht berücksichtigt worden.

Kurz nach der Verabschiedung des Genossenschaftsgesetzes wurde jedoch verstärkt der Blick auf eine Fülle von nichttradierten Basisgruppen ("Groupements Villageois") gelenkt, die "dank" der wenig entwickelten staatlichen Förderungsaktivitäten Raum zur Entfaltung selbstinitiierter Aktivitäten fanden (vgl. GENTIL 1981:4ff). Sie legten Gemeinschaftsfelder an, konstituierten sich als Kredit- und Spargruppen oder realisierten gemeinschaftlich Projekte zur Verbesserung der dörflichen Infrastruktur. Im Vergleich zu den staatlich geförderten Genossenschaften hatten sie insgesamt eine höhere organisatorische Stabilität, nicht zuletzt, weil sie auf eine relativ hohe Identifikation der Mitglieder mit aus Selbsthilfe entstandenen Aktivitäten bauen konnten.

In diesen Zusammenhang muß die Entscheidung der voltaischen Regierung von 1974 eingeordnet werden, das "Développement Communautaire" (DC) zu einer nationalen Option zu erklären (vgl. SCHWEDERSKY 1977). Diese neue entwicklungsstrategische Orientierung zog die Konsequenzen aus den Erfahrungen der staatlichen wie auch der ausländischen Förderungsorganisationen, deren Grundtenor war, daß Entwicklungsimpulse in den ländlichen Gebieten nur erfolgreich sein können, wenn der betroffenen Bevölkerung Initiativ- und Partizipationsspielräume eingeräumt werden. Diese Einsicht war allzuoft bei der Ausarbeitung und Umsetzung ländlicher Entwicklungsprogramme vernachlässigt worden. Ohne dies explizit zu machen, war diese Option auch mit der Intention gewählt worden, die Attraktivität

---

cacité coopérative" (1987:22).

des Landes für ausländische Entwicklungshilfeorganisationen zu erhöhen (vgl. ebd.:67).

Die Verwirklichung dieses ehrgeizigen DC-Programms stieß sehr schnell auf erhebliche Schwierigkeiten. Die harmonische Entwicklung der gesamten Dorfgemeinschaft (Produktion, Kredit, Vermarktung, Gesundheit, Bildung, Wasserversorgung, Infrastruktur u.a.)(1) hing eben nicht nur von dem gemeinschaftlichen Geist aller Dorfbewohner, sondern vor allem auch von der Verfügbarkeit finanzieller Ressourcen ab. Weder die staatlichen Budgets noch das Eigenfinanizierungspotential in den Dörfern(2) boten eine ausreichende Grundlage für die Realisierung einer integrierten Entwicklung der Dorfgemeinschaft.

Zu seiner Realisierung setzte das DC-Programm auf ein dichtes Netz gut ausgebildeter Berater, die die notwendige Sensibilisierungs- und Ausbildungsarbeit zusammen mit den Dorfgemeinschaften leisten konnten. Es sollte sich um Berater handeln, die aus pädagogischer Überzeugung, mit Einfühlungsvermögen und Geduld Entwicklungsinitiativen der Bevölkerung anregen und begleiten sollten. Dies setzte eine völlige Umkehrung der bei den ländlichen Beratern vorherrschenden direktiv-autoritären Einstellungen und Verhaltensweisen voraus (vgl. SCHWEDERSKY 1977:31ff).

Ebenso bedurfte es bäuerlicher Organisationsformen, die als organisatorische Basis für DC auf Dorfebene geeignet waren. Hier gewannen in den folgenden Jahren die "Groupements Villageois" eine vorrangige Bedeutung als Träger von DC-Aktivi-

---

1. Das damals propagierte DC ist als Konzept nur in den Ausbildungsunterlagen für die DC-Kader detaillierter ausgeführt worden (vgl. CESAO 1975).

2. Hier muß differenzierend hinzugefügt werden, daß im Westen und Südwesten des Landes aus oben bereits dargelegten Gründen günstigere Voraussetzungen für die Eigenmobilisierung finanzieller Ressourcen bestanden.

täten(1). Dies fand seinen Niederschlag in der zu Beginn der achtziger Jahre vollzogenen Änderung des Genossenschaftsgesetzes. Wichtigste Neuerung war die seit 1983 rechtskräftige Möglichkeit der juristischen Anerkennung der GV (vgl.MDR 1983) und damit auch ihrer vollen Geschäftsfähigkeit. Ihre Existenz beruhte bis dahin auf einer de-facto-Anerkennung durch den zuständigen ORD, was die GV bei verschiedensten ökonomischen Aktivitäten vor allem im Kredit- und Vermarktungsbereich abhängig von der Zustimmung des ORD machte. Durch den Putsch vom 4.8.1983 und die darauf folgenden politischen Umorientierungen wurde die Umsetzung dieser neuen rechtlichen Bestimmungen jedoch erheblich verzögert.

Die Formulierung der Ausführungsbestimmungen und die Information der GV über die neuen gesetzlichen Regelungen ist bei weitem noch nicht abgeschlossen. Gleichzeitig läuft innerhalb des CNR ein Richtungsstreit über den Charakter der bäuerlichen Organisationen in der ländlichen Entwicklung. Eine Fraktion plädiert für die Weiterentwicklung des GV-Ansatzes, die andere für die Weiterentwicklung der GV zu sozialistischen Genossenschaften, wobei u.a. die Erfahrungen von Albanien und von Nord-Korea als Orientierungspunkte gelten. Auf einem nationalen Seminar über die zukünftige Landwirtschaftspolitik Burkina Fasos wurden zu diesem grundsätzlichen Richtungsstreit keinerlei klärende Aussagen gemacht.
Es wurden nur insoweit zur Zukunft der GV Positionen bezogen, als die GV sich zu GVR (Groupement Villageois Révolutionnaire) entwickeln sollten, zu Dorfentwicklungsorganisationen, die alle Entwicklungsmaßnahmen auf Dorfebene und folglich alle damit befaßten Organisationen (z.B. Gesundheitskomitee, Frauen-GV, GV von jungen Bauern, Gemüseproduzenten-GV u.a.) koordinierend

---

1. Das DC rückte in der ländlichen Entwicklungsprogrammatik immer mehr in den Hintergrund. Dies drückte sich darin aus, daß die zuständige Direktion im Ministerium für ländliche Entwicklung als "Direction des Institutions Rurales et du Crédit" bezeichnet wurde. Folgerichtig wurden auf ORD-Ebene die "Bureau de Développement Communautaire" in "Bureau des Institutions Rurales" umbenannt (vgl. dazu auch Abschnitt II.1.5.1).

zusammenfassen bzw. übergreifen sollten. Die Rolle des CDR als Souverän des Dorfes bliebe dadurch unangetastet. Sie würde noch dadurch hervorgehoben, daß in jedem GVR eine CDR-Zelle eingerichtet werden sollte,

"... pour assurer la prise de conscience politique progressive des membres et s'assurer que la vie de l'organisation de base est au bénéfice de tout le groupe " (MAE 1985:94)(1)(2).

1.4. Die "Groupements Villageois" - Charakteristika einer polyvalenten dörflichen SHO

Die GV haben von allen in Burkina Faso vorfindlichen SHO-Typen mit Abstand die größte Bedeutung(3). Je nach den spezifischen ökologischen, ökonomischen und sozialen Gegebenheiten variiert

---

1. Diesem Seminar wurde vom CNR eine große Bedeutung beigemessen, was sich neben der Teilnahme aller politisch Verantwortlichen im Bereich der ländlichen Entwicklung auch in der Mitwirkung des Präsidenten des CNR, Thomas Sankara, ausdrückte. Die Beteiligung von Bauern an diesem Seminar, deutlich über die sonst übliche Teilnahme von ein oder zwei "Alibi-Bauern" hinausgehend, stellt ein Novum dar. Mündlichen Berichten von Seminarteilnehmern zufolge haben sich die anwesenden Bauern auch aktiv an der Diskussion beteiligt. Sowohl die Verantwortlichen der ORD, aber auch der SOFITEX und des OFNACER ('Office National des Céréales') mußten sich mit dezidierter Kritik von seiten der Bauern auseinandersetzen.

2. Ende März 1989 fand in Bobo-Dioulasso wieder ein Seminar zur Zukunft der kooperativen Organisationsformen in den Dörfern statt, auf dem deutlich wurde, daß der bereits 1985 virulente Richtungsstreit weiter andauert.

3. Die ACI-Studie (1987:54) geht davon aus, daß die rund 7000 Dörfer des Landes mindestens 1 GV mit durchschnittlich 40 Mitgliedern haben. Oft gibt es pro Dorf mehrere "Groupements", z.B. für die Frauen, für die Männer, für die Jugendlichen; im Norden des Landes gibt es pro Dorf häufig getrennte "Groupements" für die Viehhalter und für die Ackerbauern. Die Autoren der Studie errechneten, daß (Stand 1986) 8,4% der aktiven Bevölkerung (zwischen 18 und 50 Jahren) in GV organisiert ist.

das Aktivitätsspektrum der GV ganz enorm(1). Die folgende Darstellung konzentriert sich auf die in den Baumwollanbaugebieten arbeitenden GV, die sich durch die Baumwollvermarktung eine relativ solide finanzielle Basis erarbeiten konnten.

In der Konzeption des ORD von Bobo-Dioulasso wurden die GV den Dörfern als freiwillige Bauernvereinigungen vorgeschlagen, die sich gemeinsam für die ökonomische und soziale Entwicklung des Dorfes engagieren (vgl. ORD o.J.). Die GV sollten also einen polyvalenten Charakter haben sowie auch gewinnbringende Aktivitäten in ihren Tätigkeitsbereich einbeziehen. Dieser polyvalente Charakter der GV hat sich jedoch erst nach und nach entfalten können, da eine Aktivität zu Beginn dominierte: die selbstgesteuerte Baumwollvermarktung (MAC = Marché Autogéré Coton).

Es wurde immer wieder berichtet, daß die aus Landwirtschaftsberatern zusammengesetzte Baumwollaufkauféquipe erfolgreich versuchte, - was sie auch heute noch in den Nicht-MAC-Dörfern tut - sich auf Kosten der weit überwiegend nicht alphabetisierten Bauern zu bereichern (vgl. auch DAO 1969:23f). Daraus ergab sich ein ständig virulentes Konfliktpotential zwischen Bauern und Landwirtschaftsberatern. Als praktische Umsetzung der nationalen DC-Option, aber auch mit dem Interesse, dieses Konfliktpotential zu eliminieren, haben ORD und CFDT(2) seit 1975 den MAC als Startaktivität der GV besonders gefördert.

Die Planer dieser Innovation hatten bei der Einführung des MAC implizit auch beabsichtigt, den Staatshaushalt dadurch zu entlasten, daß die GV mit den von der SOFITEX gezahlten Vermarktungsprämien dörfliche Infrastrukturprojekte selber

---

1. GENTIL hat allein für die GV in der Zentralregion des Landes 25 verschiedene Aktivitäten ermittelt, wobei jedes einzelne GV einen jeweils spezifischen Ausschnitt dieses Gesamt-Aktivitätsspektrums realisiert (vgl. GENTIL 1981:7ff).

2. Die burkinische Tochtergesellschaft der CFDT trägt seit der Übernahme von 51% des Kapitals durch den voltaischen Staat im Jahre 1979 den Namen SOFITEX (Société Burkinabé des Fibres Textiles).

finanzieren können.

MAC heißt in der Praxis, daß ein GV aus den Reihen der Mitglieder ein Aufkaufteam zusammenstellt, das nach einer entsprechenden Ausbildung (vgl. dazu Abschnitt II.1.5) für die Vermarktungsoperationen auf dörflicher Ebene verantwortlich ist. Die SOFITEX vergütet diese Arbeit entsprechend der von einem GV an die Entkörnungsfabrik gelieferten Menge(1). Ein vergleichbares System wird bei der Vermarktung von Getreide durch die GV praktiziert, bei dem das OFNACER (Office National des Céréales) als Aufkäufer fungiert.

Die GV haben bisher ihrem polyvalenten Anspruch durchaus gerecht werden können. Durch die Verfügung über eigene finanzielle Mittel war eine wesentliche Vorbedingung für die relativ breite Streuung der GV-Aktivitäten gegeben. So konnten die GV ihre organisatorische Stabilität erhöhen, verschiedenste Mitgliederbedürfnisse befriedigen und durch 'autonome Aktivitäten' ein Gegengewicht zu den 'Aktivitäten im Rahmen des Verantwortungstransfers' schaffen. Folgende Übersicht stellt den Maximalkatalog der Aktivitäten in den beiden genannten Bereichen dar:

---

1. Für die Landwirtschaftskampagne 1984/85 ergibt sich für die Region von Houndé bei 14.016,4 Tonnen Gesamtproduktion (vgl. SOFITEX 1985:45) und einem Festbetrag für die Vergütung der GV von 3.500 CFA pro Tonne ein Gesamtbetrag von 49.057.400 CFA, der den GV-Kassen bzw -Konten zufloß.

Schaubild 5: Aufgaben eines Groupement Villageois (Stand 1985)

| Autonome Aktivitäten | | Aktivitäten im Rahmen des Verantwortungstransfers: |

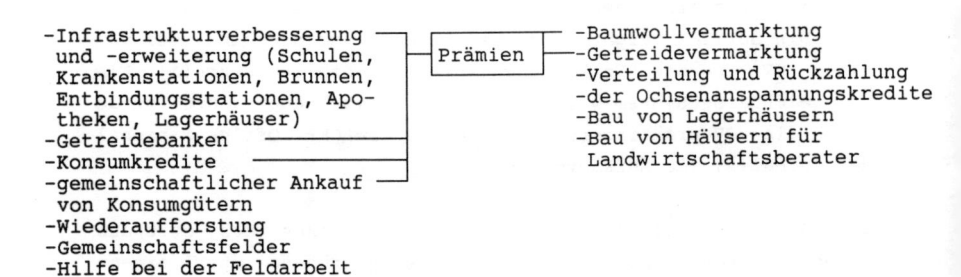

- Infrastrukturverbesserung und -erweiterung (Schulen, Krankenstationen, Brunnen, Entbindungsstationen, Apotheken, Lagerhäuser)
- Getreidebanken
- Konsumkredite
- gemeinschaftlicher Ankauf von Konsumgütern
- Wiederaufforstung
- Gemeinschaftsfelder
- Hilfe bei der Feldarbeit

⊢ Prämien ⊣

- Baumwollvermarktung
- Getreidevermarktung
- Verteilung und Rückzahlung der Ochsenanspannungskredite
- Bau von Lagerhäusern
- Bau von Häusern für Landwirtschaftsberater

——— GV-Einkommensverwendung

Auch wenn die GV somit als <u>fremdinitiierte</u> SHO eingestuft werden müssen, hat sich insgesamt der MAC als für die GV-Mitglieder ökonomisch sehr relevanter Aktivitätsbereich erwiesen. Dies ließ sich daran ablesen, daß seit Ende der siebziger Jahre zunehmend Anfragen von Dörfern beim ORD eingingen, die sich interessiert zeigten, sich als GV zu organisieren (vgl. dazu auch Abschnitt II.3.1.4).

Nach einer kontinuierlichen Zunahme der GV-Gründungen in den letzten Jahren existieren GV inzwischen (Stand 1986) in 238 der 400 Dörfer, die der ORD umfaßt (vgl. WORLD BANK 1988:63). Die Region von Houndé ist bisher die einzige, in der alle Dörfer in das MAC-System einbezogen werden konnten. Da ein funktionierendes GV Voraussetzung für das "agrément" als MAC ist, heißt das auch, daß in der Region von Houndé bereits alle Dörfer in GV organisiert sind.

In der Bezeichnung "Groupement <u>Villageois</u>" spiegelt sich auch die vom ORD gemachten Vorgabe wieder, daß der jeweilige Einzugsbereich eines GV mit der administrativen Einheit "village" identisch sein sollte. Dabei war der Zusammenschluss mehrerer Dörfer im einem GV möglich; jedoch sollten sich innerhalb eines "village" nicht mehrere GV bilden. Da in einer ganzen Reihe von Dörfern die administrative Einheit "village" nicht die autochthon vorgegebenen Dorfgemeinschaften respektierte, hätte die Bildung von zwei oder mehreren GV innerhalb bestimmter Dörfer noch virulente Separationstendenzen neu beleben können. Die Entscheidungsträger in der Administration hatten dem ORD von Bobo-Dioulasso signalisiert, daß mögliche Spaltungen bestehender "village" durch die Arbeit der GV verhindert werden müsse.

In der Praxis war durch diese Regelung jedoch nicht zu verhindern, daß einzelne quartiers innerhalb eines "village" versuchten, ein eigenes GV zu gründen (vgl. dazu z.B. Abschnitt II.3.4). Darüber hinaus ergab sich gerade auch für die Region von Houndé das Problem, daß in großen Dörfern nur ein GV gründet wurde, obwohl es unter Kooperationsgesichtspunkten sinnvoller gewesen wäre, kleinere, überschaubarere Organisationseinheiten zu bilden (vgl. dazu FALKENBERG 1986).

1.5. Zur externen Unterstützung der GV in der Region von Bobo-Dioulasso

Die GV in der Region von Bobo-Dioulasso sind bereits als fremdinitiierte SHO gekennzeichnet worden. Die in diesem Zusammenhang relevante Förderorganisation ist der zuständige ORD mit seinem "Bureau des Institutions Rurales" als für die GV-Förderung zuständigen Abteilung. Spezielle Relevanz vor allem für die Region von Houndé hatte das Projekt des Weltfriedensdienstes e.V., das, eingebunden in die Strukturen des ORD, die Handlungsfähigkeit der GV zu stärken versuchte. In Schaubild 6 wird eine Übersicht über die hier vorgestellten GV-Förderungsstrukturen gegeben. Dies wird ergänzt durch eine Übersicht der verschiedenen administrativ-politischen Ebenen, die das Handlungsfeld der GV mit bestimmen.

Schaubild 6: Förderungsstrukturen und administrativ-politische Einbettung der GV (Stand Juni 1985)

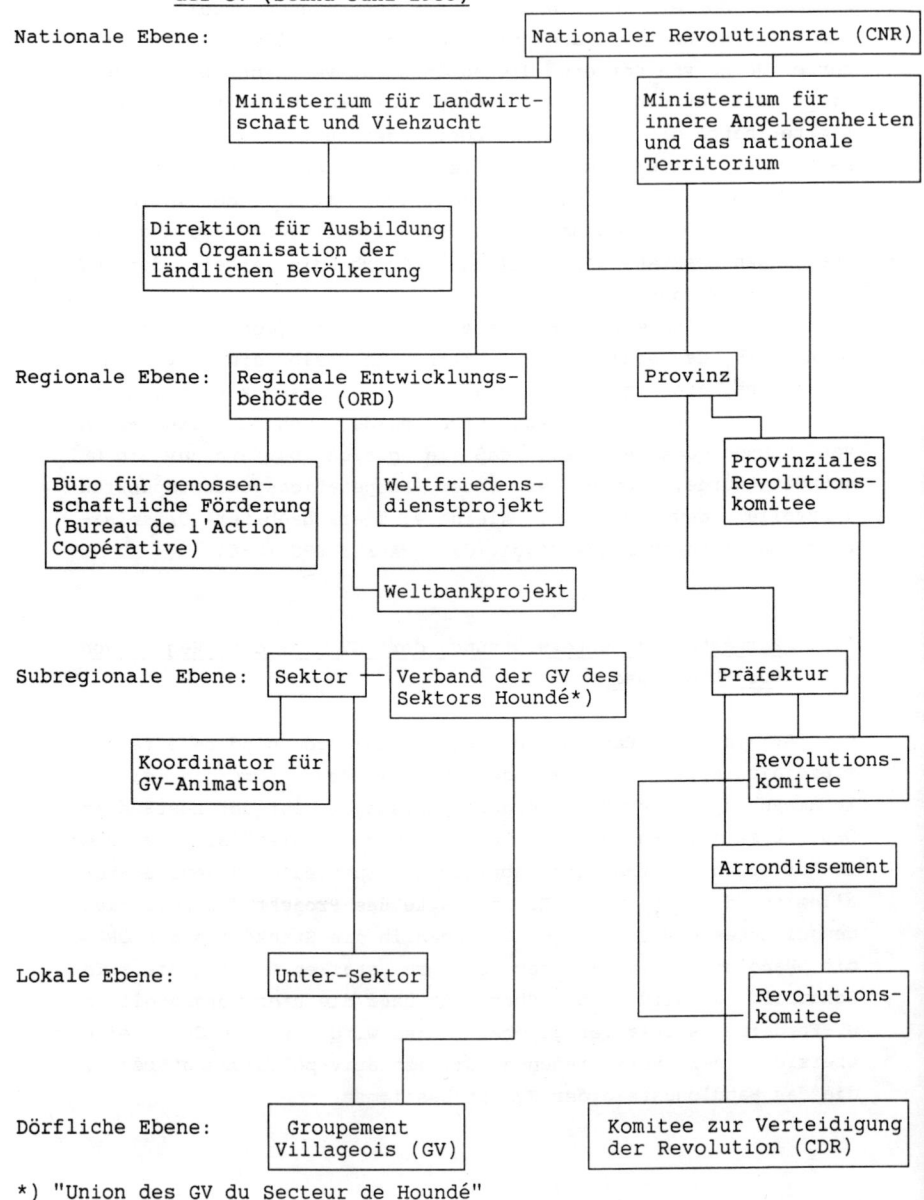

Nationale Ebene:
- Nationaler Revolutionsrat (CNR)
  - Ministerium für Landwirtschaft und Viehzucht
    - Direktion für Ausbildung und Organisation der ländlichen Bevölkerung
  - Ministerium für innere Angelegenheiten und das nationale Territorium

Regionale Ebene:
- Regionale Entwicklungsbehörde (ORD)
  - Büro für genossenschaftliche Förderung (Bureau de l'Action Coopérative)
  - Weltfriedensdienstprojekt
  - Weltbankprojekt
- Provinz
  - Provinziales Revolutionskomitee

Subregionale Ebene:
- Sektor — Verband der GV des Sektors Houndé*)
  - Koordinator für GV-Animation
- Präfektur
  - Revolutionskomitee
- Arrondissement

Lokale Ebene:
- Unter-Sektor
- Revolutionskomitee

Dörfliche Ebene:
- Groupement Villageois (GV)
- Komitee zur Verteidigung der Revolution (CDR)

*) "Union des GV du Secteur de Houndé"

1.5.1. Der Beitrag des "Organisme Régional de Développement"

Die ORD wurden 1967 in allen 11 Präfekturen des Landes als halbstaatliche Entwicklungsgesellschaften eingerichtet. Sie sollten im Rahmen einer Dezentralisierung und Nationalisierung der ländlichen Entwicklung die Rolle der noch sehr stark durch Interessen der früheren Kolonialmacht geprägten Entwicklungsgesellschaften wie z.B. SATEC(1) oder BDPA(2) übernehmen (vgl. KABARE 1978:28ff und SAWADOGO 1984:40ff). Da sie sich teilweise durch Vermarktungsaktivitäten selbst finanzieren sollten, andererseits aber auch Beratungsaufgaben in den Bereichen Produktion, Kredit, Vermarktung, SHO-Förderung und Dorfentwicklung wahrnehmen sollten, waren bei beschränkten Ressourcen vielfältige Defizite in der Durchführung dieser Aufgaben vorprogrammiert (vgl. dazu MÜNKNER 1980C:11). Vor allem die Selbstfinanzierungskomponente erwies sich als kaum tragfähig, so daß sich die Handlungsfähigkeit eines ORD relativ schnell daran bemaß, in welchem Maße externe Entwicklungshilfegelder in die Arbeit eingebunden werden konnten.

Der ORD von Bobo-Dioulasso hatte in diesem Zusammenhang eine sehr privilegierte Position, da er seit 1971 im Rahmen eines dreimal verlängerten Weltbankprojektes finanziell und personell unterstützt wird (vgl. WORLD BANK 1988:49ff). Die Weltbank konzentrierte sich anfangs ausschließlich auf die Steigerung der Baumwollproduktion. Erst Ende der siebziger Jahre erreichte auch die Steigerung der Nahrungsmittelproduktion einen höheren Stellenwert im Förderungspaket der Weltbank. Die Einführung des "Training & Visit"-Systems (vgl. PAYR/SÜLZER 1981/Band 2:65ff) sollte die Beratungseffizienz entscheidend erhöhen. 1982/83 entdeckte schließlich auch die Weltbank die Nützlichkeit der GV und nahm die funktionelle Alphabetisierung als einen Förderungsschwerpunkt in die dritte Projektphase auf.

---

1. Société d'Assistance Technique et de Coopération
2. Bureau de Développement de Production Agricole

Zuständig für die die GV-Förderung war das "Bureau des Institutions Rurales" (BIR)(1). Die Mitarbeiter des BIR übernahmen vor allem Koordinationsaufgaben im Bereich der Baumwoll- und Getreidevermarktung. Das BIR konnte dem einzelnen GV nur in sehr unzureichendem Maße konkrete Beratungs-, Aus- und Fortbildungsangebote machen. Darin offenbarte sich der relativ geringe Stellenwert, der einer derartigen Bildungs- und Beratungsarbeit im Spektrum der ORD-Aktivitäten zugemessen wurde.

So mußte sich das BIR bei der Förderungsarbeit auf Dorfebene auf die Landwirtschaftsberater stützen, die im Rahmen der Umsetzung des Weltbankprojektes hauptsächlich mit produktionstechnischer Beratung betraut waren. Zu diesem Problem der Aufgabenbeschreibung für die Landwirtschaftsberater kam ihre fehlende Qualifikation für die GV-Förderung.

1982 begannen in jedem der ORD-Sektoren drei "Animateurs des GV" ihre Arbeit, die unter der Supervision eines "Coordonnateur" arbeiteten. Sie waren in der Regel ehemalige Landwirtschaftsberater, die befördert worden waren, ohne jedoch entsprechende Zusatzqualifikationen erworben zu haben. In ihrer Beratungs- und Ausbildungstätigkeit beschränkten sie sich auf die Durchführung funktioneller Alphabetisierungskurse. Der "Coordonnateur" arbeitete gleichzeitig für das "Bureau du Crédit" in der ORD-Direktion, dem eine reibungslose Abwicklung der Programme für kurz- und mittelfristige Produktionsmittel- bzw. Materialkredite wichtiger war als die Verbesserung der Managementkompetenzen in den GV.

Einige GV profitierten bei der Durchführung von Dorfentwicklungsprojekten von der technischen Beratung des "Bureau de l'Amenagement de l'Espace Rural" in der ORD-Direktion(2).

---

1. Ende 1985 wurde es in "Bureau de l'Action Coopérative" und Ende 1988 in "Bureau de Promotion Coopérative" umbenannt.

2. Alle ORD wurden im Mai 1987 formal aufgelöst. Ihre Operationseinheiten entsprachen nicht mehr den durch die Verwaltungsreform geschaffenen kleineren Einheiten. So war z.B. das frühere "Département des Hauts Bassins" in die Provinzen von Kenedougou und Houet aufgeteilt worden. Um

1.5.2. Der Beitrag des Weltfriedensdienst-Projektes

Seit 1978 hat der Weltfriedensdienst e.V. den ORD bei der GV-Förderung durch ein Beratungsprojekt unterstützt. Das Projekt konzentrierte seinen Beitrag anfangs auf die Region von Houndé; ab 1979 wurde die Arbeit auf die Sektoren Bobo-Nord und Orodara ausgedehnt. Das Projekt arbeitete mit drei Entwicklungshelfern und einem einheimischen Mitarbeiter, die folgendes Aufgabenspektrum wahrnahmen:

- Beratung der GV in den Bereichen Vermarktung, Kredit und Dorfentwicklung.
- Aus- und Fortbildung von Mitgliedern der GV, vor allem im technisch-organisatorischen Bereich, auf dörflicher, lokaler und regionaler Ebene.
- Anregung des Erfahrungsaustausches unter den GV.
- Ab 1981 Beratung des Dachverbandes der GV in der Region von Houndé (Union des GV du Secteur de Houndé)(vgl.JANSSEN/ SCHWEDERSKY 1986:28ff)(1)

---

dieser neuen Verwaltungseinteilung zu folgen, müßten insgesamt 30 ORD eingerichtet werden, was die begrenzten staatlichen Ressourcen nicht erlauben. Inzwischen arbeiten die ORD als CRPA ("Centre Régional de Promotion Agricole") weiter, ohne daß jedoch eine grundlegende Neuorganisation der Arbeit vorgenommen worden wäre (Gespräch mit dem Direktor des Ex-ORD von Bobo-Dioulasso am 5.Januar 1988).

1. Diesem Dachverband ist es nicht gelungen, sich so in den einzelnen GV zu verankern, daß auch bei internen Krisen eine ausreichende Trägerschaft durch die einzelnen Mitglieds-GV gegeben war. Die letztlich nicht bewältigte Krise der "Union" wurde durch die Versuche von CDR-Führungspersönlichkeiten in Houndé ausgelöst, die die "Union"-Struktur für die Verfolgung eigener Interessen nutzen wollte. In dieser Konfliktkonstellation konnte die organisatorische Unabhängigkeit nicht gewahrt werden. Als das Leitungsgremium im Sinne der CDR-Politik einem Gymnasium in Houndé eine höhere Priorität einräumte als der Verbesserung der dörflichen Infrastruktur in den Mitglieds-GV, verlor die "Union" mehr und mehr den Rückhalt in den Dörfern. Ende 1987 existierte nur noch ein Leitungsgremium ohne organisatorische Basis. Das Scheitern der "Union" ist auch Ausdruck des strukturellen Problems, Führungspersönlichkeiten zu finden, die die persönlichen Voraussetzungen für ehrenamtliches Engagement

- Fortbildung der auch für die GV-Beratung zuständigen Landwirtschaftsberater.

In der <u>Beratungs- und Bildungsarbeit</u> wurden die folgenden Schwerpunkte gesetzt:

- Monatliche Mitgliederversammlungen während der Regenzeit (Mai - Oktober) in jedem GV zu bestimmten Themen (Buchhaltung, Getreide- und Baumwollvermarktung, interne Organisation, Realisierung von Dorfprojekten, Wiederaufforstung). Dabei wurde ggf. GV-spezifischen aktuellen Problemen der Vorrang gegeben.
- "On the job training" und Wahrnehmnung von Koordinationsaufgaben zwischen GV und SOFITEX bzw. OFNACER während der Vermarktungsperiode.
- Einwöchige Seminare mit Vertretern der verschiedenen GV zum Ende der Regenzeit. Dies sollte einen Erfahrungsaustausch unter den GV sowie die Diskussion mit Vertretern des ORD und anderer entwicklungsrelevanter Institutionen ermöglichen.
- Jährliche Mitgliederversammlungen in allen GV zur Evaluierung und Planung der jeweiligen GV-Aktivitäten.

Das Projekt wurde im April 1984 nach einer einjährigen Übergangszeit, in der nur noch ein Entwicklungshelfer im Projekt arbeitete, abgeschlossen(1). Nach Einschätzung der Mitarbeiter hätte eine Fortsetzung der Arbeit die Entwicklung von Eigenständigkeit in den GV eher behindert. Ein 'Sich-überflüssigmachen' des Projektes wäre dadurch noch erschwert worden.

---

und Durchsetzungsfähigkeit gegenüber den administrativpolitischen Strukturen mitbringen (Gespräch mit dem Leitungsgremium der "Union" am 28.12.1987 in Houndé).

1. Eine Darstellung und Bewertung der Arbeit des Weltfriedensdienstes im ORD von Bobo-Dioulasso findet sich in SCHWEDERSKY (1983) und IMFELD/MEYNS (1986).

2. ZUR METHODISCHEN UMSETZUNG DER FORSCHUNGSKONZEPTION

Im folgenden soll zuerst kurz die Auswahl des durchgeführten Untersuchungstypus begründet werden, ebenso wie die Auswahl der Untersuchungsdörfer. Aus dem Untersuchungstypus wie auch aus den spezifischen Feldforschungsbedingungen in afrikanischen Dorfgemeinschaften läßt sich die Auswahl der in der empirischen Untersuchung eingesetzten Methoden begründen. Daran anschließend sollen die angewandten Erhebungstechniken unter dem Gesichtspunkt der konkreten Forschungserfahrungen vorgestellt werden. Den Schluß bilden einige, aus der Retroperspektive vorgenommene Reflektionen zur Rolle des Feldforschers im afrikanischen dörflichen Kontext.

2.1. Charakteristika des durchgeführten Untersuchungstypus

Die empirische Erhebung kann dem Untersuchungstypus 'explorative Fallstudie' zugeordnet werden. Die explorative Anlage der Untersuchung war dadurch angezeigt, daß über die Partizipationsstrukturen in den GV nicht genügend Material vorlag, um eine systematische Hypothesenbildung und damit -überprüfung vornehmen zu können. Bei 40 in der Region von Houndé arbeitenden GV(1) und in Anbetracht des komplexen Bedingungsgefüges von Partizipationsprozessen war es unabdingbar, die "Exploration" in Form von Fallstudien anzugehen. Dabei mußte den je nach Dorfgröße, Dorfgeschichte und Entwicklungsstand unterschiedlichen Typen von GV dadurch Rechnung getragen werden, daß mehrere "Fälle" ausgesucht wurden. Die intensive Auseinandersetzung mit dem Partizipationsgeschehen nur eines GV hätte sehr detaillierte, aber im Hinblick auf die Gesamtentwicklung der GV in der Region von Houndé kaum aussagefähige Ergebnisse erbracht.

---

1. Dies war der Stand 1985. Inzwischen hat sich die Zahl der GV auf 42 erhöht (vgl. DIANDA 1988:38).

Die Fallstudie bietet sich gerade für die Erforschung von Partizipationsprozessen in dörflichen SHO an, weil mit diesem Forschungsansatz "der einheitliche Charakter des untersuchten sozialen Gegenstandes erhalten bleibt" (GOODE/HATT 1962:300). GOODE/HATT schreiben dazu:

"Anders ausgedrückt ist die Einzelfallstudie ein Ansatz, bei dem jede soziale Einheit als ein Ganzes angesehen wird. Dieser Ansatz bezieht sich fast immer auch auf die Entwicklung einer solchen Einheit, die ganz Verschiedenes beinhalten kann wie etwa eine Person, eine Familie oder eine andere soziale Gruppe, eine Reihe zusammenhängender Beziehungen oder Prozesse ... oder sogar eine ganze Kultur" (ebd.:300).

So kann über diesen Ansatz gewährleistet werden, daß die Partizipationsprozesse in einem GV als mit dem gesamten dörflichen Kontext, d.h. den sozioökonomischen und -kulturellen Rahmenbedingungen sowie der Dorf- und der GV-Biographie verwoben begriffen werden. Der Fallstudienansatz schafft damit die Voraussetzungen für einen analytischen Zugriff auf Partizipationsprozesse, der ihre Bewegungsformen auf die Antriebskräfte und die dahinterliegenden strukturellen Rahmenbedingungen zurückzuführen vermag.

Zu den Charakteristika der Fallstudie gehört darüber hinaus, daß sie nur sinnvoll durchgeführt werden kann, wenn sie als "Multi-Methoden-Untersuchung" (FRIEDRICHS 1973:157) angelegt ist (vgl. dazu auch CASLEY/LURY 1987:65). Die Beschränkung auf eine Methode - z.B. Fragebogen oder Interview - müßte den gerade durch die Fallstudie erhaltenen sozialen Zusammenhang, in den die untersuchten Phänomene eingebettet sind, zerstören, da mit einer Methode immer nur Segmente eines komplexen Zusammenhanges ausgeleuchtet werden können(1).

GOODE/HATT weisen allerdings auch auf einen Nachteil der Fallstudie hin, der in diesem Kontext genannt werden sollte:

"So seltsam dies scheinen mag, so besteht doch die Hauptgefahr bei ihrer Anwendung - der Fallstudie (A.d.V.)- in der Reaktionsweise des Forschers. Der Forscher gewinnt nämlich sehr leicht ein falsches Gefühl der Sicherheit in bezug auf seine eigenen Folgerungen." (1962:305).

---

1. Auswahl und Kombinierung der bei dieser Untersuchung verwendeten Methoden werden in Abschnitt 2.4. dargestellt.

2.2. Auswahl der Untersuchungsdörfer

Der Faktor Zeit stellt die einschneidendste Begrenzung dar, wenn es um die Zahl der "Fälle" geht, die Bestandteil einer Untersuchung sein sollen. Dies gilt in besonderem Maße im ruralen, afrikanischen Kontext, wo der Landwirtschaftskalender die Zeit vorgibt, in der ein Forscher damit rechnen kann, offene Gesprächspartner zu finden. In der Region von Houndé verkürzt sich diese für den Forscher günstige Zeit noch durch den stark verbreiteten Baumwollanbau, da sich deren Ernte bis in den Januar hinzieht. So bleibt unter dem Strich eine für den Feldforscher wirklich günstige Zeit von vier Monaten (Januar bis April).

Unter dieser einschränkenden Bedingung 'Zeit' wurden nach dem Verfahren des 'purposive sample' (vgl. FRIEDRICHS 1973:130f) fünf Dörfer ausgesucht. Die 40 GV in der Region von Houndé verteilen sich auf 52 Dörfer. Von diesen fünf Untersuchungsdörfern wurden zwei intensiv bearbeitet, während die drei anderen Dörfer nur gelegentlich besucht wurden. Es wurde daher eine Unterscheidung zwischen "Intensiv"-Dörfern und "En Passant"-Dörfern getroffen (vgl. dazu auch ORTH 1981:42ff). Die Beschränkung auf zwei "Intensiv"-Dörfer ging von der Annahme aus, daß trotz der guten Vorkenntnisse aus einer dreijährigen Projekttätigkeit (vgl. dazu Abschnitt II.1.5.2) eine sinnvolle Umsetzung des Fallstudienkonzeptes nur bei einem ca. zweimonatigen Aufenthalt in jedem "Intensiv"-Untersuchungsdorf möglich wäre.

Bei der Auswahl der Untersuchungsdörfer waren folgende Kriterien ausschlaggebend:
- Größe und Überschaubarkeit (Dabei müssen Zahlengrenzen willkürlich bleiben.)
- internes Konfliktpotential im Dorf/GV
- ethnische Zusammensetzung
- Stand der sozioökonomischen Differenzierung
- Entwicklungsstand des GV
- Verfügbarkeit von Schlüsselinformanten.

Das Kriterium 'Größe und Überschaubarkeit' wurde unter zwei Gesichtspunkten in die Auswahl der Untersuchungsdörfer einbezogen. Zum einen war unter der einschränkenden Bedingung 'Zeit' das Vertrautwerden mit einem großen Dorf schwieriger als mit einem kleinen. So war z.B. das "En Passant"-Dorf Kiere von vorneherein als mögliches "Intensiv"-Dorf außer Betracht, da bei ca. 2.000 Einwohnern nicht nur das Kennenlernen der einzelnen Familien sondern auch die Erfassung der durch die größere Zahl von Familien und Quartiers automatisch komplexeren dörflichen Strukturen zu viel Zeit in Anspruch genommen hätten. Neben diesem Aspekt spielte die Größe des Dorfes insofern eine Rolle, als in kleinen und sozial homogenen Dörfern ein günstigeres Partizipationsklima als in größeren Dörfern vermutet wurde (vgl. dazu Abschnitt I.2.4.).

Beim Kriterium 'internes Konfliktpotential im Dorf/GV' ging es sowohl um Familien- und Quartierkonflikte, die aus der Zeit vor der Gründung des GV stammen konnten, als auch um Konflikte, die sich an Personen im GV festmachten (Unterschlagungen, autoritäres Auftreten, Neid), wobei sich letztere an bestimmten Problemkonstellationen in den verschiedenen Aktivitätsbereichen eines GV entzündet haben konnten. Damit in Verbindung ist das Kriterium 'ethnische Zusammensetzung' zu sehen, da durch das Zusammenleben verschiedener Ethnien innerhalb eines Dorfes ein zusätzliches Konfliktfeld gegeben ist, das die Arbeit eines GV prägen kann.

Das Kriterium 'Stand der sozioökonomischen Differenzierung' wurde mit aufgenommen, da ein Zusammenhang zwischen ökonomischer Individualisierung (vgl. Abschnitt II.1.2) und Partizipationsklima dahingehend vermutet wurde, daß eine verstärkte Orientierung auf individuellen ökonomischen Erfolg die Bereitschaft zur Partizipation an den gemeinschaftlichen GV-Aktivitäten vermindert.

Die Einschätzung des Entwicklungsstandes eines GV muß relativ subjektiv bleiben, auch wenn durch meine dreijährige Projekttätigkeit eine ausreichende Beurteilungsgrundlage gegeben ist. In dieses Urteil geht ein, inwieweit ein GV die verschiedenen Aktivitäten eigenständig bewältigen und auch eigene Initiativen für neue Aktivitäten ergreifen kann. Ebenso relevant für die Beurteilung des Entwicklungsstandes eines GV sind der Grad der Integration des GV in die dörflichen Strukturen und der Rückhalt bei seinen Mitgliedern.

Das sechste Kriterium 'Verfügbarkeit von Schlüsselinformanten' paßt sachlogisch nicht in diese Kriterienreihe, da es kein Merkmal eines GV darstellt; es soll jedoch genannt werden, da die Auswahl der Untersuchungsdörfer auch unter dem Gesichtspunkt der Verfügbarkeit von Schlüsselinformanten getroffen wurde.

Die ausgewählten Untersuchungsdörfer sollen im folgenden nur kurz charakterisiert werden, da sie bei der Darstellung der Forschungsergebnisse ausführlicher vorgestellt werden sollen:

1. "Intensiv"-Dorf: Boho-Bereba, 235 Einwohner(1), geringes internes Konfliktpotential, unterschiedlicher Stand der sozioökonomischen Differenzierung je nach Familie, ethnisch homogen(2), relativ guter Entwicklungsstand des GV (seit 1979).

2. "Intensiv"-Dorf: Popioho, ca. 550 Einwohner, erhebliches internes Konfliktpotential, sehr unterschiedlicher Stand der sozioökonomischen Differenzierung je nach Familie, ethnisch heterogen (Mossi-Quartier im Dorf seit ca. 20 Jahren), unterdurchschnittlicher Entwicklungsstand des GV (seit 1979). Das GV umfaßt nicht nur das Dorf Popioho, sondern auch die Nachbardörfer Kendeni, Woro, Kura und Diokui.

1. "En Passant"-Dorf: Um ein kleines Dorf mit leicht veränderten Gegebenheiten im Vergleich zu Boho-Bereba in der Untersuchung zu haben, wurde das drei Kilometer von Boho-Bereba

---

1. Die Einwohner-Zahl stützt sich auf einen von mir durchgeführten Census (vgl. Abschnitt 2.6.2). Realistischerweise muß von einer Fehlerquote von +/- 5% ausgegangen werden. Die Zahl umfaßt auch die Familienangehörigen (28), die vorübergehend oder permanent außerhalb des Dorfes leben.

2. Obwohl Boho insgesamt ca. 600 zugewanderte Mossi auf seinem Boden aufgenommen hat, wurde Boho als ethnisch homogenes Dorf in die Untersuchung einbezogen, da die Mossi-Familien ca. fünf Kilometer entfernt vom Dorfkern in relativer Abgeschiedenheit leben (vgl. dazu Abschnitt II.3.1.1).

entfernt gelegene Kassaho ausgewählt; ca. 220 Einwohner, geringes internes Konfliktpotential, sehr fortgeschrittene sozioökonomische Differenzierung, ethnisch homogen, sehr fortgeschrittener Entwicklungsstand des GV (seit 1975), gute Schlüsselinformanten (für Boho-Bereba und Kassaho!).

2. "En Passant"-Dorf: Dohoun, ca. 1.200 Einwohner, internes Konfliktpotential, sehr fortgeschrittene sozioökonomische Differenzierung, ethnisch heterogen (Mossi-Quartier im Dorf seit ca. 30 Jahren), fortgeschrittener Entwicklungsstand des GV (seit 1975), gute Schlüsselinformanten.

3. "En Passant"-Dorf: Kiere, ca. 2.000 Einwohner, erhebliches internes Konfliktpotential, relativ geringer Grad der sozioökonomischen Differenzierung, ethnisch fast homogen (einige wenige Peulh-Familien), unterdurchschnittlicher Entwicklungsstand des GV, gute Schlüsselinformanten.

Der einzige Typ von GV, der bei den Felduntersuchungen nicht berücksichtigt werden konnte, findet sich in fünf Dörfern der Region von Houndé, wo die zugewanderten Mossi die überwiegende Mehrheit, d.h. mehr als 75% der Bevölkerung stellen(1). Dies mußte aus Zeitgründen in Kauf genommen werden.

---

1. Dies betrifft vor allem die beiden Dörfer Sara und Bekui im Westen des Sektors von Houndé, die beide über ein sehr ausgedehntes Areal an Reserveflächen in einem zusammenhängenden Gebiet dichter Baumsavanne verfügten, das ab 1967 sukzessive von zuwandernden Mossi-Familien besiedelt wurde. Die vom autochthonen Bodenrecht vorgegebene Verfügung der jeweiligen Bodenpriester über diese Areale hat weiterhin Gültigkeit. Die dichte Baumsavanne ist jedoch weitgehend verschwunden, da die Praktiken des extensiven Wanderhackbaus, die die Migranten mitbringen, eine große Anbaufläche erfordert haben. Die zugewanderten Mossi haben immer wieder versucht, ihre zahlenmäßige Überlegenheit auch in politische Macht umzumünzen, wozu ihnen die neu eingerichteten CDR einen wesentlich vielversprechenderen Ansatzpunkt bieten als die autochthonen politischen Strukturen in der Bwa-Gesellschaft.

2.3. Die Auswahl der Untersuchungsmethoden

Es ist bereits dargelegt worden, daß eine sinnvolle Umsetzung des explorativ ausgerichteten Fallstudienkonzeptes nur im Rahmen einer 'Multi-Methoden-Untersuchung' möglich ist. Dabei wurde ein eindeutiger <u>Schwerpunkt auf qualititative Forschungsmethoden</u> gelegt(1). Der Einsatz standardisierter Erhebungstechniken hätte zwar Repräsentativität verbürgt - z.b. durch die Befragung aller GV-Mitglieder in einem "Intensiv"-Untersuchungsdorf - aber letztlich doch nur oberflächliche Momentaufnahmen vermitteln können.

Dies hängt mit der <u>Rolle des Feldforschers</u> in einer afrikanischen Dorfgemeinschaft zusammen, dessen Absichten und Handeln in erster Linie nach den in den jeweiligen Dorfgemeinschaften gegebenen Vorerfahrungen mit Feldforschung interpretiert werden (vgl. FISCHER 1985:14ff). Fehlen diese, so werden im Verhalten des Feldforschers Anhaltspunkte gesucht, um ihn ggf. anderen Akteuren außerhalb des dörflichen Lebensbereiches (z.B. Administration oder Mission) zuzuordnen. Die noch so umsichtig vermittelten Intentionen des Feldforschers können erst in zweiter Linie Bedeutung für die Forschungssituation erlangen. Mit der unter diesen Umständen gebotenen Flexibilität im Vorgehen des Feldforschers (vgl. LAMNEK 1988:27ff) wäre eine relativ rigide Erhebungssituation, wie sie durch den Einsatz standardisierter Forschungsmethoden geschaffen wird, ganz und gar inkompatibel. Außer einem Dorf- und GV-Steckbrief sowie einem Dorfcensus wurden daher keinerlei standardisierte Erhebungstechniken eingesetzt.

Bei den nicht-standardisierten Erhebungstechniken stand das qualitative Interview im Vordergrund. Aber auch der teilnehmenden Beobachtung sowie der Einbeziehung von Schlüsselinfor-

---

1. Auf die Debatte 'quantitative vs. qualitative Sozialforschung' soll hier nicht näher eingegangen werden. Es sei jedoch auf die vorzügliche Darstellung dieser wissenschaftstheoretischen und methodologischen Kontroverse in LAMNEK (1988:3-30 und 201ff) hingewiesen.

manten in die Untersuchung kamen eine große Bedeutung zu. Gruppeninterviews und Feed-back-Gespräche konnten weniger stark eingesetzt werden als ursprünglich vorgesehen. Alle hier genannten Erhebungstechniken sollen weiter unten, vor allem auch im Hinblick auf die bei ihrem Einsatz gemachten Erfahrungen, im einzelnen erläutert werden.

Es versteht sich von selbst, daß die genannten Erhebungstechniken in den "En Passant"-Dörfern nicht alle Verwendung finden konnten. In diesen drei Dörfern beschränkte sich die Untersuchungsarbeit auf qualitative Interviews mit Schlüsselinformanten, um die nur begrenzt zur Verfügung stehende Zeit optimal zu nutzen. Da ich diese Schlüsselinformanten seit 1979 kenne und einen relativ intensiven Kontakt mit ihnen in der Zeit meiner Projekttätigkeit aufbauen konnte, stand für mich ihre Vertrauenswürdigkeit nicht in Frage. Insofern war es zu verantworten, alle Informationen in Gesprächen mit diesen Schlüsselinformanten zu sammeln. Dabei standen neben einer Bestandsaufnahme der spezifischen Partizipationswirklichkeit des betreffenden GV die Diskussion von Partizipationsproblemen, die in den "Intensiv"-Dörfern beobachtet worden waren und deren Bedeutung auch in den "En Passant"-Dörfern erfaßt werden sollte, im Mittelpunkt der Gespräche. Die einzige Gelegenheit, über das qualitative Interview mit Schlüsselinformanten hinauszugehen, ergab sich nur in Kassaho, wo ich an einer Generalversammlung aller GV-Mitglieder als Beobachter teilnehmen konnte.

Conditio sine qua non der Untersuchungsarbeit im Dorf war die Bewältigung des Übersetzungsproblems. In einem der Dörfer der Präfektur Bereba, zu der Boho-Bereba und Kassaho gehören, konnte ein im doppelten Sinne geeigneter Dolmetscher gefunden werden, der auf dem Mossi-Plateau groß geworden war und somit sowohl Bwamu - seine Muttersprache - wie auch Moré - die Sprache der Mossi-Zuwanderer - beherrschte. Da er nach dem Hauptschulabschluß einige Jahre eine höhere Schule besucht hatte, waren seine Französischkenntnisse auch in jedem Falle ausreichend. Die durch einen guten Arbeitskontakt mit seiner Familie seit 1980 hergestellte Beziehung sicherte die Zusammenarbeit mit ihm positiv ab. Als unverheirateter junger Mann ohne eigene Felder war er jederzeit disponibel, eine unabdingbare Voraussetzung für die intensive Nutzung der im Dorf zur Verfügung stehenden Zeit.

2.4. Erfahrungen mit den angewandten Erhebungstechniken

Im folgenden sollen die verschiedenen Erhebungstechniken, die bei der Untersuchungsarbeit verwendet wurden, näher vorgestellt sowie unter dem Gesichtspunkt der bei ihrem Einsatz gemachten Erfahrungen betrachtet werden. Dabei orientiert sich die Reihenfolge, in der sie behandelt werden, an der Chronologie des Einsatzes der verschiedenen Methoden im Ablauf des Forschungsprozesses.

2.4.1. Steckbriefe

Die Anregung zur Verwendung von 'Steckbriefen' als standardisiertes Erhebungsinstrument im Rahmen von Felduntersuchungen verdanke ich ORTH (vgl 1981:81f), der selbst Felduntersuchungen zur sozioökonomischen Differenzierung in der Region von Houndé durchgeführt hat. Die bei meiner Untersuchung eingesetzten 'Steckbriefe' waren ein Dorf-Steckbrief sowie ein GV-Steckbrief, die für jedes der fünf Untersuchungsdörfer angelegt wurden. In ihnen sollten quantitative und qualitative Basisinformationen zum Dorf bzw. zum GV festgehalten werden (vgl. Annexe II). Die verschiedenen 'Steckbriefe' wurden von mir nach und nach komplettiert, ausgehend von den in den Interviews und Gesprächen gewonnenen Informationen.

2.4.2. Dorfcensus

Dieses Erhebungsinstrument wurde nur in den beiden "Intensiv"-Dörfern eingesetzt. Es diente zum einen dem Kennenlernen der verschiedenen Familien über die Erfassung der Familienzusammensetzung und der Verwandtschaftsbeziehungen. Meistens saß ich zu dieser Gelegenheit bei dem Familienältesten, der beginnend bei der Generation seiner Väter alle lebenden, aber auch die schon verstorbenen Mitglieder des 'Lineage'-Segments, dem er vorstand, in ihren Verwandtschaftsbeziehungen nannte. Dabei gab es oft genug Anlässe, um Berichte über konkrete Begebenheiten zu dem einen oder anderen Familienmitglied oder zu einem für die Familie relevanten Ereignis einzuflechten, die in vielen Fällen gegenüber der reinen Erfassung der Familienmitglieder im Vordergrund standen. Diese Berichte und Erzählungen enthielten oft wichtige Informationen zur dörflichen Sozialstruktur boten aber auch willkommene Anknüpfungspunkte zum gegenseitigen Kennenlernen.

Der Dorfcensus diente darüber hinaus der Datensammlung zum Stand der sozioökonomischen Differenzierung und zum allgemeinen Erfahrungs- und Wissensstand der Dorfbewohner. Zu diesem Zweck wurden in Gesprächen mit Schlüsselinformanten aus den betreffenden Familien an Hand des Stammbaums, der vorher auf DIN-A2-Bögen übertragen worden war, die Produktions-, Distributions- und Konsumtionseinheiten identifiziert sowie Angaben über im Vergleich zum dörflichen Erfahrungsbereich hinaus gewonnene Zusatzerfahrungen (Militär, Schule, Aufenthalt in der Stadt (mindestens ein Jahr), Arbeit in der Elfenbeinküste) der Dorfbewohner erhoben. Dazu ergänzend wurde an Hand des GV-Heftes zur Baumwollvermarktung die Position jedes einzelnen auf der ökonomischen Erfolgsskala des Dorfes bestimmt. In Popioho konnte leider aus Zeitgründen dieser zweite Schritt des Dorfcensus nur in einigen wenigen Familien durchgeführt werden.

2.4.3. Qualitatives Interview

Es wurde bereits in Abschnitt 2.3 ausgeführt, daß bei den Felduntersuchungen zur Erfassung von Partizipationsprozessen das qualitative Interview als wichtigstes Erhebungsinstrument im Vordergrund stehen sollte. Dabei soll der Interviewpartner weitestgehende Offenheit finden, um Auffassungen und Erfahrungen zu erläutern, aber auch um Hintergründe von Vorgängen und Ereignissen zu erklären. Diese individuellen Ausdrucksmöglichkeiten des Interviewpartners wurden nur durch einen Interviewleitfaden eingeschränkt, der eine gewisse Vergleichbarkeit mit anderen Interviews gewährleisten sollte (vgl. dazu Bureau of Applied Social Research 1962:143ff). Dabei wurden auch, selbst bei Verzicht auf bestimmte Fragen aus dem Leitfaden, narrative Sequenzen ganz bewußt angestrebt, da bestimmte Ereigniskomplexe - z.B. die GV-Gründungsphase oder die Absetzung eines GV-Büros - in ihrer Entfaltung wichtige Anhaltspunkte und Aussagen über strukturelle Hintergründe derartiger Ereignisketten enthielten (vgl. dazu SCHÜTZE 1975).

Die qualitativen Interviews in den Intensiv-Untersuchungsdörfern wurden mit vier Gruppen von Interviewpartnern geführt:
- den Ältesten,
- den Mitgliedern des GV,
- den Mitgliedern des Leitungsgremiums (Büro) des GV,
- den Frauen.

Für jede dieser vier Gruppen wurde ein eigener Interviewleitfaden entwickelt (s. Annexe III). Die Interviewleitfäden mußten flexibel gehandhabt werden, um sich so stark wie möglich auf die Interviewpartner einzustellen und damit die Gesprächsbereitschaft und - bei narrativen Sequenzen - den Erzählfluß zu fördern. ELWERT hat in seinen Felduntersuchungen ähnliche Erfahrungen gemacht:

"Eine zu strenge Anlehnung an die vorbestimmte Reihenfolge der Fragen war allerdings nicht möglich, da man mich dann wegen der damit verbundenen Rigidität für sonderlich erklärt hätte, was die Informationen, die man mir dann gegeben hätte, sehr gemindert hätte." (1983:43)

Über die nichtsdestotrotz bestehenden Einschränkungen bei der

Gesprächsbereitschaft vor allem der GV-Mitglieder, die sich aus den Rahmenbedingungen der Untersuchung erklären, wird in Abschnitt 2.5. ausführlicher berichtet werden.

Schwierigkeiten ergaben sich auch bei den Interviews mit Frauen, da die Gesprächssituation für die Frauen noch ungewöhnlicher und unsicherheitsbeladener war als für die Männer. Die Frau des Kassenprüfers des GV in Boho-Bereba, die Mitglied des dörflichen Revolutionskomitees und eine der selbstbewußtesten Frauen im Dorf war, hat mich, wenn sie während des Interviews auf Fragen antwortete, nie angeschaut. Später erfuhr ich jedoch, daß sie das Gespräch in positiver Erinnerung behalten hatte. Aus diesen Erfahrungen heraus wurden die Schwierigkeiten einsichtiger, überhaupt Gesprächspartnerinnen zu finden.

Über die Verwendung des Tonbandes zur Dokumentation von Interviews im afrikanischen Dorf bestehen die unterschiedlichsten Erfahrungen. ELWERT berichtet von positiven Erfahrungen mit dem Tonbandeinsatz (1983:39). Ein spanischer Missionar, der zu meinen besten Schlüsselinformanten gehörte und die Region seit 1960 kannte, hatte mir während meiner Felduntersuchungen 1979 in Dohoun und Kassaho dringend vom Einsatz eines Tonbandgerätes abgeraten, da nach seinen Erfahrungen keine Vertrautheit mit diesem technischen Hilfsmittel gegeben ist und ein Tonbandeinsatz die Interviewsituation somit in unvertretbarer Weise verkrampfen würde. Gerade bei den Bwa spielte seiner Meinung nach auch das Mißtrauen gegenüber einer möglichen Weitergabe der Informationen an "Die da oben" eine Rolle. Eine selektive Verwendung des Tonbandes - bei vertrauten Gesprächspartnern - kam für mich nicht in Anbetracht, da sich die anderen Interviewpartner dann hätten sagen müssen, daß mir die aufgenommenen Gespräche offensichtlich wichtiger sind als die anderen.
Ich habe mich somit soweit wie möglich auf das Mitprotokollieren während der Interviews konzentriert. Nach den Gesprächen habe ich dann - auch mit Hilfe meines Dolmetschers -

notwendige Ergänzungen gemacht. Einzelne Interviews und alle wichtigen informellen Gespräche konnten durch Gedächtnisprotokolle dokumentiert werden.

2.4.4. Teilnehmende Beobachtung

Bei dieser Methode (vgl. FRIEDRICHS 1973:288ff und CASLEY/LURY 1987:68f) kam es für mich darauf an, so oft wie möglich an GV-Versammlungen teilzunehmen, um Partizipationsprozesse in öffentlichen Versammlungen und zumindest Segmente von GV-internen Entscheidungsprozessen zu beobachten. Jedoch konnte ich diese Versammlungen schwerlich selber anregen und war somit auf den Versammlungsturnus des jeweiligen GV angewiesen.

Dieser Versammlungsturnus erwies sich als nicht günstig für meine Untersuchungen, da die wegen technischer Pannen in der Entkörnungsfabrik stark verspätete Baumwollvermarktung die Einberufung der <u>Mitgliederversammlungen</u> verzögerte, die turnusgemäß nach Abschluß der Baumwollvermarktung stattfinden, um die Mitglieder über Vermarktungsmenge und zu erwartende Vergütung ("Ristourne") für das GV zu informieren. In Popioho ergab sich daher keine Möglichkeit für mich, an einer Mitgliederversammlung teilzunehmen, was jedoch auch andere GV-interne Gründe hatte (vgl. Abschnitt II.3.3). In Boho-Bereba konnte ich ebenso wie in Kassaho trotz der Verzögerungen bei der Baumwollvermarktung an einer Mitgliederversammlung teilnehmen. Die <u>Sitzungen des GV-Büros</u> fanden wesentlich häufiger statt als Mitgliederversammlungen, ein Umstand, der sich auf den ersten Blick von selbst versteht, auf den aber bei der Darstellung der Forschungsergebnisse noch einzugehen sein wird (vgl. Abschnitt II.3.1.6). Insofern konnte ich in Boho-Bereba wie auch in Popioho an Sitzungen des GV-Büros als Beobachter teilnehmen, in denen sich Aufschlüsse über Problemlösungsformen und -strategien innerhalb des GV wie auch über bürointerne "Umgangsformen" und Machtverhältnisse ergaben. Dabei mußten derartige punktuelle Eindrücke mit aller Vorsicht interpretiert werden, da - vor allem auch bei der geringen Zahl von Mitgliedervollversamm-

lungen - ein Beobachtungszeitraum von mindestens zwei Jahren anzusetzen wäre, um die Beobachtungen zu systematischen und aussagekräftigen Erkenntnissen verdichten zu können. Daher war es für mich unerläßlich, meine aus den Eindrücken bei Versammlungen abgeleiteten Vermutungen sozusagen zur "Gegenkontrolle" in den qualitativen Interviews wieder zu thematisieren.
Zur Strukturierung meiner Beobachtungen hatte ich einen Beobachtungsleitfaden erarbeitet. Ein Mitprotokollieren während der Versammlungen war nicht möglich, da ich einerseits immer den laufenden Übersetzungen meines Dolmetschers zuhören mußte und zum anderen ein Mitprotokollieren meinerseits Mißtrauen bei allen Beteiligten hätte wecken müssen.

2.4.5. Schlüsselinformanten

Über die Bedeutung der Schlüsselinformanten in den "En Passant"-Dörfern ist bereits in Abschnitt 2.3 berichtet worden. Auch in den beiden "Intensiv"-Untersuchungsdörfern wurden einige Gesprächspartner mehr und mehr zu Schlüsselinformanten. Voraussetzung dafür war das glaubwürdige Verlassen einer Selbstdarstellungsebene durch den betreffenden Gesprächspartner, was den Blick und damit das Gespräch öffnete für Probleme und Konflikte innerhalb des GV. Eine weitere Voraussetzung war auch, daß die so gegebenen Informationen und Erzählungen einer "Gegenkontrolle" - soweit das möglich war - standhalten konnten.
Zu wichtigen Schlüsselinformanten wurden außerhalb der GV der Landwirtschaftsberater des ORD in Popioho, ein ehemaliger Mitarbeiter der CFDT aus Bereba, der aus eigener Erfahrung über die Einführung der Baumwolle in der Region von Houndé berichten konnte, sowie der ehemalige Dorfchef von Bereba, der durch seine ungewöhnliche Gesprächs- und Erzählbereitschaft zum wichtigsten Ratgeber für das Verständnis der Kolonialgeschichte, aber vor allem der autochthonen Gesellschaftsorganisation der Bwa wurde.

2.4.6. Gruppendiskussion

Diese Methode (vgl. dazu Friedrichs 1973:246ff) konnte leider zum besseren Verständnis der Partizipationsprozesse in den GV der "Intensiv"-Untersuchungsdörfer nicht angewendet werden, da sich bei den ersten Versuchen schnell herausstellte, daß heikle Themen wie z.B. die Teilnahme an GV-Versammlungen (vgl. dazu auch Abschnitt 2.5) in Gruppen nicht offen erörtert werden können. Bei anderen Themen, die zur Erfassung der dörflichen Sozialstruktur bzw. zum Stand der sozioökonomischen Differenzierung von Bedeutung waren (z.B. Altersklassenstrukturen, Verhältnis von Baumwoll- und Getreideproduktion u.a.), erwiesen sich Gruppendiskussionen als wesentlich fruchtbarer. Dabei war der spontane Charakter dieser Diskussionen, die sich aus informellen Gesprächen ergeben hatten, von erheblichem Vorteil. Die Diskussionen wurden dadurch, daß ich versuchte, informelle Gespräche behutsam zu steuern, ergiebiger, als wenn ich sie im vorhinein hätte planen und arrangieren müssen. Der methodische Nachteil einer eher zufälligen Gruppenzusammensetzung tangierte die Aussagefähigkeit dieser informellen Gruppendiskussionen dabei nur geringfügig.

2.4.7. "Feed back"-Gespräche

Hierbei handelt es sich weniger um eine eigenständige, konsistente Methode als um ein forschungsmethodisches Prinzip, das die regelmäßige Rückmeldung von Interpretationsangeboten über die erfragte Wirklichkeit an die Befragten beinhaltet (vgl. KALHÖFER 1983:116f). Dies impliziert zwar durch die Formulierung von Thesen und Aussagen einen starken Eingriff in die Erhebungssituation; jedoch ergaben sich dadurch unverzichtbare Korrekturmöglichkeiten durch die Reaktion der Befragten auf meine Interpretationsangebote. Zudem fühlten sich die Befragten durch dieses "Feed back"-Prinzip als Gesprächspartner ernst genommen, was zu einer gewissen Entmystifizierung der Untersuchung beitrug. Die bei der Felduntersuchung gemachten Erfahrungen bestätigten die forschungsmethodologische Relevanz des "Feed back"-Prinzips.

2.4.8. Dokumentenanalyse

In diesem Zusammenhang muß noch auf eine entscheidende negative Rahmenbedingung dieser Felduntersuchung eingegangen werden, die in dem weitgehenden Fehlen von GV-internen Dokumenten besteht, die zu einer Rekonstruktion der GV-Geschichte und -Entwicklung hätten beitragen können. Die verwertbaren Unterlagen bestehen praktisch ausschließlich aus den Heften zur Baumwollvermarktung, zur Verteilung der kurz- und mittelfristigen Kredite sowie zur Kassen- und Kontobuchführung des GV. Protokolle über Versammlungen fehlen fast völlig. Durch die Absetzung des Büros in Popioho Ende 1983 sind offensichtlich Aufzeichnungen "verlorengegangen", d.h. der alte Sekretär des GV wollte sie dem neuen - und auch mir - nicht aushändigen. Ein Glücksfall ergab sich in Kiere, wo ich zum Ende meiner Projekttätigkeit meinem dortigen Schlüsselinformanten ein Heft geschenkt hatte mit der Bitte, ein GV-Tagebuch zu führen, was er auch mehr oder weniger regelmäßig gemacht hatte. So wurde das Tagebuch zur Grundlage der mit ihm geführten qualitativen Interviews.

Es müssen hier auch die gesamten Projektunterlagen des Weltfriedensdienst-Projektes, in dem ich gearbeitet habe, Erwähnung finden, ebenso wie die Forschungstagebücher aus dem Jahre 1979 über die damals durchgeführten Untersuchungen in Kassaho und in Dohoun. Zur Rekonstruktion der ORD-Interventionen zur GV-Promotion bilden die Jahresberichte des ORD sowie die Kampagnenberichte - eine Landwirtschaftskampagne dauert vom 1. April bis zum 31. März - des Sektorchefs in Houndé die notwendige Grundlage.

2.5. Der weiße Forscher im afrikanischen Dorf

Im Verlaufe der Feldforschungen stieß ich vor allem im zweiten "Intensiv"-Dorf auf Ereignisse, die sich während meiner dreijährigen Projektarbeit zugetragen hatten und von erheblicher Bedeutung für die Entwicklung des GV waren und es noch sind. Daß ich damals davon nichts erfahren hatte, kann als Zeichen für die sorgsame "Informationspolitik" des GV nach außen gelten, aber auch als Beleg dafür, daß das Leben im Dorf, das "ganztägige Dabeisein" (FISCHER 1985:14)(1), eine unverzichtbare Voraussetzung für die Umsetzung des Fallstudienansatzes bildete. So haben mir die vier Monate, die ich in den beiden "Intensiv"-Dörfern verbracht habe, gezeigt, wie relativ oberflächlich meine Kenntnisse der GV-<u>internen</u> Vorgänge, Strukturen und Prozesse trotz der dreijährigen Projekttätigkeit waren. Das Leben im Dorf machte allerdings auch das Akzeptieren von Kompromissen bei der Umsetzung der Untersuchungskonzeption notwendig, auf die in diesem Abschnitt noch näher einzugehen sein wird. Zuerst sollen jedoch die Vorteile erläutert werden, die das Leben als Forscher im Dorf mit sich brachte.

Zuerst einmal erwies es sich als günstig, daß ich meine Gesprächs- bzw. Interviewpartner auch außerhalb der Interviewsituationen treffen konnte und ihnen somit in der Regel schon vor dem ersten Interview begegnet war. Von außen in ein Dorf zu kommen und jemandem zum ersten Mal gegenüberzusitzen, der noch möglichst offen über seine Teilnahme an GV-Aktivitäten und -Entscheidungsprozessen erzählen soll; das schafft nicht nur eine recht unfruchtbare Interviewsituation, sondern auch Unwohlsein bei Befragtem und Interviewer. Insofern haben <u>informelle Kontaktmöglichkeiten</u> aus forscherischer Sicht eine

---

1. FISCHER schreibt dazu sehr treffend: "Wenn man als Wissenschaftler schon zuhause keine Vierzigstundenwoche hat, so in der begrenzten und viel zu kurzen Zeit der Feldforschung erst recht nicht. Es ist nicht nur das ganztägige Dabeisein und die Nächte, die man auch nicht "frei" hat wegen eines Festes, einer Jagd, einer Sauferei oder einfach plärrender Kinder. Es ist auch die systematische Arbeit, Schreibtischarbeit, Interviews, Übersetzungen, Übertragungen, Genealogien, Fotografieren, etc." (1985:14).

erhebliche Bedeutung für die Verbesserung der Interviewsituation gehabt.

Dadurch, daß ich vor Ort war, konnte ich Interviews auch besser vorbereiten, d.h. durch rechtzeitige Anfragen, bei denen ich schon mit etwas Einfühlungsvermögen erahnen konnte, wie es mit der Gesprächsbereitschaft des Betreffenden aussah. 'Einfühlungsvermögen' sollte als subjektiver Faktor in der qualitativen Forschungsarbeit bejaht werden, was aber auch beinhaltet, sich über die Entscheidungen, die aus Einfühlungsvermögen heraus z.B. bezüglich der Gestaltung einer bestimmten Gesprächssituation getroffen werden, Rechenschaft abzulegen. Nach meiner Erfahrung kann dieses Einfühlungsvermögen nur "geschult" werden, wenn man sich als Feldforscher auf die Lebenssituation im Dorf einläßt. Ein in gewissen Abständen von außen ins Dorf kommender Forscher würde sich doch zu ausschließlich an der sachimmanenten Logik seiner Untersuchungskonzeption orientieren.

Aus anderen informellen Gesprächsmöglichkeiten - abends beim Bier, bei Festen, unterm Palaverbaum -, konnten wichtige Informationen zu den verschiedensten Topoi gewonnen werden. Diese informellen Gespräche bildeten dadurch einen Rahmen für die bausteinartige Sammlung von wichtigen Dorfinformationen, z.B. durch ein erklärendes Nachfragen zu einem Tagesereignis oder durch ein: "Was ich schon immer mal fragen wollte....!" Die vielfältigen Möglichkeiten zur teilnehmenden Beobachtung, die sich durch das Leben im Dorf erschlossen, vermittelten wesentliche Einblicke und Einsichten in die dörflichen Lebensverhältnisse. Ob es sich um die Verhandlung einer Bodenrechtsfrage oder den Betrugsversuch einer Hirsebierverkäuferin an einem ihrer Kunden, um Begräbnisfeierlichkeiten, um den Arbeitsalltag der Frauen, das Ernten von Baumwolle, den Bau eines Getreidespeichers oder die Reparatur eines Hauses handelte, immer ergaben sich daraus Gespräche, die oft über ihren konkreten Anlaß hinaus auch den Blick auf strukturelle Gegebenheiten im Dorf öffneten. Über diese sehr wertvollen Einsichten in die dörflichen Lebensverhältnisse hinaus lag mein

Hauptinteresse auf GV-spezifischen Beobachtungen.

Was die notwendigen Kompromisse bei der Umsetzung der Forschungskonzeption anbetrifft, so empfinde ich diese nicht etwa als Nachteile, wie zu vermuten wäre, sondern eher als Vorteile. Bevor ich dies näher erläutern kann, muß der Frage nachgegangen werden, wie die Bauern unter sich über Sinn und Zweck meiner Forschung geurteilt haben. Die Bauern kannten mich aus der Zeit meiner Projekttätigkeit und hatten, da sie das Projektende im April 1984 überhaupt nicht befriedigte, mit meiner Rückkehr die Hoffnung verknüpft, ich könnte den GV wieder mit denselben vertrauten Dienstleistungen - vor allem Interventionen im Sinne der GV im Apparat (ORD, SOFITEX) - zur Seite stehen. Ihre Hoffnung wurde dadurch etwas gedämpft, daß ich auf einem Mobylette und nicht wie gewohnt mit einem Toyota-Pritschenwagen erschien.
Bei meiner Vorstellung in den beiden "Intensiv"-Dörfern hatte ich - in Boho-Bereba vor den versammelten Mitgliedern, in Popioho vor den Mitgliedern des Leitungsgremiums - damit begonnen zu erklären, warum ich trotz der schon dreijährigen Projekterfahrungen nochmals zurückgekommen sei. Ich wüßte sicherlich schon eine ganze Menge über die GV, aber es gäbe da eben noch eine Reihe offener Fragen; und da ich über all das, was die GV in der Region von Houndé geleistet haben, ein Buch schreiben wolle, damit man auch in anderen Ländern darüber lesen könne, wie die GV zur Entwicklung der Region beigetragen hätten, sei ich eben noch einmal zurückgekommen, um Antworten auf meine Fragen zu suchen. Da dies an Beispielen besser klargemacht werden könne, hätte ich einige GV ausgesucht, wo ich längere Zeit wohnen möchte, um mit allen im GV zu sprechen. Dies dürfte allerdings nicht so verstanden werden, daß ich die ausgesuchten GV für besser als die anderen hielte; ich könnte nur eben nicht alle GV besuchen. Um das alles zu bezahlen - vor allem den Flug und das Mobylette - hätte ich ein

Stipendium von meiner Universität bekommen(1).

Mein besonderes Interesse an Partizipationsprozessen habe ich nicht ausdrücklich erwähnt, um einer dann unvermeidlich von vielen betriebenen Beschönigung der Wirklichkeit nicht noch Vorschub zu leisten(2).

Ich habe diese offiziell gegebenen Erklärungen über meine Intentionen bei den verschiedensten Gelegenheiten wiederholt, konnte jedoch nicht ernsthaft erwarten, daß meine Erläuterungen den GV-Mitgliedern - außer einigen GV-Entscheidungsträgern - wirklich einleuchten würden. Das Schreiben eines Buches, das über 80% der GV-Mitglieder in den betreffenden Dörfern gar nicht lesen könnten, liegt so weit außerhalb des vertrauten Erfahrungsbereiches, daß es im Verständnis der GV-Mitglieder kaum genug Plausibilität beanspruchen konnte, um meinen Aufenthalt zu begründen und darüber hinaus noch Gesprächsbereitschaft bei den GV-Mitgliedern zu wecken. Als Weißer und damit als Fremder wäre mir durchaus zugestanden worden, Fragen zu stellen, um die Lebensverhältnisse im Dorf zu verstehen. Nur gingen meine Fragen und mein immer wieder bohrendes Interesse an Einzelheiten aus der Entwicklung des GV über dieses, dem Fremden zugestandene Maß an Fragen weit hinaus.

Daß ich dem GV hin und wieder auch von Nutzen sein konnte - so habe ich z.B. in Popioho, auch im Sinne von teilnehmender Beobachtung, an der Auszahlung des Baumwollgeldes teilgenommen -, änderte nicht viel an der Unklarheit, in der ich viele Mitglieder über meine Intentionen belassen mußte, die ja trotz dieser sporadischen Dienstleistungen sahen, daß ich meine alte Rolle nicht wieder einzunehmen gedachte.

Es wäre jedoch falsch anzunehmen, daß ich bei dieser Lage

---

1. Es wäre unmöglich gewesen, den GV-Mitgliedern den institutionellen Status der Friedrich-Naumann-Stiftung zu verdeutlichen. Insofern habe ich diese Unkorrektheit für verantwortbar gehalten.

2. Da ich von meiner früheren Projekttätigkeit her den GV-Promotoren zugeordnet wurde, bestand von vorneherein die spürbare Tendenz, ein positives Bild der GV-Arbeit zu zeichnen.

der Dinge auf Enttäuschung bei den Mitgliedern der betreffenden GV gestoßen sei. Ich mußte mich damit abfinden, daß es in ihrem täglichen Lebensumfeld offensichtlich keine Anknüpfungspunkte gab, um mein Forschungsanliegen verständlich zu machen. Ich konnte daher nicht mit einer irgendwie sachorientierten Motivation meiner Gesprächspartner rechnen - mit Ausnahme einiger um Selbstdarstellung bemühten GV-"Entscheidungsträger" und der mir etwas vertrauteren Schlüsselinformanten -, sondern mußte die mir gewährten Gespräche und Interviews als persönliche Gefälligkeiten mir gegenüber ansehen, die mir, ausgestattet mit dem hohen Sozialprestige eines Weißen, nur sehr selten verweigert wurden. Ein Geographiestudent aus Dohoun, der in seinem Heimatdorf über die Geschichte des dortigen GV Untersuchungen machte, um sie für eine Examensarbeit zu verwenden, hatte viel größere Mühe als ich, Gesprächspartner zu finden. Um jedoch die eingeschränkte Gesprächsbereitschaft der GV-Mitglieder mir gegenüber wirklich verstehen zu können, müssen noch andere Faktoren berücksichtigt werden.

Dabei spielte auch der Forschungsgegenstand eine entscheidende Rolle. Einmal hatte ich mit den <u>Partizipationsfragen</u> ein relativ <u>heikles Thema</u> gewählt, was sich für mich darin ausdrückte, daß die meisten Interviewpartner ihr Partizipationsverhalten im GV positiver darstellten, als es wirklich war, und daß es unmöglich war, über Partizipationsverweigerung - sei es an einer Versammlung des GV oder Gemeinschaftsarbeiten - überhaupt zu reden(1). Zum anderen betraf mein Forschungsgegenstand in den Augen der GV-Mitglieder eine Organisation und damit etwas dorf-öffentliches und nicht etwas eher 'privates' wie z.B. die Familienökonomie.

Dadurch war für die Interviewten eine gewisse Zurückhaltung geboten. Und da eine Organisation wie das GV Funktionsträger

---

1. Mich hat das insofern nicht verwundert, als ich umgekehrt genauso reagieren würde, wenn mich z.B. ein burkinischer Soziologe, den ich nicht sehr gut kenne, über mein Partizipationsverhalten als Mitglied des Weltfriedensdienstes befragte.

hat, tauchte bei den GV-Mitgliedern auch schnell die Überlegung auf, daß die GV-Büromitglieder doch eigentlich auch die Fragen des weißen Forschers beantworten könnten, sozusagen als Teil der Aufgaben, für die sie berufen wurden. Wenn ich bei den mir vertrauteren Schlüsselinformanten zu erfahren suchte, wie die öffentliche Meinung im Dorf über meine Forschungsarbeit urteilte, dann klang immer wieder durch, daß viele Mitglieder es als Ideallösung empfunden hätten, wenn zwei, drei Funktionsträger des GV für die Beantwortung meiner Fragen zuständig gewesen wären.

Da 'Partizipation' ein heikles Thema ist, spielte bei dieser Einstellung sicherlich auch die Befürchtung mit, trotz der zugesicherten Vertraulichkeit der Gespräche eine ungewollte Öffentlichkeit zu bekommen: "Der Sowieso hat das und das gesagt!" Insofern war auch das Verhalten der Büromitglieder gegenüber den Mitgliedern ein Thema, zu dem sich nur wenige Mitglieder kritisch äußern wollten. Jedoch waren diese kritischen Äußerungen für mich besonders wichtig, um die Selbstdarstellung mancher Büromitglieder von der Wirklichkeit trennen zu können.

Ich zog aus diesen Interview- und Gesprächserfahrungen die Konsequenz, und damit soll nun von den <u>notwendigen Kompromissen bei der Umsetzung des Fallstudienkonzeptes</u> die Rede sein, wegen der reservierten Gesprächsbereitschaft vieler Mitglieder noch mehr das Gespräch mit denjenigen zu suchen, die von ihrer Stellung im Dorf her genug Selbstbewußtsein mitbrachten, um auch ihre kritischen Äußerungen zum GV vorzubringen. Dies gelang vor allem deshalb, weil das größere Selbstbewußtsein dieser Interviewpartner sie auch souveräner mit der Interviewsituation umgehen ließ, im Gegensatz zu den anderen, für die die Interviewsituation so neu und ungewöhnlich war, daß sie mit noch mehr Reserviertheit reagierten. Jedoch mußten dadurch die möglichst breit gestreuten Interviews unter den GV-Mitgliedern entgegen der ursprünglichen Absicht eingeschränkt werden.
Warum ich diese Einschränkungen trotzdem als positiv empfinde, hängt damit zusammen, daß sich in ihnen ein <u>Lernprozeß im</u>

doppelten Sinne ausdrückt. Zum einen ergibt sich als Quintessenz aus den Forschungserfahrungen, daß bei Felduntersuchungen zu einem heiklen Thema die Qualität einiger guter Informationskontakte wichtiger ist als die Quantität der eingeholten Meinungen vieler Gesprächspartner, zumal eine statistisch seriöse Repräsentativität unter den Bedingungen afrikanischer Dorfgemeinschaften, wie ich sie in Houndé angetroffen habe, nicht zu erreichen ist.

Als noch wichtigerer Lernprozeß ergibt sich aus den gemachten Erfahrungen, daß trotz aller sozialtechnologischen Konzepte und Überlegungen (vgl. zu deren kritischer Betrachtung BERGER 1974, vor allem Kapitel II) die Gesprächs- und Interviewpartner in einer Untersuchung letztlich nicht verfügbar gemacht werden können. Da für die GV-Mitglieder der Nutzen meiner Forschung nicht einsichtig war, war ihre reservierte Gesprächsbereitschaft eine vernünftige und logische Reaktion. Diese Reserviertheit konnte durch die Behutsamkeit der Gesprächsführung und durch eine flexible Handhabung des Interviewleitfadens gelockert, aber nicht gelöst werden.

Ich habe es als Defizit empfunden, außer einigen Begrüßungsformeln nichts in der lokalen Sprache vorbringen zu können. Da Bwamu eine sehe komplizierte Sprache mit sehr eng gezogenen Sprachgrenzen ist - allein in der Region von Houndé werden drei sehr verschiedene Dialekte gesprochen -, wäre eine gründliche sprachliche Vorbereitung zu zeitaufwendig gewesen. Meine Dioula-Kenntnisse - einer von ca. 70% der Bevölkerung verstandenen und mehr oder weniger gut gesprochenen Verkehrssprache - reichten nur für ganz einfache Gespräche, und weder die begrenzte Zeit noch das Bwamu-Milieu trugen sehr dazu bei, meine Dioula-Kenntnisse zu erweitern.

Ich habe meine Erfahrungen zur Stellung des Feldforschers im afrikanischen Dorf relativ ausführlich dargestellt, um (angehenden) WissenschaftlerInnen, die sich auf eine Feldforschung vorbereiten, Anregungen dahingehend zu geben, daß sie den afrikanischen Bäuerinnen und Bauern mit noch verfeinerteren "Antennen" begegnen können.

3. VORAUSSETZUNGEN, STRUKTUREN UND BEDINGUNGEN VON MITGLIEDERPARTIZIPATION IN DÖRFLICHEN SELBSTHILFEORGANISATIONEN: ERGEBNISSE AUS DEN FÜNF UNTERSUCHUNGSDÖRFERN

Für die Darstellung der konkreten empirischen Forschungsergebnisse soll eine fallstudienbezogene Darstellungsform gewählt werden, die nicht in erster Linie die Strukturierung des Materials nach Aspekten und Problembereichen, sondern den ganzheitlichen Charakter des dorfspezifischen Problemzusammenhangs hervortreten läßt. Dies ist in Anbetracht der Komplexität des Bedingungszusammenhangs von Partizipationsprozessen in den GV von zentraler Bedeutung. Der Fall des ersten "Intensiv"-Dorfes Boho-Bereba wird bei der Darstellung ganz eindeutig im Vordergrund stehen. Das zweite "Intensiv"-Dorf und die drei "En Passant"-Dörfer sollen in problembezogenen Skizzen vorgestellt werden, die immer wieder Bezug nehmen auf den Fall 'Boho-Bereba'. Die Auswahl des GV von Boho-Bereba für die Darstellung als Fallstudie resultiert aus der für dieses Dorf günstigeren Materiallage und nicht etwa aus einer im Vergleich zu Popioho, dem zweiten "Intensiv"-Untersuchungsdorf, für die GV der Region typischeren Problemkonstellation(1).

Zu Beginn der Fallstudie soll ein Vorstellungskapitel stehen, in dem die Charakteristika der Lebensverhältnisse in Boho-Bereba deutlich werden sollen. In einem zweiten Schritt soll die beobachtete Partizipationswirklichkeit in einer zusammenfassenden, mehr beschreibenden Sichtweise vorgestellt werden. Erst nach diesem Schritt kann es sinnvoll sein, in mehreren Etappen die Zusammenhänge zu entfalten, die ein profunderes Verständnis von Formen und Regeln der beobachteten Partizipationsprozesse sowie des dahinterliegenden Bedingungsgefüges ermöglichen.

---

1. Die Entfaltung von zwei Fallstudien hätte den Rahmen dieser Arbeit gesprengt und zudem das Darstellungsspezifische des Fallstudienansatzes durch seine Duplizierung entwertet.

3.1. Fallstudie: Boho-Bereba

3.1.1. Einführung in die dörflichen Lebensverhältnisse

Keiner der Ältesten kann sich genau erinnern, wie das Dorf eigentlich entstanden ist; sie haben mit ihren Familien schon seit Generationen an dieser Stelle gewohnt. Es hat nur einen wenig bedeutsamen Umzug des Dorfes gegeben, in der Zeit, als die Franzosen das Land noch nicht kolonisiert hatten. Da hatte das Dorf einige hundert Meter näher zu der Stelle hin gelegen, wo heute die Bahnlinie Ouagadougou - Abidjan verläuft. Dort gab es eine kleine Erhebung, auf der die Häuser der wenigen Familien gruppiert waren. Eine solche kleine Erhebung nennt man in Bwamu 'Boho'. Den Zusatz 'Bereba' in seinem Namen hat das Dorf erst durch die Franzosen bekommen, die zur Errichtung ihrer Herrschaft Anfang dieses Jahrhunderts Kantonsgrenzen einzogen und nun das Boho des Kantons Bereba von dem 25 km weiter südwestlich gelegenen Boho des Kantons Kari unterscheiden wollten. Die betroffenen Bauern haben sich davon relativ wenig angenommen; in der alltäglichen Kommunikation redet man weiterhin von 'Boho'. Nur in den Papieren und Dokumenten der Verwaltung und des ORD hat dieser Namenszusatz Spuren hinterlassen.

Was die Ältesten noch genau wissen, ist die <u>Reihenfolge, in der sich die einzelnen Familien im Dorf angesiedelt haben</u>. Dies ist, wie bereits erwähnt wurde (vgl. Abschnitt 1.2.1), von ausschlaggebender Bedeutung für die Verteilung des formalen politischen und religiösen Einflusses im Dorf und beeinflußt dadurch auch in gewichtigem Maße den Platz einer Familie auf der dorfinternen Familienprestigeskala[1]. Für die Feinstruktur der jeweils gültigen Familienprestigeskala sind allerdings auch die verschiedenen Stationen der Dorfbiographie sowie das darin aufgehobene konkrete Agieren der Führungspersönlichkeiten

---

1. An dieser Stelle sei rückverwiesen auf die Charakterisierung autochthoner Sozialsyteme in Abschnitt I:3.1.

in den einzelnen Familien von erheblicher Bedeutung.

Die 'Duy' haben das Dorf gegründet, sie haben daher logischerweise die Chefferie über den Boden (Erdherr) in ihrer Familie. Als zweite Familie kamen die 'Traoré' ins Dorf, die früher auch 'Duy' hießen, aber aus dem Nachbardorf Kassaho gekommen waren und sich als eigene Familie neben der Gründerfamilie angesiedelt hatten. Die Namensänderung hatte eines der Familienmitglieder durchgesetzt, das in den dreißiger Jahren Kantonschef war. Die 'Traoré' haben folgerichtig die zweitwichtigste Chefferie im Dorf: den 'dôh banso', den obersten Priester der das ganze Dorf umfassenden Religionsgemeinschaft 'dôh'. Als dritte Familie kamen die 'Tia' ins Dorf. Zu ihnen gehört der 'gnindé banso', ein Chef, der für die Gesundheit der Dorfbewohner im Busch und auf den Feldern verantwortlich ist. Logischerweise muß es auch einen Chef geben, der für die Gesundheit der Dorfbewohner im Dorf selber verantwortlich ist. Dies ist der 'loba banso', der in Personalunion vom Erdherrn, dem 'ta banso', übernommen wird. Die 'Dofini', als letzte Familie im Dorf angekommen, haben keinen Chefferie-Posten inne, sind aber im Ältestenrat des Dorfes vertreten.

Die Verteilung der Chefferie auf verschiedene Familien markiert eines der grundlegenden Organisationsprinzipien der Bwa-Gesellschaft, die stark auf die Dorfgemeinschaft ausgerichtet ist(1). Ein anderer Tragpfeiler dieser dorfgemeinschaftlichen Orientierung wird durch die Religion des 'dôh' und die dazugehörigen Altersklassenstrukturen (CAPRON 1971) gebildet. Konkreter historischer Hintergrund dieser Verteilung der Chefferie-Posten war die Notwendigkeit, in Zeiten ständiger Kriege zwischen den Dörfern zugewanderte Familien im Dorf zu halten. Dies ging am besten dadurch, daß ihnen eine Mitverantwortung an der Wahrung des dörflichen Wohlergehens übertragen wurde. Die Altersklassen sollen weiter unten genauer

---

1. Vgl. dazu CAPRON (1973), SAVONNET (1976) und SAVONNET-GUYOT (1975).

vorgestellt werden.

Diese vier Familien umfassen zusammen 235 Personen(1), wodurch Boho immer noch größer ist als seine Nachbardörfer Kassaho und Bokuy, aber auf den gesamten Sektor Houndé bezogen deutlich unter dem Durchschnitt liegt(2). Die 235 Einwohner verteilen sich relativ gleichmäßig auf die vier Familien. Nur die Familie 'Tia' liegt mit 50 Mitgliedern etwas unter dem Durchschnitt, was mit einer Folge unglücklicher Umstände in einem der beiden Familiensegmente(3) zusammenhängt. Es gibt dadurch in diesem Segment keinerlei Nachkommen. Von den 235 Dorfbewohnern leben 28 ständig außerhalb des Dorfes(4), darunter 19 Mitglieder der Familie 'Traoré', ein Umstand, der aus der ungewöhnlichen Außenorientierung des schon erwähnten Kantonschefs erklärt werden kann.

In Boho wohnen jedoch nicht nur Bwa. Die Zahl der zugewanderten <u>Mossi</u> übersteigt die Zahl der Bwa um etwa das Zweieinhalbfache. Von diesen 600 Mossi, die nach eigener Schätzung auf dem Boden von Boho gesiedelt haben, sind ungefähr 2/3 erst in den letzten vier Jahren angekommen. Sie reagierten mit Migration auf die zunehmenden Desertifikationsschäden und die

---

1. Die Einwohnerzahl stützt sich auf einen von mir durchgeführten Census. Realistischerweise muß von einer Fehlerquote von ± 5% ausgegangen werden. Die Zahl umfaßt auch diejenigen Familienangehörigen (28), die vorübergehend oder permanent auferhalb des Dorfes leben.

2. Nimmt man die drei Dörfer Bekuy, Houndé und Boni, die jeweils über 5.000 Einwohner haben (vgl. ORD 1975), aus der Rechnung heraus, ergibt sich eine durchschnittliche Bevölkerungszahl von ca. 800 pro Dorf.

3. Die Familie Tia besteht im Moment aus zwei 'zin'. In dem 'zin', dem der 'gnindé banso' vorsteht, gibt es jedoch keine männlichen Nachkommen mehr. Der einzige Sohn des 'gnindé banso' ist relativ früh gestorben, ohne männliche Nachkommen zu hinterlassen.

4. Wenn hier von 'außerhalb des Dorfes' gesprochen wird, dann sind damit die Elfenbeinküste und die größeren burkinischen Städte gemeint.

vor allem in den letzten drei Jahren akuten Niederschlagsdefizite in den Zentral- und Nordprovinzen des Landes, deren Bevölkerungsdichte teilweise viermal so hoch liegt wie die des Sektors Houndé(1). Von räumlichem und sozialem Zusammenleben zwischen Bwa und Mossi kann jedoch nicht gesprochen werden. Alle Mossi-Familien haben sich in ca. fünf Kilometer Entfernung vom Dorf auf dem Gebiet des früheren Bwa-Dorfes Lokua angesiedelt. Das Beziehungsgeflecht zwischen Bwa und Mossi ist wenig ausgeprägt, aber dennoch sehr konfliktträchtig.

Formal sind die Mossi durch einen Delegierten im neunköpfigen Revolutionskomitee des Dorfes repräsentiert. Nur 16 Mossi sind als Mitglieder des GV eingeschrieben, und im Leitungsgremium des GV, dem Büro, haben die Mossi keinen Vertreter. Sie beziehen ihren Dünger und ihre Spritzmittel vom GV, und das GV kauft die wenige Baumwolle auf, die in Lokua produziert wird. Die stark desertifikationsgeschädigte Böden gewohnten Mossi sind froh, endlich wieder sichere Getreideerträge und einigermaßen gefüllte Speicher zu haben. Aus diesem Umstand ergibt sich jedoch auch einer der entscheidenden Konfliktpunkte zwischen Bwa und Mossi. Wenn die Getreideernte vorbei ist, etwa Ende November, lassen die Mossi ihr Vieh frei herumlaufen, gerade zu dem ungünstigen Zeitpunkt, wo bei den Bwa die Baumwollfelder erntereif sind. Die Verhandlungen über die zu leistenden Schadensersatzzahlungen ziehen sich dann oft über Monate hin. Auf einem anderen Konfliktgebiet geht es vor allem um bodenrechtliche Fragen.

<u>Das in Boho praktizierte Bodenrecht</u> orientiert sich noch weitgehend an den tradierten dorfgemeinschaftlichen Regeln. Das einzelne 'zin' kann sich auf überlieferte Nutzungsansprüche für bestimmte Teile des gemeinschaftlichen Bodens stützen.

---

1. Das Statistische Bundesamt gibt in seinem Länderbericht Obervolta 1984 als Gebiete mit der höchsten Bevölkerungsdichte für 1982 die Départements 'Centre' und 'Nord', die beiden Haupt-Herkunftsgebiete der Mossi-Zuwanderer, mit einer durchschnittlichen Bevölkerungsdichte von 48,6 bzw. 48,7 an.

Verpachtung oder gar Veräußerung von Land sind verboten, sie würden den Zorn der Vorfahren herausfordern. Der Erdherr ist also in erster Linie Bodenpriester, Mittler zwischen den Vorfahren und den Lebenden, denen der Boden zur Obhut anvertraut worden ist. Entscheidende Bedingung für die weitgehende Aufrechterhaltung des tradierten Bodenrechtssytems ist die Verfügung über einen Landüberschuß(1).

Will einer aus der 'Duy'-Familie auf dem Boden der 'Traoré' anbauen, geht er zum Ältesten der 'Traoré', der sich mit dem betroffenen Kernfamilienchef seiner Familie einigt, ein Opfer bringt und nach jeder Ernte von dem 'Duy'-Bauern einen Korb Hirse (ca. 20 kg) als symbolische Abgabe bekommt. Der Erdherr wird von dem Vorgang unterrichtet, hat aber keinerlei Entscheidungsbefugnis.

Wenn nun ein Fremder, in der Regel ein Mossi, um Land nachfragt, ist der Vorgang derselbe, d.h. der 'ta banso' wird informiert, hat aber kein Entscheidungs- und auch kein Vetorecht. Gibt es jedoch Streitigkeiten mit dem betreffenden Mossi - z.B. weil er ein größeres Stück Land als abgemacht rodet oder die für die Bwa heiligen Karité-Bäume abschlägt -, wird der Erdherr zur Schlichtung, die oft wieder mit Opfern verbunden ist, eingeschaltet. Die Mossi haben es verstanden, dieses Bodenrechtssystem insofern für sich auszunutzen, als sie sich immer an den Familienältesten mit Landanfragen wandten, dessen Vergabefreudigkeit am leichtesten durch kleinere Geschenke zu beeinflussen war.
In Boho siedeln ca. 90% der Mossi auf dem Boden der 'Duy', d.h. ausgerechnet die Familie des 'ta banso' wurde zu bevorzugten

---

1. Hier sei auf Abschnitt I:3.2. rückverwiesen, wo bei den bodenrechtlichen Konsequenzen der sozioökonomischen Differenzierung auf die - für die Bwa-Dörfer in der Region von Houndé insgesamt gegebene - Konstellation hingewiesen wurde, daß Individualiierungsprozesse das praktizierte Bodenrecht nicht in gleichem Maße verändern wie die Organisation von Produktion, Konsumtion und Distribution in den Hausgemeinschaften.

Anlaufstelle für die Migranten-Familien. Auf die Person des 1982 verstorbenen 'ta banso', der gleichzeitig auch Dorfchef war, wird noch in anderen Zusammenhängen zurückzukommen sein (vgl. Abschnitt 3.1.4.2).

An dieser Situation hat sich durch die Einrichtung von Revolutionskomitees(1) in jedem burkinischen Dorf einiges geändert. Sie wurden nach dem Putsch vom 4.8.1983 mit dem Ziel eingerichtet, die autochthonen politischen Strukturen nach und nach zu ersetzen. Nach allen bisherigen Ausführungen verwundert es nicht, daß sich diese strukturellen Veränderungen nicht von oben wirksam verordnen ließen. Zwar war der 'Chef du village' ein von der französischen Kolonialverwaltung geschaffener Posten, der den Kolonialisten vor allem für die Steuereintreibung sowie für die Rekrutierung von Zwangsarbeitern dienlich sein sollte; er wurde jedoch in das Gefüge tradierter dörflicher Instanzen eingebaut. Er bekam auch einen Namen in Bwamu: 'lo banso'. Die Revolutionskomitees, die sich meist aus jüngeren Bauern zusammensetzen (sollten), mußten sich von vorneherein mit den bisherigen dörflichen Entscheidungsträgern arrangieren, um überhaupt handlungsfähig zu sein.

Dieses Arrangement wurde noch um so dringlicher, als der CNR 1984 mit den Agrarreformbestimmungen (vgl. CNR 1984A) auch den 'ta banso' abschaffen und dessen Aufgabenbereich den CDR zuweisen wollte. Daß erstere eine 'reaktionäre Feudalclique'(2) darstellten, war den Bwa-Bauern bisher noch gar nicht aufgefallen. Daß der 'ta banso' und die Familienältesten über die notwendigen Opferriten in jedem Falle in das Bodenrechtssystem einbezogen blieben und ihre religiöse Vermittler- und Verwal-

---

1. 'Comité de la Défense de la Revolution (CDR)'. Mit dem Machtwechsel vom 15.10.1987 wurden sie umbenannt - sie heißen nun 'Comités Révolutionnaires' -, ohne daß sich jedoch ihre Aufgaben entscheidend veränderten.

2. "En raison de l'interaction entre structures socio-politiques d'une part et d'autre part structures foncières et agraires, le droit foncier et agraire du BURKINA FASO était marqué du sceau bourgeois et féodal et donc utilisé contre les masses laborieuses." (CNR 1984:2).

terfunktion eine unverzichtbare Existenzsicherung für alle Lebenden darstellten, wurde in den Anordnungen zur Agrarreform mit Stillschweigen übergangen. Gleichzeitig mit dieser Neuverteilung der politischen Kompetenzen im Dorf wurde das formell schon seit der Unabhängigkeit bestehende Staatseigentum an Grund und Boden in den ländlichen Gebieten insofern besonders betont, als nun unbebauter Boden einem danach fragenden Burkinabe nicht mehr verweigert werden durfte. Welche Reserveflächen Wanderhackbau betreibenden Ackerbauern zugestanden werden müssen, darüber hatte man sich an höherer Stelle keine Gedanken gemacht. Dies heißt für die Bwa in Houndé, daß den Mossi-Immigranten in keinem Falle - außer bei eindeutiger, jedoch nur in Bekui und in Sara gegebener akuter Landknappheit(1) - Boden verwehrt werden darf.

Das Revolutionskomitee in Boho hält sich nicht daran. Es handelt nach dem Grundsatz: 'Das den Mossi zur Bebauung vergebene Land darf nicht ausgedehnt werden'. Neu-Immigranten müssen durch Neuaufteilung schon vergebener Flächen zufriedengestellt werden. Das Revolutionskomitee kann so agieren, weil es in Bezug auf die Absicherung seiner Handlungsfähigkeit im Dorf von relativ günstigen Entstehungsumständen profitierte. Der sehr einflußreiche Dorfchef, der - wie schon erwähnt - gleichzeitig 'ta banso' war, ist 1982 gestorben. Der designierte Nachfolger als Dorfchef wie auch der gegenwärtige 'ta

---

1. Diese beiden im Westen des Sektors von Houndé gelegenen Dörfer verfügten über ein sehr ausgedehntes Areal an Reserveflächen in einem zusammenhängenden Gebiet dichter Baumsavanne, das ab 1967 von zugewanderten Mossi-Familien besiedelt wurde. Die vom autochthonen Bodenrecht vorgegebene Verfügung der jeweiligen Bodenpriester über diese Areale hat weiterhin gewohnheitsrechtliche Gültigkeit. Die dichte Baumsavanne ist jedoch weitgehend zerstört, und die Mossi versuchen nachdrücklich, ihre zahlenmäßige Überlegenheit auch in politischen Einfluß umzumünzen, wozu ihnen die neu eingerichteten CDR einen wesentlich vielversprechenderen Ansatzpunkt bieten als die autochthonen politischen Instanzen.

banso'(1), beide den tradierten Chefferie-Erbfolgeregeln entsprechend aus der 'Duy'-Familie, sind nicht einflußreich genug, um das CDR dirigieren zu können. Das CDR ist zudem dadurch abgesichert, daß auch sein Vorsitzender, der 'délégué', wiederum den tradierten Chefferie-Erbfolgeregeln entsprechend, aus der 'Duy'-Familie kommt.
Zum anderen sehen die Mitglieder des CDR trotz einer gewissen Angst vor Konflikten mit dem Präfekten, daß die Mossi ihr neues, staatlich verbrieftes Recht auf unbebauten Boden nicht rigoros durchsetzen können. Der Mossi-Bauer ist nicht das aufgeklärte, nur ökonomisch und politisch rational handelnde, kleinbäuerliche Individuum, von dem der Agrarreformtext ausgeht. Auch der Mossi-Bauer bringt von seinen Traditionen her ein religiös-mystisches Verhältnis zum Boden mit und ist somit aus existentiellen Gründen auf die Weihung des von ihm bebauten Bodens durch die Bwa-Bodenpriester angewiesen. Spontane "Landbesetzungen" brauchen die Bwa also nicht zu befürchten.

Es wäre voreilig, ausgehend von der bisherigen Darstellung auf eine uneingeschränkt einflußreiche Position des Revolutionskomitees in Boho schließen zu wollen. An dieser Stelle sollten nur die bodenrechtlichen Konsequenzen der CNR-Politik in dem veränderten gesamtpolitischen Kontext verdeutlicht werden. Daß in diesem konsequenten Auftreten des CDR gegenüber den Mossi-Immigranten auch ein Stück Opposition der jungen Bauern gegen die Ältesten liegt, muß hervorgehoben werden: "Unsere Alten waren zu schwach vor dem Geld."(2)
Dieser Satz bildete das "Leitmotiv" auch im Hinblick auf meine

---

1. Der Beschluß des CNR vom August 1983, in allen Dörfern CDR einzurichten, verhinderte die "Amtsübernahme" für den verstorbenen Dorfchef durch seinen schon designierten Nachfolger. Die Familienältesten hatten sich darauf verständigt, die beiden in der Person des verstorbenen Dorfchefs vereinigten Funktionen des 'lo banso' und 'ta banso' wieder auf zwei Älteste zu verteilen. Durch die Einsetzung der CDR mußte der designierte 'lo banso' auf sein "Amt" verzichten.

2. "Nos vieux étaient trop faibles devant l'argent!" (Gespräch mit Dofini M., stellvertretender Sekretär des GV, am 6.2.1985 in Boho).

Frage, warum die tradierte ökonomische Basiseinheit des 'zin' seine ökonomischen Funktionen mehr und mehr an die Kernfamilien hat abgeben müssen. Hier wurde gerne das Beispiel des verstorbenen 'ta banso' angeführt. Er soll nach Aussagen seiner Nachkommen immer wieder Getreide aus dem gemeinsamen Speicher des 'zin' entnommen und dann, zur Aufbesserung seines persönlichen Budgets, verkauft haben. Es ist logisch, daß dies die jungen Bauern in seinem 'zin', die durch ihre Arbeit die Speicher füllen mußten, nicht sehr für die gemeinschaftliche Arbeit im 'zin' motiviert hat. Sie haben daher alles versucht, um ihrem Ältesten das Einkommen aus ihren Baumwollparzellen zu entziehen, weil sie wußten, daß sie von diesen Einkünften nur wirklich würden profitieren können, wenn sie das Geld für sich behielten. Ähnliche Erfahrungen machten auch die anderen jüngeren 'zin'-Mitglieder in den anderern Familien von Boho(1).

Eigene Verfügung über die Einkünfte aus dem Baumwollverkauf setzte jedoch die eigenständige Produktion der Baumwolle voraus, da sonst kaum zu bewältigende Verteilungsprobleme zu noch schwereren Spannungen im 'zin' geführt hätten. Damit war der Prozeß der ökonomischen Verselbständigung und Individualisierung der Kernfamilien eines 'zin' vorgezeichnet. Da für individuelle(n) Baumwollproduktion und -verkauf nicht wie beim Getreide tradierte Verdikte Geltung besaßen(2), ergriffen die Individualisierungsprozesse zuerst die Baumwolle und erst später auch die Nahrungsmittel. Die ökonomische Selbständigkeit der Kernfamilien wurde jedoch durch die Einführung der Geldwirtschaft überhaupt erst zum Problem.

---

1. Hier sei auf die in Abschnitt I:3.2 gemachten Aussagen zur sozioökonomischen Differenzierung rückverwiesen.

2. Durch den Verkauf von Getreide ohne Absprache mit den Ältesten eines 'zin' hätte sich ein jüngerer Bauer mit dem Zorn der Vorfahren konfrontiert gesehen. Je nach Schwere des Falles hätte dies durch ein Opfer korrigiert werden aber schlimmstenfalls auch Krankheit und Tod als schärfste Sanktionen nach sich ziehen können.

Am Beginn dieser Entwicklung stand der Zwang, den Kolonialisten Steuern zu entrichten. Gleichzeitig bot das Geld aber auch die Möglichkeit, sich Zugang zu neuartigen Konsumgütern zu verschaffen, die die Franzosen aus Europa eingeführt hatten. Dies hatten auch die Ältesten verstanden. Außeneinflüsse wie das frankophon geprägte Schulwesen oder das Christentum stützten die Versuche der jungen Kernfamilienchefs zur Erlangung größerer ökonomischer Selbständigkeit ab. Die Einführung der Baumwolle ab 1951 tat ein übriges (vgl. Abschnitt II.1.2.2).

Die Baumwolle bietet als reine Verkaufsfrucht, die auf einem staatlich reglementierten Monopol-"Markt" mit stabilen Preisen angeboten wird, den direktesten und schnellsten Zugang zu eigenem Geld. Wie schon angedeutet wurde, ließ die Dynamik der Veränderungsprozesse den Ältesten nicht die Zeit, die Baumwolle in die tradierten Anbau- und Verteilungsstrukturen zu integrieren. Die jüngeren Bauern nutzten diese Chance und verbesserten mit Hilfe der Baumwolleinkommen auch ihre Arbeitstechnologie, was die individuelle, d.h. kernfamilienbezogene Organisation von Produktion, Distribution und Konsumtion zusätzlich begünstigte.

Die ersten Baumwollsamen wurden 1954 vom damaligen Dorfchef an interessierte 'zin'-Chefs in Boho verteilt. Ab 1960 wurde die Einführung der Pfluganspannung von der CFDT systematisch vorangetrieben. S. aus der 'Tia'-Familie war 1972 der erste in Boho, der mit der Pfluganspannung arbeitete. Inzwischen ist die Baumwolle ebenso wie die Pfluganspannung in Boho zum Alltag geworden.

Betrachtet man heute die Situation in Boho, so hat sich in allen 'zin' die Kernfamilie weitgehend als ökonomisches Entscheidungszentrum etablieren können. Dabei existieren je nach den spezifischen Konstellationen eines 'zin' Übergangsformen, z.B. mit einer gemeinsamen Nutzung von Zugochsen und dem dazugehörigen Gerät durch mehrere Brüder, einer gemeinsamen Getreidelagerung bei getrennter Produktion oder getrennter Akkumulation des Baumwolleinkommens bei gemeinsamer Produktion.

Aber ein 'zin' mit seinen ursprünglichen ökonomischen Kompetenzen, wie im weiteren Gang der Darstellung für die Dörfer Popioho und Kiere zu zeigen sein wird, gibt es in Boho nicht mehr. Seit dem Tode des Dorfchefs sind auch in dem entsprechenden 'zin' der 'Duy'-Familie die letzten Barrieren für die ökonomische Individualisierung gefallen.

Daβ das 'zin' auch eine Solidargemeinschaft bildete, merken jetzt vor allem alte Männer und Frauen, die sich der ökonomischen Unterstützung ihrer Nachkommen nicht sicher sein können. Als ich bei der Erstellung des Census z.B. in der Familie 'Traoré' nach dem Unterhalt einiger alter Frauen fragte – Frauen des früheren Kantonschefs –, hieβ es: "Die schlagen sich irgendwie durch"(1), machen also Hirsebierverkauf oder Kleinhandel mit Gewürzen und Kräutern(2).
Es merken aber auch die Kranken und die Kinderlosen. Wer in der arbeitsintensivsten Zeit (Juni/Juli) krank wird, kann sich nicht mehr darauf verlassen, daβ sein Feld zum günstigsten Zeitpunkt oder zumindest rechtzeitig gepflügt oder gejätet wird. Denn jedes Mitglied einer Altersklasse oder einer christlichen Gemeinschaft denkt zuerst an sein eigenes Feld; wenn dann noch Zeit ist, wird die Gruppe auch zusammen auf dem Feld des Kranken arbeiten können.
In Boho hat sich vor einigen Jahren eine Arbeitsgruppe hauptsächlich kinderloser Kernfamilienchefs, aber auch einiger älterer Männer gebildet, über die Familiengrenzen hinweg und ohne Berücksichtigung gemeinsamer Altersklassenzugehörigkeit. Sie arbeiten nach einem strengen Reziprozitätsprinzip bei allen

---

1. "Elles se démerdent." (Gespräch mit Traoré J.B. über die ökonomische Situation seines 'zin' in Zusammenhang mit der Census-Erstellung am 4.2.1985).

2. Ausdruck dieser Entwicklung ist auch die Einrichtung einer 'Legion der heiligen Maria' in der christlichen Gemeinde von Dohoun, einer Gruppe von Frauen, die gelegentlich alten Frauen beim Wasser- oder Holzholen, aber auch bei anderen Hausarbeiten helfen sollen.

anfallenden Feldarbeiten zusammen(1).

Wie zentral die ökonomischen Funktionen des 'zin' waren, sieht man daran, daß das 'zin' als Solidargemeinschaft nicht mehr intakt ist, obwohl es als soziale und politische Einheit weiterhin große Bedeutung hat. Wenn z.B. in der 'Tia'-Familie jemand stirbt, tritt der Familienrat ('zin waani') (vgl. Abschnitt 3.1.3), dem alle erwachsenen Männer angehören, zusammen und bespricht den genauen Ablauf der Begräbnisfeierlichkeiten. Desgleichen wird der Familienrat zusammengerufen, wenn z.B. eine Frau, die in einem anderen Dorf in eine Familie eingeheiratet hat, sich dort erheblichen Schwierigkeiten gegenübersieht, die nur von den Ältesten der beiden betroffenen Familien ausgeräumt werden können.
Neben der Regelung von Familienangelegenheiten übernimmt der 'zin waani' die Funktion der zentralen Entscheidungsinstanz für die verschiedenen Kernfamilien eines 'zin' in allen wichtigen Dorfangelegenheiten, bei religiösen Zeremonien sowie bodenrechtlichen Fragen. Die Individualisierungstendenzen in den letzten Jahrzehnten haben somit nicht alle Funktionen des früher vorherrschenden 'zin' erfaßt. So haben die Ältesten zwar den überwiegenden Teil ihrer direkten ökonomischen Kompetenzen an die Kernfamilienchefs abgeben müssen; jedoch haben sie sich als religiös vermittelte Sachwalter des Ahnenerbes und als Vermittler in Konflikten jeglicher Art einen gesicherten hohen sozialen Rang erhalten können.

Die Einführung der Baumwolle, der Pfluganspannung und die damit einhergehende ökonomische Verselbständigung der Kernfamilien haben in Boho zu einer <u>deutlichen Öffnung der Einkommensschere</u> geführt. Es wäre jedoch zu weitgehend, von einer deutlich umgeschichteten sozialen Stratifizierung im Gefolge der ökonomischen Differenzierungen sprechen zu wollen.

---

1. Dies kann als eindrucksvolles Beispiel für die Entstehung einer autochthonen SHO gesehen werden (vgl. Abschnitt I:2.4).

Ein hoher Platz auf der ökonomischen Erfolgsskala hängt entscheidend davon ab, wieviele Arbeitskräfte eine Familie mobilisieren kann(1). So ist es kein Zufall, daß der Vorsitzende des CDR jedes Jahr mit ca. acht Tonnen Baumwolle die höchste Produktion im Dorf realisieren kann; ihm stehen neun volle Arbeitskräfte zur Verfügung. Traoré A., etwa fünfzig Jahre alt, kinderlos, muß mit seinen beiden Frauen die Feldarbeit bewältigen und kommt daher nur auf ca. 1,5 Tonnen verkaufter Baumwolle. Hin und wieder bekommt er Hilfe von einer Arbeitsgruppe (s.o.) aber er hat nicht mehr die Kraft, noch mit der Pfluganspannung anzufangen.

Die Außeneinflüsse der letzten Jahrzehnte, die - wie oben dargestellt - sehr einschneidende Auswirkungen auf die 'zin'-Struktur hatten, haben einige sichtbare Spuren in Boho hinterlassen. Zuerst einmal fallen dem ankommenden Beobachter die beiden Brunnen und das Lagerhaus des GV auf. Der eine Brunnen ist 1979 aus Mitteln des Dorfes, der andere 1982 von USAID gebaut worden. Ganzjährig Wasser gibt nur noch der USAID-Brunnen. In der Zeit, in der der USAID-Brunnen noch nicht die nötige Tiefe hatte, mußten die Leute von Boho in den schwierigen Monaten - vor allem März und April - zum Wasserholen nach Kassaho gehen bzw. fahren. Aufgrund dieser recht angespannten Wassersituation konnte nicht viel gebaut werden in den letzten Jahren. Das Wasser, das man für den Bau des vom ORD finanzierten Lagerhauses brauchte, ging auch noch dem privaten Hausbau verloren. Insofern fällt der Blick nicht gleich - wie z.B. in Dohoun oder in Kassho - auf außerhalb des Dorfkerns gebaute Häuser aus Zement- oder Lateritziegeln, die in der Regel den ökonomisch erfolgreicheren Familien gehören.

---

1. In seiner empirischen Untersuchung über die sozioökonomische Differenzierung in den Bwa-Dorfgemeinschaften identifiziert ORTH den Arbeitskräfteengpaß während der Arbeitsspitzen als Haupthindernis für eine Flächenausweitung auf Kernfamilien-Ebene (vgl. ORTH 1981, vor allem S. 172 ff).

Öffentliche Einrichtungen wie Schule, Krankenstation, Apotheke, einen Markt oder einen kleinen Laden gibt es in Boho nicht, dafür wohnen dort zu wenig Menschen, und das GV müßte über Jahrzehnte die Baumwollvermarktungsvergütung zurücklegen, um z.B. eine von den Gesundheitsbehörden akzeptierte Krankenstation zu bauen. Ein GV hat Boho seit 1979. Der Brunnenbau war neben der selbstgesteuerten Baumwollvermarktung die wichtigste Startaktivität des GV. Für den Bau des Lagerhauses und des USAID-Brunnens hatte das GV die Arbeitskräfte aus den Reihen der GV-Mitglieder bereitgestellt sowie Ernährung und Unterkunft der von außen kommenden Facharbeiter sichergestellt.

Nimmt man den Maximalkatalog möglicher GV-Aktivitäten als Bezugspunkt (vgl. Abschnitt II.1.4 (Schaubild 5)), so hat das GV von Boho bis auf den Bau von Häusern für Landwirtschaftsberater alle "Aktivitäten im Rahmen des Verantwortungstransfers" übernommen. Neben der schon erwähnten Infrastrukturverbesserung hat das GV ein funktionierendes Kleinkreditsystem, ein nicht sehr ertragreiches GV-Feld und eine 1979 angelegte Pflanzung von Teak-Bäumen (1/4 ha).

Diese wenigen Schlaglichter auf das GV von Boho sollen den Ausgangspunkt bilden für die in analytischer Hinsicht notwendige Weiterverfolgung der grundsätzlichen Frage nach der Bedeutung, die die Dorfbewohner dem Wirken des GV beimessen und durch eine mehr oder weniger intensive Partizipation an den GV-Aktivitäten und Entscheidungsprozessen artikulieren.

3.1.2. Das Partizipationsgeschehen im GV - Eindrücke auf der phänomenologischen Ebene

Im folgenden soll das Bild der Partizipationswirklichkeit im GV von Boho gezeichnet werden, wie es sich nach einer zusammenfassenden Betrachtung der empirischen Forschungsergebnisse darstellt. Eine derartige mehr deskriptive Betrachtung des Ist-Zustandes soll den Ausgangspunkt bilden für eine Betrachtung des Partizipationsgeschehens in mehr analytischer Absicht, die das Verständnis der dargestellten Beobachtungen aus dem strukturellen und biographischen Kontext des GV erschließen kann.

Das GV von Boho hat sich in den gut sechs Jahren seit seiner Gründung einen festen und akzeptierten Platz im Gefüge der dörflichen Institutionen erarbeitet. Von der Umstrittenheit, dem das GV vor allem im ersten Jahr seiner Existenz ausgesetzt war, ist heute nichts mehr zu spüren. Als Indiz dafür kann gewertet werden, daß bis auf einige alte Männer alle Kernfamilienchefs(1) des Dorfes GV-Mitglieder geworden sind. Die Nicht-Entrichtung der 1.000 FCFA(2) durch einige wenige, die nicht zu den Schlüsselpersonen unter den Ältesten gehören, erklärt sich nicht aus Opposition gegenüber dem GV, sondern aus Desinteresse (vgl. dazu Abschnitt 3.1.5). Die geringe Zahl der personellen Veränderungen im GV-Büro seit seiner Konstitution können ebenfalls dahingehend gedeutet werden, daß sich das GV auf Trägerschaft im Dorf stützen kann. Die drei personellen Veränderungen im GV von Boho wurden in zwei Fällen durch den

---

1. Die Zahl der Kernfamilienchefs liegt unter der der Baumwollproduzenten, da einige unverheiratete junge Männer eigene Baumwollfelder bebauen, gleichzeitig aber in eine Produktionseinheit - in der Regel entweder des Vaters oder des älteren Bruders - integriert sind. Seit 1983 verlangt das GV auch von diesen unverheirateten Baumwollproduzenten die Zahlung der 1.000 FCFA Geschäftsanteil (Part Social), selbst wenn der Chef der Kernfamilie, in der sie leben, schon seinen 'Part Social' bezahlt hat.

2. Nach der Franc-Abwertung im April 1986 gilt folgende Parität: 100 FCFA = 0.60 DM.

frühen Tod des Vizepräsidenten sowie des Schatzmeisters notwendig. Eine personelle Veränderung vollzog sich aufgrund des offensichtlichen Fehlverhaltens eines Büromitgliedes. Die Hürde einer im europäischen Kontext vertrauten turnusmäßigen Neu- bzw. Wiederwahl der Entscheidungsträger hatten die Büromitglieder nicht zu nehmen. Wie im weiteren zu zeigen sein wird, wäre dies ein nur symbolischer Akt gewesen (vgl. Abschnitt 3.1.4.2).

Es wäre nun voreilig, aus dieser Akzeptanz des GV als dörfliche Institution unter den Dorfbewohnern auf eine ebenso gesicherte Partizipation der GV-Mitglieder an den GV-internen Entscheidungsprozessen sowie an den verschiedenen Aktivitäten des GV schließen zu wollen.
Zuerst einmal fällt auf, daß die Frauen von Boho von einer formellen Partizipation am GV völlig ausgeschlossen sind. Dies ist zum einen Ausdruck der weitgehenden Trennung der gesellschaftlichen Lebensbereiche von Männern und Frauen, wobei die Männer die alleinige Zuständigkeit für dörfliche Belange beanspruchen. Zum anderen beinhaltete die vom ORD initiierte GV-Konzeption die Förderung von getrennten Frauen- und Männer-GV. Die Förderungsangebote des ORD für Frauen sind allerdings minimal, und eine GV-Gründung aus Eigeninitiative wie z.B. in Popioho oder Dohoun hat es in Boho nicht gegeben(1).

Beobachtet man nun das tatsächliche Partizipationsverhalten der (männlichen) Mitglieder in den verschiedenen -bereichen, so ergibt sich ein sehr vielschichtiges Bild. Bei der Inanspruchnahme materieller Leistungen bzw. Dienste des GV (z.B. Kleinkredite, Ochsenanspannungskredite) wird am intensivsten, bei der <u>aktiven</u> Teilnahme an GV-Versammlungen am schwächsten partizipiert. Die Partizipation an kollektiven GV-Arbeiten liegt zwischen diesen beiden Extremen.

---

1. Auf die Gründe dafür, wie auch auf die informellen Partizipationschancen von Frauen im (Männer-) GV von Boho, wird in Abschnitt 3.1.7 näher einzugehen sein.

Bezüglich des Informationsstandes der Mitglieder ist in Boho auffällig, daß außer dem Präsidenten, den beiden Schatzmeistern und dem Sekretär niemand genau über die finanzielle Situation des GV Bescheid weiß. Die von mir befragten Mitglieder, die dem Büro nicht angehörten(1), konnten auf Nachfrage weder die ungefähre Summe nennen, die sich wohl in der Kasse befinden müßte, noch nähere Angaben über größere Ausgaben in den letzten Monaten machen. Dies wurde nicht als besonderes Problem empfunden, sondern mit dem Hinweis kommentiert, daß die GV-Verantwortlichen sich um die Finanzangelegenheiten schon kümmern würden. Insofern war auch keine Tendenz bei den Befragten spürbar, dieses Informationsdefizit z.B. durch "eine kleine Anfrage" auf der nächsten GV-Generalversammlung aufzuheben zu versuchen.

Auffällig war auch die Unschlüssigkeit der Befragten, Schwierigkeiten in den verschiedenen Partizipationsbereichen und diesbezügliche Lösungsmöglichkeiten zu benennen. Das gleiche galt hinsichtlich ihrer bisher noch nicht eingelösten Partizipationserwartungen, die auf zukünftige Aktivitäten des GV hindeuten könnten. Auch in diesem Zusammenhang wurde auf die Büromitglieder verwiesen, 'die sich darüber sicher Gedanken gemacht hätten'.

Partizipation an Versammlungen und an gemeinschaftlichen Arbeiten ließ sich in den Interviews mit den Mitgliedern nur ansatzweise ergründen, da bei den Interviewten verständlicherweise wenig Neigung bestand, Nicht-Partizipation an der Arbeit auf dem Gemeinschaftsfeld oder an einer Mitgliederversammlung

---

1. Es wurden insgesamt zehn Intensiv-Interviews mit fünf der 38 GV-Mitglieder, die dem Büro nicht angehörten, geführt (vgl. dazu auch Abschnitt II.2.5).

einzugestehen(1). Nach eigenen Schätzungen und nach den Angaben der befragten Büromitglieder nehmen zwischen 40 und 70% der Mitglieder an den GV-Generalversammlungen teil, die vier- bis fünfmal im Jahr stattfinden. Dies hängt auch davon ab, welche von außen kommenden Notwendigkeiten für eine GV-Generalversammlung bestehen - z.B. Angebot des Weltbankprojektes, via ORD einen Getreidespeicher für das GV zu finanzieren. In der Regenzeit bewirkt die absolute Priorität der Feldarbeiten, daß wirkliche Vollversammlungen nicht stattfinden können(2) und somit - im Falle einer Notwendigkeit - mit einer nur geringen Beteiligung rechnen können.

In der für Vollversammlungen wesentlich günstigeren Trockenzeit, von der ich vier Monate miterleben konnte, blieb die Zahl der Versammlungen nichtsdestotrotz niedrig. Zwei der drei von Januar bis April stattgefundenen Versammlungen aller Mitglieder hatten auf meine Initiative hin stattgefunden(3), und die dritte hatte sich mit fälligen Geldzahlungen des GV an den Dachverband der GV sowie für die dem Bau eines Gymnasiums in Houndé zufließende Sammlung in allen Dörfern beschäftigt. Mit

---

1. Hier war gewiß auch von Bedeutung, daß ich aufgrund der vorhergehenden Entwicklungshelfertätigkeit eindeutig zur pro-GV-"Fraktion" gerechnet wurde, so daß mich niemand auch durch das "Eingeständnis" einer möglicherweise erklärbaren Nicht-Partizipation zu einem bestimmten Zeitpunkt entmutigen wollte.

2. Diejenigen Bauern, die ihre Felder in größerer Entfernung vom Dorf (5 - 10 km) bebauen, übernachten in der arbeitsintensiven Zeit in der Regel in einer einfachen Hütte auf ihren Feldern und kehren nur gelegentlich freitags - dem wöchentlichen Ruhetag der Bwa - ins Dorf zurück.

3. Eine dieser beiden Versammlungen diente meiner Vorstellung im Dorf. Während dieser Mitgliederversammlung wurden aber auch andere Tagesordnungspunkte besprochen. Die zweite von mir einberufene Mitgliederversammlung sollte den Rahmen für die Diskussion meiner Interpretationen der Partizipationswirklichkeit im GV (Feed Back-Prinzip) bilden. Die unvorbereitete Ankunft des GV-Verantwortlichen des ORD-Sektors und des Direktors der Baumwollentkörnungsfabrik aus Houndé beschränkten die Tagesordnung auf ein Thema: aktuelle Schwierigkeiten bei der Baumwollvermarktung auf Sektor-Ebene.

Sicherheit ist Anfang Mai noch eine Vollversammlung einberufen worden, um über die konkreten Zahlen der Baumwollvermarktungskampagne 84/85 zu berichten. Diese Versammlung findet jedes Jahr etwa um die gleiche Zeit statt, damit die Mitglieder ein Bild davon bekommen, was das GV an Baumwolle an die SOFITEX geliefert hat und mit welcher Provision es dafür vergütet wird.

Als _Zwischenfazit_ läßt sich festhalten, daß im GV von Boho kein fester Vollversammlungsrhythmus besteht und Mitgliederversammlungen überwiegend auf Außenstimuli hin einberufen werden.

Die passive Teilnahme an einer Mitgliederversammlung drückt sicherlich mehr Partizipationsbereitschaft aus als das Fernbleiben; über die Informationsaufnahme hinaus ist dabei jedoch eine nur geringe aktive Mitwirkung an dem Versammlungsablauf gegeben. Von meinen eigenen Beobachtungen und vor allem von den Berichten der befragten Schlüsselinformanten her ist die Mitgliederpartizipation durch Redebeiträge während der Versammlungen von nur geringer Bedeutung. Die Vollversammlungen haben eher einen Informations- und Akklamationscharakter als wirkliche Entscheidungsfunktion. Diskussionen kann es über Verfahrensvorschläge geben, bei denen jeder seine Ideen einbringen kann und der Präsident des GV dann versuchen muß, einen Konsens zu finden. Eine Situation wie in Dohoun, wo sich durch die relativ breite Diskussion im GV, ob nun eine Krankenstation oder eine Schule prioritär für das Dorf sei, Möglichkeiten der aktiven Partizipation der Mitglieder am Entscheidungsprozeß eröffneten, hat es in Boho nicht gegeben.

Das Büro spielt bei den Vollversammlungen eine eindeutig dominierende Rolle. Es trifft sich vor jeder Vollversammlung, um die anstehenden Entscheidungen und die notwendigen Informationen an die Mitglieder vorzubereiten. Es bestimmt damit die jeweilige Tagesordnung, die zu Beginn der Versammlung zu ergänzen nur einem sehr couragierten Mitglied möglich wäre. Der Präsident eröffnet die Versammlung und erteilt, wenn er es für notwendig erachtet, das Wort. Wenn über eine bestimmte Frage

Meinungen ausgetauscht werden, bestimmt er, wann die Debatte zu Ende gehen soll, und er entscheidet auch - quasi wie ein Richter -, welcher der diskutierten Vorschläge für die Arbeit des GV verbindlich sein wird.
Für das GV von Boho kann das <u>Büro</u> eindeutig <u>als Entscheidungszentrum</u> identifiziert werden. Bei den zwei- bis dreimal im Monat stattfindenden Treffen wird die laufende Arbeit organisiert und besprochen. Das Büro hält alle relevanten Außenkontakte zum ORD, zum Präfekten und zum Dachverband aller GV im Sektor Houndé. Bei allen Entscheidungen und Aktivitäten im GV sichert sich das Büro nötigenfalls durch Rücksprache mit den Ältesten sowie dem CDR ab. Seine Handlungsfähigkeit gründet das Büro vor allem darauf, daß alle Familien des Dorfes in ihm vertreten sind.

Wie schon weiter oben angedeutet, muß hinsichtlich der kollektiven Arbeiten je nach Aktivitätsbereich differenziert werden. So ist die Teilnahme an den sehr arbeitsintensiven Aufgaben bei der Baumwollvermarktung (Einpacken und -stampfen der Baumwolle in Planen vor dem Wiegevorgang, Transport der Baumwolltücher von der Waage zum Lkw sowie Beladen des Lkw-Containers) sehr viel regelmäßiger als an der gemeinsamen Bestellung des GV-Feldes oder beim Entladen von Dünger und Spritzmitteln bei der Anlieferung. Auch bei der Realisierung von Dorfprojekten durch das GV (z.B. Lagerhaus- oder Brunnenbau) kann das Büro mit einer sehr zahlreichen Beteiligung der Mitglieder rechnen. Bei der Organisation der kollektiven Arbeiten greift das Büro auf sogenannte 'Kanla' zurück, Mitglieder des Büros, die in ihren Familien für die Organisation bei anliegenden Gemeinschaftsarbeiten zuständig sind. Über die Familien erreicht der Arbeitsauftrag die verschiedenen Altersklassen, die bei den Arbeiten selbst die Arbeitsgruppen bilden.

Diese mehr beschreibende Betrachtung der Partizipationswirklichkeit im GV von Boho hat viele Fragen aufgeworfen, ohne schon Antworten auf diese Fragen anbieten zu können. Haben

einige Mitglieder die Schlüsselpositionen im GV besetzt, um dadurch sozial oder materiell profitieren zu wollen? Oder haben die Mitglieder trotz Trägerschaft für das GV ein nur geringes Interesse an aktiver Partizipation am GV und sind daher ganz froh, daß sich das Büro um alles kümmert? Könnte und sollte die Generalversammlung in den Augen der Mitglieder überhaupt das Entscheidungszentrum im GV sein? Inwieweit gibt es informelle Partizipationskanäle derer sich die Mitglieder abseits der im Dorf immer etwas heiklen Öffentlichkeit bedienen?
Um Antworten zu finden, muß zuerst der grundsätzlicheren Frage nachgegangen werden, mit welchen Partizipationserwartungen die Mitglieder dem GV begegnet sind. Um das dahinterliegende Partizipationspotential offenzulegen, muß zuerst der Stellenwert von Partizipation in den seit alters her vertrauten dörflichen Institutionen untersucht werden.

3.1.3. Der Stellenwert von Partizipation in der Bwa-Gesellschaft

Auch die autochthone Bwa-Gesellschaft trug wie viele andere afrikanische Dorf- und/oder Stammesgesellschaften deutlich gerontokratische Züge. Oberste Instanz im Dorf war der Ältestenrat, der 'lo muu waani'. Er faßte die Oberhäupter der verschiedenen im Dorf lebenden Familien, die 'zin banso', zusammen, wobei der 'ta banso' als primus inter pares angesehen werden konnte, was er im heutigen 'lo muu waani' weiterhin ist. In diesem Ältestenrat wurden alle Dorfangelegenheiten beraten, oft tagten die Ältesten etwas abseits vom Dorf, um Geheimhaltung gewährleisten zu können. Die Angehörigen der unteren Altersklassen - bis etwa 45 Jahren - hatten striktes Zutrittsverbot während der Sitzungen; die Angehörigen der darüberliegenden Altersklassen konnten auf Wunsch bei den Beratungen zuhörend teilnehmen, aber auf keinen Fall das Wort ergreifen. Außer den Mitgliedern des 'lo muu waani' konnte überhaupt nur dann jemand das Wort ergreifen, wenn er von den Ältesten wegen einer besonderen Angelegenheit geladen worden war und ihm diesbezüglich das Wort erteilt wurde.

Entscheidungen des 'lo muu waani' waren unwiderruflich. Bei Uneinigkeit unter den Mitgliedern des 'lo muu waani' mußte die Angelegenheit entweder vertagt werden oder durch ein konsensfähiges Wort des 'ta banso' beendet werden. Der Versuch, Einfluß auf Entscheidungen des 'lo muu waani' zu nehmen, konnte nur im Vorfeld von Entscheidungen des Ältestenrates ansetzen. Durch die autochthonen Autoritätsstrukturen waren die Ältesten jedoch angehalten, sehr umsichtig auf die Konsensfähigkeit ihrer Entscheidungen zu achten, um nicht ein in seinen Konsequenzen unkalkulierbares Konfliktpotential mit möglicherweise dauerhaften Belastungen für die dörfliche Lebensgemeinschaft heraufzubeschwören.

Die Frage nach der möglichen Einflußnahme auf Entscheidungen des 'lo muu waani' verweist auf die Funktionen des Familienrates, des 'zin waani'. Seine Aufgaben waren vor dem Eindringen der Geldwirtschaft sehr viel weitergehender als heute, vor allem im ökonomischen Bereich. Der Familienälteste, der 'zin banso', traf alle relevanten Entscheidungen im Produktions-, Distributions- und Konsumtionsbereich. Er wurde dabei unterstützt vom 'varo kanla'(1), dem Verantwortlichen für alle Feldarbeiten, sowie dem 'nan kozo'(2), dem Chef der Speicher, der in regelmäβigen Abständen die Frauen aus den einzelnen Haushalten des 'zin' mit Getreide aus den Familienspeichern versorgte. Der 'zin waani' war das Forum, in dem die zusammen mit dem 'zin banso' der höchsten Altersklasse angehörenden Ältesten, die sogenannten 'lo nikiєn', den anderen männlichen Familienmitgliedern die notwendigen Anordnungen für die Gestaltung der Familienökonomie gaben und gegebenenfalls Vorschläge und Meinungen der anderen einholten.

Wie heute war der 'zin waani' auch früher für alle nicht direkt die Ökonomie der Familie betreffenden Angelegenheiten verantwortlich. Dabei dominierten religiöse Aufgaben, die oft in unmittelbarem Zusammenhang zu wichtigen Ereignissen - vor allem Hochzeiten und Begräbnisse, aber auch familieninterne Konflikte - in der Hausgemeinschaft standen. Ebenso wie im ' lo muu waani' gab es im 'zin waani' einen 'primus inter pares', den 'zin banso'. Er berief die Sitzungen des Familienrates ein, bereitete in Abstimmung mit den anderen 'lo nikiєn' die "Tagesordnung" vor und eröffnete die Sitzung. Außer den 'lo nikiєn'

---

1. Der 'varo kanla' war im 'zin' für die gesamte Arbeitsorganisation im Produktionsbereich verantwortlich. Er bestimmte, in Absprache mit dem 'zin banso', wann, wo und wie lange die Angehörigen des 'zin' die gemeinschaftliche Feldarbeit zu erledigen hatten. Seinen Anordnungen war unbedingt Folge zu leisten. Ein Beschwerderecht gab es hierbei in keinem Falle (vgl. auch SAVONNET-GUYOT 1975: 1120).

2. Der 'nan kozo' war verantwortlich für die gesamte zentralisierte Lagerung von Lebensmitteln - hauptsächlich Hirse - innerhalb des 'zin'. Gegen die Getreideverteilung konnte Beschwerde eingelegt werden (vgl. auch SAVONNET-GUYOT 1975: 1120f).

hatte niemand Rederecht, es sei denn, er wurde direkt um sein Wort gebeten. Teilnahmeberechtigt waren alle verheirateten Männer des 'zin', nicht verheiratete Männer und alle Frauen hatten Zuhörrecht, jedoch verbunden mit striktem Redeverbot.

Wenn nun die 'lo nikiεn' glaubten, dem 'zin waani' eine konsensfähige Entscheidung vorstellen zu können, erbaten sie nach den entsprechenden Erläuterungen des 'zin banso' die Zustimmung der Anwesenden dergestalt, daß entlang der Altershierarchie beginnend bei den Mitgliedern der höchsten Altersklassen jeder Mann nach seiner Meinung gefragt wurde. Dabei wurden je nach Beratungsgegenstand mehr oder weniger Männer in die Meinungsbildung miteinbezogen. Religiöse Angelegenheiten verboten ein Rederecht für Angehörige der unteren Altersklassen (unter 45). Verbesserungsvorschläge konnten gemacht werden, auch von jüngeren verheirateten Männern. Der 'zin banso' entschied dann über den als verbindlich angesehenen Verbesserungsvorschlag. Offene Ablehnung gegenüber dem Vorschlag der 'lo nikiεn' konnte nicht artikuliert werden; nur über verhalten geäußerte Skepsis konnte den 'lo nikiεn' signalisiert werden, daß ihr Vorschlag noch nicht konsensfähig war. Eine einmal vom 'zin waani' getroffene Entscheidung war genau wie beim 'lo muu waani' unwiderruflich.

An dieser Stelle kann die Frage nach den <u>Einflußmöglichkeiten im Vorfeld von Entscheidungen des 'lo muu waani'</u> wieder aufgegriffen werden. Dabei soll jedoch zuerst betrachtet werden, inwieweit eine solche Einflußnahme auf Entscheidungen des 'zin waani' möglich war. Es war unmöglich für einen Mann aus dem 'zin', der nicht zu den höheren Altersklassen gehörte, sich direkt beim 'zin banso' mit einem Problem einzubringen. Es war also geboten, das Problem einem älteren Familienmitglied anzuvertrauen, das es dann gegebenenfalls zusammen mit dem Betroffenen dem 'zin banso' vortrug. Dieses geschilderte Problem konnte mit der Bitte verbunden sein, es bei einer im 'zin waani' anstehenden Entscheidung zu berücksichtigen. Dies konnte nur unspezifisch geschehen, da die internen Beratungen

der 'lo nikiɛn' nicht familienöffentlich waren.
Das vorgebrachte Problem konnte aber auch eine Beschwerde beinhalten, z.b. über eine ungerechte Behandlung durch den 'nan kozo' bei der Getreideverteilung, was relativ häufig vorkam und als ultima ratio auch zur Absetzung des 'nan kozo' führen konnte(1). Der 'zin banso' entschied dann, gegebenenfalls nach Beratungen mit den anderen 'lo nikiɛn', wie er das vorgebrachte Problem zu berücksichtigen gedachte. Handelte es sich um eine Beschwerde über den 'nan kozo', mußte er ihr in jedem Falle nachgehen.

Um nun ein Problem in die Beratungen des 'lo muu waani' hineinzutragen, mußte ein Familienmitglied den gleichen "protokollarischen Weg" wählen, da der 'zin banso' - wie schon erwähnt - gleichzeitig dem 'lo muu waani' angehörte. Wenn sich der 'zin banso' entschlossen hatte, das geschilderte Problem weiterzutragen, oblag es dem 'lo muu waani', der Behandlung dieses Problems zuzustimmen oder im gegenteiligen Falle für Nichtbehandlung zu plädieren.

Werden nun die dargestellten tradierten Institutionen unter dem Partizipationsaspekt betrachtet, so fallen neben der manifesten Einflußlosigkeit der Frauen zumindest auf formellem Wege die geringen Partizipationschancen der Männer ins Auge, die nicht zu den höheren Altersklassen zählten. Dabei muß als grundlegende Bedingung der damaligen Zeit berücksichtigt werden, daß die Alten den Jungen einfach deshalb an Lebenserfahrung überlegen waren, weil für alle Dorfbewohner ein fixer Erfahrungsbereich - das Dorf mit seinen über Familien- und Tauschbeziehungen verbundenen Nachbardörfern - existierte. Die Ältesten wurden über ihren für die jüngeren Mitglieder der Dorfgemeinschaft unüberwindbaren Wissens- und Erfahrungsvorsprung als Herrschaftsträger unangreifbar.

---

1. Im Gegensatz zu den Aussagen der von mir befragten Ältesten zieht SAVONNET-GUYOT aus ihren Untersuchungsergebnissen den Schluß, daß der 'nan kozo' nicht absetzbar war (ebd.:1121).

Diese Herrschaft der Ältesten drückte sich weniger in willkürlicher Despotie als in der Vorbereitung und Durchsetzung von für alle konsensfähigen Entscheidungen aus, mit der dann meist erfolgenden Zustimmung durch die anderen Familienmitglieder im Falle des 'zin waani'. Die Verpflichtung zu dieser Konsenssuche, die sich an dem Topos 'möglichst konfliktfreier Fortbestand der dörflichen Lebensgemeinschaft' orientierte, war den Ältesten qua tradierter Normen vorgegeben(1) und niemand wäre auf die Idee gekommen, ihnen die darin auch liegenden Rechte streitig zu machen.

In diesen gerontokratisch geprägten Instanzen fehlten die Voraussetzungen für institutionalisierte aktive Partizipation der Dorfbewohner an den Entscheidungen auf Dorf- bzw. Familienebene: Egalität der beteiligten Personen und divergierende Erfahrungsbereiche. Die je nach Alter abgestuften Rede- und Mitwirkungsrechte schafften eine sozial-hierarchische Differenzierung und wirkten damit genau in die Gegenrichtung von 'Egalität'. Der qua geringer Mobilität für alle faktisch festgelegte Lebens-Erfahrungshorizont - letzteres zeigte sich am deutlichsten im religiösen Bereich - stützten diese Differenzierung. Die Existenz divergierender Erfahrungsbereiche - die heute unübersehbar ist - hätte durch das Einbringen anderer Erfahrungen und anderer Perspektiven/Sichtweisen auch den jüngeren Männern Partizipationschancen eröffnen können.
Unter den damaligen Umständen blieb den jüngeren Männern nur die Nutzung des Kritik- und Beschwerderechts, das im 'zin' wesentlich häufiger als auf Dorfebene praktiziert wurde. Wie schon oben erwähnt, bildete die Getreideverteilung einen oftmaligen Anlaß zu Kritik und Beschwerde.

Den jüngeren Männern blieb auch, sozusagen als Gegen-Erfahrungsbereich, das in viel größerem Maße als 'zin' und Dorf von Egalität geprägte Zusammensein in den Altersklassen

---

1. Dies konnte in Abschnitt I:3.1 als kennzeichend für das Wahrnehmen von Führungspositionen in autochthonen Sozialsystemen herausgearbeitet werden.

(vgl. CAPRON 1971). Die vielfältigen ökonomischen, sozialen und religiösen Aufgaben der Altersklassen schufen ein reichhaltiges Feld für egalitär strukturierte Gemeinschaftlichkeit. Überschaubarkeit der Altersgruppen, gemeinsame Sozialisationserfahrungen und die Gewißheit der Zusammengehörigkeit und Verbundenheit für die gesamte Dauer des Lebensweges waren die Pfeiler dieser Gemeinschaftlichkeit. Zwar hatten die Altersklassen gewählte Entscheidungsträger; nichtsdestotrotz waren die Möglichkeiten gleichberechtigter Mitwirkung aller Altersklassen-Angehörigen an Aktivitäten und Entscheidungsprozessen der Altersklasse gegeben. Auf die Veränderung der Altersklassenstrukturen bis hin zu ihren heutigen Funktionen und Aufgaben wird in Abschnitt 3.1.5 einzugehen sein.

Die Darstellung der Funktionsweise der verschiedenen Instanzen hat auch die deutliche Ausprägung von horizontaler und vertikaler Aufgabenteilung erkennen lassen. Die horizontale Differenzierung drückt sich sowohl in der Verteilung der vier Führungspositionen als auch in der Aufgabenverteilung zwischen 'zin banso', 'varo kanla' und 'nan kozo' im 'zin' aus. Die Delegation von Entscheidungsfunktionen, die in einer gerontokratisch geprägten Gesellschaft ohne formalisierte Delegationsmechanismen auskommt, stellt das entscheidende Moment vertikaler Aufgabenteilung dar. Diese Vertrautheit der autochthonen Bwa-Gesellschaft mit Aufgabentrennung findet in der oben schon erwähnten sozial-hierarchischen Differenzierung der Dorfbewohner in bezug auf ihre Partizipationsmöglichkeiten ihren Niederschlag.

Das dörfliche Institutionengefüge änderte sich durch die Etablierung der französischen Kolonialherrschaft. Jedes Dorf mußte nun einen Dorfchef haben, der gleichzeitig Vertreter des Dorfes gegenüber der Kolonialverwaltung und Vertreter der Kolonialverwaltung im Dorf sein sollte. In den folgenden Jahrzehnten konnte sich der Dorfchef fest im dörflichen Institutionengefüge etablieren, was sich auch darin ausdrückte, daß er einen Namen in Bwamu bekam: 'lo banso'.

Es entwickelte sich eine implizite Aufgabentrennung zwischen 'ta banso' und 'lo banso'. Dabei behielt ersterer eindeutig die religiöse und politische Macht innerhalb des Dorfes in seinen Händen, gestand aber dem 'lo banso' die Wahrnehmung aller Außenbeziehungen des Dorfes zu. Dazu gehörte auch die Steuereintreibung, das Hauptmoment in den geltenden Außenbeziehungen zu den politischen Autoritäten auf regionaler Ebene.
Im Gefolge der zunehmenden erzwungenen Öffnung des Dorfes für Außeneinflüsse - Geldwirtschaft, Baumwolle, westliche Konsumgüter, Wanderarbeit, Pfluganspannung u.a.(1) - wuchs auch der Einfluß des 'lo banso', auf Kosten des Einflusses des 'ta banso'. Daraus ergab sich folgerichtig in vielen Fällen ein sehr konfliktträchtiges Verhältnis der beiden Chefs(2).

Der 'lo banso' war nur in besonderen Fällen - wie z.B. in Boho - Mitglied des 'lo muu waani'. In der Regel zog er den 'lo muu waani', zusammen mit seinen 'kanla', bei den eine Entscheidung vorbereitenden Beratungen hinzu. Über die verschiedenen 'zin waani' wurden dann alle Dorfbewohner über die getroffenen Entscheidungen oder auch Anordnungen informiert. Hatte der Unterpräfekt z.B. die Ausbesserung einer Straße verlangt, dann wurden auch die 'kanla' aktiv, um die entsprechenden Arbeitsgruppen auf die konkrete Aufgabe vorzubereiten. Dorfversammlungen wurden nur dann einberufen, wenn diese Forderung von außen - Unterpräfektur, CFDT, später dann auch ORD - an den 'lo banso' herangetragen wurde.

Aus allen bisherigen Ausführungen über die tradierten Institutionen der Bwa-Gesellschaft ergibt sich als eine wesentliche Schlußfolgerung, <u>daß die Versammlung aller Männer des Dorfes zu</u>

---

1. Eine der besten Darstellungen über diese Phase der kolonial induzierten Destabilisierungen gibt SPITTLER (1981B) (vgl. dazu auch AbschnittI:3.1).

2. Boho ist in dieser Hinsicht ein untypischer "Fall", da 'lo banso' und 'ta banso' über mehrere Jahrzehnte in einem Ältesten vereinigt waren.

keinem Zeitpunkt ein tragendes Entscheidungsinstrument bzw. -forum war. Dies hat sich auch mit der Etablierung des 'lo banso' im dörflichen Institutionengefüge nicht geändert. Erst durch die GV wurden die Mitgliederversammlungen, die in der Regel praktisch Dorfversammlungen gleichkommen, zu einem häufiger wiederkehrenden Forum, dem von außen - ORD, WFD-Mitarbeiter - eine zentrale Aufgabe im GV-internen Entscheidungsprozeß zugewiesen wurde. Wie die Betrachtungen in Abschnitt 3.1.2. ergeben haben, hat die Mitgliederversammlung in der Wirklichkeit des GV von Boho diese zentrale Bedeutung nicht.

Es kann daher festgehalten werden, daß die Dorfbewohner in Boho 1979, zu Beginn der GV-Arbeit, mit dem Entscheidungsinstrument 'Dorfversammlung' keinerlei Vorerfahrungen hatten. Dieses muß somit als ein Erklärungsmoment herangezogen werden, wenn die Ursachen der relativ geringen aktiven Partizipation an den Mitgliederversammlungen zur Diskussion stehen. Als zweites Ergebnis dieser Ausführungen über das Partizipationsverständnis in der Bwa-Gesellschaft kann das weitgehende Fehlen einer institutionalisierten Partizipation der Dorfbewohner an den Entscheidungen auf Familien- und Dorfebene festgehalten werden. Auch wenn das Kritik- und Beschwerderecht innerhalb des 'zin' gewisse Einflußmöglichkeiten bot, war doch der Einfluß einer bestimmten Gruppe von Entscheidungsträgern vorherrschend, die der allgemein akzeptierten Notwendigkeit zur innerdörflichen Konfliktminimierung und einer daran ausgerichteten Konsensfindung unterworfen waren.
Somit hat der einem - aus dem europäischen Kontext vertrauten - basisdemokratischen Denken inhärente Anspruch aller auf Partizipation an allen Entscheidungen, ggf. durch die Delegation von Entscheidungsbefugnissen, in der autochthonen wie auch in der heutigen Bwa-Gesellschaft keine Bedeutung gehabt. Vielmehr muß es als ungeschriebenes Gesetz angesehen werden, sich einer gerontokratisch legitimierten Gruppe von Entscheidungsträgern anzuvertrauen, aber damit auch unterzuordnen. Daraus ergibt sich eine Vorgabe für die Arbeit des GV in Boho, die eine starke Stellung des Büros im GV von Boho ganz

außerordentlich begünstigt.

Als nächster Schritt soll die GV-Biographie näher beleuchtet werden, um weitere Erklärungsmomente für die Partizipationswirklichkeit im GV von Boho zu identifizieren. Dabei soll ein besonderer Schwerpunkt auf die Gründungsphase gelegt werden.

3.1.4. Zur Partizipationsgeschichte des GV - Gründungsphase und nachfolgende Weichenstellungen

Über die Gründung des GV von Boho ist bisher schon soviel bekannt, daß sie 1979 stattfand und ein Brunnenbauprojekt Startaktivität des GV war. Es war nicht einfach, die genaueren Umstände der GV-Gründung zu rekonstruieren, da in den Interviews jede Familie vorgab, durch einen der ihren den dazu entscheidenden Beitrag geleistet zu haben. Nach Erkundigungen, die ich auch in den Nachbardörfern Kassaho und Bokuy eingeholt habe, kann davon ausgegangen werden, daß der heutige Präsident des GV - aus der Familie Traoré - die treibende Kraft in der Gründungsphase darstellte. Dabei war von ausschlaggebender Bedeutung, daß im durch vielfältige Verwandtschaftsbeziehungen an Boho eng gebundenen Nachbardorf Kassaho bereits seit 1975 ein GV arbeitete, das von den Bewohnern von Boho aufmerksam beobachtet wurde.

Auch in den Nachbardörfern Maro, Bouahoun und Bereba waren schon 1978 GV gegründet worden, nur Bokuy und Dimikui hatten noch kein GV. Insofern muß die GV-Gründung in Boho als ein Multiplikations - bzw. Schneeballeffekt der vor 1979 liegenden GV-Gründungen angesehen werden. Dabei ist die intensivste Ausstrahlungswirkung eindeutig vom GV Kassaho ausgegangen. Zum besseren Verständnis dieser Zusammenhänge soll das GV von Kassaho in einem Exkurs kurz vorgestellt und in seinen Entstehungszusammenhängen dargestellt werden. Dies ermöglicht Einblicke in die Mikroprozesse der von außen angeregten Bildung von SHO, da Kassaho 1975 zu den vier ersten Dörfern im Sektor gehörte, die ein GV gründeten.

3.1.4.1. Die Entstehung des GV in Kassaho: Ein GV muß sich durchsetzen

Die Charakterisierung des Dorfes Kassaho ist in einigen Sätzen zu leisten, da es sich nicht sehr gravierend von Boho unterscheidet. Mit knapp 200 Einwohnern(1) ist Kassaho etwas kleiner als Boho. Hinsichtlich der ethnischen Zusammensetzung fällt in Kassaho auf, daß sich wesentlich weniger Mossi-Migranten angesiedelt haben als in Boho. Zudem hat Kassaho ein Quartier mit seßhaften Fulbe, die seit Jahrzehnten in Kassaho leben und weitgehend in den dörflichen Lebenszusammenhang integriert wurden. Die sozio-ökonomische Differenzierung ist in Kassaho noch etwas fortgeschrittener als in Boho. Durch die seit 1979 von der SOFITEX geförderte Einführung von Kleintraktoren (vgl. DIANDA 1988) hat der ökonomische Individualisierungsprozeß auf einer höheren Ebene zu neuen Kooperationsformen geführt. Drei bis vier Kernfamilien haben ihre Felder zur gemeinsamen Bewirtschaftung mit einem Traktor zusammengelegt.

Die Christianisierung ist in Kassaho wesentlich weiter fortgeschritten als in Boho(2). Über die Hälfte der Dorfbewohner sind katholisch getauft. Alle einflußreichen Personen im GV sind Christen. Selbst einige der Ältesten - jedoch keine, die

---

1. Aus Zeitgründen konnte kein Census in Kassaho durchgeführt werden, so daß die Einwohnerzahl nur geschätzt werden konnte.

2. Anfang der sechziger Jahre war die Situation umgekehrt. Die wenigen Christen (Katholiken) in Kassaho kamen sonntags zur Messe nach Boho. Im Laufe der sechziger Jahre veränderten sich die Gegebenheiten schlagartig, als ein Ältester in Kassaho, nachdem er sich mit einer schweren Krankheit den Christen anvertraut hatte, wie durch ein Wunder wieder gesund wurde. Andere Älteste in Kassaho folgten seinem Beispiel und ließen sich taufen. Seit diesen Ereignissen konnte sich das Christentum mehr und mehr in Kassaho etablieren. In Boho verlief der Prozeß dagegen deutlich rückläufig. Da es den Christen nicht gelungen war, auch einige Älteste zur Taufe zu bewegen, schafften es die Ältesten sozusagen im Gegenzug, diejenigen unter den jüngeren Dorfbewohnern, die sich schon hatten taufen lassen, wieder vom Christentum zu entfremden. Dabei nutzten die Ältesten ganz bewußt die enttäuschten Heilserwartungen bei vielen der jüngeren christlichen Gemeinde-Mitglieder aus.

eine der fünf dörflichen Führungspositionen besetzten - haben sich taufen lassen und damit das Vordringen des Christentums im Dorf entscheidend gefördert.

Auch von der infrastrukturellen Ausstattung her sind Kassaho und Boho vergleichbar. Kassaho hat einen Brunnen mehr und dadurch eine etwas günstigere, aber bei weitem nicht krisenfreie Wasserversorgung. Dem guten Ansehen, das das GV beim ORD genießt, verdankt das Dorf ein Getreidelagerhaus, das von einem Schweizer Projekt schlüsselfertig finanziert und zusätzlich mit einem Fond von 500.000 FCFA zum Getreideaufkauf ausgestattet wurde. Das GV ist verantwortlich für die Verwaltung der Getreidebank. Auch die Mitglieder der GV in den Nachbardörfern können sich somit in Notzeiten auf Kredit mit Getreide versorgen.

Das GV gilt als eines der kompetentesten im Sektor, da es alle seine Aufgaben und Projekte selbständig und weitgehend problemlos durchführen konnte. So war es 1979 eines der ersten GV, die - mit Unterstützung des ORD - die Verteilung und Rückzahlung der kurzfristigen Produktionsmittelkredite ohne Interventionen des im Dorf ansässigen Landwirtschaftsberaters übernahmen. Ebenfalls 1979 engagierte sich das GV als erstes im Sektor in der Vermarktung von Schibutternüssen und konterkarierte damit die Aufkaufaktionen der privaten Händler im Dorf. Um die Hintergründe aufzudecken, die diese relativ erfolgreiche Arbeit des GV erklären können, muß in die Gründungsphase zurückgegangen werden.

Es war im Jahre 1939, als die Missionsstation der weißen Väter in Ouakara[1] die ersten Kontakte zu Kassaho herstellte. Es

---

1. Ouakara liegt ca. 30 km nördlich von Kassaho im Süden der 'Province de la Volta Noire'. Von dort begannen die Missionare des Ordens der weißen Väter die Missionierungsarbeit auch in der Region von Houndé. Heute bildet die katholische Mission in Ouakara, die inzwischen ganz burkinisiert wurde, den Hauptort der Diözese, zu der alle christlichen Gemeinden in den Dörfern der Region von Houndé gehören, die westlich von Dohoun liegen.

dauerte bis Anfang der sechziger Jahre, bis ein Prozeß im Dorf in Gang gesetzt werden konnte, der zu einer stetigen Zunahme der Taufen führte. Zu dieser Zeit begann auch die Arbeit eines Katechisten im Dorf selber, der von den Missionaren aus der Gruppe der jungen Christen im Dorf ausgewählt worden war. In der Katechistenausbildung wurde neben religiösen Fragen auch über Probleme ländlicher Entwicklung gesprochen. So wurde z.B. die Einführung der Pfluganspannung von den Missionen unterstützt, und der Katechist von Kassaho war einer der ersten in der Unterpräfektur, der bereits Anfang der sechziger Jahre mit der Pfluganspannung arbeitete.

Anfang der siebziger Jahre rückten auch Fragen der Dorfentwicklung stärker in den Aufmerksamkeitsbereich der Missionen. So hörte der Katechist von Kassaho Anfang 1974 auf einer Katechistenversammlung in Ouakara von einer Gruppe junger Christen, die eine gemeinsame Dorfsparkasse angelegt hatten, um kleinere dörfliche Entwicklungsmaßnahmen vorfinanzieren zu können. Durch einen Missionar hörte er von ähnlichen Initiativen im Nachbardorf Dohoun. Die jungen Christen wurden dabei von einem Animateur betreut, der gleichzeitig für den ORD und das CESAO(1) arbeitete.

Die jungen Christen von Kassaho schickten den Katechisten nach Dohoun, um nachzufragen, ob der ORD/CESAO-Animateur nicht auch nach Kassaho kommen könnte. Der Besuch des Animateurs in Kassaho trug Früchte, was dadurch begünstigt wurde, daß die jungen Christen unter sich auch das Problem der ungesicherten dörflichen Wasserversorgung diskutiert hatten. Die Ältesten im Dorf hatten sehr reserviert auf die Gründung der CP reagiert. Sie befürchteten, bestohlen zu werden, und waren daher

---

1. Das CESAO hatte zu der Zeit mit der Initiierung von sogenannten 'Caisses Populaires (CP)' in einigen Dörfern begonnen. Diese CP sollten von den Intentionen des CESAO her nicht nur die bewußtere Verwendung der durch den Baumwollanbau steigenden Bargeldeinkommen fördern, sondern auch Mittel mobilisieren, die - zusammengefaßt in einem zentralen Fond beim CESAO - der einzelnen CP je nach der Höhe ihrer Einlagen als Kredit für Dorfprojekte zugute kommen sollten.

eindeutig dagegen, ihr Geld der CP anzuvertrauen, ebenso wie andere Familien im Dorf, die die Skepsis der Alten teilten. Sie lehnten daher auch eine Beteiligung an der Sammlung für den Brunnenbau ab: "Bevor wir nicht Wasser sehen, geben wir keinen Franc."

Mit dieser Sammlung sollten die 200.000 FCFA wieder zusammenkommen, die das CESAO der CP als Kredit für den Brunnenbau gewährt hatte. Dieser Kredit war zugänglich geworden, nachdem die CP die ersten Einzahlungen ihrer Mitglieder - zusammen 123.000 FCFA - via Animateur dem zentralen Fond beim CESAO überwiesen hatte. Aufgrund der Skepsis der Alten und einiger anderer Familien konnten unmöglich 200.000 FCFA per Sammlung zusammenkommen. Bei den Alten war nicht nur ihre Angst, bestohlen zu werden, ausschlaggebend für ihre skeptische Haltung, sondern auch eine deutliche Opposition gegen die Promotoren der CP, die jungen Christen, gegenüber denen sich die Alten schon im Zuge der Christianisierung wie auch bei der Einführung der Baumwolle und der Pfluganspannung in den fünfziger bzw. sechziger Jahren nicht behaupten konnten.

In dieser schwierigen Situation konnte der Animateur den jungen Christen deutlich machen, wie einfacher sich die Durchführung eines Brunnenbauprojektes gestaltet hätte, wenn das Dorf schon ein GV mit MAC gehabt hätte. Dann hätte das Dorf über die in die GV-Kasse geflossene Provision aus der Baumwollvermarktung die nötigen Mittel für den Brunnenbau direkt und ohne Sammlung aufbringen können. Nun bildete das GV aber nicht nur eine nicht genutzte Möglichkeit, sondern auch eine Chance in Anbetracht der Notwendigkeit, 200.000 FCFA an das CESAO zurückzahlen zu müssen. Da der Animateur auch den Kontakt zum ORD hielt, baten ihn die jungen Christen daher, dem ORD ihr Interesse an einer GV/MAC-Gründung zu signalisieren.

Schwierig wurde die Situation der GV-Promotoren noch einmal, als sich herausstellte, daß der Animateur die 123.000 FCFA in die eigene Tasche gesteckt hatte. Dies mußte denjenigen im Dorf Auftrieb geben, die auch der CP-Gründung skeptisch gegenübergestanden hatten. Die Gruppe der Skeptiker hatte nun den Mut, offen gegen eine GV-Gründung zu sprechen. Ihre Befürchtungen, das GV würde genauso wie die CP nur dazu beitragen, daß ihnen das Geld aus der Tasche gezogen würde, fanden im Dorf viele offene Ohren. Die Ältesten versuchten, gegen ihre "ungehorsamen Söhne" den Zorn der Vorväter zu erregen.

Als Christen mit einer gewissen Distanz gegenüber den religiösmystischen Kräften der Vorfahren und mit der Unterstützung anderer ORD-Mitarbeiter schafften es die GV-Promotoren, im April 1975 ein GV zu gründen, das mit 25 Mitgliedern seine Arbeit begann. Ihnen war bewußt, daß ihre einzige Chance darin bestand, die Skeptiker durch Erfolge bei der GV-Arbeit zu überzeugen.
Der Brunnen konnte allerdings erst 1976 fertiggestellt werden, da die 200.000 FCFA-Kredit vom CESAO nicht ausreichten und erst 1976 die Provision aus der ersten Baumwollvermarktung mit dem MAC-System, die das GV 1975/76 organisieren konnte, überwiesen wurde. Die Fertigstellung des Brunnenbauprojektes verbesserte in der Tat das Ansehen des GV im Dorf ganz erheblich. Der Brunnen wurde zu einem überzeugenden Beweis, daß die CP- und GV-Promotoren nicht einfach nur in die eigene Tasche gewirtschaftet hatten. Nach der Baumwollvermarktung waren die Auseinandersetzungen zwischen GV-Skeptikern und -Promotoren noch einmal aufgeflammt, als die GV-Skeptiker den Vorwurf aufbrachten, die Vergütung des GV für die Baumwollvermarktung sei einfach beim Baumwollgeld der einzelnen Produzenten abgezogen worden. Die genaue Herkunft dieser Vergütung mußte auch mit Unterstützung der ORD-Mitarbeiter immer wieder erläutert werden.
Anfang 1976 veranstaltete der ORD eine große Versammlung in Kassaho, zu der auch alle Dörfer aus der Umgebung eingeladen wurden. Es sollten die Erfahrungen des GV von Kassaho allen zugänglich gemacht und auf dem Hintergrund der Schwierigkeiten in Kassaho das MAC-System ausführlich vorgestellt werden. Auch aus Boho waren viele Bauern zu dieser Versammlung gekommen.

Hinsichtlich der GV-Gründung in Kassaho gilt es festzuhalten,
daß eine Gruppe von Promotoren aus einer konkreten, drängenden
Problemsituation heraus und gegen dezidierten Widerstand
innerhalb des Dorfes das Experiment GV/MAC-System durchsetzen
konnte. Der ORD war dabei nicht die treibende Kraft, sondern
hat nur eine unterstützende Funktion gehabt. Kassaho ist in
dieser Hinsicht kein Einzelfall. In Dohoun ist die GV-Gründung
- auch 1975 - ganz ähnlich verlaufen. Dort stand auch eine
Gruppe von jungen Christen einer Gruppe von skeptischen Alten
gegenüber. Auf die Einstellung der Ältesten zum GV wird weiter
unten noch zurückzukommen sein (vgl. Abschnitt 3.1.5). Ihnen
den Stempel der Innovationsfeindlichkeit aufdrücken zu wollen,
wie es die Erfahrungen von Kassaho und Dohoun nahezulegen
scheinen, wäre voreilig.

3.1.4.2. Die GV-Gründung in Boho: Ein GV wird eingesetzt

Die Bauern, die von der großen Versammlung in Kassaho 1976 nach
Boho zurückkehrten, berichteten dort in der Mehrheit, das GV
und der MAC 'seien eine ziemlich dubiose Sache; dabei würden
die Bauern doch letztlich genauso übers Ohr gehauen wie bei dem
Baumwollaufkauf durch die ORD/CFDT-Mannschaft'. Dabei wurde
wieder das Mißverständnis bemüht, daß die Provision für das GV
vom Baumwollgeld den einzelnen Produzenten abgezogen würde.
Diese GV-Skeptiker verbreiteten damit in Boho die Vorbehalte
der GV-skeptischen Alten in Kassaho.
In den folgenden Monaten kam es in den Hirsebier (Dolo)-Kneipen
von Boho immer wieder zu Diskussionen zwischen den GV-Promotoren aus Kassaho und den GV-Skeptikern aus Boho. Die GV-Promotoren - sie traten nicht etwa als Gruppe auf, sondern es war
der eine oder andere gerade in Boho - nutzten bewußt das Forum
der Dolo-Kneipe, die als eine der zentralen dörflichen
Kommunikations-Drehscheiben angesehen werden kann - und in der
sich Männer und Frauen treffen -, um sensibilisierend und
aufklärend zu wirken.

Boho bestand nicht aus einer einhelligen Phalanx von GV-Skeptikern, es gab auch einige vor allem jüngere Bauern, die die Erfahrungen von Kassaho mit wohlwollendem Interesse aufnahmen. Der spätere GV-Präsident war erst 1978 ins Dorf zurückgekehrt, nachdem er in Zusammenhang mit den Grenzstreitigkeiten zwischen Mali und Obervolta für vier Jahre zum Militärdienst einberufen worden war. Er konnte nach seiner Rückkehr ins Dorf feststellen, daß sich dort einiges bewegt hatte.

Es hatte in Boho auch eine Sammlung für ein Brunnenbauprojekt gegeben, ohne daß hier mit Blick auf Kassaho ein Nachahmungseffekt angenommen werden könnte. Sie war von einer Gruppe jüngerer Bauern organisiert worden, die sich gleichzeitig für eine GV-Gründung einsetzten und später alle Mitglieder des GV-Büros wurden. Sie hatten, nachdem sie 70.500 FCFA gesammelt hatten, mit einem aus Boho stammenden damaligen Unterpräfekten Kontakt aufgenommen, einer der wenigen Söhne des Dorfes, der in den Augen der Dorfbewohner wirklich Erfolg gehabt hat. Er sollte mit seinen vermeintlich guten Beziehungen in der Stadt ein Unternehmen ausfindig machen, das den Brunnenbau zu günstigen Konditionen durchführen könnte.

Diese Hoffnungen erwiesen sich als trügerisch; von den 70.500 FCFA tauchte auch nicht ein Franc wieder auf, und irgendwelche Gönner für die Durchführung des Brunnenbaus meldeten sich auch nicht.

Eine Anfrage um materielle Unterstützung für den Brunnenbau beim damaligen Unterpräfekten in Houndé war wesentlich erfolgreicher. Er stellte dem Dorf die notwendigen Mengen an Zement und Eisenstreben zur Verfügung. Bei dieser Anfrage hatte sich der spätere GV-Präsident schon mit einschalten können. Er erreichte auch, daß ein Bruder, der in Koudougou als Volksschullehrer arbeitet, fünf Säcke Zement beisteuerte.

Die GV-Promotoren in Boho standen nun vor einer ganz ähnlichen Problemsituation wie die GV-Promotoren damals in Kassaho. Zwar konnte das notwendige Material für den Brunnenbau beschafft werden, es fehlte jedoch an Geld, um den Brunnenbauer zu bezahlen. Hätten sie zu diesem Zeitpunkt schon als GV Zugang zu der Vermarktungsprovision gehabt, wären ihnen wesentliche finanzielle Sorgen genommen worden. Um aus diesem Problemdruck heraus auch in Boho ein GV gründen zu können, mußte jedoch noch die Mitwirkung des damaligen 'lo banso' und 'ta banso' sichergestellt werden.

Dieser bildete bis zu seinem Tode 1982 das uneingeschränkte Machtzentrum im Dorf. Als ehemaliger Soldat in der französischen Armee sah er sich nicht nur als Garant der tradierten dörflichen Strukturen, sondern auch als Erneuerer, legitimiert durch seine Erfahrungen, die er in der Zeit des Militärdienstes sammeln konnte. Um legitimiert zu sein, Innovationen ins Dorf einbringen zu können, reicht es, über mehrjährige Erfahrungen außerhalb des Dorfes zu verfügen(1). Der verstorbene Dorfchef reklamierte jedoch das alleinige Recht, Innovationen ins Dorf einzubringen. Aus diesem Grunde hatte er sich z.B. immer dem Vorschlag des ORD entgegengestellt, in Boho einen Landwirtschaftsberater zu stationieren. Auch bei der Einführung der Baumwolle in den fünfziger Jahren begegnete er dem CFDT-Berater mit deutlicher Reserviertheit, um dann selber die Lorbeeren ernten zu können, dem Dorf die Baumwolle und damit eine gute Einkommensquelle gebracht zu haben. Es wäre daher unmöglich gewesen, an ihm vorbei eine Innovation wie das GV ins Dorf bringen zu wollen.

Der Dorfchef hatte 1975/76 zu den entschiedenen Gegnern des GV gehört und mit die These vertreten, daß die Baumwollproduzenten in Kassaho bestohlen worden seien. Auch wenn nicht alle GV-Skeptiker überzeugt werden konnten, hatte die Überzeugungsarbeit der GV-Promotoren aus Kassaho in Boho doch ihre Wirkung nicht verfehlt. Da auch der Dorfchef an einer gesicherten Wasserversorgung des Dorfes interessiert sein mußte, zeigte er sich, da er auch keine anderen Finanzierungsquellen zugänglich machen konnte, mehr und mehr aufgeschlossen gegenüber der Idee,

---

1. Oft wird das durch die Qualifizierung ausgedrückt: "Der hat auch was anderes gesehen".

in Boho ein GV zu gründen. Es entsprach seiner Innovatoren-Rolle, sich Anfang 1979 sozusagen an die Spitze der GV-"Bewegung" in Boho zu setzen.

In der Vermarktungskampagne 1978/79 hatten bereits zehn GV im Sektor Houndé mit dem neuen MAC-System gearbeitet. Um die notwendige Sensibilisierungs- und Ausbildungsarbeit leisten zu können, wurden vom ORD in jeder Kampagne nur eine begrenzte Anzahl neuer GV in das MAC-System einbezogen. Schon 1979 überstieg das Interesse der Dörfer an GV und MAC die Möglichkeiten des ORD. Die Verstärkung des ORD in Houndé durch das Team von drei Entwicklungshelfern des Weltfriedensdienstes (WFD) - Projektbeginn 1/78 - hatte bei dem zunehmenden Interesse der Dörfer an GV und MAC auch eine gewichtige Rolle durch die Beschleunigung des Multiplikations- und Schneeballeffektes gespielt. Ein WFD-Entwicklungshelfer hatte Anfang 1979 zudem eine Versammlung in Boho gemacht, was der GV-"Bewegung" im Dorf zusätzlichen Auftrieb gab. Bei dieser Versammlung wurde auch deutlich, daß diejenigen Dörfer, die in der Vermarktungskampagne 1979/80 in das MAC-System einbezogen werden wollten, rechtzeitig ihr Interesse bekunden mußten.
Inzwischen hatten die GV-Promotoren zusammen mit dem 'ta banso' eine Einigung mit dem aus Dohoun kommenden Brunnenbauer erzielt, daß das Ende der Trockenzeit 1979 unbedingt für den Brunnenbau genutzt werden sollte, obwohl der Brunnenbauer nicht mit einer sofortigen Entlohnung rechnen konnte. Er wurde bei allen Arbeiten von Altersklassen-Gruppen aus dem Dorf unterstützt. Der Beginn der Brunnenbauarbeiten hatte auch den positiven Effekt, daß gegenüber dem ORD die Fähigkeit und Entschlossenheit des Dorfes signalisiert werden konnte, Problemsituationen im Dorf - in diesem Falle in der Wasserversorgung - aus eigener Kraft zu bewältigen.

Nachdem eine entsprechende formelle Anfrage beim ORD hinsichtlich der Gründung eines GV in Boho positiv beschieden worden war, konnte am 22. Juni 1979 die Gründungsversammlung stattfinden. Vom ORD war der Untersektor-Chef von Bereba anwesend, um zu gewährleisten, daß die konstituierende Versammlung des GV von Boho den vom ORD für die GV-Gründung aufgestellten Regeln entsprach: Feststellung der Zahl der Mitglieder, Feststellung der Zahlung eines einmaligen Mitgliedsbeitrages von 1.000 FCFA und Wahl eines Büros durch die Mitglieder. Ein formelles GV-Statut existierte nicht, da erst 1983 die notwendige Erweiterung des Genossenschaftsgesetzes von 1973 erfolgte (vgl. Abschnitt II.1.3).

Zudem hatte Boho für die Wahl oder - besser gesagt - Einsetzung des GV-Büros eigene Regeln, die auch angewandt wurden. So gab es am 22.6.1979 eine formal einwandfreie Akklamation aller Mitglieder für die vorgeschlagenen Kandidaten für die einzelnen Posten im Büro. Die Personalentscheidungen waren jedoch vor der Versammlung längst gefallen(1). Der 'ta banso' hatte fünf Personen ausgewählt, die seiner Meinung nach in jedem Falle dem Büro angehören sollten. Unter ihnen war Traoré J.B., drei junge Männer aus der Duy- und einer aus der Tia-Familie. Alle sprechen mehr oder weniger gut Französisch und verfügen damit in bezug auf den dörflichen Durchschnitt über gewichtige Zusatzkenntnisse.
In den Beratungen zwischen dem 'ta banso' und den fünf Kandidaten einigte man sich relativ schnell auf Traoré J.B. als Präsidenten. Er erschien dem Dorfchef als der geeignetste Kandidat, da er vor 1974 dem damaligen Dorfchef in der Wahrnehmung von Außenkontakten über mehrere Jahre zur Seite gestanden hatte. Dies garantierte dem 'ta banso' eine problemlose Zusammenarbeit mit dem neuen GV-Präsidenten.
Hinsichtlich des Sekretär-Postens fiel die Wahl eindeutig auf den Schreib- und Lesekundigsten des Dorfes aus der Duy Familie, der für zwei Jahre an einer Funkerausbildung in Ouagadougou teilgenommen hatte. Da gab es zwischen dem 'ta banso' und dem

---

1. Die GV-Gründung gibt ein eindrucksvolles Beispiel für die Unmöglichkeit, Entscheidungsmechanismen von außen zu verordnen (vgl. Abschnitt I:4.2). Sie demonstriert darüber hinaus den eher defensiven Charakter von Widerstandsformen gegen administrative Verfügungen (vgl. Abschnitt I:3.3).

Präsidenten schnell Einigkeit.
Beim Schatzmeister war es ähnlich; man einigte sich auf Dofini U., dem effizientesten Baumwollproduzenten im Dorf, der im Verhältnis zu den ihm zur Verfügung stehenden Arbeitskräften die besten Hektarerträge erzielte. Sein relativer Wohlstand wurde dabei als Garantie dafür angesehen, daß er Versuchungen, aus privaten Motiven in die GV-Kasse zu greifen, stets widerstehen konnte.
Außer den fünf Personen, die vom 'ta banso' nominiert worden waren und die alle später auch dem Büro angehörten, wurden die übrigen sechs Büromitglieder vom Präsidenten ernannt. Es kann davon ausgegangen werden, daß er dies in enger Abstimmung mit dem früheren Dorfchef getan hat. Es gibt jedoch keine Anhaltspunkte dafür, daß diese Ernennungen eine Verpflichtung in dem Sinne darstellten, daß sie auch gegen den entschiedenen Willen des betreffenden Kandidaten durchgesetzt wurden. Es hat jedoch mit Sicherheit Druck auf die Kandidaten gegeben, sich zur Verfügung zu stellen, was schon in Anbetracht der in einem kleinen Dorf sehr beschränkten Zahl möglicher Kandidaten unausweichlich war.

Die Zahl möglicher Kandidaten richtete sich auch nach den <u>Delegationskriterien</u>, die <u>für die Zusammensetzung des Büros</u> angewendet wurden. Neben der notwendigen Wahrung des Familienproporzes im Leitungsgremium des GV war vor allem das <u>Kompetenz-Kriterium</u> maßgebend: Von den Erfahrungen des GV in Kassaho wußte man, daß für die Bewältigung der vorläufigen Hauptaufgabe des GV, des MAC, alle Lese- und Schreibkundigen aufgeboten werden mußten. Zum anderen war der Topos 'Sichabsichern-müssen' von großer Bedeutung für die GV-Promotoren. Das GV war für das Dorf ein Experiment, für dessen Bewältigung das überlieferte Wissen bei weitem nicht ausreichte. Dies implizierte eine notwendige Öffnung für Informationen und Interventionen von außen, um das nötige Wissen für die Bewältigung der gewünschten GV-Arbeit ins Dorf zu holen.

Dieses Eingehen auf Außenbeziehungen - hier vor allem zum ORD - brachte einen gewichtigen Unsicherheitsfaktor in das Experiment 'GV', da im Dorf unmöglich das Wissen über mögliche unerwartete Reaktionen dessen, mit dem man sich auf eine Beziehung eingelassen hatte, verfügbar sein konnte. Das Verwaltungshandeln auf der Ebene Houndé, Bobo-Dioulasso und erst recht Ougadougou blieb in seinen Beweggründen für die Dorfbewohner immer unverständlich, wurde damit aber auch unkalkulierbar, und somit blieb als Summe aller dieser Erfahrungen mit "Denen da oben": "Wir müssen uns auf alle Eventualitäten vorbereiten"(1). So war es für die GV-Gründer in Boho nur folgerichtig, das Büro mit Bauern zu besetzen, die Erfahrungen mit "Denen da oben" außerhalb des Dorfes vorweisen konnten. Neun von elf Büromitgliedern erfüllten diese Voraussetzungen. Ihre Vorerfahrungen, die sie, sei es durch Schulbesuch, durch Militärdienst oder durch längere Aufenthalte in Städten des Landes oder in der Elfenbeinküste sammeln konnten, sollten zur Abwehr von Schaden für das Dorf dann in die Waagschale geworfen werden, wenn sich plötzliche Schwierigkeiten in den GV-bedingten Außenbeziehungen ergeben sollten.

Das Verhalten der Dorfbewohner schwankte während der Gründungsphase zwischen Neugierde und Skepsis. Die Skepsis überwog am Anfang und wurde im Zuge der ersten Baumwollvermarktung durch den MAC in Boho nochmals durch die wieder lauten Stimmen derjenigen verstärkt, die die an das GV gezahlte Vermarktungsprovision für den Bauern gestohlenes Baumwollgeld hielten. Diese Behauptung gründete sich weniger auf eine konkrete Überzeugung als auf eine diffuse Angst, von den GV-Verantwortlichen bestohlen zu werden. Diese Angst wird nur auf dem Hintergrund des ständigen Mißtrauens verständlich, das eine nachhaltige Virulenz in die täglichen Sozialbeziehungen bringt. Die darin latente Konfliktdynamik hat sich durch den vermehrten Zugang zu Geld über den Baumwollverkauf wesentlich verschärft.

---

1. Hier sei zur allgemeinen Begründung dieses Problemzusammenhangs auf Abschnitt I.3.3 rückverwiesen.

Sie macht auch nicht etwa halt an den Grenzen des 'zin'. Diese Angst ist durch die früher häufigen Unterschlagungen bei der Baumwollvermarktung in ihrer Berechtigung bestärkt worden. In der Ohnmacht gegenüber nicht kontrollierbaren externen Akteuren, die unumgehbare Mittler im Zugang zu Geldeinkommen waren, blieb oft nur der Rückzug in die Angst.

Einer derartigen Angst konnte dadurch zumindest vorläufig wirkungsvoll entgegengewirkt werden, daß das Brunnenbauprojekt in der Trockenzeit 79/80 zu einem für alle nutzbringenden Abschluß gebracht wurde. Die Parallelen zu den Erfahrungen des GV in Kassaho drängen sich auf. Das Büro konnte durch das erfolgreiche Brunnenbauprojekt dokumentieren, daß es die Einkünfte des GV nach den vereinbarten Grundsätzen verwaltet: Das Geld soll in erster Linie Projekten zur Verbesserung der dörflichen Lebensverhältnisse dienen.

Die erste Baumwollvermarktungskampagne des neuen GV verlief ohne nennenswerte Schwierigkeiten. Die Zusammenstellung der GV-Baumwollaufkaufmannschaft gestaltete sich nicht besonders schwierig, da wieder die Lese- und Schreibkundigen gefragt waren und somit die entsprechenden Büromitglieder fast automatisch die Aufkauféquipe bildeten. Ein intensives "On-the-job-training" durch einen Entwicklungshelfer des WFD während des gesamten Vermarktungsprozesses half dem GV, die erste Bewährungsprobe mit dem MAC zu bestehen. In der Zeit zwischen GV-Gründung und der Vorbereitung der Vermarktungskampagne profitierte das GV von der anfänglichen Neugier der Dorfbewohner. Die Versammlungen waren relativ gut besucht, dies um so mehr, wenn sich Besuch von außen - ORD, WFD - angesagt hatte.
Ein äußerer Faktor, der die Baumwollvermarktung 1979/80 bestimmte und dem neuen GV die Bewältigung seiner Vermarktungsaufgaben nicht unerheblich erleichterte, war der Streik bzw. Boykott der Landwirtschaftsberater des ORD. Um ihre Integration in den öffentlichen Dienst zu erzwingen, hatte die Gewerkschaft der Landwirtschaftsberater für den 16. Dezember

1979 zu einem landesweiten Streik aufgerufen. Der Zeitpunkt war sehr kalkuliert gewählt, da die Gewerkschaft so hoffte, die Baumwollvermarktung, die keinerlei zeitlichen Aufschub vertragen kann(1), zu torpedieren, um den eigenen Forderungen zu einer schnellen Erfüllung zu verhelfen.

Auf Geheiß der Regierung wurden Aufkaufmannschaften zum einen aus Mitarbeitern der SOFITEX und zum anderen aus Aufkauféquipen MAC-erfahrener GV zusammengestellt. Eine von zwei im Sektor Houndé operierenden GV-Equipen setzte sich aus Büromitgliedern aus Kassaho und aus Boho zusammen. In Boho wurde diese Berufung von GV-Sekretär und Vize-Sekretär in eine der beiden GV-Aufkaufmannschaften als Zeichen der Anerkennung und auch als Beweis der Vertrauenswürdigkeit der MAC-Equipe von Boho angesehen. Dies fand auch Eingang in die dorfinternen Diskussionen zwischen GV-Gründern und GV-Skeptikern.

Die Gewerkschaft der Landwirtschaftsberater merkte noch vor Weihnachten, daß ihre Taktik nicht aufgehen würde. Sie beendete daher den Streik, verkündete aber einen Boykott aller Vermarktungsaufgaben sowie aller mit der Verteilung von Produktionsmittelfaktoren verbundenen Verantwortlichkeiten. Die Landwirtschaftsberater hatten gehofft, daß die Bauern der Gewerkschaftspropaganda Glauben schenken würden, die den Baumwollproduzenten eine Erhöhung ihrer Preise für den Fall in Aussicht stellte, daß sie die Durchsetzung der Forderungen der Landwirtschaftsberater aktiv unterstützten. Es war jedoch offensichtlich, daß den Landwirtschaftsberatern ihre eigenen

---

1. Die Baumwollvermarktung steht dadurch unter zeitlichem Druck, daß innerhalb der Trockenmonate von November bis April die gesamte Baumwolle zur Entkörnungsfabrik gelangt sein muß. Wenn möglich, sollte die Baumwollvermarktung schon Ende März abgeschlossen sein, da zu diesem Zeitpunkt wieder einige Regenfälle möglich sind, die aber auch in der ersten Aprilhälfte erst fallen können. Ein so früher Abschluß der Baumwollvermarktung ist aber noch nie gelungen. Engpässe sind die Entkörnungs- und die Transportkapazitäten. Die SOFITEX versucht während der gesamten knappen sechs Monate eine möglichst vollständige Auslastung dieser Kapazitäten zu erreichen, was aber auch bedeutet, daß sich immer wieder vorkommende Pannen technischer Art sofort sehr nachhaltig auswirken.

Belange viel näher waren als die der Bauern, so daß in keinem Dorf ernsthaft darüber nachgedacht worden war, auch von seiten der Bauern die Vermarktung zu boykottieren.

Rückblickend gesehen hätten sich die Landwirtschaftsberater durch keine Aktion so sehr selber schaden können wie durch diese bis zum 16. Juni 1980 dauernden Boykott-Aktion. In diesen sechs Monaten konnten die GV den Beweis antreten, wie relativ gut sie die Aufgaben der Landwirtschaftsberater wahrnehmen können. Zur Festigung ihres Einflusses auf Dorfebene hatten die Landwirtschaftsberater immer wieder ihre Unersetzbarkeit hervorgehoben, und nun merkte wirklich jeder im Dorf, daß mit Hilfe der GV eine Selbständigkeit erreicht werden konnte, die die Landwirtschaftsberater ihnen bisher - aus verständlichen Gründen - nicht zugestehen wollten.

Auch in Boho wurden diese neuen Erfahrungen aufmerksam registriert. Völlig unvorbereitet wurde das neue GV vor die Aufgabe gestellt, die in der Landwirtschaftskampagne 79/80 vergebenen Produktionsmittelkredite wieder einzutreiben. Es war dabei nicht einmal möglich, von dem in Kassaho postierten Landwirtschaftsberater die entsprechenden Kreditvergabeunterlagen zu bekommen. Das GV konnte auch diese Bewährungsprobe relativ problemlos bewältigen.

Bei einer <u>Gesamtbetrachtung der Gründungsphase</u> fällt auf, daß im Vergleich zum GV in Kassaho in Boho das GV eher mit aktiver Unterstützung der dörflichen Autoritätspersonen eingesetzt als - wie in Kassaho - gegen entschiedenen Widerstand der Ältesten erstritten worden ist. In Boho waren die dorfinternen Diskussionen nach der GV-Gründung in Kassaho intensiver als zu dem Zeitpunkt, als sich der 'ta banso' von Boho an die Spitze der GV-"Bewegung" setzte. <u>Die GV-Gründung in Boho fügte sich so nahtlos in die dörflichen Machtstrukturen ein</u> und verhinderte damit die Setzung neuer Akzente in der innerdörflichen Machtverteilung durch die GV-Gründung. <u>In Kassaho hingegen wurde durch die GV-Gründung ein dorfinterner Machtumschichtungsprozeß abgeschlossen</u>. Dies soll vorläufig als Erklärungsmoment für das engagiertere Auftreten und Agieren des GV-Büros

in Kassaho festgehalten werden.
Während in Boho mehr die bestehenden und die von außen hinzudelegierten Aufgabenbereiche (z.B. Verteilungs- und Rückzahlungsverantwortung für kurzfristige Produktionsmittelkredite und mittelfristige Ochsenanspannungskredite) verwaltet wurden, ergriff das Büro des GV in Kassaho auch neue Initiativen: Eigenverantwortliche Verteilung der Produktionsfaktoren(1), Vermarktung von Schibutternüssen, Einrichtung eines GV-Ladens (noch in Planung)(2). Die folgenden Kapitel müssen weitere Elemente für die analytische Betrachtung aufzeigen, mit denen dieses Zwischenstatement über die Auswirkungen der in beiden Dörfern unterschiedlich verlaufenen GV-Gründungsphase genauer gewichtet und präzisiert werden kann.

3.1.4.3. Zur GV-Biographie von Boho: Zentrale Weichenstellungen

Dieses Kapitel soll mit einigen Ausführungen über zentrale Weichenstellungen in der weiteren GV-Biographie abgeschlossen werden, die zusätzliche Aufschlüsse zum Verständnis der oben geschilderten Partizipationswirklichkeit im GV vermitteln können. Weichenstellungen, die das GV auf neue Wege hätten führen können, hat es nicht gegeben. Vielmehr haben der Tod des

---

1. Dieses später für alle GV gültige Kreditabwicklungsmodell übertrug die gesamte Verantwortung für Kreditvergabe und -rückzahlung an das GV. Mit dem ORD bzw. der SOFITEX wurde nur global über eine bestimmte Menge dem GV zur Verfügung gestellter Produktionsmittel abgerechnet.

2. Die Einrichtung eines GV-Ladens ist deswegen so schwierig, weil ein Verantwortlicher gefunden werden muß, der neben seiner Feldarbeit bereit ist, sich um den Laden zu kümmern. Es wird darüber hinaus schwierig sein, den Verkauf von Produkten aus einem solchen GV-Laden nur gegen Barzahlung im Dorf durchzusetzen. Wird Kredit eingeräumt, dürfte die Lebensdauer dieses Ladens sehr begrenzt sein, da für alle gültige Rückzahlungsbedingungen nur schwer durchgesetzt werden könnten. Eine aus familienbedingter Rücksichtnahme gewährte Ausnahmeregelung würde einen Präzedenzfall schaffen, auf den sich bei Zahlungsrückständen jeder berufen würde. Ein weiteres großes Problem stellen Einkauf und Transport der Produkte ins Dorf dar.

'ta banso' 1982 und die Bildung eines Revolutionskomitees 1983, die beiden Weichenstellungen, über die hier berichtet werden soll, die Stellung des Präsidenten und seines Büros gefestigt.

Der Tod des Dorfchefs hinterließ ein Machtvakuum, das der GV-Präsident teilweise auszufüllen vermochte. Begünstigt wurde dies einmal durch die Person des nachfolgenden 'ta banso', der im Dorf als wenig entscheidungsfreudig gilt und somit für Entscheidungshilfen des Präsidenten sehr dankbar war. Zum anderen war von Bedeutung, daß der 'lo banso'-Posten bis Mitte 1983 noch nicht wieder besetzt werden konnte, da die Nachfolgefrage langwierige Beratungen der Familien-Ältesten erforderte(1). Als sich die Familie endlich auf einen Kandidaten geeinigt hatte, verkündete die gerade an die Macht gekommene Militärregierung von Thomas Sankara, daß alle Dorfchefs durch gewählte Revolutionskomitees zu ersetzen seien.

Bei der Bildung des Revolutionskomitees in Boho wiederholte sich in gewisser Hinsicht das Procedere der GV-Gründung, nur daß diesmal der Präsident als fester Bestandteil des dörflichen Autoritätsgefüges bei der Auswahl der Revolutionskomiteemitglieder aktiv mitwirkte: Die Mitglieder des Revolutionskomitees wurden nach Beratung unter den einflußreichen Personen (einige Älteste und der Präsident) genauso eingesetzt wie damals die Mitglieder des GV-Büros. Nach Beratungen des 'ta banso' mit den anderen drei 'zin banso' und mit dem Präsidenten wurde mit der Auswahl des 'délégué', des Vorsitzenden des Revolutionskomitees, insofern Kontinuität gewahrt, als dieser ebenfalls aus der Duy-Familie kommt und als relativ junger Mann mit guten Französischkenntnissen den Dorfchef des öfteren bei Versammlungen auf Unterpräfekturebene vertreten hatte. Diese wie auch die anderen Personalentscheidungen, die sorgfältig den Familienproporz berücksichtigten, waren offensichtlich kon-

---

1. Der verstorbene 'ta banso' hatte keine lebenden Brüder desselben Vaters mehr, die eine automatische Erbfolge hätten antreten können.

sensfähig, da das Revolutionskomitee bis heute in der gleichen Besetzung im Amt ist und 1984 nur - auf Anordnung wiederum des CNR - um vier Mitglieder erweitert wurde (vgl. dazu Abschnitt I:4.2., S. 123, FN 1).

Die beiden geschilderten Ereignisse haben mit ihren Folgen den Präsidenten zu einem zentralen und damit stabilen Faktor im dörflichen Machtgefüge werden lassen. Davon haben alle anderen Mitglieder des Büros profitieren können, wodurch das Büro immer unangreifbarer wurde.

Hier schließen sich wieder eine ganze Reihe offener Fragen an: Wie sah konkret die "Amtsführung" des Büros aus, und wie haben die Mitglieder darauf reagiert? Gab es Impulse/Vorschläge aus den Reihen der Mitglieder für Änderungen oder Neuerungen in der GV-Arbeit? Hat der Präsident das GV nur benutzt, um sich eine starke Position im dörflichen Machtgefüge zu sichern? Die letzte Frage verweist auf die tieferliegenden Beweggründe im Agieren des Präsidenten, worauf im Zusammenhang mit der Analyse der Arbeit des Büros zurückzukommen sein wird (vgl. Abschnitt 3.1.6). Die beiden ersten Fragen verweisen ebenso auf das Agieren des Büros, aber vor allem auf die im GV herrschenden Partizipationsregeln und das damit in engem Zusammenhang stehende Partizipationskalkül der Mitglieder. Zu deren Verständnis ist es jedoch zuerst unerläßlich, die Einstellungen und Motivationen der Mitglieder in bezug auf das GV offenzulegen, anders ausgedrückt: Was motiviert eigentlich ein Mitglied, am GV zu partizipieren?

3.1.5. Einstellungen und Motivationen der Mitglieder

Am Anfang dieses Kapitels müssen zwei Vorklärungen stehen. Es muß erstens unterschieden werden zwischen der Einstellung eines GV-Mitgliedes zum GV und seiner Motivation in bezug auf Partizipation am GV. Diese Unterscheidung trägt der Beobachtung Rechnung, daß das eine nicht unbedingt das andere in gleicher Intensität zur Folge hat.
Zum zweiten kann für die weitere Darstellung der Begriff 'Mitglieder' so allgemein nicht verwendet werden. Als ethnische Differenzierung bietet sich an, zwischen den Interessen und Motivationen der autochthonen Bwa-Bevölkerung und der zugewanderten Mossi-Bevölkerung zu unterscheiden. Eine ökonomische Differenzierung ist nicht sinnvoll, da die Zahl der Nicht-Baumwollproduzenten vernachlässigbar ist und eine sozioökonomische Stratifizierung im Sinne der Herausbildung von Gruppen mit deutlich abgrenzbaren ökonomischen Interessen in Boho nicht gegeben ist (vgl. Abschnitt 3.1.1). Eine altersspezifische Differenzierung ist unumgänglich, um den Generationenkonflikt in die Betrachtung einbeziehen zu können.

Die Altersklassenstruktur der Bwa-Gesellschaft sieht für den einzelnen einen sukzessiven Zuwachs an gesellschaftlicher Verantwortung vor und legt daher keinerlei feste Unterscheidungen in größere Altersgruppen nahe, wenn man einmal von den Initiierten und Nicht-Initiierten absieht. Die hier vorgenommene Unterteilung in jüngere (ca. 16-35 Jahre) und ältere (ca. 35-60 Jahre) Mitglieder gründet sich auf den bedeutsamen Umstand, daß ein Mann jenseits der 35 in der Regel so weit sozial im Dorf verwurzelt ist, daß ihn nichts mehr ernsthaft in die Ferne ziehen kann, während für die unter 35jährigen in der Regel die latente Verlockung, in der Elfenbeinküste oder in der Stadt zu arbeiten, virulent bleibt.

Dieser Umstand ist deswegen so bedeutend, weil er auf die jeweiligen Lebensperspektiven zurückwirkt: Die Einstellung zum gesamten Dorfleben verändert sich ganz elementar je nachdem, ob jemand für immer das Dorf oder eventuell die Stadt/Elfenbeinküste als Lebensraum ansieht. Jenseits der 35 werden die

Einschätzungen der eigenen ökonomischen Möglichkeiten auch realistischer, was auf die materiellen Aspirationen zurückwirkt. Wenn als dritte Altersgruppe von den Ältesten die Rede ist, dann sind damit die über 60jährigen gemeint, zu denen auch die Träger der autochthonen Führungspositionen gehören. Eine repräsentative Erfassung und Gewichtung der verschiedenen Einstellungsindikatoren der Mitglieder in bezug auf das GV konnte unmöglich geleistet werden. Da die positive Einstellung zum GV ganz eindeutig überwog, sollen hier nur die Nennungen aufgeführt werden, die die von den GV-Mitgliedern aus dem GV "gezogenen" Vorteile bezeichnen. Dabei kann eine Rangfolge nicht aufgestellt werden:
a) - Verbesserung des Baumwollverkaufs durch den MAC
b) - Zugang zu Ochsenanspannungskrediten
c) - verbesserte Organisation der kollektiven dörflichen Arbeiten
d) - Verbesserung der dörflichen Infrastruktur (Brunnen, Lagerhaus)
e) - Zugang zu Kleinkrediten.

Bei den Nennungen überwiegen ganz deutlich die materiellen Vorteile. Auch in Punkt c) stecken materielle Vorteile, da die verbesserte Organisation gemeinsamer Arbeiten z.B. die Baumwollvermarktung reibungsloser macht, wodurch die Bauern früher ihr Geld ausgezahlt bekommen können. Dies gilt um so mehr, wenn sich ein GV durch eine reibungslose Organisation der gemeinsamen Arbeiten einen guten Namen bei den Lkw-Chauffeuren und den Verantwortlichen der SOFITEX hat machen können. Auch Punkt d) berührt ganz stark individuelle materielle Belange über die Grundbedürfnisbefriedigung hinaus, da Verfügbarkeit von Wasser eine der zentralen Voraussetzungen aller individuellen Baumaßnahmen darstellt.

Dieses eindeutige Überwiegen materieller Belange in der positiven Einstellung der Mitglieder zum GV kann als Beleg dafür gewertet werden, daß die Arbeit des GV die Lage seiner Mitglieder in zentralen ökonomischen Bereichen verbessern konnte. Dies heißt aber auch, daß die Mitglieder dem GV kaum durch ein Ethos der Gemeinschaftlichkeit verbunden sind. Richtschnur für die Bewertung des GV ist sein Beitrag zur ökonomischen Besserstellung der Kernfamilien und nicht so sehr sein Beitrag zur Erhaltung und Weiterentwicklung dorfgemeinschaftlicher Strukturen.

Dieser Maßstab wird auch an gemeinsame Arbeiten im Rahmen der einzelnen GV-Aktivitäten angelegt. Dies gilt umso mehr, wenn sich die Kooperationsregeln nicht an den autochthonen Vorgaben orientieren. In dieser Hinsicht herrscht unabgesprochene Einigkeit unter den drei Mitglieder-Altersgruppen. Das Beispiel des GV-Gemeinschaftsfeldes kann diesen zentralen Zusammenhang sehr anschaulich illustrieren.

Es gehörte von Anfang an zum "Animations-Paket" des ORD, daß jedes GV seinen Willen, gemeinsam Probleme auf dörflicher Ebene zu lösen, auch durch die gemeinsame Bewirtschaftung eines GV-Feldes zum Ausdruck bringen sollte. Sofern Getreide angebaut wurde, sollten diese GV-Felder auch einen Beitrag zur dörflichen Vorratswirtschaft leisten. Das GV von Boho begann erst 1981 mit dem Gemeinschaftsfeld, da es vorher mit Brunnenbau und Wiederaufforstung seine Handlungsfähigkeit genügend unter Beweis gestellt zu haben glaubte. Die Bestellung des Gemeinschaftsfeldes 1981 und auch in den folgenden Jahren 1982 und 1983 wurde zu einem deutlichen Mißerfolg. Sieht man einmal von den Ältesten ab, so hatte kein Mitglied auf seinen individuellen Feldern so schlechte Erträge wie das GV-Feld. Bei einem sehr schlechten Standort und nur einmaliger Bearbeitung pro Woche mit mäßiger Beteiligung der Mitglieder verwundern diese schlechten Ergebnisse nicht(1).

Der Mißerfolg des GV-Feldes erklärt sich daraus, daß die Reziprozitätsbedingung, die in den autochthonen Kooperationsgruppen Gültigkeit hat, nicht auf die Ebene der großen Kooperationsgruppe 'GV-Mitglieder' übertragen werden konnte

---

1. Auf die genauen Beweggründe, mehrmals den Versuch eines GV-Feldes zu unternehmen, soll hier nicht eingegangen werden.

(vgl Abschnitt I:3.2, S.86, FN 1). Wenn bei zehn Mitgliedern einer Altersklasse auf dem Feld von A gejätet wird und D nicht da ist, dann muß D das entweder nacharbeiten oder A wird auch fehlen, wenn die Gruppe bei D auf dem Feld arbeitet.
Wer bei der Bestellung des GV-Feldes fehlte, mußte nicht nacharbeiten und wurde auch sonst - außer durch Appelle - in keiner Weise zur Rechenschaft gezogen. Die durch das GV-Feld mögliche, wenn auch sehr bescheidene Getreidevorratshaltung im GV ist nicht für alle Mitglieder ökonomisch interessant, was als weitere Verletzung des Reziprozitätsprinzips angesehen werden muß. Ganz folgerichtig favorisieren die meisten Mitglieder inzwischen den Ankauf von Getreide durch das GV zur Anlage eines GV-Getreidevorratslagers anstelle der Bestellung eines GV-Feldes zum gleichen Zwecke.

Bei den <u>Mossi</u> ist nicht um eine Beteiligung an den Arbeiten auf dem Gemeinschaftsfeld nachgefragt worden. Von seiten der Mossi wiederum ist kein Interesse an der Anlage eines Gemeinschaftsfeldes bekundet worden(1). Aus der geringen Zahl von Mossi-GV-Mitgliedern, der Nicht-Vertretung im GV-Büro sowie der geringen Bedeutung der Baumwolle im Anbausystem der Mossi kann auf geringe Partizipationserwartungen in Bezug auf das GV geschlossen werden. Sie richten sich ausschließlich auf die Kreditangebote des GV. So beziehen die Mossi Dünger und Spritzmittel beim GV auf Kredit und waren auch in zwei Fällen in das Ochsenanspannungsprogramm, das über das GV abgewickelt wird, einbezogen.

Die bisher genannten Indikatoren für die Einstellung der Mitglieder zum GV können noch keine Erklärung für die Motive jedes einzelnen bieten, Mitglied des GV zu werden. Bei der Suche nach dieser Erklärung stellt sich das Problem, daß mit

---

1. Über die Motivationen der Mossi in bezug auf das GV - nur 16 Mossi sind Mitglied des GV geworden - konnte direkt nichts erfragt werden, da ich wegen eines akut schwelenden Konfliktes zwischen Bwa und Mossi keine Interviews bei den Mossi machen konnte.

dem Erwerb der Mitgliedschaft kein entsprechendes Procedere verbunden ist, dessen Einleitung eine sorgfältig abgewogene Einzelentscheidung voraussetzen würde. Die 1.000 FCFA 'Part Social' (PS) (wörtlich übersetzt: Geschäftsanteil), die jedes Mitglied nur zu seinem Eintritt ins GV und nicht etwa jährlich zahlen muß, wurden im GV eher als die Erfüllung einer Auflage des ORD denn als Ausdruck einer Zäsur, mit der einem neuen Mitglied bestimmte Rechte und Pflichten zukommen, begriffen. Dieses Verständnis der PS wurde noch dadurch verstärkt, daß dieses Geld bis Ende 1980 in die ORD-Kasse eingezahlt werden mußte(1). Die Zahlung der 1.000 FCFA wurde auch dadurch "entwertet", daß in der alltäglichen GV-Arbeit kein Unterschied zwischen Mitgliedern und Nicht-Mitgliedern gemacht wird. Unter dem Topos 'Konfliktvermeidung zur Sicherung des dorfgemeinschaftlichen Zusammenhaltes' wurde in dem geltenden GV-Selbstverständnis die Betonung auf 'Groupement Villageois' gelegt, was für jeden männlichen Dorfbewohner gleichen Zugang zu den Leistungen des GV bedeutete.

Inzwischen sind jedoch fast alle männlichen Dorfbewohner GV-Mitglieder in dem Sinne, daß sie die 1.000 FCFA bezahlt haben. Dies erklärt sich zum einen aus dem sozialen Druck innerhalb des 'zin', der nach der grundsätzlichen Akzeptierung der Innovation GV durch die dörflichen Entscheidungsträger und damit auch durch alle beteiligten 'zin' ein eventuell reserviertes oder oppositionelles Verhalten einzelner Familienmitglieder unterbinden sollte. Die Mitglieder des Büros beteiligten sich an dieser Ausübung sozialen Drucks: 'Wir haben die PS bezahlt, damit der ORD zufrieden ist, es geht

---

1. Erst danach konnte auf Druck des WFD-Teams erreicht werden, daß die PS-Zahlungen mit einer Sperrklausel versehen auf das betreffende GV-Konto bei der UCECB eingezahlt wurden. Die anfangs in die ORD-Kasse eingezahlten PS belaufen sich auf insgesamt ca. 9 Millionen FCFA. Die 'Union des Groupements Villageois du Secteur de Houndé', der Dachverband aller GV des Sektors von Houndé, hat dieses Geld mehrfach reklamiert und eine Überweisung aller PS auf die jeweilige GV-Konten verlangt. Da der ORD dieses Geld für laufende Ausgaben verbraucht hat, betreibt er im Moment eine Hinhaltetaktik, indem er immer wieder eine Prüfung der Angelegenheit zusagt, ohne daß faktisch etwas geschieht.

nicht an, daß einige vom GV profitieren, aber nicht ihre 1.000 FCFA bezahlen'. Diese Strategie verbindet sich durchaus mit dem Topos der Konfliktvermeidung, da der soziale Druck zwar gezielt auf die Zahlung der PS durch alle männlichen Dorfbewohner hinwirkte, dabei aber konkrete, handfeste Benachteiligungen für GV-Skeptiker vermied, die bei einer strikten Unterscheidung von Mitgliedern und Nicht-Mitgliedern unvermeidbar gewesen wären.

Zum anderen hatte die erfolgreiche Bewältigung der Baumwollvermarktung durch das GV sowie die damit verbundene Zahlung einer Vermarktungsprovision an das GV eine motivierende und überzeugende Wirkung. Eindeutig den sozialen Druck oder die Überzeugungswirkung der GV-Arbeit als treibende Kraft für den "Erwerb" der GV-Mitgliedschaft zu identifizieren, ist nicht möglich. In einer relativ kleinen Dorfgemeinschaft wie Boho könnte in diesem Zusammenhang nur die Einzelfallbetrachtung ein sinnvoller Weg sein, um genauere Gewichtungen vornehmen zu können.

Die männlichen Dorfbewohner, die noch keine Mitglieder des GV geworden sind, gehören ausschließlich zur Gruppe der Ältesten. Von den 11 Männern, die über 60 Jahre alt sind, gehören vier dem GV nicht an. Daß die einen ihre 1.000 FCFA bezahlt haben und die anderen nicht, hat keine besondere Bedeutung. Für alle 11 Ältesten lassen sich dessenungeachtet gemeinsame Einschätzungen des GV feststellen, womit zur Frage der <u>Partizipationsmotivation der GV-Mitglieder</u> übergeleitet werden soll. Im <u>Verhältnis der Ältesten zum GV</u> werden hier Besonderheiten sichtbar, die bei den jüngeren und älteren GV-Mitgliedern nicht beobachtet werden konnten.

Hinsichtlich der Nutzung der GV-Dienstleistungen unterscheiden sich die Ältesten nur insofern von den anderen Mitgliedern, als sie wegen ihrer immer stärker eingeschränkten physischen Möglichkeiten diese Dienstleistungen (vor allem Vermarktung und Kredit) nur in geringem Maße in Anspruch nehmen können. Bei der Partizipation an den GV-Entscheidungsprozessen, d.h. bei der

Mitarbeit im GV-Büro und der Teilnahme an GV-Versammlungen zeigen die Ältesten eine auffällige Zurückhaltung, die auch bei anderen Mitgliedern beobachtet werden konnte. Für die Gruppe der Ältesten können jedoch ganz spezifische Gründe dafür ausgemacht werden.
Stellvertretend für die anderen Ältesten, mit denen ich sprechen konnte(1), soll hier der 'dôh banso', zitiert werden, der zu seiner Einstellung zum GV sinngemäß u.a. folgendes sagte:
'Heute hat das GV die Ältesten weitestgehend von der Mitwirkung ausgeschlossen. Von dem, was im GV passiert, erfahre ich nur noch über die Berichte der Jungen. Einiges erfahre ich auch über die Mitgliederversammlungen, die in meinem Hof stattfinden, bei denen ich aber nicht das Wort ergreife. Über den Ochsenanspannungskredit habe ich z.B. über meine Söhne gehört. Sie sagten, daß sie sich so mit Ochsen und entsprechendem landwirtschaftlichen Material ausstatten könnten, und ich war einverstanden damit. Die Ältesten können sich nicht in das GV einmischen, weil das GV eine Kasse hat, und die Ältesten dieses Geld für Nahrungsmittel ausgeben könnten, und dann gäbe es Ärger mit dem GV-Büro, weil dann das Geld für andere Dinge fehlen würde'(2).
Einer der beiden 'zin banso' aus der Tia-Familie bringt noch einen weiteren Gedanken in die Betrachtung ein:.
'Ich bin zu alt, um mich noch im GV zu engagieren, außerdem kenne ich die Papiere nicht(3), und das können die Jungen halt viel besser. Meine Söhne informieren mich über alles, was im GV läuft'(4).

---

1. Insgesamt wurden acht Intensiv-Interviews mit vier Ältesten aus den Familien Duy, Traore und Tia geführt.

2. Interview mit Traoré O., dem 'dôh banso', am 12.01.1985 im Hause des GV-Präsidenten.

3. 'Ich kenne die Papiere nicht' ('Je connais pas les papiers') ist eine Redewendung, um auszudrücken, daß man nicht alphabetisiert ist.

4. Interview mit Tia L. am 11.02.1985 in seinem Haus.

Die Aussage des 'dôh banso' zeigt eine deutliche Ambivalenz, da einerseits die geringe Mitwirkung der Ältesten im GV beklagt, aber andererseits wenig später die Berechtigung dieser nur geringen Mitwirkung der Ältesten unterstrichen wird. Dabei nimmt er auf den verschwenderischen und vor allem den ganz persönlichen Bedürfnissen dienenden Umgang vieler Ältester mit dem Geld Bezug (vgl. dazu Abschnitt 3.1.1). Durch den Hinweis auf informelle Partizipations- und Informationskanäle über seine Söhne schwächt der 'dôh banso' seine Aussage über die geringe Mitwirkung der Ältesten im GV wieder etwas ab. Diese informellen Partizipations- und Informationskanäle betont auch der 'zin banso'(Tia). Seine zentrale Aussage ist darüber hinaus, daß die Ältesten den Jungen das GV überlassen müssen, da Letztere über die entsprechenden Kenntnisse verfügen, um die verschiedenen GV-Aktivitäten durchführen zu können. Dies verweist auf die Frage der notwendigen Partizipationskompetenzen.

Umgang mit Geld und mit Papieren sind zentrale Bestandteile der GV-Arbeit. Mit seinen Hauptaktivitäten (Vermarktung, Kredit und Infrastrukturentwicklung) bewegt sich das GV in einem Handlungsfeld, das nur wenige Überschneidungen mit dem Wissens- und Erfahrungsbereich der Ältesten aufweist, der noch vor 70 Jahren den alleinigen Orientierungspunkt für jegliches Handeln im dörflichen Kontext bildete. Das GV dokumentiert somit eine weitere Etappe in dem sich seit der Einführung der Geldwirtschaft vollziehenden Veränderungsprozeß, der für die Ältesten zu einem empfindlichen und fortschreitenden Verlust an Macht und Einfluß führte. Die in den Aussagen der Ältesten zum Ausdruck gekommene ambivalente Einstellung zum GV kann nur auf dem Hintergrund dieses Machtumschichtungsprozesses im Dorf verstanden werden.

Die maßgebliche Rolle, die der verstorbene 'lo banso' und 'ta banso' bei der Gründung des GV gespielt hat (vgl. Abschnitt 1.4.), scheint mit den hier gemachten Aussagen zum Verhältnis Älteste - GV unvereinbar zu sein. Dieser scheinbare Widerspruch löst sich auf, wenn seine besondere Rolle als Ältester und Innovator sowie sein unbestrittenes Charisma berücksichtigt werden. Sein Nachfolger, der über die eher entgegengesetzten Eigenschaften verfügt, läßt dagegen dem GV-Präsidenten einen breiten Einfluß-Spielraum im Entscheidungsbereich des 'ta banso'. Der GV-Präsident nutzt diese Beraterfunktion zur Steigerung seines Prestige, aber auch zur Absicherung der GV-Arbeit gegenüber den autochthonen dörflichen Autoritäten.

Um die Betrachtung über das Verhältnis der Ältesten zum GV zu vervollständigen, muß die unbestrittene **Bedeutung der Ältesten als Konfliktregelungsinstanz** angesprochen werden. Diese Aufgabe eines Schlichters/Friedensrichters bezieht sich auf alle dörflichen Lebensbereiche, folglich auch auf das GV. Die Ältesten sichern dadurch das GV ab, da sie bei schweren Konflikten, die die Konfliktregelungsmechanismen des GV übersteigen, sofort auf den Plan treten. So werden die Schlichterfunktion der Ältesten zusammen mit den oben erwähnten informellen Partizipations- und Informationskanälen zu Verbindungsgliedern zwischen GV und den Ältesten, wodurch eine vollständige Abkopplung der Ältesten von der GV-Arbeit verhindert wird.

Bei den jüngeren und älteren Mitgliedern muß sich die Partizipation am GV ebenso wie die GV-bezogene Kooperation an ihrer konkreten materiellen Relevanz für den einzelnen messen lassen. Es verwundert daher nicht, daß sich ihre Partizipationsmotivation vor allem auf -bereiche mit direkten Teilhabe-Möglichkeiten richtet (Kredit, Vermarktung, Infrastruktur) und weniger auf die, wo Partizipation nicht mit sichtbaren Gratifikationen verbunden ist (GV-Büro, GV-Versammlungen, Gemeinschaftsfeldarbeit, Wiederaufforstung). Diese Tendenz ist bei den jüngeren Mitgliedern noch stärker ausgeprägt als bei den älteren. Die Konkurrenz der jungen Baumwollbauern untereinander um die höchsten Baumwollerträge, die sich in Statussymbolen (Kleidung, Mopeds/Motorräder, Radios, Kassettenrecorder) niederschlägt, deren ungleiche Verteilung wiederum den Konkurrenzkampf anheizt, läßt wenig Spielraum für uneigennützige Mitarbeit im GV.

Daraus folgt, daß es bei den Mitgliedern in bezug auf das GV eine partizipative Einstellung(1) ebensowenig gibt wie ein materiellen Belangen übergeordnetes Kooperationsethos außerhalb der autochthonen Kooperationsbereiche. In Abschnitt 3.1.3. war bereits deutlich geworden, daß aus der autochthonen Bwa-Gesellschaft keine partizipative Einstellung in dem Sinne überliefert ist, daß der einzelne qua Mitglied der Dorfgemeinschaft sozusagen automatisch an allen zu regelnden Belangen intensiv teilnehmen und teilhaben möchte bzw. könnte. Es hat in diesem Bereich von Anfang an eine Aufgabenteilung qua Delegation von Entscheidungsfunktionen nach gerontokratischen Regeln existiert. Wie ebenfalls in jenem Abschnitt gezeigt werden konnte, waren auch die 'zin' nach diesem Delegationsprinzip organisiert, so daß auch auf Familienebene keine partizipative Einstellung im o.g. Sinne entstehen konnte.

Daß sich eine solche partizipative Einstellung in den Altersklassenstrukturen entwickeln konnte (vgl. Abschnitt 3.1.1), verweist auf die Frage der zum GV konkurrierenden Partizipationsangebote, wobei zwischen Gruppenstrukturen mit und ohne festgelegte Zugehörigkeitsmuster unterschieden werden soll.
Die Altersklassen bilden eines dieser Angebote mit festgelegtem Zugehörigkeitsmuster. In einem so relativ kleinen Dorf wie Boho können jedoch nicht alle GV-Mitglieder dieses Angebot in gleicher Weise wahrnehmen, da einige Altersklassen nur zwei oder drei Mitglieder haben. Das attraktivste Partizipationsangebot bildet in dieser Hinsicht die Altersklasse der ca.

---

1. Diese Begriffsverwendung orientiert sich am Bedeutungsgehalt von 'attitude participative'. Hiermit wird eine partizipationsfreundliche Haltung bezeichnet, die auf dem Hintergrund gemeinsamer Partizipationstraditionen Beteiligung auch ohne direkte Gratifikationen anbietet.

18-22jährigen(1), die acht Mitglieder umfaßt und ihre gesamte Kooperation in der Regenzeit 1984 auf die Ausrichtung eines Tanzfestes angelegt hatte. Zu diesem Zwecke wurden für jeden Arbeitseinsatz der Altersklasse von dem jeweiligen Altersklassenmitglied 2.500 FCFA in eine gemeinsame Kasse eingezahlt(2), wobei über Einkünfte, Kassenstand und Ausgaben jeder in der Altersklasse immer genau Bescheid wußte. Diese Überschaubarkeit der gemeinsamen Aktivitäten ermöglicht eine weitgehende Statusgleichheit der Gruppenmitglieder, was zusammen mit der Reziprozität in den Kooperationsbeziehungen den egalitären Charakter der Altersklassen unterstreicht. Dies wird auch durch die in den Altersklassen zu beobachtende Funktionenverteilung - z.B. in o.g. Altersklasse mit einem Präsidenten, einem Vize-Präsidenten und einem Schatzmeister - nicht in Frage gestellt.

Die zunehmende sozioökonomische Differenzierung hat vor allem durch die jetzt mögliche Verwendung der Pfluganspannung die Kooperationsmöglichkeiten für die Altersklassen stark eingeschränkt. Jeder Kernfamilienchef versucht zum günstigst möglichen Zeitpunkt zum Pflügen und zum Jäten mit seinem Paar Ochsen zu arbeiten und nur in Notfällen auf die Hilfe der anderen Altersklassenmitglieder zurückzugreifen. Auch die religiösen Aufgaben der Altersklassen sind eingeschränkt. So wurden vor der Einführung der Geldwirtschaft von den verschiedenen Altersklassen Felder bebaut, deren Ernte ausschließlich

---

1. Die Altersklassenstrukturen können hier nicht in ihrer gesamten Differenziertheit vorgestellt werden (vgl. dazu CAPRON 1971). Die Zusammensetzung der Altersklassen bestimmt sich vor der Initiation nach Körpergröße, und nach dem für die Initiation zentralen Maskentanz bilden die Maskenträger eines Initiationszyklus eine lebenslange Altersklasse. Die Ältesten entscheiden je nach Stärke der "Jahrgänge" über die zeitliche Abfolge der Initiationszyklen. Die hier angesprochene Altersklasse der 18-22jährigen ist bereits initiiert.

2. Die gemeinsame Feldarbeit einer Altersklasse wird in der Regel unentgeltlich durchgeführt. An dem Tag der gemeinsamen Arbeit wird von dem jeweiligen Parzellenbesitzer nur eine Beköstigung (Essen und Hirsebier) verlangt.

für bestimmte religiöse Zeremonien bestimmt war. Im sozialen Bereich wird jedoch die sogenannte "Culture des Femmes" weiterhin als ein Teil der Heiratsverpflichtungen fortgesetzt. Hierbei muß nicht nur die Altersklasse des Bräutigams, sondern auch alle anderen noch leistungsfähigen Altersklassen seines Dorfes für in der Regel zwei bis drei Tage auf dem Feld des zukünftigen Schwiegervaters arbeiten. Wie schon weiter oben erwähnt wurde, greift auch das GV für die zur Wahrnehmung der GV-Aufgaben notwendigen kollektiven Arbeiten auf die Altersklassenstrukturen zurück.

Der '<u>zin waani</u>' in seiner heutigen Form kann eher für die älteren als für die jüngeren GV-Mitglieder als ein konkurrierendes Partizipationsangebot angesehen werden. Auch wenn der 'zin banso' weiterhin als primus inter pares angesehen werden muß, haben sich doch die Rede- und Interventionsmöglichkeiten für die Angehörigen eines 'zin' erheblich verbessert, und zwar für die älteren mehr als für die jüngeren. Außer in religiösen Angelegenheiten können die älteren 'zin'-Angehörigen bei allen sonstigen, d.h. vor allem Familienangelegenheiten, mitreden, während sich die jüngeren 'zin'-Angehörigen dieses Mitrederecht noch stärker durch den Beweis besonderer Kompetenz hinsichtlich eines bestimmten Problems "verdienen" müssen.
So werden z.B. die jüngeren 'zin'-Angehörigen <u>mit</u> Auswärtserfahrung immer dann in die Beratungen miteinbezogen, wenn für die Lösung eines bestimmten Problems Außenbeziehungen (Präfekt, ORD, Gerichte u.a.) eine Rolle spielen. Die größeren Interventionsmöglichkeiten machen so den 'zin waani' für die älteren GV-Mitglieder zu einem konkurrierenden Partizipationsangebot, das dadurch an Attraktivität gegenüber dem GV gewinnt, daß die Partizipationsbereitschaft der 'zin'-Angehörigen durch <u>direktere Betroffenheit</u> leichter angesprochen werden kann als beim GV.

Dies verweist auf individuelle Relevanzsysteme, über die

insgesamt nur vorläufige Aussagen gemacht werden können(1). Daß familieninterne Belange einen höheren Platz auf der Relevanzskala einnehmen als GV-Belange, kann jedoch aus den vorliegenden Daten geschlossen werden. Insofern kann das GV in bezug auf die Partizipationsmotivation der Mitglieder nicht auf dieselbe Betroffenheitsintensität bauen wie der 'zin waani' in bezug auf seine Angehörigen.

An konkurrierenden <u>Partizipationsangeboten ohne festgelegte Zugehörigkeitsmuster</u> bietet Boho im formellen Bereich keinerlei Alternativen. In den anderen Untersuchungsdörfern ist das Angebot in dieser Hinsicht wesentlich differenzierter, wie z.B. in Dohoun durch die christliche Gemeinde, die Dorfsparkasse (CP) sowie die Elternvereinigung, die sich zwangsläufig mit der Eröffnung einer Schule konstituiert. Im informellen Bereich bestehen für die GV-Mitglieder von Boho die vielfältigsten Partizipationsmöglichkeiten, die in der Regel über den Dorfbereich hinausweisen und damit das weitverzweigte Familien- und Freundesnetz, aber auch die Annehmlichkeiten eines Subzentrums wie Bereba - Markt, größere Auswahl an Kneipen, Läden, gelegentliche Filmvorführungen - mit einbeziehen.

Für das GV ergibt sich aus diesen konkurrierenden Partizipationsangeboten insofern eine <u>Herausforderung</u>, als die GV-Mitglieder der Partizipation am GV auch mit Vergleichsmaßstäben begegnen, die sie aus Vorerfahrungen in den schon wesentlich länger bestehenden verschiedenen Partizipationsgruppen beziehen: Egalität in den Altersklassen, höhere Betroffenheitsintensität im 'zin waani'.

Auch wenn bei den GV-Mitgliedern keine partizipative Einstellung in bezug auf das GV festgestellt werden konnte, muß in einem nächsten Schritt der Frage nachgegangen werden, welche

---

1. Es hätte einer gesonderten Erhebung unter Berücksichtigung der dorfinternen sozialen Differenzierungen bedurft, die im Rahmen der vorliegenden Untersuchung nicht geleistet werden konnte.

Partizipationsregeln und -formen im GV im einzelnen vorherrschend waren und welches Partizipationskalkül sich daraus bei den GV-Mitgliedern entwickelte. Neben den Vorerfahrungen der GV-Mitglieder in dörflichen Institutionen und Partizipationsgruppen, ihren Motivationen hinsichtlich GV-Arbeit und GV-Partizipation käme mit den Partizipationserfahrungen im GV ein dritter Bedingungskomplex in den Blick, der zum Verständnis des Partizipationsverhaltens der Mitglieder mit in die Betrachtung einbezogen werden muß. Die Skizzierung der Gründungsphase und nachfolgender Weichenstellungen konnte nur einen Ausschnitt dieses dritten Bedingungskomplexes vermitteln.

3.1.6. Das Partizipationskalkül der Mitglieder – Formen und Regeln des Partizipationsverhaltens

Bei der Betrachtung des konkreten Partizipationsverhaltens der GV-Mitglieder in Boho fallen die verschiedensten Formen auf, in denen sich dieses Partizipationsverhalten ausdrückt. Je nach Partizipationsbereichen vor allem aber je nach Partizipationskalkül der Mitglieder lassen sich unterschiedliche Partizipationsformen beobachten. Das Partizipationskalkül bildet die Zwischenstufe zwischen dem individuellen Partizipationspotential (Einstellungen, Motivationen, Kompetenzen und Vorerfahrungen) und dem konkreten Partizipationsverhalten. Diese Zwischenstufe gewinnt dadurch an Gewicht, daß in ihr die verschiedensten im GV gültigen Partizipationsregeln mit eingearbeitet werden, was umso bedeutsamer wird, je mehr eine positive Partizipationsmotivation gegeben ist. Der Prozesscharakter von Partizipation verleiht dem Partizipationskalkül eine dynamische Komponente, da es immer wieder die aktuellen Partizipationserfahrungen verarbeitet, was zu verändertem Partizipationsverhalten und veränderter Motivationslage führen kann.

Zu Beginn dieses Abschnitts sollen die verschiedenen Partizipationsformen, die im GV von Boho beobachtet werden konnten, in einer Übersicht vorgestellt werden. In einem zweiten Schritt soll das hinter den Partizipationsformen liegende Partizipationskalkül in seinem Rückbezug auf zentrale Partizipationsregeln im GV am Beispiel der Buchhaltung entfaltet werden. In einem dritten Schritt wird dann in einer wieder erweiterten Sichtweise der Zusammenhang zwischen Partizipationskalkül und Partizipationsregeln im Spannungsfeld von Büro-Macht und Mitglieder-Ohnmacht analysiert.

3.1.6.1. Partizipationsformen

Unter Rückgriff auf die in Abschnitt I:1.5.2.2 vorgestellten möglichen Partizipations<u>typen</u> soll das im GV von Boho beobachtete Partizipationsverhalten in eher dem <u>aktiven</u> oder eher dem <u>passiven</u> Partizipationstypus zuzurechnenden -formen abgebildet werden(1). Dabei wird ein Kontinuum angenommen, daß idealiter von aktivstem Partizipationsverhalten bis zu uneingeschränkter Nicht-Partizipation reicht. Der Übergang von Partizipationsformen des aktiven zu dem des passiven -typus ist fließend.

Der <u>ersten Gruppe</u> sollen folgende Partizipationsformen zugeordnet werden:

- <u>konstruktive</u> Partizipation
Als die weitestgehende Form aktiver Partizipation bezeichnet sie partizipatives Handeln, das einen "eigenständigen Steuerungsbeitrag zum Gesamtgeschehen" (HETTLAGE 1979:24) beinhaltet. Dies betrifft in erster Linie die Partizipationsbereiche 'Entscheidungsprozesse'und 'Organisation und Verwaltung'. Hierzu ist auch die innovative Partizipation zu rechnen, die dadurch gekennzeichnet ist, daß ein Mitglied Initiativen für Verbesserungen und /oder Neuerungen im GV einbringt. Wie aus der bisherigen Darstellung schon deutlich wurde, läßt sich mit dieser Partizipationsform vor allem das Partizipationsverhalten einiger Büro-Mitglieder charakterisieren.

- <u>informelle</u> Partizipation
Hiermit wird Partizipationsverhalten bezeichnet, das sich außerhalb der "offiziellen" Kanäle bewegt. Es hat für die Mitglieder eine relativ große Bedeutung, um eigene Belange über

---

1. Eine Ordnung der Partizipationsformen nach ihrer tatsächlichen Relevanz im Partizipationsprozess kann ausgehend von dem vorliegenden Material nur ansatzweise vorgenommen werden. Eine so ausgerichtete Darstellung wäre nur sinnvoll, wenn nach Mitgliedergruppen und nach Partizipationsbereichen differenziert würde, was noch detailliertere Erhebungen erfordert hätte.

direkte persönlichen Interventionen bei den GV-Entscheidungsträgern einzubringen. Am deutlichsten ist dies im Partizipationsbereich 'Kleinkreditsystem' zu beobachten. Aber auch bei der Vergabe der Ochsenanspannungskredite spielte diese Partizipationsform eine wesentliche Rolle. Wie bereits in Abschnitt 3.1.5. ausgeführt wurde, sind die Ältesten vor allem über informelle Partizipationskanäle ins GV eingebunden.

- physische Partizipation
Das hier gebündelte Partizipationsverhalten bezieht sich auf die gemeinsamen Arbeiten, die in verschiedenen Partizipationsbereichen (Baumwollvermarktung, Brunnenbau, Gemeinschaftsfeld u.a.) anliegen. Bei dieser Partizipationsform spielt die Kontinuierlichkeit eine zentrale Rolle. Über die Diskontinuierlichkeit der Partizipation am Gemeinschaftsfeld ist bereits berichtet worden. Durch den Rückgriff auf die Altersklassenstrukturen wird qua sozialer Obligation eine relativ hohe Kontinuität der physischen Partizipation erreicht, wovon vor allem die Baumwollvermarktung und der Brunnenbau profitieren.

Unter der zweiten Gruppe sollen folgende Partizipationsformen subsumiert werden:

- rezeptive Partizipation
Das hiermit benannte Partizipationsverhalten im -bereich 'Entscheidungsprozesse' ist dadurch charakterisiert, daß ein Mitglied an einer Generalversammlung zwar teilnimmt, sich aber nicht durch konstruktive Partizipation einbringt[1]. Aus der bisherigen Entfaltung der Fallstudie ist bereits hervorgegangen, daß das Verhalten der Mitglieder in den Versammlungen

---

1. Es ließe sich auch die Zuordnung zum aktiven Partizipationstypus begründen, wenn die individuelle Entscheidung, zur Versammlung zu gehen, besonders betont wird, wodurch dieses Partizipationsverhalten einen größeren Aktivitätsgehalt bekommt als das derjenigen, die gar nicht erst zur Versammlung gehen. Hier soll jedoch das Agieren während der Versammlung für die Zuordnung zu einem Partizipationstypus maßgebend sein.

vor allem dieser Partizipationsform zugeordnet werden muß.

- <u>finanzielle</u> Partizipation
In diesem Zusammenhang sind die einmaligen Mitgliedsbeiträge ("Parts Sociales") und die Sammlungen für Dorfprojekte (Brunnenbau) von Bedeutung. Beide haben einen quasi obligatorischen Charakter, woduch die inviduelle Entscheidung, durch einen finanziellen Beitrag Trägerschaft zu bekunden, in den Hintergrund tritt. Trägerschaft für das GV wird aber durch die Akzeptanz der Obligation finanzieller Beiträge signalisiert.

- <u>ökonomische</u> Partizipation
Hier geht es vor allem um die Beteiligung an der Baummwollvermarktung und der Produktionsmittelbeschaffung. Da das GV für beides das Monopol hat, tritt auch hier die individuelle Entscheidung des einzelnen Mitgliedes in den Hintergrund.

In der Wirklichkeit vereinigen sich verschiedene Partizipationsformen im -verhalten eines Mitgliedes. Unter dem Aspekt der Verhaltensintensität vereinigt es ebenso verschiedene Partizipationsgrade. Um diese Vielschichtigkeit partizipativen Handelns einer strukturierenden Betrachtung zu unterziehen, soll exemplarisch der Bereich der GV-Buchhaltung daraufhin untersucht werden, wie sich das Partizipationskalkül in verschiedenen Partizipationsformen ausdrückt und gleichzeitig bestimmte Partizipationsregeln offenbart.

3.1.6.2. Das Partizipationskalkül der Mitglieder am Beispiel der GV-Buchhaltung

Wenn von GV-Buchhaltung gesprochen wird, sollen hier weniger ihre technischen Aspekte interessieren als vielmehr die Transparenz, die sie für die Mitglieder besitzt. Dazu waren in Abschnitt 3.1.2. bereits Interviewergebnisse vorgestellt worden, die den Schluß nahelegten, daß die Transparenz im Buchhaltungsbereich nur sehr schwach ausgeprägt ist. Derartige

Informationsdefizite hinsichtlich der GV-Buchhaltung wurden aber von den befragten Mitgliedern nicht als Problem empfunden. Zu ihrer Erklärung wurde auf die Zuständigkeit des GV-Büros verwiesen. Zum besseren Verständnis dieser Phänomene soll zunächst die Organisation der Buchhaltung kurz skizziert werden.

Das GV-Geld liegt an zwei Orten, auf dem Konto bei der UCECB in Bobo-Dioulasso und in einem verschließbaren Metallkasten im Dorf. Die Baumwollvermarktungsprovision wird vom ORD direkt auf das GV-Konto eingezahlt. Das GV kann nicht einfach Geld abheben, sondern muß einen Antrag mit Angabe des Verwendungszwecks beim ORD stellen(1). Der Metallkasten, in dem das GV-Geld im Dorf verwahrt wird, steht nicht etwa im Hause des Schatzmeisters, sondern in dem des Präsidenten. Der Schlüssel befindet sich jedoch beim Schatzmeister. Der bei der GV-Gründung eingesetzte Schatzmeister war 1984 gestorben. Sein Stellvertreter wurde de facto neuer Schatzmeister, ohne daß darüber die Mitgliederversammlung befunden hätte. Einen neuen Vizeschatzmeister gibt es nicht. Der einzige dem GV-Büro angehörende Kassenprüfer erfüllt quasi diese Vizeschatzmeisterfunktion, da er eine Kassenprüfung im Sinne einer turnusmäßigen Überprüfung aller Buchhaltungsoperationen wegen unzureichender Französischkenntnisse nicht durchführen kann. Der Metallkasten stand von Anfang an im Hause des Präsidenten, das man als festes Steinhaus für einen sicheren Ort hielt. Daß sich der Präsident durch diese Regelung auch eine uneingeschränkte Kontrollmöglichkeit über alle Finanzoperationen gesichert hat, muß hinzugefügt werden.

Wenn Geld für eine bestimmte Ausgabe aus der Kasse entnommen wird, sind in der Regel nur der Präsident und der Schatzmeister

---

1. Was die GV in Houndé betrifft, ist ein solcher Antrag noch nie abgelehnt worden. Der ORD wollte mit dieser Regelung verhindern, daß Präzedenzfälle für die Verteilung der Vermarktungsprovision unter den Mitgliedern auftreten. Es sollte eine Verwendung der Gelder für dörfliche Gemeinschaftsprojekte sichergestellt werden.

anwesend, in manchen Fällen auch der Vizeschatzmeister und der Sekretär, der als Schreib- und Lesekundigster des Dorfes dem Schatzmeister bei der Führung des Kassenheftes hilft. Diese vier Personen sind die einzigen im GV, die zu jedem Zeitpunkt über alle finanziellen Operationen Bescheid wissen. Formal muß über alle Ausgaben im Büro gesprochen werden; über bestimmte Ausgaben muß jedoch ad-hoc entschieden werden, was Aufgabe des Präsidenten ist. Da es keinen regelmäßigen "Finanzbericht" für die Büro-Mitglieder gibt, haben die nicht zu dem Viererkreis gehörenden Büromitglieder in der Regel nur ein lückenhaftes Bild der Finanzsituation. Für die nicht zum Büro gehörenden Mitglieder wird das Bild noch lückenhafter.

Zwar wird einmal im Jahr auf einer Vollversammlung über alle Einnahmen und Ausgaben des Jahres informiert; dies ermöglicht es jedoch keinem Mitglied, Geldeinnahmen und -ausgaben des GV ständig zu verfolgen. Über größere Ausgaben - über ca. 10.000 FCFA - berät zuerst das Büro, um dann auf einer Vollversammlung die Zustimmung der Mitglieder für die getroffene Entscheidung einzuholen.

Durch das <u>Kleinkreditsystem</u>, das vom GV in Eigeninitiative eingerichtet wurde, wird der Informationsvorsprung des Viererkreises noch vergrößert. Viele Kleinkredite werden vergeben, ohne daß das Büro oder gar die Mitgliederversammlung über den entsprechenden Kreditantrag entschieden hätte. Vor allem bei Krankheitsfällen muß ad-hoc entschieden werden, ob das GV vorläufig die Medikamentenkosten oder die Transportkosten ins Krankenhaus in Bobo-Dioulasso übernehmen kann. In einer solchen Situation kann dann nur der Viererkreis entscheiden, der damit auch die Verantwortung für die Kreditrückzahlung übernimmt.

Was die Information des Büros und aller Mitglieder über diese Kreditoperationen angeht, ist es den Kreditnehmern am angenehmsten, wenn nur der Viererkreis von dem Kredit erfährt. Eine Information der Mitglieder würde zwangsläufig zum öffentlichen Eingeständnis einer finanziellen Notsituation führen, die offensichtlich nicht aus eigener Kraft gelöst werden kann. Dem

Betroffenen würde dies Minuspunkte auf der dörflichen Prestigeskala einbringen(1). Daß diese Kreditoperationen nicht getrennt von den anderen Einnahmen und Ausgaben durchgeführt werden, trägt mit dazu bei, daß eine vollständige Information der Mitglieder über den Finanzbereich unmöglich wird. Dieses Informationsdefizit bei den Mitgliedern hinsichtlich der GV-Finanzoperationen kann also teilweise mit der internen Organisation der Buchhaltung erklärt werden. Zu einer vollständigen Erklärung dieses Phänomens muß auch das buchhaltungsspezifische Partizipationskalkül der Mitglieder berücksichtigt werden. Dazu konnte weiter oben schon festgestellt werden, daß die interviewten Mitglieder dieses Informationsdefizit nicht als Problem empfinden. Darüber hinaus sind die Nutznießer des GV-Kleinkreditsystems explizit an einer Geheimhaltung der Kreditoperationen interessiert. Wird möglicherweise 'Umfassende Information der Mitglieder über Finanzangelegenheiten' nur beim Blick durch die eurozentrische Brille zu einem Topos?

Um den Umgang der Mitglieder mit diesem Informationsdefizit besser zu verstehen, soll eines der jüngeren Mitglieder(2) zitiert werden, das sinngemäß folgendes berichtete(3):
'Ich bin nicht entmutigt darüber, daß ich nicht genau weiß, was das GV auf dem Konto und in der Kasse hat. Es wird ja regelmäßig informiert, aber ich vergesse das dann wieder; außerdem, was soll mir das schon nützen, wenn ich die genaue Geld-Situation des GV kenne, ich kann ja doch nichts mit dem Geld machen. Wenn ich vom GV Geld leihen will, dann interessiert mich nur, wieviel ich zurückzuzahlen habe. Außerdem bin

---

1. Aus diesem Grunde ist z.B. in Dohoun der wohlhabendste Mann des Dorfes eine viel beliebtere Anlaufstelle für Kreditanfragen als das GV oder die "Caisse Populaire".

2. Tia S. hat eine gewisse Sonderstellung unter den nicht dem Büro angehörenden Mitgliedern, da er einige Jahre in der Elfenbeinküste war und danach im Dorf die Pionierrolle bei der Einführung der Pfluganspannung spielte.

3. Interview mit Tia S. am 21.02.1985 vor dem Haus seines Bruders.

ich halt nicht im Büro und weiß also wenig übers GV-Geld. Und was die Leute vom Büro sagen, das kann man doch nicht kritisieren. Die kennen doch die Papiere besser als ich, und wenn man die vom Büro kritisiert, dann können die die ganze Arbeit hinschmeißen, und dann ist keiner mehr da, um die Baumwolle zu kaufen oder den Dünger zu verteilen. Insofern sage ich dann in bezug auf die Buchhaltung: okay, es ist alles gut so.'

Bei einer Deutung dieser Aussagen fällt zuerst ein eher distanziertes Verhältnis zum GV-Geld auf. Obwohl qua GV-Mitglied formeller Miteigentümer des GV-Geldes mit der Möglichkeit, sich auch formal an Entscheidungsprozessen über die Verwendung dieses Geldes zu beteiligen, sieht er das GV-Geld als etwas außerhalb seiner Verfügung stehendes: '..., ich kann ja doch nichts mit dem Geld machen.' Da er das GV-Geld nicht auch als sein Geld ansieht, wird einsichtig, warum er die Zahlen, die den Mitgliedern von den Verantwortlichen des Büros vorgetragen werden, schnell wieder vergißt. Auch wenn sich aus diesem Verhältnis zum GV-Geld eine schwach ausgeprägte Motivation, an der GV-Geldverwaltung und -verwendung zu partizipieren, ableiten läßt, wäre es doch falsch, diesem Mitglied ein eindeutiges Desinteresse an den GV-Finanzangelegenheiten zu unterstellen, wie seine weiteren Aussagen belegen.

Er empfindet den Wissens- und Informationsvorsprung der Büromitglieder und vor allem die von ihm deutlich gemachte Unmöglichkeit, die Büromitglieder zu kritisieren, als Problem. Der letzte Satz der von ihm zitierten Aussage legt den Schluß nahe, daß er unter günstigeren Konstellationen auch kritischere Fragen zur Buchhaltung stellen würde. Dies öffnet den Blick für eine der zentralen Regeln für <u>dorföffentliches</u> Partizipationsverhalten, die auch im GV Gültigkeit besitzt: Die geringe Toleranzschwelle für öffentliche Kritik muß respektiert werden, um einen relativ niedrigen Konfliktpegel zwischen den Familien aufrecht erhalten zu können.

Eine auf einer GV-Mitgliederversammlung gestellte Anfrage etwa in dem Tenor 'Es wäre gut, wenn das Büro uns mal wieder ein genaues Bild der Einnahmen und Ausgaben in den letzten Monaten geben könnte', würde der mit dem GV-Geld befaßte Viererkreis im Büro als persönliche Kritik auffassen, d.h. daß nur ein mit relativ hohem Sozialprestige ausgestattetes Mitglied eine solche Frage stellen könnte. Auf eine derartige, vom Büro als persönliche Kritik verstandene Anfrage, können die GV-Verantwortlichen, wie oben berichtet, mit der Drohung reagieren, dem GV ihre weitere Mitarbeit aufzukündigen. Es ist sicher noch eine andere Frage, ob diese Drohung wirklich in die Tat umgesetzt würde, aber die zitierten Äußerungen deuten auf die offenkundige Schwierigkeit hin, für die Wahrnehmung von technischen Aufgaben, die solide Französischkenntnisse erfordern, geeignete Ersatzkandidaten im Dorf zu finden.

An dieser Stelle dokumentierte sich ganz deutlich, daß das im Büro versammelte technische und organisatorische Wissen, das für die Durchführung der zentralen GV-Aktivitäten lebensnotwendig ist, dem Büro Macht verleiht, die mit Ohnmacht auf seiten der Mitglieder korrespondiert. Diese Ohnmacht der Mitglieder hat das oben zitierte Mitglied durch den Hinweis auf seine Unterlegenheit gegenüber dem Wissen der Büromitglieder zum Ausdruck gebracht(1).

Die Ergebnisse der anderen Interviews bestätigen diese im ganzen gesehen zwiespältige Haltung der GV-Mitglieder in bezug auf die GV-Buchhaltung: Auf der einen Seite ein distanziertes Verhältnis zum GV-Geld und auf der anderen ein Unterlegenheitsgefühl gegenüber den Büromitgliedern.

Das distanzierte Verhältnis der GV-Mitglieder zum GV-Geld verweist auf das Problem der Reziprozität, das schon bei der Darstellung der Kooperationsprobleme in Zusammenhang mit dem

---

1. Dies mag auf den ersten Blick nicht schlüssig klingen, da Tia S. über Auswärtserfahrungen verfügt. Wie jedoch in Abschnitt 3.1.6.3 zu zeigen sein wird, profitiert nicht jeder in gleichem Maße von Aufenthalten "in der Fremde". Hinzu kommt, daß die dorföffentliche Meinung Auswärtserfahrungen nicht per se positiv und damit prestigeaufwertend einstuft.

GV-Gemeinschaftsfeld eine zentrale Rolle spielte. Unter Rückbezug auf Partizipation in den Altersklassenstrukturen (vgl. Abschnitt 3.1.5) fällt auf, daß die speziell in der Altersklasse der 18-22jährigen beobachtete aktive Partizipation aller Altersklassen-Angehörigen an der Kassenführung keine Entsprechung auf der Ebene des GV findet. Zwar wird die hauptsächlich dörflichen Gemeinschaftsprojekten dienende Verwendung des GV-Geldes akzeptiert. Einnahmen und Ausgaben stehen aber in den Augen der Mitglieder nicht in einem Verhältnis zueinander, das den von den Altersklassen her vertrauten Reziprozitätsregeln entspricht.
Reziprozität ist bei einem ausgewogenen Verhältnis aller materiellen Beiträge und Vorteile unter allen an einer Kooperation Beteiligten gegeben. Das GV kann diese Grundbedingung für Reziprozität nur auf einer Ebene höherer Komplexität und damit weniger direkt erfüllen. Folgerichtig reagieren die Mitglieder mit deutlich geringerer Partizipationsbereitschaft in bezug auf die GV-Buchhaltung als in den Altersklassen.

Von höherer Komplexität und damit vermittelterer Reziprozität kann in bezug auf das GV-Geld gesprochen werden, da hier das Verhältnis von materiellen Beiträgen und Vorteilen für das einzelne GV-Mitglied viel weniger nachvollziehbar ist als bei einer Altersklasse, die gemeinsame Feldarbeit zur Hauptaufgabe hat. Die Vergütung für die vermarktete Baumwolle (materieller Vorteil) steht in nur vermitteltem Zusammenhang zu den von den GV-Mitgliedern geleisteten Arbeitsbeiträgen während der Baumwollvermarktung, da die SOFITEX pauschal den gesamten Arbeitsaufwand des GV - vor allem auch die Arbeit des Baumwollaufkaufteams - vergütet. Dieser von der SOFITEX gewährte materielle Vorteil wird auch nicht direkt und anteilsmäßig an die Mitglieder, d.h. die Baumwollproduzenten weitergegeben, sondern fließt via GV-Kasse der Finanzierung von Gemeinschaftsprojekten zu, ein aus Mitgliedersicht gegenüber zusätzlichem Bargelderhalt indirekterer materieller Vorteil. Die Reziprozitätsbeziehung hat sich damit vom einzelnen GV-Mitglied abgelöst und auf die Ebene der Organisation GV verlagert: gesamter

Arbeitseinsatz des GV in der Baumwollvermarktung als materieller Beitrag und Vergütung durch die SOFITEX als materieller Vorteil.

Zusammenfassend ergibt sich neben dem Unterlegenheitssyndrom gegenüber den Büromitgliedern ein weiteres Erklärungsmoment für das Vorherrschen überwiegend passiver Partizipationsformen im Bereich der GV-Buchhaltung aus den vermittelteren Reziprozitätsbeziehungen zwischen den Beiträgen zum und den Vorteilen durch das GV.

Bevor in der Betrachtung des Unterlegenheitsgefühls der Mitglieder gegenüber dem Büro eines der beiden Erklärungsmomente weiter expliziert werden soll, muß ergänzt werden, daß sich das Partizipationsverhalten der Mitglieder schlagartig ändert, wenn das GV-Geld unter dem Gesichtspunkt möglicher Kleinkredite betrachtet wird. Dabei dominieren ganz im Sinne des Topos der Geheimhaltung der Kreditoperationen informelle Partizipationsformen. Der Partizipationskanal läuft dabei über die Büromitglieder der jeweiligen Familie des Kreditnehmers, die entweder schon zum Viererkreis der GV-Buchhalter gehören oder ihrerseits den Kontakt zu einem der Viererkreismitglieder vermitteln.

3.1.6.3. Partizipationskalkül und Partizipationsregeln im Spannungsfeld von Büro-Macht und Mitglieder-Ohnmacht

Der Problemkomplex Büro-Macht/Mitglieder-Ohnmacht weist in seiner Bedeutung für die Partizipationsstrukturen im GV von Boho über die GV-Buchhaltung hinaus und soll daher in einem gesonderten Abschnitt analysiert werden. In Abschnitt 3.1.2 wurde auf die dominierende Rolle des Büros hingewiesen, durch die die Vollversammlungen eher Informations- und Akklamationscharakter als Entscheidungscharakter bekommen. Auch über die damit korrespondierende Auffassung der interviewten Mitglieder, daß sich die Büromitglieder über Probleme in der GV-Arbeit und deren mögliche Lösung 'sicher Gedanken gemacht hätten', war berichtet worden.

Bei der exemplarischen Analyse des Verhältnisses der Mitglieder zur GV-Buchhaltung war deutlich geworden, daß das Büro einen Wissens- und Informationsvorsprung gegenüber den Mitgliedern besitzt, der die Büro-Macht mit begründet. Dieser Wissens- und Informationsvorsprung verweist auf die im Zusammenhang mit dem Verhältnis der Ältesten zum GV bereits angesprochene Differenzierung der Wissens- und Erfahrungsbestände im Dorf. Dabei wurde festgestellt, daß sich das für die GV-Arbeit relevante Wissen kaum mit dem Wissens- und Erfahrungsbereich der Ältesten überschneidet.

Diese Feststellungen können dahingehend erweitert werden, daß sich bei den jüngeren und älteren Mitgliedern zwar mehr Überschneidungen beobachten lassen. Dieses 'mehr' variiert jedoch stark in diesen beiden Mitgliedergruppen, wobei die zentrale Differenzierungslinie zwischen denen, die ihren bisherigen Wissens- und Erfahrungsbereich im dörflichen Kontext hatten, und denen, die über Schulbesuch, Militärdienst, Arbeit in der Elfenbeinküste u.a. sozusagen an die Quelle des neuen Wissens vorgedrungen waren, verläuft.
Eine derartige längere Auswärtserfahrung(1) führt nicht zwangsläufig zu Pluspunkten auf der dörflichen Prestigeskala. Dies hängt davon ab, als wie erfolgreich die öffentliche Meinung im Dorf den Aufenthalt "in der Fremde" einstuft. Wer z.B. mit leeren Händen aus der Elfenbeinküste zurückkommt, muß mit Minuspunkten auf der dörflichen Prestigeskala rechnen. In der Regel verbindet sich eine Auswärtserfahrung jedoch mit Pluspunkten, die auf der GV-Prestigeskala noch eindeutiger ausfallen, da letztere auch die öffentliche Meinung, aber in noch stärkerem Maße die Verfügung über GV-relevantes Wissen

---

1. Als Auswärtserfahrung wurden entweder ein längerer Schulbesuch, der im Falle von Boho - die nächste Schule in Bereba ist 7 km entfernt - mit einer bedingten Abwesenheit vom Dorf verbunden war, oder ein mindestens einjähriger Aufenthalt außerhalb des Dorfes (burkinische Stadt, Armee, Elfenbeinküste u.a.) angesehen.

berücksichtigt.

Von den gegenwärtig elf Büromitgliedern verfügen acht über Auswärtserfahrungen. Wenn man dieses Verhältnis zu dem zwischen den Männern des ganzen Dorfes (über 16 Jahre) mit und ohne Auswärtserfahrung in Beziehung setzt - 25 zu 55 -, dann fällt der überdurchschnittlich große Anteil der "Auswärtserfahrenen" im Büro auf. In Abschnitt 3.1.4. ist dargestellt worden, wie die GV-Gründer diese Mitglieder mit Auswärtserfahrung ganz bewußt in die Büroarbeit einbanden: ihr Wissen war gefragt für die technische und organisatorische Bewältigung der GV-Arbeit, und ihre Auswärtserfahrungen wurden als Garant dafür angesehen, bei eventuellen, von außen kommenden Schwierigkeiten mit dem Experiment GV bestehen zu können. Die Anwendung dieses Delegationskriteriums für die Büromitglieder durch die GV-Gründer erwies sich auch als sachlich gerechtfertigt, da die Bewältigung der wesentlichen GV-Aufgaben - Vermarktung, Kredit, Infrastrukturprojekte - ständig besondere Kenntnisse sowie die möglichst den Interessen des Dorfes zuträgliche Wahrnehmung von Außenbeziehungen erforderte.

Ausgehend von dieser Grundbedingung der GV-Arbeit konnten die Büromitglieder aus ihrer Unersetzlichkeit heraus einen Teil ihrer Macht begründen. Diese Unersetzlichkeit ist in einem relativ kleinen Dorf wie Boho unausweichlich, da es faktisch niemanden im Dorf mehr gibt, der über die notwendigen Zusatzkenntnisse und -erfahrungen verfügt, um vor allem für die Kompetentesten der Büromitglieder - Sekretär, Vize-Sekretär, Schatzmeister, Präsident und zwei der Berater - einen akzeptablen Ersatz darstellen zu können. Dies drückt sich z.B. darin aus, daß die beiden Sekretäre neben ihren eigentlichen Aufgaben - dazu gehören u.a. die Abwicklung der Vergabe von Produktionsmittel- wie auch von Materialkrediten für die Pfluganspannung - auch als Wiegemeister und Buchhalter im Baumwollaufkaufteam arbeiten. Ein relativ großes Dorf wie z.B. Dohoun kann auf genügend Lese- und Schreibkundige außerhalb des Büros zurückgreifen, die z.B. im Baumwollaufkaufteam, aber auch bei der Kreditabwicklung mitarbeiten können.

Neben der Unersetzbarkeit der Büromitglieder bilden die
Unterlegenheitsgefühle, die bei vielen Mitgliedern beobachtet
werden konnten, eine weitere Stütze der Büro-Macht. So hat
eines der älteren Mitglieder auf die Frage, warum es anläßlich
einer Vollversammlung nicht das Thema 'Information der
Mitglieder über die GV-Buchhaltung' ansprechen kann, sinngemäß
geantwortet: 'Je ne peux rien dire si ceux qui sont devant
n'ont pas dit un mot'(1).

Wenn hier von 'ceux qui sont devant' gesprochen wird, dann
meint dies nicht nur den Ausdruck eines Wissensvorsprungs,
sondern auch ein Zeichen der Unterordnung gegenüber jemandem,
der in einer Führungsposition steht. Dieselbe Formulierung wird
verwendet, wenn jemand z.B. von der für ihn nächsthöheren
Altersklasse spricht, die ja nicht nur Angehörige umfaßt, die
etwas älter und lebenserfahrener sind, sondern die auch von der
ihr nachfolgenden Altersklasse bedingt Unterordnung erwarten
können.

In der hier dokumentierten Einstellung der Mitglieder
gegenüber den Verantwortlichen im GV-Büro stecken also sowohl
ein Moment von Unterlegenheit, das sich aus dem Nicht-Besitz
eines bestimmten GV-relevanten Wissens herleitet, als auch ein
Moment von Unterordnung, das aus der Anerkennung einer
Führungsposition der Büroverantwortlichen durch die GV-Mitglieder verstanden werden muß.

In diesem Unterlegenheitssyndrom steckt aber auch die Legitimation derjenigen Mitglieder, die sich mit dem Hinweis 'Davon
verstehe ich ja doch nichts, und wozu haben wir schließlich die
Büromitglieder!' von konstruktiver Partizipation an den
Entscheidungsprozessen weitgehend selbst entbunden haben. Dies
gilt für die überwiegende Mehrheit der Mitglieder. Diese
Einstellung verweist aber wiederum auf die von den autochthonen
Institutionen her vertraute Delegation von Entscheidungen an
bestimmte Entscheidungsträger. Insofern sollte nicht nur von

---

1. 'Ich kann doch nichts sagen, wenn die, die mir voraus sind,
kein Wort gesagt haben.' Interview mit Traoré A. am 19.2.85
in seinem Hof.

einem Unterlegenheits-, sondern auch von einem <u>Delegationssyndrom</u> in bezug auf das Partizipationsverhalten der GV-Mitglieder gesprochen werden.

<u>Zusammenfassend</u> kann festgehalten werden, daß neben den Vorerfahrungen mit Partizipation in den autochthonen Institutionen und der Dominanz materieller Partizipationserwartungen das verbreitete Unterlegenheits- und Delegationssyndrom als Faktoren in das Partizipationskalkül eingehen. Die sich daraus ergebenden Blockierungen für konstruktives Partizipationsverhalten in den -bereichen 'Entscheidungsprozesse'und 'Organisation und Verwaltung' werden durch die im GV herrschenden Partizipationsregeln noch verfestigt.

Aus der Fülle der <u>Partizipationsregeln</u> sollen die für den Ablauf der Mitgliederversammlungen gültigen herausgegriffen werden. Bereits in Abschnitt 3.1.2 wurde auf die dominierende Rolle des Büros hingewiesen, das sich durch eine entsprechende Vorbereitungssitzung schon zu Beginn der Vollversammlung einen Vorsprung gegenüber den Mitgliedern gesichert hat. Die Büro-Macht äußert sich in der Festsetzung der Tagesordnung, und der Präsident braucht als Leiter der Versammlung nicht zu befürchten, daß ein Mitglied ganz unerwartet ein irgendwie heikles Thema zur Sprache bringt.
Es ist völlig unproblematisch, wenn sich ein Mitglied z.B. nach dem nächsten Termin für die Impfung der Zugochsen erkundigen will. Die Frage nach Informationen zur GV-Buchhaltung ist schon etwas heikler, da sie bei dem Büro als versteckte, kritische Forderung ankommt. Eine derartige Anfrage macht nur jemand, der eine möglicherweise sehr empfindliche Reaktion des Schatzmeisters oder des Präsidenten und die diesbezüglichen Kommentare der öffentlichen Meinung einzustecken bereit ist.

Da bei der <u>sozialen Dichte des dörflichen Lebenszusammenhangs</u> im Verhalten zueinander nicht zwischen verschiedenen Rollen - GV-Mitglied, Familienmitglied, Baumwollproduzent o.a. - differenziert werden kann, sind bei jeder Vollversammlung die

Fülle der Interaktionserfahrungen zwischen allen Beteiligten in
den verschiedensten Kontexten präsent(1). Dabei wird die
Situation dadurch kompliziert, daß wohl spezifische Rollenerwartungen für dörflich vertraute, aber nicht für die sich aus
den verschiedenen GV-Funktionen (z.B. Schatzmeister, Präsident)
ergebenden Verhaltensmuster vorliegen.

Ein Mitglied, das durch eine Anfrage zur Buchhaltung die
öffentliche Reaktion herausfordern könnte: "Was hat der denn
schon zu melden, der hat nicht mal zwei Tonnen Baumwolle dieses
Jahr gemacht, und Kinder haben er und seine Frau auch noch
nicht in die Welt gesetzt", wird eher auf die Anfrage verzichten und sich sagen: "Die vom Büro werden das schon gut machen,
die kennen ja schließlich die Papiere besser als ich."
Für Entscheidungsprozesse - z.B. Vertiefung des Brunnens,
Ankauf einer Waage für die Baumwollvermarktung oder Fortführung
der Bearbeitung des Gemeinschaftsfeldes - gelten für die
Partizipationsmöglichkeiten der Mitglieder dieselben Regeln.
Wenn das Büro nach seiner vorbereitenden Sitzung dem Forum
aller Mitglieder eine bestimmte Entscheidung empfiehlt,
erfordert es besonderes Zivilcourage, gegen diesen Vorschlag zu
sprechen. Wenn sich jemand der Unterstützung anderer Mitglieder
für seine Gegenrede gewiß sein kann, sinkt die Hemmschwelle zu
einer kritischen Stellungnahme ganz erheblich. Die Gewißheit
über die Unterstützung durch andere Mitglieder kann der
betreffende Kritiker nur <u>vor</u> der Mitgliederversammlung gewonnen
haben. Dies verweist auf das <u>Geschehen im Vorfeld einer
Mitgliederversammlung</u>, das vor allem bei heiklen Themen von
großer Bedeutung ist.

Bei <u>heiklen Themen</u> wird das Büro Vorsondierungen führen, die
zur Folge haben können, daß die Entscheidung über eine
bestimmte Frage aufgeschoben werden muß, weil ihre Diskussion
auf einer Mitgliederversammlung zu einem Eklat, d.h. einer
eventuell sehr hitzigen Diskussion mit beträchtlichem Konflikt-

---

1. BERGMANN (1972) hat diesen Zusammenhang beispielhaft bei
   seiner Untersuchung von senegalesischen Genossenschaften
   herausgearbeitet.

potential Anlaß geben könnte. Ein derartiges heikles Thema ergab sich in der Zeit meiner Anwesenheit in Boho in Verbindung mit der Person des ersten Wiegemeisters(1), der gleichzeitig Sekretär des GV war und gegen den sich seit der Baumwollvermarktung 1983/84 Widerstand bei einigen GV-Mitgliedern regte. Ausgangspunkt war eine bestimmte Konfliktsituation zwischen dem Wiegemeister und einem GV-Mitglied aus einer anderen Familie gewesen(2).

Da beide Kontrahenten Mitglieder des Büros waren, konnte weder auf einer Sitzung des Büros noch auf einer Mitgliederversammlung über dieses Thema gesprochen werden. Eine Diskussion auf einer Mitgliederversammlung hätte mit großer Wahrscheinlichkeit zu einem gefährlichen weiteren Anfachen des Konfliktes geführt. Dies wird auf dem Hintergrund der dörflichen Konfliklösungsregeln verständlich, die besagen, daß ein Konflikt zwischen zwei Personen nur durch die Intervention eines Dritten gelöst werden kann. Das Eskalationsrisiko beim Versuch einer Konfliktlösung unter vier Augen soll dadurch von vorneherein ausge-

---

1. Der zweite Wiegemeister ist nicht einfach nur ein Stellvertreter, der bei Krankheit oder sonstwie bedingter Abwesenheit des ersten Wiegemeisters zum Einsatz kommt. Er wird vielmehr die Waage dann übernehmen, wenn sich in einer oder der anderen Familie Mißtrauen gegenüber dem ersten Wiegemeister regt, das nicht so weit geht, daß grundsätzlicher über die Frage der Wiegemeister beraten werden müßte.

2. Um bei der Baumwollvermarktung auf Dorfebene Zeit zu gewinnen, räumte das GV denjenigen Produzenten, die mindestens vier Tonnen - nach Schätzung - auf den Markt brachten, die Möglichkeit ein, den Lkw-Anhänger oder den Container direkt zu beladen. Für den Fall, daß die Baumwolle eines Produzenten den Anhänger oder den Container nicht ganz ausfüllte, wurden einige Ballen gewogen und dann zugeladen. Nach dem Kontrollwiegen auf Fabrikebene mußte von dem Gesamtgewicht einer aus direkt geladener und gewogener Baumwolle bestehenden Ladung das Gewicht der zugewogenen Baumwolle abgezogen werden, um die Summe zu ermitteln, die dem direktladenden Produzenten zustand. Ein Mitglied erklärte sich nun mit dem Ergebnis einer derartigen Abzugsoperation nicht einverstanden und beschuldigte den ersten Wiegemeister, beim Zuwiegen falsch gewogen zu haben.

schaltet werden(1). Dieses Thema konnte daher nur informell behandelt werden, d.h. in Gesprächen des GV-Präsidenten mit einzelnen Büromitgliedern und mit den einflußreichen Ältesten. Der Präsident mußte als Primus inter pares des Büros eine ebenso umsichtige Konsenssuche betreiben, wie es die Ältesten im 'lo muu waani' seit jeher praktizierten. Eine teilöffentliche (Bürositzung) oder gar öffentliche (Mitgliederversammlung) Diskussion dieses heiklen Themas war gar nicht mehr vorgesehen. Der Präsident sagte mir, er werde zum gegebenen Zeitpunkt jemanden zum ersten Wiegemeister für die anstehende Baumwollvermarktung benennen, und diese Entscheidung habe dann von allen akzeptiert zu werden.

Betrachtet man diesen informellen Partizipationsbereich im Vorfeld von Mitgliederversammlungen, so könnte man vermuten, daß hier die realen Partizipationschancen für die Mitglieder liegen, zumal sich die informellen Sondierungen und Beratungen proportional zur Umstrittenheit des Diskussionsgegenstandes verlängern. Bei dieser Annahme wäre die Mitgliederversammlung in der Tat nur der Ort für die formelle Akklamation einer Entscheidung, die durch intensive informelle Partizipation ausgehandelt wurde. Um reale Partizipationschancen in diesem informellen Bereich annehmen zu können, müßte von einer hohen Partizipationsmotivation der Mitglieder ausgegangen werden, was allen bisher gemachten Aussagen zum Partizipationskalkül der überwiegenden Mehrheit der GV-Mitglieder widerspricht. Unter den bisher herausgearbeiten Partizipationsbedingungen kann somit eher davon ausgegangen werden, daß das Büro informelle Partizipationsformen zur Festigung seiner Position nutzt, als daß die Mitglieder dadurch ein Gegengewicht aufbauen könnten.

---

1. Einer der wichtigsten autochthon legitimierten Vermittler in Konfliksituationen ist der Älteste der zur Kaste der Schmiede gehörenden Familie. Er wird in der Regel getrennt mit den Kontrahenten sprechen und dann entscheiden, wann er sie zur Beilegung des Konfliktes zusammenbringt. Die Konfliktlösung wird entsprechend komplizierter, wenn die Konfliktlinie nicht nur zwischen zwei Personen, sondern zwischen zwei Familien verläuft, wobei sich Letzteres sehr schnell aus Ersterem entwickeln kann.

Um nach diesem Exkurs in den informellen Partizipationsbereich zum Partizipationsgeschehen während einer Mitgliederversammlung zurückzukehren, soll nun der Frage nachgegangen werden, an welchen Gegenständen sich konstruktive Partizipation unter den oben analysierten Bedingungen kaum möglicher kritischer Stellungnahmen noch äußern kann. In Abschnitt 3.1.2. ist bereits auf die teilweise intensive Diskussion von Verfahrensfragen hingewiesen worden. Dies kann sich so darstellen, daß die anwesenden Mitglieder z.B. die Empfehlung des Büros, einen der beiden Brunnen zu vertiefen, ohne Diskussion akzeptiert haben und sich die Diskussion dann intensivst an der Frage entzündet, an welchem Tag diese gemeinsame Arbeit stattfinden soll.

Ein häufiges Thema für intensive Diskussion mit breiter Mitgliederbeteiligung ist das Procedere bei der Düngerverteilung. Gibt es nur einen oder mehrere Verteilungstermine? Kann jemand einen Sack Dünger wieder zurückgeben, wenn er nach der Verteilung noch hinsichtlich seines Düngereinsatzes umdisponiert?

Es gibt keinerlei Vorbilder im dörflichen Erfahrungsbereich für die Beendigung einer derartigen Diskussion durch Abstimmung, um eine Entscheidung herbeizuführen (vgl. Abschnitt 3.1.3). Es ist wiederum die Aufgabe des Primus inter pares des Büros, des GV-Präsidenten, zu dem von ihm als günstig eingeschätzten Zeitpunkt ein bestimmtes Vorgehen quasi wie ein Richter als allgemein verbindlich zu erklären, um damit die Diskussion zu beenden.

Wenn die oben angesprochenen Diskussionsgegenstände als 'Verfahrensfragen' bezeichnet wurden, dann darf dies nicht als Abwertung, die die subjektive Bedeutung dieser Verfahrensfrage für die mitdiskutierenden Mitglieder verkennen würde, mißverstanden werden. Es geht um das auffällige Mißverhältnis zwischen hoher Partizipationsintensität in bezug auf Verfahrensfragen und geringer Partizipationsintensität bei Entscheidungen von grundsätzlicherer Bedeutung, bei denen sich aus oben dargelegten Gründen die Büro-Macht relativ reibungslos durchsetzen kann(1).

Die aus dem Zusammenspiel von Unterlegenheitssyndromen bei den Mitgliedern und der Führungsposition des GV-Büros erklärbaren Partizipationsregeln sind dabei so in das Partizipationskalkül der Mitglieder "eingebaut" worden, daß sie in bezug auf konstruktive Partizipation eher hemmend als fördernd wirken. Selbst unter der Bedingung, daß ein Partizipationsgegenstand eine direkte, materielle Betroffenheit bei einem Mitglied auslösen oder durch die Nähe zum vertrauten Wissens- und Erfahrungsbereich eines Mitgliedes Partizipationsbereitschaft wecken kann, begünstigen die gültigen Partizipationsregeln rezeptive Partizipationsformen in den GV-Versammlungen.

Die Betrachtungen in diesem Abschnitt über Büro-Macht und Mitglieder-Ohnmacht in ihren Auswirkungen auf Partizipationsregeln und das Mitglieder-Partizipationskalkül haben <u>keinerlei Anhaltspunkte dafür</u> ergeben, <u>daß das für die Entscheidungsprozesse im GV charakteristische Partizipationsgeschehen zur Entwicklung einer partizipativen Einstellung (vgl. Abschnitt 3.1.4) einen spürbaren Beitrag leisten konnte</u>. Vielmehr legt die Analyse des Partizipationsgeschehens in der Mitgliederversammlung den Schluß nahe, daß sich dort die im 'zin waani' beobachteten, partizipationshemmenden Faktoren in anderer Form reproduzieren. An die Stelle der gerontokratischen Differenzierung im 'zin waani' ist die Differenzierung nach Verfügbarkeit über GV-relevantes Wissen in der GV-Mitgliederversammlung getreten. Gestützt auf die Vertrautheit der Mitglieder mit einer vertikalen Aufgabentrennung von den autochthonen Institutionen her (Delegationssyndrom!) konnte das Büro mit dem ihm verfügbaren GV-relevanten Wissen seine deutliche Machtstellung in den gesamten GV-Entscheidungsprozessen und damit auch

---

1. Es könnte hier auf dem Hintergrund des Unterlegenheitssyndroms eine Kompensationsfunktion der konstruktiven Partizipation bei Verfahrensfragen vermutet werden. Dafür geben jedoch die empirischen Ergebnisse keine ausreichenden Anhaltspunkte.

in der Mitgliederversammlung etablieren.

Hier schließt sich nun die Frage an, welche Partizipationskompetenzen ein Mitglied haben müßte, um sich mit konstruktiver Partizipation in den verschiedenen Partizipationsbereichen einzubringen, ohne dem Büro anzugehören. Aus der bisherigen Darstellung ergibt sich, daß er mit Auswärtserfahrung und einem hohen Prestige im Dorf ausgestattet sein müßte. In kleineren Dörfern würde ein GV-Mitglied mit den genannten Eigenschaften jedoch kaum außerhalb des Büros bleiben können, was in größeren Dörfern wie Popioho, Dohoun und vor allem Kiere durchaus denkbar ist. Damit ist eines der für das Kräfteverhältnis zwischen Büro und Mitgliedern in Boho kennzeichnenden Charakteristika benannt. Alle Personen, die mit den Kompetenzen ausgestattet wären, Gegengewichte zur Büro-Macht zu setzen, gehören dem Büro bereits an. Bis die Generation der zukünftigen Schulabgänger in diese Rolle hineinwachsen könnte, werden noch einige Jahre vergehen.

Das GV-Büro in Boho hat diese Konstellation genutzt, um seine so gewonnene Macht auch in direkte, materielle Vorteile für die einzelnen Büromitglieder umzumünzen. Von den 1981/82 vergebenen zwölf Kredit-"Paketen" für die Ochsenanspannung – dieser Kreditrahmen war vom ORD festgelegt worden – gingen neun, d.h. 75% an die Büro-Mitglieder, obwohl sie mit zwölf Büromitgliedern nur knapp 20% der Mitgliedschaft stellen (68 Mitglieder). Auch wenn sich diese Diskrepanz durch die Tatsache, daß die über 55jährigen Mitglieder schon aus physischen Gründen gar nicht mehr als Interessenten an diesem Kreditprogramm auf den Plan traten, etwas verringert, bleibt doch die deutliche Bevorteilung der Büromitglieder bestehen.
Diese Selbstbevorteilung wurde auch dadurch ermöglicht, daß das Büro das vom ORD geforderte Kreditvergabekomitee nur aus Büromitgliedern bildete. Dieses Komitee machte dann konkrete Vorschläge, die von dem verantwortlichen ORD-Kader nach technischen Kriterien (Rückzahlungsfähigkeit) geprüft wurden. Die dem Komitee angehörenden Büro-Mitglieder trafen die

entscheidende Vorauswahl und konnten bei der Ablehnung eines Kandidaten immer die Prüfung der Dossiers durch den ORD als wahrscheinlichen oder faktischen Ablehnungsgrad vorschieben(1). Entsprechend dem dörflichen Machtgefüge wurde auch der frühere 'lo banso' bei der Kreditvergabe mit "bedient".

Nachdem bei der Kreditvergabe 81/82 fast alle Büromitglieder zum Zuge gekommen waren, konnten für das Kreditprogramm 84/85 (sieben Kredit-"Pakete") hauptsächlich Nicht-Büromitglieder in den Genuß der Materialkredite kommen. Nur ein Büromitglied wurde in diesem Zusammenhang mit "bedient".

Diese beiden Kreditprogramme müssen in ihren Auswirkungen auf den Partizipationsprozeß eher negativ beurteilt werden. Zwar konnten einige Nicht-Büromitglieder - vor allem durch das 84/85 Programm - durch konkrete materielle Vorteile, zu denen ihnen nur das GV Zugang verschaffen konnte, in ihrer positiven Einstellung zum GV bestätigt werden. Wie alle bisherigen Ausführungen jedoch belegen, führte diese Bestätigung oder selbst Verstärkung der positiven Einstellung zum GV nicht zu einer intensiveren aktiven Partizipation an den GV-Aktivitäten und -Entscheidungsprozessen. Die enttäuschten Kreditinteressenten, über deren genaue Zahl aus den genannten Gründen keine Angaben gemacht werden können, haben sich eindeutig negativ auf die Partizipationsmotivation der betroffenen Mitglieder ausgewirkt.

Diese negativen Effekte konnten auch in einzelnen Fällen im <u>Kleinkreditbereich</u> beobachtet werden. In der Enttäuschung über einen nicht erhaltenen Kredit steckte dadurch eine <u>besondere Konfliktdynamik</u>, daß aufgrund undifferenzierter Rollenwahrneh-

---

1. Es war aus verständlichen Gründen besonders schwierig, Details über die Phase der Vorauswahl zu erfassen. Bei einem Fall, der mir bekannt wurde, ist einem Bauern die Kandidatur für dieses Kreditprogramm verwehrt worden, weil er keinen Bürgen benennen konnte. Ob die so gegebene Erläuterung des GV-Präsidenten der Wirklichkeit entsprach, vermag ich nicht einzuschätzen.

mung die Ablehnung nicht als möglicherweise sachlich gerechtfertigte Entscheidung eines GV-Funktionsträgers, sondern als persönliche Boshaftigkeit eines Familienmitglieds oder eines anderen Dorfbewohners angesehen wurde. Diese Konfliktdynamik konnte bei den Ochsenanspannungskrediten in erheblichem Maße auf die zuständigen ORD-Kader umgelenkt werden, was jedoch im Kleinkreditbereich nicht möglich war. Inwieweit auch dort Kreditinteressenten zugunsten von "bedienten" Büro-Mitgliedern verzichten mußten, konnte nicht in Erfahrung gebracht werden. Auf die besonders geringe Transparenz dieses Bereiches der GV-Arbeit war bereits in Abschnitt 3.1.6.2. hingewiesen worden.

Es kann als <u>Resümee dieses Abschnitts</u> festgehalten werden, daß sich die Büro-Macht nicht nur in einer dominierenden Stellung in den GV-internen Entscheidungsprozessen, sondern auch in konkreten materiellen Vorteilen für die Büromitglieder niedergeschlagen hat. Die relativ geringe Bedeutung von konstruktiver Partizipation, vor allem in den Partizipationsbereichen 'Entscheidungsprozesse' sowie 'Organisation und Verwaltung', im Partizipationskalkül der meisten Mitglieder erschwert die Position möglicher Kritiker der Büro-Macht. Je mehr ein Kritiker im dörflichen Kontext nur auf sich selbst gestellt ist, desto höher werden die Anforderungen an seine besonderen Eigenschaften: hohes Sozialprestige und GV-relevante Auswärtserfahrung. In einem relativ kleinen Dorf wie Boho sind die Bedingungen für eine Machtverschiebung zugunsten der nicht dem Büro angehörenden Mitglieder deshalb besonders ungünstig, weil alle mit den Eigenschaften eines potentiellen Kritikers ausgestatteten Personen dem Büro bereits angehören.

Bevor in einer abschließenden Betrachtung über die partizipationsfördernden und -hemmenden Faktoren im GV von Boho auch der Frage nach einer möglichen Dynamisierung des Machtverhältnisses zwischen Büro und den anderen Mitgliedern nachgegangen werden kann, soll noch auf zwei Fragen eine Antwort versucht werden, die bisher zu wenig Berücksichtigung gefunden haben: Was bedeutet für die Frauen in Boho ihr formeller

Ausschluß aus dem GV, und über welche informellen Partizipationskanäle können die Frauen gegebenenfalls Einfluß auf die GV-Arbeit nehmen? Welche Rolle spielten die verschiedenen Außeninterventionen (ORD, WFD-Team) für die Entwicklung der Partizipationswirklichkeit im GV von Boho?

3.1.7. Zur Stellung der Frauen im GV von Boho(1)

Formell kann keine Frau Mitglied des GV werden. Jedes männliche Mitglied vertritt als Familienoberhaupt automatisch alle Mitglieder seiner Kernfamilie im GV. Nach dieser Sichtweise der Männer besteht keinerlei Notwendigkeit für eine eigene Frauenmitgliedschaft im GV. Daraus ergibt sich ebenso folgerichtig, daß die Frauen weder bei einer Büro- noch bei einer Mitgliederversammlung des GV Rederecht haben. Sie sind in die GV-Arbeit nur punktuell einbezogen, wenn die Männer ihnen bestimmte Aufgaben zuteilen, z.B. die Beteiligung beim Laden von Sand, der für die Ausbetonierung des Brunnens gebraucht wurde, oder für die Zubereitung der Mahlzeiten, die die Männer während der Baumwollvermarktung gemeinsam verzehren.

Die Frauen haben vom GV direkt und indirekt profitiert. Die Verbesserung der dörflichen Wasserversorgung brachte den Frauen konkrete Arbeitserleichterungen, da sie nicht mehr gezwungen waren, in den kritischen Monaten der Trockenzeit Wasser im 3 km entfernten Kassaho holen zu müssen. Die mögliche Annahme, daß Frauen über informelle Partizipationskanäle mit dazu beigetragen haben, daß das GV bei der Verbesserung der dörflichen Wasserversorgung aktiv wurde, läßt sich durch das vorliegende Material nicht bestätigen. Damit ist nicht ausgeschlossen, daß einzelne Frauen sich gegenüber ihren Männern dazu geäußert haben; es fehlen jedoch die Anhaltspunkte dafür, daß informelle Partizipation von Frauen für den entsprechenden Entscheidungsprozeß im GV von Bedeutung war.

Die Frauen profitierten auch in anderer Hinsicht indirekt von den GV-Aktivitäten. Auch wenn die Männer von ihren durch GV-Baumwollvermarktung (MAC) und bessere Materialausstattung (Ochsenanspannungskredite via GV) erhöhten Einkommen die Frauen nur sehr zögerlich profitieren lassen wollten, konnten die Frauen doch gewiß sein, daß von dem zusätzlich zirkulierenden

---

1. Direkte Informationen durch Interviews mit Frauen konnte ich nur in zwei Fällen erlangen. Die anderen Informationen mußte ich den Interviews mit den männlichen GV-Mitgliedern entnehmen.

Geld ein erheblicher Teil(1) über die Hirsebierkneipen in ihre Taschen fließen würde. Produktion und Verkauf des Hirsebiers sind ausschließlich den Frauen vorbehalten. Das notwendige Getreide (roter Sorghum) kauft die Frau entweder auf dem Markt oder bei ihrem Mann. Derartige bereits monetarisierte Tauschbeziehungen zwischen Frau und Mann verweisen auf die deutliche Trennung der Lebensbereiche von Männern und Frauen im dörflichen Alltag. Beim täglichen Wasserholen und Hirse- bzw. Mais-Stampfen sind die Frauen unter sich; ebenso an den Markttagen (Bouahoun, Maro, Bereba) wie auch bei der täglichen Nahrungszubereitung, die den Frauen einer Kernfamilie und deren Töchtern obliegt.

Im Produktionsbereich hat die Herausbildung der Kernfamilien als ökonomische Basiseinheiten (vgl. dazu Abschnitt 1.1.) die traditierten Beschränkungen für die Mitarbeit der Frauen bei der Feldarbeit mehr und mehr aufgehoben. Nur Rodungsarbeiten sowie das Ausbringen von Insektiziden bleiben ausschließlich den Männern vorbehalten.

Neben Hirsebierproduktion und -verkauf(2) gehören das Sammeln von Schibutternüssen sowie wildwachsenden Kräutern und Gemüsen zu den Aufgaben, die ausschließlich Frauen erledigen dürfen. Dazu gehören auch der Anbau von bestimmten Gewürzen und Gemüsen sowie das Spinnen von Baumwollgarn, das aber nur noch von den älteren Frauen betrieben wird.

Diese <u>Trennung der Lebensbereiche von Männern und Frauen</u> hebt die prinzipielle Unterordnung, die die männlichen Familienchefs den Frauen abverlangen, nicht auf. Die Gewißheit abgegrenzter

---

1. Genaue Quantifizierungen sind hier selbst mit erheblichem zeitlichen Aufwand nicht zu erlangen. Schätzungen müssen sehr grob bleiben. Man kann davon ausgehen, daß mehr als 50% des jährlichen Bargeldeinkommens für alkoholische Getränke (Flaschenbier, Hirsebier, Schnaps) ausgegeben werden. Über 60% dieser Summe gehen etwa in den Hirsebierkonsum und sind damit relevant für das Einkommen der Frauen (vgl. dazu auch HILPERT 1984).

2. Der Flaschenbierverkauf kann hier nicht mit aufgenommen werden, da die Frauen diese Aufgabe vielfach in Kommission für ihre Männer übernehmen.

eigener Lebensbereiche hat eher eine Ventilfunktion, womit sich auch erklären läßt, daß die Frauen bisher nicht deutlicher ihren Wunsch artikuliert haben, an der GV-Arbeit stärker beteiligt zu werden. Als Beleg dafür kann die Aussage von einer der beiden Frauen angesehen werden, die Mitglieder im CDR sind(1): Sie artikulierte zwar das Interesse der Frauen an einer Vertretung im GV-Büro, sagte aber auch, daß sich die Frauen bisher noch nicht darum gekümmert hätten.

Die Erfahrungen anderer Dörfer im Sektor machen deutlich, daß Organisationsbemühungen der Frauen in der Regel eher auf die Schaffung eigener Strukturen - "Groupement des femmes" - als auf die formelle Vertretung und damit auch formell abgesicherte Mitarbeit im GV der Männer zielen(2). Diese Tendenz fügt sich nahtlos in die dargestellte Trennung der Lebensbereiche von Männern und Frauen ein.

Die <u>Organisationsbemühungen der Frauen von Boho</u> sind bisher auf rein informeller Ebene geblieben. Entwickelte Kooperationsstrukturen, wie es sie in zahlreichen Dörfern des Sektors gibt und auf die sich Frauen-GV stützen können, sind in Boho nicht vorhanden. Das Prinzip der Virilokalität verhindert, daß die Frauen auf autochthone Kooperationsstrukturen zurückgreifen könnten. Vor der Heirat sind die jungen Mädchen in das Altersklassensystem integriert, aber <u>für die Zeit nach der Heirat fehlen autochthon vorgegebene Organisationsstrukturen</u>.

Es gibt nur eine punktuelle gemeinsame Feldarbeit der jüngeren Frauen eines 'zin' abwechselnd auf den Feldern der Männer. Die informellen Gespräche der Frauen untereinander haben bisher nur zur Kontaktierung eines aus Boho stammenden und in Bobo-Dioulasso lebenden ehemaligen Unterpräfekten geführt, dem die Frauen ihr Anliegen unterbreitet haben, er möge sich für die Verbesserung der Wasserversorgung sowie den Bau einer Entbindungsstation in Boho einsetzen. Irgendeinen

---

1. Gespräch mit Tia K. am 26.02.1985 in ihrem 'cabaret' (Hirsebierkneipe).

2. Die Erfahrungen, die hierzu im GV von Boho-Kari vorliegen, wo auch Frauen Mitglied des GV werden können, stellen in jeder Hinsicht eine Ausnahme dar (vgl. dazu OBERMAIER 1986).

Erfolg hatten die Frauen mit diesen Bemühungen bisher nicht. Die Erfahrungen der Dörfer, in denen ein Frauen-GV existiert - z.B. Popioho, Dohoun, Sara -, zeigen, daß einzelne engagierte Frauen die Organisationsbemühungen im Dorf vorantreiben, sich aber gleichzeitig auch Unterstützung durch Kontakte zu den zuständigen Kadern des ORD sowie den in der Region arbeitenden Hebammen und Krankenschwestern sichern müssen. Die Frauen von Boho haben diesen Punkt noch nicht erreicht.

3.1.8. Die Bedeutung von Außeneinflüssen für die GV-internen Partizipationsprozesse

Es fällt auf, daß bei der gesamten Darstellung der Partizipationsprozesse im GV von Boho bis auf die Gründungsphase nie von Außeninterventionen die Rede war. Dies erklärt sich damit, daß Außeneinflüsse von Seiten der SHFI (ORD, WFD) in den Partizipationsbereichen 'Organisation und Verwaltung' und 'Entscheidungsprozesse' das für die Situation in Boho charakteristische Verhältnis von Mitgliedern und Büro nicht tangieren konnten. Die Beratungstätigkeit der ORD-Mitarbeiter beschränkte sich weitgehend auf die verwaltungstechnischen Aspekte des Kreditbereichs. Die Interventionen des WFD-Teams thematisierten die Mitgliederpartizipation, kamen jedoch über letztlich folgenlose Partizipationsappelle nicht hinaus.
Während der Trockenzeit konzentrierten sich die Interventionen der WFD-Mitarbeiter auf die Verbesserung der Vermarktungsoperationen (Baumwolle und Getreide). In der Regenzeit, d.h. in der Nicht-Vermarktungsperiode, wurde pro GV monatlich eine Mitgliederversammlung zu bestimmten Themen einberufen. Durch aktuelle Entwicklungen in dem jeweiligen GV konnten auch Themen vorgegeben sein. Unter den angebotenen Schwerpunkten waren auch die Themen 'interne Organisation' und 'Buchhaltung', bei deren Behandlung die Frage der Mitgliederpartizipation besonders im Vordergrund stand. Dabei wurde mit Blick auf eine möglichst nachhaltige Lebensfähigkeit des GV immer wieder an die GV-Mitglieder appelliert, an den Vollversammlungen aktiv teilzunehmen und das Büro zu mehr Öffentlichkeit zu drängen. An die Mitglieder des Büros wurde appelliert, bei allen Entscheidungsprozessen soweit wie möglich die GV-Mitglieder miteinzubeziehen.

Aus den bis zu diesem Punkt der Darstellung gegebenen Einsichten in die GV-internen Partizipationsstrukturen ergibt sich, daß diese Appelle weitgehend folgenlos bleiben mußten. Solange sich die beschriebenen konkreten Partizipationsbedingungen nicht veränderten, konnten Appelle das Spannungsfeld von

Büro-Macht und Mitglieder-Ohnmacht kaum beeinflussen. In anderen GV konnte das WFD-Team beobachten, daß sich Kritiker der Büro-Macht nach einer Versammlung in internen Diskussionen auf die vom WFD-Team gemachten Partizipationsappelle beriefen, um den eigenen Argumenten Nachdruck zu verleihen. Die bisherige Darstellung hat eindeutig ergeben, daß diese Ansatzpunkte in Boho nicht existierten.

Um in einer Versammlung über Partizipationsappelle hinauszugehen, hätten Partizipationsregeln offen angesprochen werden müssen, um konkrete Veränderungsansätze erst einmal sichtbar werden zu lassen. Wie in Abschnitt 3.1.5. belegt werden konnte, standen die geltenden Partizipationsregeln jedoch genau dieser Form öffentlicher Erörterung entgegen. Aus den Erfahrungen des WFD-Projektes ergeben sich keine Anhaltspunkte dafür, daß diese Partizipationsregeln durch gezielte Außeninterventionen partiell durchbrochen werden könnten, um das Thema 'Partizipationsregeln' diskutierbar zu machen. Dies hätte bei den beschränkten Einblicken von außen kommender Akteure in die Partizipationswirklichkeit eines GV von den GV-Entscheidungsträgern in Boho mit Leichtigkeit konterkarriert werden können. Denkbar wäre allenfalls gewesen, daß eine Gruppe von GV-internen Kritikern die Anwesenheit von ORD-Beratern oder WFD-Teammitgliedern genutzt hätte, um ihrem Anliegen eine größere Durchsetzungschance zu eröffnen.

In der Landwirtschaftskampagne 1984/85 hat der <u>ORD</u> einen Versuch unternommen, die Mitgliederpartizipation in den GV-Entscheidungsprozessen zu stärken. <u>Diese Initiative programmierte jedoch ihre Folgenlosigkeit dadurch vor, daß sie nach administrativen Regeln verordnet wurde</u>: Jedes GV mußte in einem bestimmten Zeitraum eine Mitgliederversammlung mit einer bestimmten Tagesordnung unter Beteiligung eines ORD-Mitarbeiters abhalten. Die GV versuchten dieser Verpflichtung mit dem minimalsten Aufwand nachzukommen. Auch in Boho führte man geduldig diese Anordnung des ORD aus, ohne daß dadurch die GV-internen Partizipationsstrukturen auch nur im geringsten berührt worden wären.

Bisher ist die Frage nach den Außeneinflüssen nur dahingehend gestellt worden, inwieweit sie partizipations<u>fördernd</u> sein konnten. Die Frage nach den eindeutig partizipations<u>hemmenden</u> Außeneinflüssen könnte zu der Annnahme führen, daß der teilweise administrativ-rigide Umgang des ORD mit den GV in diese Richtung gewirkt hat. Die volle Verantwortung der GV für die Durchführung der kurz- und mittelfristigen Kreditoperationen - Produktionsmittel- und Ochsenanspannungs-Kredite - wurde zum 1. April 1981 dekretiert, ohne daß eine Übergangsregelung für die GV vorgesehen worden wäre, die dieser neuen Aufgabe wegen mangelnder technischer Kompetenzen nicht gerecht werden konnten. Für den ORD stand im Vordergrund, durch diesen Verantwortungstransfer finanzielle Risiken bei Kreditvergabe und Lagerhaltung auf die GV abwälzen zu können.

Dieses Vorgehen des ORD konnte sich jedoch nicht direkt partizipationshemmend auswirken, da es zwar die Mitglieder des Büros vor zusätzliche technische Probleme stellte, die GV-Mitglieder jedoch deswegen nur sehr bedingt betroffen machen konnte, weil das <u>Verhältnis von ORD und GV weitgehend außerhalb des vertrauten Erfahrungsbereichs der Mitglieder</u> liegt.

Die Vorstellungen über das administrativ-institutionelle Umfeld auf der lokalen (Houndé) und erst recht auf der regionalen Ebene (Bobo-Dioulasso) sind so diffus, daß sich überhaupt kein konkretes Problembewußtsein bilden kann, nach dem sich ein bestimmtes Vorgehen des ORD gegenüber den GV einordnen ließe(1). Daher existieren auch bei der großen Mehrheit der Mitglieder keine konkreten Vorstellungen hinsichtlich einer Interessenvertretung der GV-Mitglieder durch das GV-Büro nach außen hin. Auch hier sind die Vorstellungen eher diffus und gehen so weit, daß angenommen wird, über eine Intervention des

---

1. Dies ist ein anschaulicher Beleg für das von SPITTLER betonte Fehlen eines "elaborierten kognitiven und moralischen Herrschaftsmodells" (1975:11), was der Verwaltung entsprechende Legitimationszwänge erspart (vgl. auch Abschnitt I:3.3).

GV-Büros beim ORD auf lokaler oder regionaler Ebene ließe sich der Baumwoll- oder der Düngerpreis beeinflussen. Unter diesen Bedingungen ist es auch nicht denkbar, daß das oben beschriebene Vorgehen des ORD partizipationshemmend dahingehend wirkt, daß sich ein Mitglied vom GV zurückzieht, weil das GV-Büro aus seiner Sicht offensichtlich nicht nachhaltig genug die Interessen des GV gegenüber dem ORD vertreten hat. Umgekehrt konnte sich aber auch keine partizipationsfördernde Wirkung ergeben, die in einem stärkeren 'Wir-Gefühl' gegenüber dem ORD hätte bestehen können.

Fragt man abschließend nach der partizipationshemmenden Wirkung des Fehlens von Außeninterventionen, so sind vor allem die fehlenden bzw. zu geringen Angebote des ORD und des WFD-Teams zum Ausgleich der Disparitäten in den Partizipationskompetenzen der Mitglieder zu nennen. Wie in Abschnitt I:4.2 dargestellt wurde, konnte z.B. bei den "Associations villageoises" in Mali der Zugang der Mitglieder zu den notwendigen Partizipationskompetenzen über das Angebot funktioneller Alphabetisierungskurse wesentlich verbessert werden. Derartige Kurse wurden im Sektor Houndé vom ORD erst ab 1983 angeboten. In der Trockenzeit 1984/85 nahmen zwei Nicht-Büromitglieder an einem in der Verkehrssprache Dioula durchgeführten funktionellen Alphabetisierungskurs teil. Sie selbst aber auch die Büromitglieder waren jedoch skeptisch, ob nach einer Umstellung der Buchhaltung von 'Französisch' auf 'Dioula' die Verwaltung der GV-Finanzen den beiden Kursteilnehmern anvertraut werden könnte.

Auf die Implikationen, die sich aus der Bewertung der Außeninterventionen im GV von Boho und auch in den anderen Untersuchungsdörfern für die Orientierung einer mitgliederpartizipationsbezogenen Selbsthilfeförderung ergeben, soll in den abschließenden Schlußfolgerungen (vgl. Teil III) eingegangen werden.

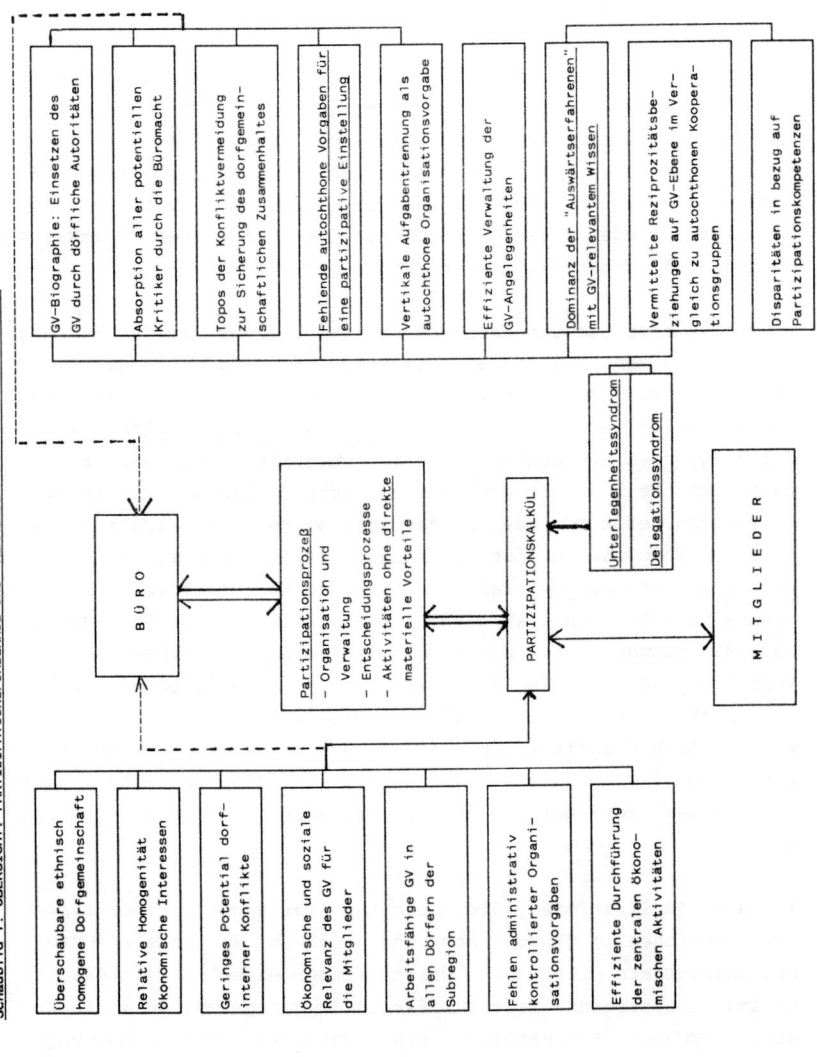

Schaubild 7: ÜBERSICHT: PARTIZIPATIONSFÖRDERNDE UND -HEMMENDE FAKTOREN IM GV VON BOHO

- GV-Biographie: Einsetzen des GV durch dörfliche Autoritäten
- Absorption aller potentiellen Kritiker durch die Büromacht
- Topos der Konfliktvermeidung zur Sicherung des dorfgemeinschaftlichen Zusammenhaltes
- Fehlende autochthone Vorgaben für eine partizipative Einstellung
- Vertikale Aufgabentrennung als autochthone Organisationsvorgabe
- Effiziente Verwaltung der GV-Angelegenheiten
- Dominanz der "Auswärtserfahrenen" mit GV-relevantem Wissen
- Vermittelte Reziprozitätsbeziehungen auf GV-Ebene im Vergleich zu autochthonen Kooperationsgruppen
- Disparitäten in bezug auf Partizipationskompetenzen

BÜRO ⇄ Partizipationsprozeß
- Organisation und Verwaltung
- Entscheidungsprozesse
- Aktivitäten ohne direkte materielle Vorteile

⇄ PARTIZIPATIONSKALKÜL ← Unterlegenheitssyndrom / Delegationssyndrom

⇄ MITGLIEDER

- Überschaubare ethnisch homogene Dorfgemeinschaft
- Relative Homogenität ökonomische Interessen
- Geringes Potential dorfinterner Konflikte
- Ökonomische und soziale Relevanz des GV für die Mitglieder
- Arbeitsfähige GV in allen Dörfern der Subregion
- Fehlen administrativ kontrollierter Organisationsvorgaben
- Effiziente Durchführung der zentralen ökonomischen Aktivitäten

3.1.9. Schlußbetrachtung: Partizipationsfördernde und -hemmende Faktoren im GV von Boho

Die Fallstudie über das GV von Boho soll abgeschlossen werden mit einer Gegenüberstellung der partizipationsfördernden und -hemmenden Faktoren, die im Partizipationsprozeß wirksam waren. Alle in den vergangenen Abschnitten dargestellten Faktoren sind in diese Gegenüberstellung eingegangen. Schaubild 7 zeigt die verschiedenen Faktoren in einer Synopse. Die Darstellung konzentriert sich auf die Partizipationsbereiche, in denen besondere Partizipationsdefizite ausgemacht werden konnten: 'Organisation und Verwaltung', 'Entscheidungsprozesse' und 'Aktivitäten ohne direkte materielle Vorteile (z.B. Gemeinschaftsfeld)'. In einer statischen Betrachtung(1) werden Wirkungszusammenhänge zwischen den beiden Faktorenbündeln und dem Partizipationskalkül der Mitglieder auf der einen sowie dem Büro auf der anderen Seite hergestellt. Zur Wahrung der darstellerischen Übersicht müssen Wechselbeziehungen zwischen einzelnen Faktoren weitgehend ausgeblendet werden.

Bei den partizipationsfördernden Faktoren lassen sich Schwerpunktsetzungen vornehmen, ohne daß jedoch die einzelnen Faktoren in eine eindeutige Rangfolge gebracht werden könnten. Der geringen Größe des Dorfes und der damit verbundenen ethnischen und sozialen Homogenität, die nicht durch Dauerkonflikte(2) oder durch ökonomisch begründete Interessengegensätze in Frage gestellt wurde, kommen besonderes Gewicht zu. Sie bildeten entscheidende Voraussetzungen dafür, daß das GV den

---

1. Eine dynamische Betrachtung, die Rück- und Wechselwirkungen, z.B. zwischen Partizipationsprozess und -kalkül, miteinbeziehen würde, würde in ihrer Visualisierung zu einer nicht mehr zu bewältigenden darstellerischen Komplexität führen. Eine derartige Betrachtung des Partizipationsprozesses im zeitlichen Verlauf wäre höchst aufschlußreich, ließe sich aber auf der Basis des vorliegenden Materials nicht mit der gebotenen Lückenlosigkeit realisieren.

2. Als Beispiel dafür kann das GV in Kiere genannt werden (vgl. Skizze 3).

Mitgliedern zu konkreten Verbesserungen im ökonomischen und sozialen Bereich verhelfen konnte. Die dadurch verbürgte ökonomische und soziale Relevanz des GV bildete ein wesentliches partizipationsförderndes Moment.

Die sich daraus ergebende positive Einstellung der Mitglieder zum GV wurde durch die Wahrnehmung der Arbeit der GV in allen Dörfern der näheren Umgebung noch verstärkt. Das Fehlen von Organisationsvorgaben durch den ORD, deren Anwendung administrativ überprüft wird, hat dem GV die notwendige Handlungsfreiheit für die Gestaltung der internen Organisation und damit auch der angewendeten Partizipationsregeln gesichert. Die grundsätzlich positive Einstellung der Mitglieder wurde auch dadurch gefestigt, daß dank der spezifischen Kompetenzen einiger Büromitglieder eine relativ effiziente Durchführung der zentralen ökonomischen Aktivitäten (Vermarktung und Kredit) möglich war.

Dieses Bündel von partizipationsfördernden Faktoren hat zwar die Handlungsfähigkeit des GV im dörflichen Kontext garantieren können. Es war jedoch in Anbetracht einer Fülle von partizipationshemmenden Faktoren nicht ausreichend, um ein kontinuierliches, aktives Partizipationsverhalten der Mitglieder in allen Partizipationsbereichen zu begründen. Auch hier läßt sich keine eindeutige Rangfolge der Faktoren begründen; jedoch sind bestimmte Gewichtungen (durch Unterstreichung gekennzeichnet) möglich.

Die bei den meisten Mitgliedern virulenten Unterlegenheits- und Delegationssyndrome gegenüber dem Büro erklären sich vor allem aus den Disparitäten in bezug auf die GV-relevanten Partizipationskompetenzen, was die sich im Büro konzentrierenden Besitzer dieser Kompetenzen, die "Auswärtserfahrenen", in eine herausgehobene Position bringt. Die relativ effiziente Bewältigung der zentralen ökonomischen Aktivitäten (Vermarktung und Kredit) durch einige Büromitglieder festigt die genannten Syndrome. Dieser Wirkungszusammenhang hat sich auch auf dem

Hintergrund der autochthonen Partizipationsvorgaben etablieren können.

Die Entscheidungsprozesse in den autochthonen dörflichen Institutionen eröffneten den Dorfbewohnern aufgrund der gerontokratischen Differenzierung einen relativ geringen Partizipationsspielraum. Somit konnte das GV weder auf einer partizipativen Einstellung noch auf einer Vertrautheit der Mitglieder mit Dorfversammlungen als zentralem Entscheidungsinstrument aufbauen. Das für die Entscheidungsprozesse konstitutive gerontokratische Prinzip hatte die nicht den höchsten Altersklassen Angehörenden im Gegenteil daran gewöhnt, die Entscheidungen bestimmten familiären und dörflichen Autoritätspersonen zu überlassen (vertikale Aufgabentrennung). Die Gegenerfahrungen in den autochthonen Kooperationsstrukturen (Altersklassen) liessen sich nicht auf die GV-Ebene übertragen, da dort nur indirektere Reziprozitätsbeziehungen aufgebaut werden konnten.

Die Einsetzung des GV-Büros als zentraler Vorgang der GV-Gründung mit einem Vertrauten des damaligen Dorfchefs als GV-Präsidenten brachte das GV in eine fast bruchlose Kontinuität zu den autochthonen dörflichen Institutionen. An Stelle der gerontokratischen Differenzierung traten die Differenzierungen hinsichtlich der Verfügung über GV-relevantes Wissen. Die relative Mitglieder-Ohnmacht wurde durch die herrschenden Partizipationsregeln gefestigt, die eine öffentliche Diskussion über GV-Angelegenheiten, sobald sie mit dem Risiko einer Kritik an Personen verbunden waren, nicht zuließen und damit die partizipationshemmenden Wirkungen des Unterlegenheits- und Delegationssyndroms der Mitglieder gegenüber den Angehörigen des Büros noch verstärkten. Der im Dorf vorherrschende Topos der Konfliktvermeidung zur Sicherung des dorfgemeinschaftlichen Zusammenhaltes stützte somit die Büro-Macht.

Um durch außerhalb des Büros stehende Mitglieder mit GV-relevantem Wissen und/oder einem sehr hohen Sozialprestige

Bewegung in das Spannungsfeld zwischen Büro-Macht und Mitglieder-Ohnmacht zu bringen, fehlten in einem relativ kleinen Dorf wie Boho die Voraussetzungen. Alle potentiellen Kritiker der Büro-Macht gehörten dem Büro bereits an. Das GV-Büro in Boho nutzte diese Konstellation, um sich bei der Vergabe von Ochsenanspannungskrediten durch den ORD bevorzugt zu "bedienen".

Das Gewicht der partizipationshemmenden Faktoren in den hier im Vordergrund stehenden Partizipationsbereichen läßt kaum Ansatzpunkte für eine Erweiterung und Intensivierung der Mitgliederpartizipation erkennen. Um Aussagen über das Typische und Besondere in den in Boho dokumentierten Partizipationsstrukturen machen zu können, müssen jedoch zunächst Vergleiche angestellt werden mit den Partizipationsverhältnissen anderer GV in der Region von Houndé.

Es sollen daher in einem nächsten Schritt vier GV-Skizzen vorgestellt werden, die sich einmal auf das zweite "Intensiv"-Dorf Popioho und zum anderen auf die drei "En Passant"-Dörfer Kassaho, Kiere und Dohoun beziehen. Diese Skizzen können nur einige wesentliche Elemente der untersuchten Fälle berücksichtigen, wobei für die Auswahl dieser Elemente der Vergleich mit den für den Partizipationsprozess im GV von Boho charakteristischen partizipationsfördernden und -hemmenden Faktoren als Hauptkriterium fungierte.

3.2. Skizze 1: Kassaho

Über die Lebensverhältnisse im Dorf und über die Entstehung des GV in Kassaho ist in Abschnitt 3.1.4. bereits berichtet worden, da das GV Ausstrahlungen auch auf sein Nachbardorf Boho hatte, die wesentlich mit zur dortigen GV-Gründung beigetragen haben. Diese Verbindungen, die sich zwischen der GV-Entwicklung in den beiden Dörfern herstellen lassen, sind auch der Grund dafür, daß das GV Kassaho an den Beginn der vier Skizzen gestellt wird.

Die Darstellung der Gründungsgeschichte des GV in Kassaho führte zu der Schlußfolgerung, daß das GV in Kassaho gegen dezidierten Widerstand vor allem der Ältesten durchgesetzt werden mußte, wobei die hauptsächlich aus jungen Christen bestehende Gruppe der GV-Promotoren die Gründung des GV auch als Meilenstein eines dorfinternen Machtumverteilungsprozesses ansah. Es konnte weiterhin festgestellt werden, daß die erfolgreiche Fertigstellung eines Brunnens unter GV-Regie die GV-Kritiker soweit überzeugen konnte, daß das GV seine Position entscheidend festigen konnte. Das darüber hinaus geschilderte engagierte und innovationsfreudige Agieren der GV-Promotoren, die nach der GV-Gründung das Büro bildeten, könnte zu der Vermutung Anlaß geben, daß sich diese Gründungskonstellation günstiger auf die Mitgliederpartizipation auswirken würde als das in Boho beobachtete 'Einsetzen' des GV durch einige dörfliche Autoritätspersonen.

Der für das GV in Kassaho dokumentierte Partizipationsprozess bestätigt diese Vermutung nur teilweise(1). Zwar konnten die

---

1. Neben den Intervies mit Schlüsselinformanten ergab sich für mich auch die Gelegenheit, an einer Mitgliederversammlung (21.04.1985) teilzunehmen. Die Ergebnisse der teilnehmenden Beobachtung sind jedoch nur bedingt aussagefähig, da die Versammlung vom ORD einberufen wurden war (vgl. Abschnitt 3.1.8) und drei Tage nach der Auszahlung des Baumwollgeldes stattfand. Versammlungen zu diesem Zeitpunkt finden wenig Zuspruch bei den Mitgliedern, da bereits am frühen Morgen

GV-Promotoren durch die Mobilisierung der jungen Christen eine vergleichsweise größere Partizipationsmotivation wecken, als dies im GV von Boho gelang. Bei einem Teil der jungen Christen entwickelte sich jedoch die anfängliche Partizipationsbereitschaft nicht zu dauerhaftem, aktiven Partizipationsverhalten. Ebensowenig konnte bei den Mitgliedern, die anfangs zu den GV-Kritikern gehört hatten, eine dauerhafte Partizipationsmotivation in bezug auf die auch im GV von Boho kritischen Partizipationsbereiche geweckt werden: 'Organisation und Verwaltung', 'Entscheidungsprozesse' und 'Aktivitäten ohne direkte materielle Gratifikationen'.
Dies kann damit erklärt werden, daß auch in Kassaho die Dominanz der "Auswärtserfahrenen" mit GV-relevantem Wissen als deutlich partizipationshemmender Faktor wirkt, was sich in der spürbaren Ausprägung von Unterlegenheits- und Delegationssyndromen bei der Mehrheit der GV-Mitglieder manifestiert.
Die Dominanz der auswärtserfahrenen GV-Promotoren gewinnt dadurch an Gewicht, daß sie ihr zusätzliches Wissen und ihre besonderen Erfahrungen in jeder möglichen Situation voll zur Geltung bringen wollen und nicht etwa im Sinne eines 'Promotors' von Mitgliederpartizipation bewußte Zurückhaltung üben, um anderen, weniger auswärtserfahrenen Mitgliedern, Redemöglichkeiten einzuräumen.
Die Verflechtung jedes einzelnen in das dichte innerdörfliche Kommunikationsnetz und die damit in Verbindung stehende Prestigeskala können die Rollendistanz nicht entstehen lassen, die ein 'Promoter' für Mitgliederpartizipation bräuchte. Es verwundert daher nicht, daß der Topos der Konfliktvermeidung als erschwerender Faktor für die <u>öffentliche</u> Artikulation von Kritik auch im GV von Kassaho in der gleichen Intensität wirkt, wie sie in Boho ausgemacht werden konnte.

Was die Partizipationswirklichkeit im GV von Kassaho neben der etwas größeren Partizipationsmotivation der Mitglieder durch die Mobilisierung der jungen Christen von der Partizipations-

---

eine Vielzahl von Hirsebierkneipen zu einem Besuch einladen.

wirklichkeit im GV von Boho unterscheidet, ist das Agieren von Kritikern der Büro-Macht, die nicht - wie in Boho - durch das GV-Büro bereits absorbiert wurden(1). Diese Kritiker sind junge Bauern, die durch Primarschule oder Arbeit in der Elfenbeinküste Auswärtserfahrungen sammeln konnten und sich mit Hilfe des CDR eine Handlungsbasis im dörflichen Institutionengefüge aufbauten.

Da das CDR keine eigenen Finanzierungsmöglichkeiten hatte, mußte mit dem GV-Büro ein modus vivendi dahingehend ausgehandelt werden, daß für eine Übergangszeit - unbestimmter Dauer - die nicht kostenlos durchzuführenden Aktivitäten des CDR aus der GV-Kasse bezahlt werden. Die Hauptkosten entstanden durch die Tagegelder, die die zu zahlreichen CDR-Versammlungen in Bereba und Houndé gerufenen Mitglieder des CDR von Boho(2) reklamierten, um Transport- und Unterhaltskosten zum bzw. am Versammlungsort bestreiten zu können. Über die Höhe dieser Tagegelder entwickelte sich ein Dauerkonflikt zwischen dem GV-Büro und den CDR-Mitgliedern.

Die Auseinandersetzungen wurden deswegen so hitzig geführt, weil die CDR-Mitglieder beharrlich versuchten, dem GV-Büro immer höhere Tagegeld-Sätze plausibel zu machen. Dabei beschränkten sich die CDR-Mitglieder nicht nur auf die rein argumentative Auseinandersetzung, sondern versuchten ihren Forderungen durch den Hinweis auf den CDR-Status als formell höchster politischer Autorität im Dorf Nachdruck zu verleihen. Dabei hatten die CDR-Mitglieder ihre Position stärker einge-

---

1. Kassaho hat zwar weniger Einwohner als Boho, aber mehr Schulabgänger und anders "Auswärtserfahrene". Genaue Zahlen können hier nicht gegeben werden, da kein Census erstellt wurde.

2. Es wurde von den Anordnungen des CNR her sogar erwartet, daß alle neun CDR-Mitglieder eines Dorfes an den Vollversammlungen auf Präfektur-Ebene teilnehmen. In der Präfektur Bereba ist ernsthaft darüber diskutiert worden, die fehlenden CDR-Mitglieder mit einem Bußgeld zu belegen. Für die einzelnen CDR ist diese Regelung weder zu bezahlen, noch ist für sie die völlige Aufgabe des Delegationsprinzips einsichtig und zweckmäßig.

schätzt, als sie tatsächlich war. Im März 1985 dokumentierte das GV-Büro als Antwort auf das Vorgehen der CDR-Mitglieder seine Macht im Dorf, indem es die Absetzung des CDR erzwang und dem neuen CDR den GV-Sekretär als Vorsitzenden "zuteilte".

Nach dieser <u>für das alte CDR mißglückten Machtprobe mit dem GV-Büro</u> wurde der Konflikt nicht etwa 'ad acta' gelegt. Die Mitglieder des alten CDR begannen sofort nach ihrer Absetzung im Dorf zu verbreiten, die Mitglieder des GV-Büros müßten abgesetzt werden, da sie sich in ungerechtfertigter Weise auf Kosten der GV-Kasse bereichert hätten. Hintergrund dieses Vorwurfs bildete die tatsächliche Zahlung einer jährlichen Vergütung aus der GV-Kasse an die Büromitglieder, die durch die Weigerung der GV-Mitglieder zustande gekommen war, dem Wunsch der Büromitglieder zu entsprechen, eingesetzte Zeit für die Büro-Arbeit durch gemeinsame Feldarbeit der Mitglieder auf den Parzellen der Büromitglieder zu kompensieren. Für die Landwirtschaftskampagne 1985/86 wollen die Büromitglieder auf diese Vergütung verzichten, um den Vorwürfen der alten CDR-Mitglieder nicht weiteren Vorschub zu leisten[1].

Es ist deutlich geworden, daß es bei der GV-Kritik der jungen Bauern aus dem abgesetzten CDR nicht um die uneigennützige Forderung nach verstärkter Mitgliederpartizipation ging. Die jungen Bauern hatten im Gegenteil handfeste materielle Interessen, und sie sahen die CDR-Arbeit als den geeigneten Kontext, um an Gelder zu kommen, zu denen sie auf anderem Wege keinen Zugang gefunden hätten. Daß das CDR auch einen Rahmen bot, eine Kraftprobe mit denjenigen zu versuchen, die vor der Einsetzung des CDR die höchste politische Autorität im Dorfe innehatten - der heutige GV-Präsident war bis 1983 in Vertretung seines Vaters faktisch Dorfchef -, hat als Motivation für diese Auseinandersetzungen auch eine Rolle gespielt.

---

1. Dies war der letzte Stand der Dinge (Mai 1985), über den hier berichtet werden kann.

Diese Konflikte zwischen GV-Büro und ehemaligem CDR haben eine intensive Partizipation aller Mitglieder an den hauptsächlich informell geführten Diskussionen bewirken können. Die Möglichkeiten einer Umsetzung dieses punktuell sehr intensiven Partizipationsverhaltens der Mitglieder in eine zusätzliche Bereitschaft zu dauerhafter, aktiver Partizipation an den drei anfangs genannten kritischen Partizipationsbereichen müssen eher skeptisch beurteilt werden, solange die Dominanz der "Auswärtserfahrenen" als konstitutives Merkmal der GV-Arbeit bestehen bleibt. Diese hauptsächlich informell geführten, aber nichtsdestotrotz öffentlichen Diskussionen können aber Weichenstellungen bewirken, die zu Verbesserungen der GV-Arbeit führen können. So kann die aus dieser Krisensituation heraus unvermeidliche Diskussion über die Vergütung der Büromitglieder zu Klärungsprozessen im Verhältnis von Büromitgliedern und den anderen GV-Mitgliedern führen, die ansonsten aufgeschoben worden wären(1).

---

1. Diese Reaktion der Büro-Mitglieder läßt darauf schließen, wie wenig Transparenz im Buchhaltungsbereich des GV herrscht.

3.3. Skizze 2: Popioho

Das GV von Popioho hat eigentlich einen irreführenden Namen, da es nicht nur einen 'dörflichen Zusammenschluß' der Bauern von Popioho, sondern darüber hinaus auch der in Diokiu, Kendeni, Kura und Woro lebenden Bauern bildet. Daß kein gemeinsamer Name für das GV dieser fünf Dörfer gewählt wurde, weist auf die Sonderstellung des mit Abstand größten der fünf Dörfer, Popioho, hin, aber auch auf die <u>deutliche Handschrift des ORD, die die GV-Gründung in Popioho und seinen vier Nachbardörfern trägt</u>.

In der Organisationsstruktur des ORD bezeichnen die 'centres' als unterste Einheiten das Gebietes, für das ein Landwirtschaftsberater zuständig ist(1). Zum Zeitpunkt der GV-Gründung, 1979, umfaßte das 'centre' Popioho genau die fünf genannten Dörfer. Zur größtmöglichen Reduzierung seiner Arbeitsbelastung hatte der damalige Landwirtschaftsberater seine Strategie im Vorfeld der GV-Gründung darauf ausgerichtet, die fünf Dörfer zur Gründung eines gemeinsamen GV zu bewegen. Dabei stellte er in den Vordergrund seiner Argumentation, daß fünf Dörfer gemeinsam größere Projekte - z.B. Schule oder Krankenstation - viel eher realisieren könnten, als wenn jedes Dorf seinen eigenen Weg ginge.

In den vier kleineren Dörfern begegnete man jedoch der Idee, mit dem großen Nachbarn Popioho ein gemeinsames GV zu gründen, mit großer Skepsis. So entwickelte sich in Kura und Woro der Vorschlag, zwei GV zu gründen: eines in Popioho und eines, das die vier anderen Dörfer umfaßt hätte. Der Landwirtschaftsberater beharrte jedoch auf seiner ursprünglichen Strategie und übte nun dadurch Druck auf die vier kleineren Dörfer aus, daß er ihnen die Vorteile einer selbstgesteuerten Vermarktung (MAC) in der Vermarktungskampagne 1979/80 nur für den Fall einer

---

1. In Zusammenhang mit dem schon erwähnten Weltbankprojekt ist die Beratungsdichte Ende der siebziger Jahre stark erhöht worden. Sie erreichte ihren höchsten Stand in der Kampagne 1981/82 mit 28 'centres' (ORD des Hauts Bassins 1982). Inzwischen mußte die Beratungsdichte aus finanziellen Gründen wieder stärker reduziert werden.

gemeinsamen GV-Gründung mit Popioho in Aussicht stellte. Für den Fall, daß sie auf der Gründung eines zweiten GV neben Popioho bestanden hätten, wäre Popioho sofort in das MAC-System einbezogen worden, die anderen Dörfer aber erst unbestimmte Zeit danach.
Bei dieser Einschüchterungsstrategie konnte er sich nicht der Rückendeckung seiner Vorgesetzten sicher sein. Er konnte aber davon ausgehen, daß die betroffenen Bauern sich nicht sofort an höherer Stelle erkundigen würden, ob denn die Argumentation des Landwirtschaftsberaters stimme. Die vier kleineren Dörfer akzeptierten daraufhin die gemeinsame GV-Gründung zusammen mit Popioho, die sich rückblickend gesehen wohl für Popioho, aber nicht für die vier kleineren Dörfer ausgezahlt hat.
Bevor dieser Zusammenhang näher erläutert werden kann, sollen die Lebensverhältnisse in den fünf Dörfern des GV kurz charakterisiert werden.

Die autochthone Bevölkerung, die zum Stamm der Bwa gehört, macht in allen fünf Dörfern die große Mehrheit der Bewohner aus. Direkt an Popioho angrenzend leben zehn Mossi-Familien, die größtenteils schon vor mehr als zwanzig Jahren dort gesiedelt haben. In Woro siedeln fünfzehn Mossi-Familien, jedoch in über zehn Kilometer Entfernung vom Dorf und erst seit ca. fünf Jahren. Die seßhaften Peulh bestehen nur aus zwei Familien, haben jedoch eine herausragende ökonomische bzw. sozio-kulturelle Bedeutung vor allem für Popioho, Kendeni und Woro. Der Familienvorstand einer Familie ist der wohlhabendste Mann in Popioho, dessen Reichtum sich in einer großen Viehherde, einem Land-Rover und dem einzigen kleinen Laden des Dorfes dokumentiert. Der Chef der anderen Peulh-Familie - Mekka-Pilger und daher den Titel 'El Hadj' tragend - treibt in Popioho, Kendeni und Woro die Islamierung voran, die seit 1982 auch die Familie des damaligen Dorfchefs von Popioho erfaßt hat und damit zusätzlichen dorfinternen Konfliktstoff provozierte. Zuverlässige, aktuelle Zahlen über die Bevölkerungssituation der fünf Dörfer sind nicht verfügbar. Nach dem letzten Census (1975) ergibt sich folgende Situation (Einwohnerzahlen in

KLammern): Popioho (541), Kura (250), Woro (133), Kendeni (112) und Diokui (110). Unter Berücksichtigung der je nach Dorf stark schwankenden Bevölkerungszunahme und der Mossi-Zuwanderung kann bei einer angenommenen jährlichen Wachstumsrate von 2% von einer heutigen Gesamtbevölkerung von ca. 1.400 Einwohnern in den fünf Dörfern des GV ausgegangen werden(1).

Betrachtet man den Stand der sozioökonomischen Differenzierung, so ergibt sich im Vergleich zu Boho ein breiter gefächertes Bild. Ökonomisch selbständige Kernfamilien existieren neben Hausgemeinschaften ('zin'), deren gemeinschaftliche Organisation des gesamten Produktions-, Distributions- und Konsumtionsbereichs noch weitgehend den autochthonen Vorgaben entspricht. Dazwischen existieren eine größere Zahl von Übergangsformen, die unterschiedliche Stadien der ökonomischen Selbständigkeit der Kernfamilien markieren.
Baumwollproduktion und Pfluganspannung haben sich fest im Anbausystem etablieren können, was zumindest in Popioho so weit gegangen ist, daß die dörfliche Nahrungsmittelversorgung durch die Ausweitung des Baumwollanbaus prekär geworden ist.

Die vorhandene Infrastruktur konzentriert sich in Popioho und ist ganz überwiegend als Ergebnis der GV-Arbeit entstanden. Die mit GV-Finanzierung und unter GV-Regie gebaute Schule erlebte 1982 die erste und 1984 die zweite Einschulung(2). Mit Unterstützung des ORD entstanden Anfang der achtziger Jahre zwei Lagerhäuser, eines für Dünger und Spritzmittel und eines für Getreide. Beide werden vom GV verwaltet. Die Wasserversorgung ist wegen eines sehr hohen Grundwasserspiegels problemlos. Nur Diokui hat seit einigen Jahren enorme Wasserprobleme, die

---

1. Bei dem im Rahmen der Untersuchung erstellten Census konnten die Mossi nicht berücksichtigt werden, da ihre Erfassung ein erhebliches Mißtrauen ihrerseits hätte hervorrufen müssen.

2. Inzwischen konnten alle drei Klassen mit den dazugehörigen Lehrerhäusern fertiggestellt werden. 1986 hatte wie vorgesehen zum dritten Mal eine Einschulung stattgefunden (Besuch in Popioho am 30./31.12.1987).

für ein relativ kleines Dorf kaum aus eigener Kraft zu lösen sind. In der gesundheitlichen Versorgung ist die Bevölkerung auf die entsprechende Infrastruktur der Nachbardörfer Bereba und Wakui angewiesen.

Versucht man unter Bezug auf die in Schaubild 3 (vgl. Abschnitt 3.1.9) aufgeführten partizipationsfördernden und -hemmenden Faktoren einen Vergleich der GV von Boho und Popioho, dann fällt zuerst das Fehlen der positiven Partizipationsbedingung 'überschaubare, ethnisch homogene Dorfgemeinschaft' in Popioho auf. Geht man von dem tradierten dorfgemeinschaftlichen Verständnis der Bwa (vgl. Abschnitt 3.1.3.) aus, dann impliziert ein Zusammenschluß von fünf Dörfern die Notwendigkeit einer "Dorf-Außenpolitik", die durch entsprechende Akteure getragen wird. Das somit unumgängliche Delegationssystem, durch das die einzelnen Dörfer ihre Belange im GV-Büro einzubringen versuchten, verstärkte bei den Mitgliedern das aufgrund der gleichen autochthonen Organisationsvorgaben wie in Boho gegebene Delegationssyndrom. Dieser Wirkungszusammenhang wurde durch die bei zunehmender organisatorischer Komplexität schwindende Transparenz des internen Geschehens für die Mitglieder in seiner partizipationshemmenden Wirkung noch verstärkt.

Das Verhältnis von Büroversammlungen und Mitgliederversammlungen im GV von Popioho bestätigt diesen Zusammenhang. Büroversammlungen finden im Durchschnitt zweimal pro Monat statt, während Mitgliederversammlungen höchstens zwei- bis dreimal pro Jahr stattfinden, und selbst dann sind nicht alle 157 Mitglieder zugegen, sondern oft genug wieder nur die Büromitglieder und eine Mehrheit der am Versammlungsort, in Popioho, wohnenden Mitglieder. Versammlungen der GV-Mitglieder eines Dorfes im Vorfeld einer Büroversammlung oder einer Mitgliederversammlung gibt es nicht. Formell sollte jeder Delegierte nach einer Büroversammlung oder einer Mitgliederversammlung in seinem jeweiligen Dorf den dortigen GV-Mitgliedern Bericht erstatten. Die Regelmäßigkeit dieser Berichterstattung und die diesbezügliche Partizipationsintensität der

GV-Mitglieder schwanken von Dorf zu Dorf.

Die geschilderten Implikationen eines relativ komplexen Zusammenschlusses von fünf Dörfern sowie die auch im GV von Popioho wirksame Dominanz der "Auswärtserfahrenen" korrespondieren mit einem stark ausgeprägten Unterlegenheits- und Delegationssyndrom bei der großen Mehrheit der Mitglieder. Wenn der ehemalige Dorfchef, bis 1983 als Berater dem GV-Büro angehörend, ein nicht an Versammlungen interessiertes Mitglied mit den Worten zu mehr Partizipation anregen will: "Ein Bauer kann nicht intelligenter sein als diejenigen, die zur Ausbildung gefahren sind"(1), dann demonstriert dies, wie das Unterlegenheits- und Delegationssyndrom entstehen und verfestigt werden kann. Daß die Nicht-Teilnahme an einer Mitgliederversammlung begründete Motive haben kann, wird gar nicht erst unterstellt. Zur weiteren Beleuchtung des Entstehungshintergrundes dieser starken Ausprägung des Unterlegenheits- und Delegationssyndroms im GV von Popioho muß zunächst näher auf die GV-Biographie eingegangen werden.

Als im Juni 1980 die Mitglieder auf einer Vollversammlung über die auf das Konto des GV überwiesene Vergütung der ersten MAC-Vermarktungskampagne des GV informiert wurden, fragte das GV-Büro die anwesenden Mitglieder nach der Bekanntgabe der Zahlen, welches Dorfprojekt das GV mit diesem Geld finanzieren sollte. Zur Überraschung der Büromitglieder sprach sich eine Mehrheit der Anwesenden für eine anteilsmäßige Verteilung des Geldes an alle Mitglieder aus. Deutlicher konnte das Interesse der Mitglieder an direkten materiellen Gratifikationen für die Mitarbeit am GV nicht artikuliert werden(2). Mit Rückendeckung des ORD und des WFD-Teams beharrte das GV-Büro auf einer

---

1. "Un cultivateur ne peut pas être plus intelligent que ceux qui sont partis pour la formation." Gespräch mit Bazoum N. am 25.03.1985 in seinem Haus.

2. Ohne die laufenden Brunnenbauprojekte hätten die GV-Mitglieder in Boho und in Kassaho nach der ersten MAC-Vermarktungskampagne möglicherweise ähnliche Forderungen gestellt.

kollektiven Verwendung des Geldes. Daraufhin mußte sich das GV-Büro den Vorwurf gefallen lassen, "es wolle sich ja nur ganz alleine an dem Geld bereichern"(1). Nur aus diesem Grunde würde es eine anteilsmäßige Verteilung an alle Mitglieder ablehnen.

Den Mitgliedern des GV-Büros war klar, daß sie dem Vorwurf, 'in die eigene Tasche zu wirtschaften', so lange in der GV-öffentlichen Meinung ausgesetzt sein würden, als nicht sichtbare Gegenbeweise diese Anschuldigungen entkräften könnten. Die Idee eines <u>Schulbau-Projektes</u> war seit der GV-Gründung in der Diskussion. Wegen Büro-interner Auseinandersetzungen und den notwendigen Abklärungen mit der Administration (Bereitstellung von Lehrern) konnte das Schulbauprojekt erst in der Regenzeit 1981 in die erste Bauphase gehen. Bis Ende 1981 erste sichtbare Zeichen für die tatsächliche kollektive Verwendung des GV-Geldes für jedes Mitglied offensichtlich waren, reduzierte das GV-Büro, aus dem Bewußtsein fehlender Unterstützung durch die große Mehrheit der GV-Mitglieder heraus, die Mitgliederversammlungen auf ein Minimum, um einer öffentlichen Fortsetzung des Konfliktes zwischen Mitgliedermehrheit und GV-Büro vorzubeugen. Dieses Vorgehen wurde dadurch erleichtert, daß - ebenso wie in Boho - die Dorfversammlung und noch weniger die Versammlung mehrerer Dörfer ein vertrautes Entscheidungsforum waren.

Die wenigen <u>Mitgliederversammlungen</u>, die in diesen anderthalb Jahren - teilweise auch auf Anregung von außen hin (ORD, WFD-Team) - stattfanden, versuchte das GV-Büro bewußt dadurch zu lenken, daß es ihnen hauptsächlich <u>Informations- und weniger Diskussionscharakter</u> verlieh. Der ehemalige Dorfchef erläuterte, wie das Büro das Unterlegenheits- und Delegationssyndrom bei den Mitgliedern und die die öffentliche Kritik erschwerenden Partizipationsregeln bewußt einkalkuliert hat, wenn es die Mitglieder bei einer Vollversammlung mit den Entscheidungen der vorbereitenden Büro-Sitzungen konfrontierte. Sinngemäß

---

1. So formulierte es der aus Woro stammende Berater im GV-Büro bei seinem Bericht über die damaligen Ereignisse (Gespräch mit Bazin J.M. am 15.04.1985 in seinem Hof).

sagte er folgendes:

'Jemandem, den man zum Verantwortlichen gemacht hat, folgt man bereitwillig. Daher kann man auch vor ihm nicht das sagen, was man wirklich denkt. Was man wirklich denkt, wird man in seinem Herzen bewahren. Um jemanden zu kritisieren, den man zum Verantwortlichen gemacht hat, wartet man lange, keiner will der Erste sein; erst wenn ein Verantwortlicher etwas ganz Schlechtes gemacht hat, wird jemand den Mut haben - man muß sich ja absichern -, die Absetzung dieses Verantwortlichen zu fordern.'(1)

Hätte das GV-Büro bei der oben geschilderten Versammlung im Juni 1980 nicht eine offene Frage an die Mitglieder gestellt, sondern z.B. das Schulbauprojekt dekretiert, wäre das Interesse der Mitgliedermehrheit an direkten materiellen Gratifikationen nicht geringer gewesen; es hätte sich nur nicht öffentlich artikulieren können.

Nachdem im Oktober 1982 tatsächlich die Schule mit der Rekrutierung des ersten Jahrgangs eingeweiht werden konnte, verstummten die Vorwürfe von seiten der GV-Mitglieder gegenüber dem GV-Büro vollends.
Das GV war jedoch bald neuen Belastungen ausgesetzt, da Nachforschungen, die auf Druck des ORD betrieben wurden, ergeben hatten, daß der GV-Sekretär bei der Verwaltung der kurzfristigen Produktionsmittelkredite Gelder für persönliche Zwecke abgezweigt hatte. Sein Nachfolger brachte daraufhin nach eigenen intensiven Nachforschungen ans Licht, daß auch die Mitglieder des GV-Baumwollaufkaufteams in die eigene Tasche gewirtschaftet hatten. Das Jahr 1983 brachte schließlich die

---

1. Gespräch mit Bazoum N. am 25.03.1985 in seinem Haus.

Gewißheit für die integren Mitglieder des Büros(1), daß auch der Präsident GV-Gelder für persönliche Zwecke abgezweigt hatte, was ihm durch die Monopolisierung des Zugangs zum GV-Konto am Schatzmeister vorbei nicht sehr schwer gefallen war. Im Dezember 1983 stimmten die GV-Mitglieder dem vom Büro vorgeschlagenen Kandidaten für die GV-Präsidentschaftsnachfolge zu.

Diese Geschehnisse verdeutlichen, daß das ausgeprägte Unterlegenheits- und Delegationssyndrom bei der Mehrheit der Mitglieder eine Kontrolle des Büros durch die Mitglieder ausschließt. Die Unvereinbarkeit von Kontrollprinzip und Konfliktvermeidungsprinzip ist offensichtlich(2). Wie in den oben wiedergegebenen Erläuterungen des ehemaligen 'lo banso' zum Ausdruck kam, kann sich öffentliche Kritik an einer Person nur bei eklatantem Fehlverhalten artikulieren, dann, wenn diese Person sich bereits so ins soziale Abseits manövriert hat, daß das Aussprechen einer Anschuldigung nur öffentlich macht, was bereits jeder weiß und informell schon eindeutig bewertet hat. Unter diesen Umständen sind die Mitglieder darauf angewiesen, daß einzelne, entsprechend kompetente Mitglieder, die außerhalb des Büros stehen, Kontrollfunktionen sozusagen in Eigeninitiative wahrnehmen(3).

---

1. Die dem GV-Büro angehörenden Berater - jedes der fünf Dörfer hatte einen benannt - bilden bis heute einen kontinuierlichen Faktor innerhalb des GV-Büros, was bisher keine wirksame Vorbeugung gegenüber der Veruntreuung von GV-Geldern bedeutete, aber zumindest eine kontrollierende Kraft innerhalb des Büros darstellte, die Unregelmäßigkeiten nachgeht und - wenn auch zögerlich - ihre Aufklärung erzwingt.

2. Hier sei rückverwiesen auf die dazu gemachten allgemeineren Ausführungen in Abschnitt I:4.2.

3. Im Interview mit dem Schatzmeister offenbarte sich, wie schwierig es für ein Mitglied wäre, auf einer Mitgliederversammlung das Finanzgebaren des Büros zur Sprache zu bringen. Er sagte, daß ein Mitglied öffentlich fragen könnte, warum kein Geld mehr in der GV-Kasse ist. Undenkbar wäre es jedoch, direkt zu fragen, was konkret und zu welchem Zweck ausgegeben worden ist (Gespräch mit Dofini N. am 9.04.1985

Das permanente Krisenmanagement, das dem neugewählten GV-Büro abverlangt wurde, wurde von den wieder lauter werdenden kritischen Stimmen vieler GV-Mitglieder begleitet: 'Wir haben es ja immer gewußt, das Büro will ja doch nur in die eigene Tasche wirtschaften!' Insgesamt kann für diesen Zeitraum eine - ähnlich wie in Kassaho - krisenbedingte Intensivierung der Mitgliederpartizipation festgestellt werden, die sich stärker informell als formell äußerte. Das verstärkte Interesse der Mitglieder am Geschehen im GV überdauerte jedoch kaum den Neuanfang, der durch die Wahl eines neuen Präsidenten markiert wurde. Der danach wieder einkehrende GV-Alltag stellte das GV-Büro vor sehr schwierige Aufgaben: Reorganisation der gesamten GV-Buchhaltung, Aushandlung von Rückzahlungsmodalitäten für die unterschlagenen GV-Gelder und den Abschluß der zweiten Bauphase des Schulbauprojektes bis zum 1.10.1984 (zweiter Einschulungstermin(1)).

In dieser Reorganisierungsphase kehrte der GV-Alltag auch insofern wieder ein, als die Implikationen der relativ komplexen GV-Organisation ebenso wie die Dominanz der "Auswärtserfahrenen" weiterhin wirksam blieben. Was bei den GV-Mitgliedern außerhalb von Popioho zu einer verminderten Partizipationsmotivation führte, war vor allem die Verbitterung über den offensichtlichen Nutzen, den GV-Mitglieder aus Popioho auf Kosten der anderen vier Dörfer aus dem GV gezogen haben.

Der frühere GV-Präsident ebenso wie der frühere GV-Sekretär und bis auf eines stammen alle die Mitglieder des früheren Baumwollaufkaufteams, die GV-Gelder veruntreut hatten, aus Popioho. Die Rückzahlungsmoral für kurz- und mittelfristige Kredite ist in Popioho mit Abstand am schlechtesten von allen fünf Dörfern. Da mit dem ORD über Kreditsummen global abgerech-

---

vor seinem Haus).

1. Dieser Termin mußte unbedingt eingehalten werden, weil andernfalls staatlicherseits erst wieder zum 1.10.1986 ein Lehrer hätte zur Verfügung gestellt werden können. Ungünstigstenfalls hätte die zuständige staatliche Behörde auch eine Schließung der Schule verfügen können.

net werden muß, müssen Fehlbeträge, die durch nicht zurückgezahlte Kredite entstehen, vorübergehend mit Mitteln der GV-Kasse ausgeglichen werden. So stellt sich die Situation im Kreditbereich für die GV-Mitglieder von Diokui, Kendeni, Woro und Kura so dar, daß sie für die Konsequenzen der schlechten Kredit-Rückzahlungsmoral in Popioho via GV-Geld mit zur Kasse gebeten werden und sich darüber hinaus die Rückzahlung der Kreditfehlbeträge ebenso wie die Rückzahlung der unterschlagenen Gelder so schleppend gestaltet, daß von einem vorübergehenden Ausgleich der Fehlbeträge durch Mittel der GV-Kasse kaum noch die Rede sein kann.

Es würde den Rahmen dieser Skizze sprengen, im einzelnen die Gründe für die in Popioho beobachtbare schlechte Rückzahlungsmoral darzustellen. Es sollte an dieser Stelle nur deutlich werden, daß sich der GV-Zusammenschluß - wie anfangs angedeutet - für die vier kleineren Dörfer insgesamt nicht ausgezahlt hat. Das Schulbauprojekt hätte auch von zwei ansonsten unabhängigen GV verwirklicht werden können, und es könnte auch gegebenenfalls von zwei autonomen GV zu Ende geführt werden. Die informell geführten Diskussionen in den vier kleineren Dörfern des GV von Popioho über eine mögliche Trennung sind in den letzten zwei Jahren wieder intensiver geworden. Sollte der ORD zustimmen, ist die Trennung nur noch eine Frage der Zeit(1).

---

1. Diese Prognose erwies sich als zutreffend. Inzwischen haben sich drei Dörfer vom GV Popioho losgesagt. Kura hat ein eigenes GV gebildet, Woro und Kendeni haben sich in einem GV zusammengetan. Der ORD hat dieser Reorganisation zugestimmt. Für Diokui haben sich noch keine neuen Perspektiven ergeben (Besuch in Popioho am 30./31.12.1987).

3.4. Skizze 3: Kiere

Unter den GV, die in diese Untersuchung miteinbezogen wurden, ist Kiere das mit Abstand größte. Der Census von 1975 gibt für Kiere 1835 Einwohner an. Nimmt man, bei fehlender Mossi-Zuwanderung, eine Wachstumsrate der Bevölkerung von 1% per annum, dann käme Kiere heute auf ca. 2030 Einwohner. Kiere besteht aus den beiden Bwa-Dorfgmeinschaften Zumbakui und Dora, die im Zuge der Kolonialzeit zu einer administrativen Einheit zusammengefaßt wurden. Jedes der beiden Dörfer versuchte trotz der administrativen Verklammerung soweit wie möglich seine Eigenständigkeit zu bewahren, was sich noch heute darin ausdrückt, daß jedes Dorf seinen eigenen 'ta banso' und 'dôh banso' hat. Ein Dauerkonflikt wurde dadurch vorprogrammiert, daß die Kolonialverwaltung eines der beiden Dörfer - Zumbakui - durch die Vergabe der Dorf-Chefferie ('lo banso') aus der autochthon vorgegebenen relativen Egalität heraushoben.

So war den Ältesten von Dora zum Zeitpunkt der GV-Gründung klar, daß der GV-Präsident aus Zumbakui kommen würde. Sie wollten ursprünglich ein eigenes GV gründen, ließen sich jedoch vom damaligen Landwirtschaftsberater mit dem sich tatsächlich erfüllenden Versprechen zu einer gemeinsamen GV-Gründung mit Zumbakui bewegen, ein gemeinsames GV Kiere würde den Bauern von Dora den Zugang zu Ochsenanspannungskrediten verschaffen. Bei der <u>Aushandlung der Postenverteilung im GV-Büro</u> mußte Dora mit dem Vize-Schatzmeister und zwei Organisatoren "vorlieb nehmen", da die anderen Posten schon nach internen Auseinandersetzungen zwischen den zu Zumbakui gehörenden vier Quartiers - Zumbaba, Mamokui, Wahunuma und Kayanuma - vergeben waren.
Um zu verhindern, daß die Familie des in Mamokui residierenden 'lo banso' den Zugang zum GV-Geld erlangen könnte, versuchte einer der einflußreichen Notabeln aus Mamokui, die GV-Präsidentschaft einem anderen Quartier zuzutragen. Er einigte sich mit dem Ältesten von Zumbaba darauf, einen etwa vierzigjährigen Bauern aus Zumbaba, der einige Jahre in der Elfenbeinküste gearbeitet hatte, für den Posten des GV-Präsidenten zu

designieren. Die Ältesten von Kayanuma suchten einen geeigneten Schatzmeister aus, und die Familie des 'lo banso' nominierte einen Kandidaten für die Vize-Präsidentschaft. In Mamokui wurde diese Kandidatenauswahl akzeptiert, da noch niemandem aus diesem Quartier klar war, welche potentiellen "Pfründe" sich durch die mit der GV-Arbeit verbundene Vergütung für die selbstgesteuerte Baumwollvermarktung eröffnen würden. Als sich einige Monate nach der GV-Gründung auch die Familie des 'lo banso' Klarheit über die finanziellen Gegebenheiten eines GV verschafft hatten, versuchten sie nachträglich, zusätzlichen Einfluß im GV-Büro zu gewinnen.

Sie einigten sich mit dem Landwirtschaftsberater darauf, dem GV-Büro noch drei Berater hinzuzufügen, was der Landwirtschaftsberater offiziell so begründete, daß 'ältere, lebenserfahrenere Dorfbewohner eine große Hilfe für das GV in Krisensituationen sein könnten'. Von den drei Beratern kamen zwei aus Mamokui und einer - praktisch jedoch ohne Einfluß - aus Wahunuma. Die 'lo banso'-Familie aus Mamokui hatte sich damit einen gewichtigen zusätzlichen Einfluß im GV-Büro gesichert.

Bevor erläutert werden kann, wie sich diese dorfinternen Machtkonstellationen in der praktischen GV-Arbeit ausgewirkt haben, muß auf eine Rahmenbedingung der GV-Gründung eingegangen werden, die spezifisch für das GV in Kiere ist und in dieser Form in keinem anderen GV des Sektors beobachtet werden konnte. Die Ältesten konnten ihre Machtstellung im Dorf - sowohl in Zumbakui wie in Dora - nicht nur für eine aktive, steuernde Einflußnahme auf den GV-Gründungsprozeß - wie z.B. der Dorfchef mit seinen Notabeln in Boho - nutzen, sondern darüber hinaus die gesamte GV-interne Organisation nach ihren Regeln gestalten.

Diese im Vergleich zu anderen Dörfern weitgehend ungebrochene Macht der Ältesten in Kiere zeigt sich zum einen in dem im Vergleich zu Boho oder Dohoun relativ geringen Grad der sozioökonomischen Differenzierung, der trotz hoher Baumwollproduktion aufrechterhalten werden konnte. Zum anderen gelang es den Ältesten, aus ihrer Sicht machtbedrohende

Außeneinflüsse, wie vor allem das Christentum, bisher erfolgreich zu kontrollieren(1).

Die o.g. Eingriffe bedeuteten für die <u>Zusammensetzung des GV-Büros</u>, daß die Ältesten in internen Beratungen bestimmten, welche Personen das betreffende Quartier im Büro des GV vertreten sollten, und diese Entscheidungen wurden dann "dekretiert", unabhängig davon, ob der Betreffende einverstanden war oder nicht. Die Gestaltung der GV-internen Organisation nach den Regeln der Ältesten wirkte sich darüber hinaus so aus, daß <u>alle Entscheidungen des GV-Büros die Zustimmung der Ältesten der verschiedenen Quartiers benötigten</u>, bevor die Mitglieder des GV informiert werden konnten. Die Zustimmung zu einer Entscheidung des GV-Büros durch die Ältesten machte eine weitere Diskussion auf einer Mitgliederversammlung unmöglich.

Daß sich Widerspruch von seiten der GV-Mitglieder aus Dora, die mit der dominierenden Rolle von Zumbakui im GV - die Ältesten eingeschlossen - unzufrieden waren, während einer Mitgliederversammlung unerwartet äußern würde, damit war dann zu rechnen, wenn Interventionen der Ältesten von Dora mit den Ältesten von Zumbakui im Vorfeld der Mitgliederversammlung erfolglos geblieben waren. Insofern war der <u>mögliche öffentliche Widerspruch von GV-Mitgliedern aus Dora</u>, die sich an das dorfinterne Harmoniegebot nicht gebunden fühlen mußten, der einzige Anlaß für kontroverse Diskussion im Rahmen einer Mitgliederversammlung.

Die Regelvorgaben der Ältesten für die GV-interne Organisation führten schon während der ersten Bewährungsprobe des GV - die Baumwollvermarktung (MAC) 1980/81 - zu schwerwiegenden Komplikationen auf der Entscheidungsebene. Es erwies sich, daß <u>ein GV-Büro, dessen Mitglieder aufgrund von "Dekreten" der Ältesten in ihre Ämter gekommen waren, nicht handlungsfähig ist</u>. Bis auf den Präsidenten und die beiden GV-Sekretäre, die das technische Funktionieren der GV-Arbeit - Vermarktung,

---

1. Es würde den Rahmen dieser Skizze sprengen, auf die naheliegende Frage einzugehen, woraus sich dieser immer noch dominierende Einfluß der Ältesten erkären läßt.

Buchhaltung - garantierten, aber zu jung waren, um gegenüber den Ältesten Gegenpositionen zu vertreten, zogen sich alle anderen Büromitglieder aus der konkreten Übernahme von Verantwortung so weit wie möglich zurück, wobei ihnen diese Rückzugshaltung durch die beiden Berater aus Mamokui, die als Interessenvertreter der 'lo banso'-Familie agierten, erleichtert wurde.

Die beiden Berater "eröffneten" ein <u>Neben-GV-Büro</u> und trafen eigene Entscheidungen unter Ausnutzung der Tatsache, daß das GV-Büro zu Sitzungen mit allen seinen Mitgliedern gar nicht mehr zusammentrat. Die Entscheidungsfindung vollzog sich schließlich so, daß der GV-Präsident die Büromitglieder einzeln aufsuchte, um ihre Meinung zu einer bestimmten anstehenden Entscheidung einzuholen, um dann über das Ergebnis dieses Meinungsbildes zuerst mit den drei Beratern und dann mit den Ältesten der Quartiers zu sprechen. Bei dieser Entscheidungsfindung mußte der GV-Präsident ständig damit rechnen, daß sowohl die Berater als auch die Ältesten der Quartiers eigene Entscheidungen am GV-Präsidenten vorbei trafen.

Über die vielfältigen Versuche, in die sich auch immer wieder der ORD und das WFD-Team einzuschalten versuchten bzw. von "Fraktionen" aus dem GV-Konfliktszenario eingeschaltet wurden, ein handlungsfähiges GV-Büro zu etablieren, soll im Rahmen dieser Skizze nicht im einzelnen berichtet werden. Eine grundlegende Reorganisation des GV hat bis heute nicht stattgefunden. Die Veränderungen, die eine eindeutige Aufkündigung des Status quo in den dorf- und GV-internen Machtkonstellationen nach sich ziehen könnten, lassen die gegenwärtigen Träger der Macht im Dorf und im GV - die Ältesten - vor diesem grundsätzlichen Schritt zurückschrecken. Eine eventuelle Neubesetzung des GV-Büros könnte - so befürchten die Ältesten von Zumbaba - Mamokui die GV-Präsidentschaft zutragen, was auch dem CDR einen direkteren Einfluß im GV verschaffen würde. Die GV-Mitglieder und die Ältesten von Dora würden mit der Drohung einer vollständigen Separation größeren Einfluß in einem neuen GV-Büro durchzusetzen versuchen. Die jungen Bauern in beiden

Dörfern könnten versuchen, mit Hilfe eines neuen GV-Büros die Macht der Ältesten im GV und damit auch im Dorf zurückzudrängen(1).

Es sollte durch diese Skizze deutlich gemacht werden, daß die Voraussetzungen für eine aktive Partizipation der Mitglieder in den Partizipationsbereichen 'Organisation und Verwaltung', 'Entscheidungsprozesse' und 'Aktivitäten ohne direkte materielle Vorteile' besonders ungünstig waren. Die zwischendörflichen und dorfinternen Machtkonstellationen haben - dem GV-Zusammenschluß Popioho vergleichbar - das Delegationssystem auf Kosten der Handlungsspielräume für Mitgliederpartizipation gestärkt, um der relativ komplexen GV-internen Organisation Rechnung zu tragen. An die Stelle der 'Dominanz der "Auswärtserfahrenen"', die für die GV in Boho, Kassaho und Popioho als wichtigster partizipationshemmender Faktor identifiziert werden konnte, tritt im GV in Kiere die Dominanz der Ältesten.

---

1. 1987 ist das Büro von den Ältesten abgesetzt worden. Das Quartier des früheren 'lo banso' und des CDR-Delegierten hat sich durchsetzen können und stellt nun auch den GV-Präsidenten. Eine Trennung von Dora und Zumbakiu konnte vermieden werden. Ebenfalls 1987 haben die jüngeren (christlichen) GV-Mitglieder durch die Gründung einer COPEC (Coopérative d'Epargne et du Crédit) versucht, ein Gegengewicht zur Macht der Ältesten zu schaffen. Über die Auswirkungen dieser Entwicklungen können noch keine Aussagen gemacht werden (Besuch in Kiere am 27.12.1987).

3.5. Skizze 4: Dohoun

Das GV von Dohoun gehörte zusammen mit dem Kassahos zu den ersten GV im Sektor, die in der Kampagne 1975/76 nach dem MAC-System arbeiteten. Auch die <u>Gründungskonstellationen von Kassaho und Dohoun sind vergleichbar</u>. Ebenso wie in Kassaho erfolgte auch in Dohoun die GV-Gründung gegen den entschiedenen Widerstand der Mehrheit der Ältesten durch eine Gruppe junger GV-Promotoren, die sich durch die Hinwendung zum Christentum eine Machtbasis im Dorf aufgebaut hatten. Und wie in Kassaho konnte auch in Dohoun der Widerstand gegen das GV nur durch konkrete Erfolge der GV-Arbeit aufgefangen werden, was in Dohoun durch den Bau einer Entbindungsstation 1976/77 gelungen zu sein schien.

Anders als in Kassho dauerten die Versuche der Mehrheit der Ältesten, die Etablierung des GV im dörflichen Institutionengefüge noch rückgängig zu machen, länger an. 1976 hatte diese Gruppe der Ältesten eine anteilsmäßige Verteilung der Vergütung aus der Baumwollvermarktung an alle Mitglieder, die Baumwolle produziert hatten, verlangt. Dies wurde vom GV-Büro abgelehnt, das bald darauf mit dem Bau der Entbindungsstation einen Beweis für den Nutzen einer kollektiven Verwendung der GV-Gelder anzutreten versuchte. Die <u>Gruppe der gegen das GV arbeitenden Ältesten</u> wurde dadurch zwar etwas kleiner, sie <u>startete</u> aber nach der Vermarktungskampagne 1977/78 einen <u>erneuten Versuch</u>, <u>dem GV die Handlungsbasis zu entziehen</u>, indem gezielt im Dorf der Vorwurf ausgestreut wurde, das GV-Büro habe bei der Baumwollvermarktung in die eigene Tasche gewirtschaftet. Deshalb müßten zukünftig die Landwirtschaftsberater wieder die Baumwollvermarktung in Dohoun durchführen. Die Ältesten hofften dabei auf die Unterstützung des ORD, der jedoch nach ergebnisloser Prüfung der gegen das GV-Büro erhobenen Vorwürfe für die Fortsetzung der GV-Arbeit und damit auch des MAC in Dohoun plädierte. Damit hatte sich das GV endgültig in Dohoun etablieren können.

Was den fortgeschrittenen Stand der sozioökonomischen Differenzierung anbetrifft, ergibt sich eine weitere Parallele zu den Gegebenheiten in Kassaho. Insgesamt überwiegen jedoch die Unterschiede zwischen Kassaho und Dohoun, da sich in Dohoun mit einer sechsmal höheren Einwohnerzahl - ca. 1350(1) - und einer damit zwangsläufig komplexeren Quartier-Struktur eine andersartige Partizipationswirklichkeit im GV entwickelte.

Die Quartier-Strukturen in Dohoun offenbaren eine <u>deutliche Trennungslinie zwischen Christen und Animisten</u>, die das Dorf durchzieht. Etwas mehr als die Hälfte der Bevölkerung bekennen sich zum christlichen Glauben, wodurch das Machtgleichgewicht zwischen Christen und Animisten - wegen des fehlenden Überwiegens der einen oder anderen Gruppe - ständig prekär ist.

Dieses <u>prekäre Machtgleichgewicht</u> manifestiert sich in einem stark ausgeprägten <u>Proporzdenken</u>, das jede der neueren dörflichen Organisationen - GV, Dorf-Sparkasse (CP) und Elternvereinigung (Association des Parents d'Elèves) - prägt. Jede der beiden Gruppen wacht sorgfältigst über die Wahrung des Proporzes, immer jedoch verbunden mit der Option, eine günstige Gelegenheit zur Verbesserung der eigenen Machtposition zu nutzen, was umgehend den Vorwurf der anderen Gruppe zur Folge haben muß: 'Ihr wollt uns majorisieren!'

Folge dieses Proporzdenkens ist auch, daß z.B. dem Baumwollaufkaufteam des GV auch GV-Mitglieder angehören, die nicht aufgrund ihrer Kompetenz, sondern eines zwischen den beiden Quartiers ausgehandelten Proporzes delegiert wurden. Ebenfalls als Resultat des Proporzdenkens wird die GV-Öffentlichkeit, noch stärker als es der auch in Dohoun gültige Topos der Konfliktvermeidung erfordern würde, von kritischen Äußerungen, die einzelne GV-Büromitglieder betreffen könnten, abgeschirmt, um nicht einer Gruppe den Vorwand zu geben, die Verfehlungen eines zur anderen Gruppe gehörenden GV-Büromitgliedes zum

---

1. Der Census von 1975 gibt die Einwohnerzahl von Dohoun mit 1218 an.

eigenen Vorteil auszunutzen(1). Folgerichtig spielen <u>dorf-übergreifende</u> Mitgliederversammlungen in den GV-internen Entscheidungsprozessen eine ganz und gar untergeordnete Rolle.

Das GV in Dohoun praktiziert ein Delegiertensystem, vergleichbar dem des GV in Popioho, nur mit dem Unterschied, daß es in Dohoun nur ein Dorf, im Falle des GV Popioho aber fünf Dörfer betrifft. Und in Dohoun funktioniert die Rückmeldung der Delegierten an ihre jeweiligen Quartiers besser als im GV Popioho. Wenn z.B. die drei GV-Büromitglieder aus Mankunuma in ihrem Quartier berichten, kann eine hohe zumindest rezeptive Mitgliederpartizipation eher erreicht werden, als dies auf Dorfebene möglich wäre. Das <u>aktive Partizipationsverhalten der GV-Mitglieder in den Quartier-Versammlungen ist jedoch nicht stärker ausgeprägt als z.B. in Boho</u>, was sich auch darin ausdrückt, daß keine Quartier-Versammlungen <u>vor</u> einer Bürositzung über ein bestimmtes Problem stattfinden und Entscheidungen des Büros nur sehr selten auf Quartier-Ebene neu diskutiert werden(2).

Das oben beschriebene Proporzdenken hat insofern entscheidend zur Entwicklung dieses Delegiertensystems beigetragen, als es

---

1. Mir sind mehrere solcher Verfehlungen bekannt. Meistens handelt es sich um nicht zurückgezahlte persönliche Kredite aus der GV-Kasse. Es kamen auch kleinere Unterschlagungen vor, so z.B. von Getränken oder anderen Lebensmitteln nach der Bewirtung von offiziellen Gästen des GV (hohe ORD-Kader, Weltbank-Mitarbeiter u.a.). Insgesamt ergibt sich durch die Anhäufung unbewältigter Fälle, daß die Aufklärung neuer Verfehlungen immer dadurch blockiert wird, daß die betreffende Familie eine Problemlösung unter dem Vorwand ablehnen kann, daß zuerst die noch unbewältigten Verfehlungen der anderen Familien bereinigt werden müßten, bevor der akute Fall geregelt werden könnte.

2. Eine Ausnahme bildete hier die Diskussion über das Schulbauprojekt in den Jahren 1977/78. Damals gab es auch eine gewichtige Zahl von GV-Mitgliedern, die dem Bau einer Krankenstation gegenüber der Schule Priorität einräumen wollten. Es ist einsichtig, daß für jemanden ohne schulpflichtige Kinder die Verbesserung des dörflichen Gesundheitswesens im Vordergrund steht. Wie schon erwähnt wurde, setzte sich schließlich die Schulbau-"Fraktion" durch.

die Quartier-Identitäten gestärkt hat, wodurch eine GV-Mitgliederversammlung noch eher zu einem Forum der Auseinandersetzung mit unkalkulierbarer Konfliktdynamik hätte werden können. Bei einem dorfübergreifenden Treffen von 14 GV-Büromitgliedern ist diese Konfliktdynamik wegen der eingeschränkten Öffentlichkeit der Zusammenkünfte geringer, und das GV-Büro hätte auch im Falle einer regelmäßig stattfindenden Versammlung aller GV-Mitglieder das Entscheidungszentrum dargestellt. In dieser Hinsicht unterscheidet sich das GV Dohoun nicht von den vier bisher vorgestellten.

Die für den Fall des GV Boho näher beschriebene Bwa-Tradition des Verzichts auf Dorfversammlungen im dorfinternen Entscheidungsprozeß (vgl. dazu Abschnitt 3.1.3.) hat auch für Dohoun Gültigkeit, wo erst 1969 die erste Dorfversammlung stattfand(1). Diese fehlenden autochthonen Vorgaben für Dorfversammlungen als Entscheidungsforum haben somit die Entwicklung des im GV praktizierten Delegiertensystems mit begünstigt.

Die Auswirkungen dieses Delegiertensystems auf den Partizipationsprozeß sind zwiespältig. Zwar wird der interne Informationsfluß durch die Quartier-Versammlungen, die wesentlich mehr Mitglieder erreichen als eine GV-übergreifende Mitgliederversammlung, verbessert, jedoch wird die Stellung des Büros noch gestärkt, da für die GV-Mitglieder nun überhaupt kein gemeinsames Diskussions-Forum - auch wenn es selten genutzt würde - besteht. Die einzige Möglichkeit, im Rahmen dieses Delegiertensystems dem Büro Entscheidungsmacht zu nehmen, wäre die Stärkung der Mitglieder-Quartier-Versammlungen als vorbereitende Diskussionsforen für Bürositzungen. Das auch im GV von Dohoun bei der großen Mehrheit ausgeprägte Unterlegenheits- und Delegationssyndrom hat dies bisher verhindert.

---

1. Es handelte sich damals um ein Brunnenbauprojekt, das von der christlichen Gemeinde initiiert worden war. Die hier angesprochene Versammlung sicherte eine breitere Beteiligung auch der nicht-christianisierten Familien für die verschiedenen Arbeiten bis zur Fertigstellung des Brunnens.

Im Vergleich zu den anderen untersuchten GV überwiegt in Dohoun das Delegationssyndrom. Der überdurchschnittlich hohe Anteil von "Auswärtserfahrenen"(1) ließ das Unterlegenheitssyndrom bei den "Daheimgebliebenen" nicht verschwinden, reduzierte aber seinen Einfluß auf den GV-internen Partizipationsprozess. Die in Dohoun befragten Schlüsselinformanten betonten den Gewöhnungseffekt, der bei den Mitgliedern nach über zehnjähriger GV-Tätigkeit um sich gegriffen hat. Die Bekräftigung der positiven Einstellung der Mitglieder zum GV, die z.B. durch den Aufbau einer funktionierenden Getreidebank oder durch den Abschluss des Schulbauprojektes immer wieder gelang, haben diese Tendenz nicht wesentlich verlangsamen können. Somit sieht sich das GV-Büro mehr und mehr mit einem Delegationssyndrom bei den Mitgliedern konfrontiert, das sich in die Worte fassen ließe: 'Die vom Büro werden das schon machen'(2).

---

1. Dieser konnte zwar im einzelnen nicht erhoben werden, jedoch hatte Dohoun durch die Nähe zu Houndé relativ günstige Möglichkeiten, den Kindern einen Schulbesuch zu ermöglichen. In den sechziger und siebziger Jahren ging eine große Zahl jüngerer Bauern in die Elfenbeinküste. Sie sind inzwischen wieder zurückgekehrt, ebenso wie die überdurchschnittlich große Zahl der ehemaligen Armeeangehörigen. Darüber hinaus hat die Alphabetisierungsarbeit der christlichen Gemeinde (Französisch oder Bwamu) eine wesentliche Rolle für die Vermittlung neuen Wissens gespielt.

2. Nach den jüngsten Informationen hat sich diese Tendenz fortgesetzt. Auf die Frage, wie das Verhältnis von Büro und Mitgliedern redynamisiert werden könnte, fehlen bisher verheißungsvolle Antworten. Einige engagierte Büromitglieder wollen sich damit jedoch nicht zufrieden geben (Besuch in Dohoun am 24./25.12.1987).

III. SCHLUSSFOLGERUNGEN

Bei der einführenden Charakterisierung der "Groupements Villageois" (GV) (vgl. Abschnitt II.1.4) war ihr fremdinitiierter Entstehungshintergrund benannt worden. Bei der Ausleuchtung des allgemeinen Problemkontextes fremdinitierter SHO (vgl. Abschnitte I.2.5. und I.4.1) waren ihre im Vergleich zu selbstinitiierten SHO ungünstigeren Voraussetzungen für die Entfaltung von Mitgliederpartizipation als Ausdruck von Trägerschaft für eine SHO betont worden.

Für die GV in der Region von Houndé läßt sich als ein herausragendes Ergebnis der empirischen Untersuchung feststellen, daß die als zentral ausgemachten partizipationshemmenden Faktoren nicht etwa in unangepassten Interventionen der SHO-Förderungsorganisationen sondern vor allem in organisationsinternen Problemkonstellationen begründet lagen. Das vom ORD an die Dörfer gerichtete Angebot 'GV als dörflicher Zusammenschluß zur kollektiven Bewältigung ökonomischer und sozialer Problemlagen' ist nicht nur in den fünf untersuchten GV, sondern in der gesamten Region von Houndé insgesamt akzeptiert worden(1). Diese Akzeptanz leitet sich nicht nur aus der Bereitschaft her, ein möglicherweise materiell vorteilhaftes Experiment einzugehen, sondern aus der Erfahrung konkreter positiver Beiträge des GV zur Verbesserung der ökonomischen und sozialen Lebensverhältnisse im Dorf. Dies hat sich in den fünf untersuchten GV in der grundsätzlich positiven Einstellung der Mitglieder ihrem GV gegenüber ausgedrückt(2).

---

1. Dies drückt sich auch darin aus, daß in der Region von Houndé seit 1980 GV nur noch auf Anfragen aus interessierten Dörfern gegründet wurden (vgl. Abschnitt II.1.4).

2. In den vier vorangegangenen GV-Skizzen ist diese Grundbedingung der GV-Arbeit nicht besonders erwähnt worden. Bei grundsätzlich gleichen ökonomischen und sozialen Problemlagen hätte es verwundert, in einem der untersuchten GV eine grundlegend andersartige Einstellung der Mitglieder zum GV zu beobachten. Eine derartige Einstellung hätte in jedem Falle Erwähnung finden müssen, wenn Indikatoren dafür vorgelegen hätten.
Auch was die partizipationsbezogenen Vorerfahrungen der

Diese positive Einstellung zur GV-Arbeit hat sich in einer uneingeschränkten Partizipationsbereitschaft an den GV-Aktivitäten gezeigt, die für die GV-Mitglieder einen direkten ökonomischen oder sozialen Nutzen erbrachten: Baumwoll- und Getreidevermarktung, Produktionsmittel- und Ochsenanspannungskredite, Kleinkredite, kollektive Arbeiten in der Vermarktung und bei der Realisierung dörflicher Infrastrukturprojekte.

Als ein weiteres Ergebnis der empirischen Untersuchung wurde jedoch offenbar, daß diese positive Einstellung zum GV nicht zwangsläufig mit einer gesicherten Partizipationsbereitschaft der Mitglieder in den Partizipationsbereichen 'GV-Entscheidungsprozesse', 'Organisation und Verwaltung' sowie 'Aktivitäten ohne direkte materielle Vorteile' korrespondiert.

Bei der Analyse der Ursachen dieser offensichtlichen Disparitäten im Partizipationsverhalten der GV-Mitglieder konnten verschiedene partizipationshemmende Faktoren identifiziert werden, zu denen die beobachteten partizipationsfördernden Faktoren kein hinreichendes Gegengewicht zu bilden vermochten. Partizipationsfördernd haben neben der bereits anfangs erwähnten positiven Grundeinstellung der Mitglieder zu ihrem GV das weitgehende Fehlen administrativ kontrollierter Organisationsvorgaben für die GV gewirkt.
Sowohl in den fünf untersuchten GV als auch in dem meisten anderen GV der Region(1) war ein gesicherter Handlungsspielraum für das jeweilige GV gegeben, um sich eine den spezi-

---

GV-Mitglieder aus den autochthonen dörflichen Institutionen anbetrifft, kann von grundsätzlich gleichen Bedingungen ausgegangen werden, ohne daß dies noch einmal gesondert hätte festgestellt werden müssen.

1. Einige Dörfer waren sehr nachhaltig von der administrativ kontrollierten Vorgabe betroffen, daß sich innerhalb der administrativen Einheit 'Dorf' nicht mehrere GV bilden sollten (vgl. dazu Abschnitt II.1.4). In Abschnitt II.3.4 ist deutlich geworden, daß das GV von Kiere zu den in diesem Zusammenhang betroffenen GV gehörte.

fischen dörflichen Bedingungen angepasste Organisationsstruktur "maβzuschneidern" (vgl. SCHWEDERSKY 1986). Die gewohnheitsrechtliche Anerkennung der GV durch den ORD machte die ORD-Leitlinien für die interne GV-Organisation (vgl. ORD o.J.) zu einer verbindlichen Vorgabe, ohne daβ jedoch ihre Verbindlichkeit vom ORD überprüft worden wäre (vgl. dazu z.B. die Gründung des GV in Boho (Abschnitt II.3.1.4)).

Als weiteren partizipationsfördernden Faktor gilt es die relative Homogenität der ökonomischen Interessen festzuhalten. Trotz der manifesten sozioökonomischen Differenzierungsprozesse (vgl. Abschnitt II.1.2) hat sich dorfintern noch keine Stratifizierung dergestalt herausgebildet, daβ sich von Ressourcenausstattung und ökonomischer Interessenlage her klar abgrenzbare Gruppen gebildet hätten, deren Interessen innerhalb eines GV nicht kompatibel gemacht werden könnten. Auch wenn - wie im Fall des GV Boho - Büromitglieder materielle Vorteile für sich realisieren konnten, ergaben sich doch selbst in GV mit relativ fortgeschrittener sozioökonomischer Differenzierung (Kassaho, Dohoun) keine Anhaltspunkte dafür, daβ die Gruppe der erfolgreichen Baumwollproduzenten versucht hätte, das GV für die Durchsetzung von Partikularinteressen zu instrumentalisieren(1).

Die dorfgemeinschaftliche Organisationsform der Bwa-Gesellschaft (vgl. Abschnitt II.1.4.1) kann ebenfalls als grundsätzlich partizipationsfördernder Faktor festgehalten werden. Jedoch öffnete die genauere Analyse der internen politischen Entscheidungsstrukturen in der Bwa-Gesellschaft (vgl Abschnitt II.3.1.3) den Blick auch für die partizipationshemmenden Faktoren, die diese Gesellschaft der GV-Arbeit als Voraussetzungen "mitgibt".

---

1. Gerade die groβen Baumwollproduzenten könnten Interesse an einer individuellen Ausschüttung der "Ristourne" haben, da sie überdurchschnittlich zur Alimentierung der GV-Kasse beitragen. Ein derartiger Anspruch wäre jedoch unter den gegenwärtigen sozioökonomischen und -politischen Bedingungen nicht durchsetzbar. BELLONCLE hat diesen Zusammenhang sehr treffend für die "associations villageoises" in Mali formuliert (1981:75 FN 22, zitiert in Abschnitt I.4.1).

Für das Übergewicht der partizipationshemmenden Faktoren ist zum einen das Fehlen autochthoner Vorgaben für eine alle Mitglieder der Dorfgemeinschaft einbeziehende partizipative Einstellung zu nennen, da die Beteiligung an Entscheidungen vor allem der gerontokratischen Differenzierung folgend geregelt wurde. Auch für Dorfversammlungen mit Entscheidungsfunktion fehlen entsprechende Vorerfahrungen aus der autochthonen gesellschaftlichen Organisation. Zum anderen hat das mit der Dominanz der "Auswärtserfahrenen" innerhalb des GV korrespondierende Unterlegenheits- und Delegationssyndrom für das Partizipationsverhalten einer großen Mehrheit der GV-Mitglieder eine wesentliche Rolle gespielt.

Die partizipationshemmende Wirkung dieser Syndrome wurde durch ein zentrales Gestaltungsprinzip innerdörflicher Kommunikation und Interaktion verstärkt: die Sicherung des dorfgemeinschaftlichen Zusammenhaltes. Dieses macht unter den Bedingungen der sozialen Dichte und Unausweichlichkeit des täglichen dörflichen Zusammenlebens Konfliktvermeidung zu einem ständigen Gebot. Die dadurch erschwerte Artikulation von auf Personen bezogener Kritik innerhalb des GV sicherte die Dominanz der "Auswärtserfahrenen" ab.

Schließlich muß als partizipationshemmender Faktor die Verlagerung der direkten Reziprozität in den autochthonen Kooperationsgruppen zu einer vermittelteren Reziprozität auf der Ebene des GV hervorgehoben werden (vgl. Abschnitt II.3.1.6.2).

Auch wenn in den fünf Untersuchungsdörfern Unterschiede hinsichtlich der Partizipationsintensität in den drei o.g. kritischen Partizipationsbereichen festgestellt werden konnten, verweisen die beobachteten Partizipationsdefizite doch auf den generellen Problemcharakter, den die zentralen partizipationshemmenden Faktoren über die Besonderheit jedes einzelnen Falles hinaus beanspruchen können.

Unter Rückbezug auf Kapitel I.4 kann mit Bezug auf die GV in der Region von Houndé festgestellt werden, daß die Virulenz des Generationenkonfliktes von eminenter Bedeutung ist. Dabei wurde deutlich, daß der mit der Dynamik des Generationenkonfliktes eng verzahnte dorfinterne Machtumverteilungsprozess insgesamt noch nicht abgeschlossen ist. Dies wurde an Hand der unter diesem Aspekt stark kontrastierenden Beispiele der GV in Kassaho und in Kiere deutlich (vgl. Abschnitte II.3.2. und II.3.4). Während in Kassaho der Machtumverteilungsprozess als weitgehend abgeschlossen bezeichnet werden kann, haben die Ältesten in Kiere sich eine relativ dominante Position im GV bewahren können. Das GV von Boho nimmt in diesem Zusammenhang eine Zwischenstellung ein, da die Virulenz des Generationenkonfliktes eher latent gegeben war, obwohl der dorfinterne Machtumschichtungsprozess noch nicht abgeschlossen ist. Diese Konstellation muß aus den Besonderheiten der GV-Biographie erklärt werden (vgl. Abschnitt II.3.1.4).

Bei einer Gesamtbetrachtung der empirischen Ergebnisse fällt auch auf, daß der in Abschnitt I.4.2 im Vordergrund stehende Topos 'Konsens- versus Mehrheitsprinzip' in den GV von Houndé eine eher untergeordnete Rolle spielte. Dies läßt sich zum einen aus dem noch nicht abgeschlossenen dorfinternen Machtumverteilungsprozess erklären (vgl. z.B. die Entstehung des GV von Boho (Abschnitt II.3.1.4)). Zum anderen zeigt sich hier der Charakter der GV als dörfliche SHO. Auch wenn die im Dorf gültigen Regeln für die Entscheidungsfindung sich nicht uneingeschränkt in den internen Partizipationsregeln des GV wiederspiegelten, so war das GV als dörfliche Organisation doch zu wichtig, um ihm den Freiraum zu lassen, mit dem von außen ins Dorf hineingetragenen Mehrheitsprinzip zu experimentieren.

Die COPEC, die als Zusammenschluß von an Spar- und Kreditaktivitäten interessierten Bauern nicht per se eine dörfliche Organisation bildeten, hatten in diesem Zusammenhang einen größeren Handlungsspielraum. Folgerichtig hat bei letzteren das Mehrheitsprinzip insgesamt eine größere Bedeutung gewinnen können als in den GV(1).

Es ist bereits weiter oben herausgestellt worden, daß die zunehmende sozioökonomische Differenzierung in den Dörfern der Region von Houndé noch nicht einen Stand erreicht hat, der es einer bestimmten Gruppe von GV-Mitgliedern erlaubt hätte, das GV dauerhaft für ihre Partikularinteressen zu instrumentalisieren. Auch wenn ein solcher Zusammenhang zwischen sozioökonomischen Dorf- und Partizipationsstrukturen innerhalb des GV nicht nachgewiesen werden konnte, hat der Segmentierungsprozeß in den tradierten ökonomischen Einheiten der Bwa-Gesellschaft (vgl. Abschnitte II.1.2 und II.3.1.1) doch einen erheblichen Einfluß auf das Partizipationsverhalten der GV-Mitglieder ausüben können.

Zwar hat die verstärkte individualökonomische Orientierung auf Gelderwerb durch den Verkauf von Baumwolle auch Partizipationsbereitschaft in Bezug auf das GV erzeugen können, da das GV konkrete materielle Verbesserungen für das einzelne Mitglied anzubieten hatte. Jedoch schwächte diese individualökonomische Orientierung gleichzeitig die Partizipationsbereitschaft in den o.g. kritischen Partizipationsbereichen (vgl. Abschnitt II.3.1.9), da die Verbesserung der eigenen materiellen Lebenssituation in den individuellen Relevanzsystemen der überwiegenden Zahl der GV-Mitglieder einen so hohen Platz einnimmt, daß dadurch eine mögliche Partizipationsbereitschaft in diesen kritischen Partizipationsbereichen überlagert werden konnte(2).

Das Beispiel des GV in Dohoun (vgl. Abschnitt II.3.5) ist in diesem Zusammenhang von besonderer Aussagekraft. Aufgrund einer relativ großen Gruppe von "Auswärtserfahrenen" hat zwar das

---

1. Sowohl in Kassaho wie auch in Dohoun gibt es eine COPEC seit 1975 (vgl. Abschnitt II.3.1.4.1). Sie hießen früher "Caisse Populaire". Kiere hat erst 1987 eine COPEC gegründet (vgl. FN 2 in Abschnitt II.3.4.).

2. Hier sei auf Abschnitt II.3.1.5 rückverwiesen, wo entsprechende Aussagen zur Einstellung gerade der jüngeren Mitglieder zum GV angeführt werden.

Unterlegenheitssyndrom eine geringere Bedeutung als z. B. im GV von Boho; das Delegationssyndrom hat jedoch ein unvermindert großes Gewicht. Es werden also nicht nur individuelle Partizipationsspielräume an Büromitglieder aus einem Mangel an Partizipationskompetenzen delegiert sondern auch, weil der Verbesserung der individuellen materiellen Situation eine höhere Priorität eingeräumt wird.

Um die Virulenz der als zentrale partizipationshemmende Faktoren identifizierten Unterlegenheits- und Delegationssyndrome bewerten zu können, muß somit auch deren Verknüpfung mit den individuellen ökonomischen Aspirationen der Partizipanden berücksichtigt werden.

Betrachtet man die empirischen Ergebnisse unter dem Aspekt der SHO-Förderung, so fällt auf, daß die Akzeptanz eines externen SHO-Angebotes durch relativ homogene und damit ein günstiges Partizipationsklima verheißende Dorfgemeinschaften nicht notwendigerweise mit ausgewogener Mitgliederpartizipation zwischen den Partizipationsbereichen mit und ohne direkte materielle Gratifikationen korrespondiert.

Dies zwingt zu einer Korrektur des von SHO-Förderungsakteuren häufig suggerierten Bildes der Dorfgemeinschaften als eines Ortes partizipativ-egalitärer Gemeinschaftlichkeit(1).

Die Kontinuität dieser Mystifizierungstendenz reflektiert die vorherrschende entwicklungspolitische Realität, in der unangepaßte externe SHO-Angebote, die von den betroffenen Dorfgemeinschaften nicht akzeptiert bzw. nur geduldet werden, überwiegen (vgl. die Abschnitte I.2.3 und I.4.1). Entwicklungsplaner und Agrarbürokraten neigen dazu, diesen Mythos zu kultivieren, da schon die Akzeptanz eines externen SHO-Angebotes durch eine Dorfgemeinschaft einen besonderen Erfolg aus der administrativen "top down"-Perspektive darstellt (vgl. dazu die Abschnitte I.2.5 und I.3.3) Die geringen Kenntnisse über die dörfliche Realität auf der entwicklungsplanerischen

---

1. Diese Schlußfolgerung wurde auch durch die Ausführungen im 4. Kapitel von Teil I nahegelegt (vgl. Abschnitt I.4.3).

Entscheidungs- und Verwaltungsebene befördern diese Einstellung.

Nur eine sorgfältige Analyse der dorfinternen sozioökonomischen und -politischen Strukturen kann das Verständnis der Partizipationsstrukturen einer SHO erschließen. Für die externe Unterstützung von SHO unter dem Gesichtspunkt einer Verbreiterung und Intensivierung der Partizipationsmöglichkeiten für die SHO-Mitglieder ergibt sich darüberhinaus die besondere Anforderung, daß Unterstützungsangebote für die angesprochenen SHO akzeptabel sein müssen.

Wenn aus der Sicht der SHO-Förderungsorganisationen von den Bedingungen für eine organische Einfügung von SHO in die dörfliche Sozialstruktur gesprochen wird, dann ist diese Bedingung aus der Sicht der Dörfer dann erfüllt, wenn jedwede Gängelung durch externe Organisationsvorgaben unterbleibt, woran sich der ORD, wie bereits deutlich wurde, im Falle der GV in Houndé - mehr aus personellen und administrativen Mängeln als aus Überzeugung - gehalten hat.

Dieser organisatorische Gestaltungsspielraum der Dörfer trägt jedoch in sich die Ambivalenz, einerseits Vorbedingung für das Entstehen von Partizipationsbereitschaft eines Dorfes an einem externen SHO-Angebot zu sein und andererseits die Ausgangssituation dafür zu schaffen, daß - wie für den Fall der GV in der Region von Houndé belegt - auch die partizipationshemmenden Faktoren in den SHO wirksam werden können.

Diese Ambivalenz erwies sich für den Fall der hier untersuchten GV als kurzfristig unüberwindbar, da durch <u>direkte</u> Förderungsangebote kein Eingriff in die Partizipationswirklichkeit der GV im Sinne einer Verringerung von Partizipationsdisparitäten möglich war, wie das Beispiel des GV in Boho gezeigt hat (vgl. Abschnitt II.3.1.8). Die Frage nach <u>indirekten</u> Förderungsangeboten verweist gleichzeitig auf Versäumnisse in der Vergangenheit (vgl. Abschnitt II.1.5.1) und Förderungsmöglichkeiten in der Zukunft.

Ein Schwerpunkt wird hierbei auf <u>den Abbau der Disparitäten gelegt werden müssen, die hinsichtlich der individuellen</u>

Partizipationskompetenzen offensichtlich wurden. Über das Angebot flexibler Aus- und Fortbildungsmaßnahmen könnten so die Voraussetzungen dafür verbessert werden, daß - gerade auch in den kleineren GV - eine größere Zahl von Mitgliedern Verantwortung innerhalb des GV übernehmen könnten. Derartige Bildungsangebote sollten durch Beratungsangebote ergänzt werden, die sich vor allem an GV wie z.B. in Dohoun richten sollten, um Möglichkeiten zu eruieren, die über eine breitere Streuung der Verantwortungsbereiche innerhalb des GV neue Partizipationsspielräume für die Mitglieder eröffnen könnten. Dies könnte einen denkbaren Ansatzpunkt bieten, um die Virulenz des Delegationssyndroms abzuschwächen.

Die für die untersuchten GV konstatierten Partizipationsdefizite müssen auch in ihren Auswirkungen auf die GV-Außenbeziehungen gesehen werden. Zwar hat der ORD, wie bereits weiter oben ausgeführt, den Gestaltungsspielraum der GV bezüglich ihrer internen Organisation relativ wenig eingeschränkt. Das hieß aber keineswegs, daß umgekehrt den GV ein Partizipationsspielraum hinsichtlich der zu transferierenden Aktivitäten (vgl. Abschnitt II.1.4) und der dafür geltenden Modalitäten eingeräumt wurde(1).

Der Versuch, derartige Partizipationsspielräume durch einen Zusammenschluß der GV auf sekundärer Ebene zu erringen, ist - vorerst - ohne Erfolg geblieben (vgl. Abschnitt I.1.5). Auch wenn die Erfahrungen der "Union des Groupements Villageois du Secteur de Houndé" hier nicht in der gebotenen Differenziertheit analysiert werden können, so lassen sich doch

---

1. Bei meinem Besuch in Houndé zum Jahreswechsel 1987/88 ergab sich in den Gesprächen mit GV-Mitgliedern in Popioho und Kiere, daß sich diese Tendenz noch verstärkt hat, so daß die GV jederzeit damit rechnen müssen, daß der Transfer von bestimmten Aktivitäten quasi dekretiert wird, ohne daß die GV im Vorfeld konsultiert oder ihnen gar Einspruchsmöglichkeiten eingeräumt würden. Als Beispiel aus dem Jahre 1987 läßt sich die Einrichtung von dörflichen Versuchsfeldern unter Verantwortung des GV nennen, durch die der - kostenintensive - Beratungsdienst des ex-ORD entlastet werden sollte.

Wirkungsbezüge zwischen den in den GV beobachteten Partizipationsdefiziten und strukturellen Problemen in der GV-Arbeit feststellen. Die Virulenz des Unterlegenheits- und Delegationssyndroms machte es sehr schwierig, "Auswärtserfahrene" für eine ehrenamtliche Arbeit im "Union"-Büro zu gewinnen, zumal für diese Aufgabe vor allem auch Durchsetzungsfähigkeit gegenüber den ORD-Verantwortlichen gefragt war. Der relativ geringe Informationsstand der GV-Mitglieder über die Strukturen und Wirkungsbezüge in den Außenbeziehungen des GV (vgl. Abschnitt II.3.1.8) erschwerte den Aufbau von Unterstützungsbeziehungen zwischen den GV und der "Union".

In der Perspektive einer "Fédéralisation" (vgl. Abschnitt I.4.1), die auf eine verbesserte Handlungsfähigkeit von SHO auch in ihren Außenbeziehungen abzielt, gewinnt die Erweiterung und Intensivierung der Partizipationsmöglichkeiten für die SHO-Mitglieder eine zusätzliche Bedeutung. In diesem Sinne stabilere Basisgruppen könnten eventuellen Zusammenschlüssen auf sekundärer oder gar tertiärer Ebene mehr Unterstützung anbieten und ihnen damit zu einer gesicherteren Handlungsfähigkeit verhelfen.

ZUSAMMENFASSUNG

Die vorliegende Arbeit hatte sich zum Ziel gesetzt, ausgehend von grundlegenden Konzepten zu 'Partizipation' und 'Selbsthilfe' eine exemplarische Analyse der Partizipationserfahrungen fremdinitiierter dörflicher SHO vorzunehmen. Dabei sollte das Hauptaugenmerk den organisations<u>internen</u> Partizipationsstrukturen gelten, wodurch die Erfahrungen dörflicher SHO als Partizipanden eines von verschiedenen Akteuren beeinflußten ländlichen Entwicklungsprozesses in den Hintergrund traten. In dieser Absicht wurde das Beispiel der "Groupements Villageois" in der Region von Houndé/Burkina Faso in den Mittelpunkt dieser Arbeit gerückt.

Als Hinführung auf die Analyse dieses konkreten Falles wurde eine allgemeine Bestimmung von <u>'Partizipation'</u> vorgenommen. 'Partizipation' wurde als ein die Einheit von Teilnahme und Teilhabe in sich aufhebender Prozeß charakterisiert, wobei die konfliktorientierte gegenüber der integrativen Komponente von 'Partizipation' betont wurde.

Daraus ergibt sich für die im Vordergrund der Arbeit stehenden organisations<u>internen</u> Partizipationsprozesse, daß die Verteilung von Partizipationschancen gleichzeitig organisationsinterne Führungs- und Machtstrukturen reflektiert, so daß die Erweiterung bzw. Umschichtung von Partizipationschancen eine Konfliktkonstellation schaffen kann, in der organisationsinterne Einflußmöglichkeiten neu ausgehandelt werden müssen. Die organisationsinternen Partizipationsstrukturen lassen sich analytisch nur über die Einbeziehung der vielfältigen interdependenten Wirkungsbezüge mit der Partizipationsumwelt aufschließen. Letztere umgreift Wirkungsfaktoren, die von der lokalen bis hinauf zur gesamtgesellschaftlichen Ebene ausgehen können.

Bei der allgemeinen Bestimmung von <u>'Selbsthilfe'</u> wurde ihr spezifischer Charakter als problemlösendes kollektives Handeln deutlich. Er drückt sich darin aus, daß 'Selbsthilfe' als

Reaktion auf fehlende oder als unangemessen empfundene problembezogene Leistungen einer höheren Autorität entsteht. Das kollektive Selbsthilfehandeln hat die Selbsthilfeorganisation (SHO) als Trägerstruktur, wobei sich in der Realität ein breites Spektrum von SHO-Typen beobachten läßt. Im entwicklungspolitischen Handlungsfeld hat die Förderung von SHO eine herausragende Bedeutung. Dabei ist die Initiierung von SHO durch Förderungsorganisationen mit eingeschlossen, so daß zwischen selbst- und fremdinitiierten SHO unterschieden werden muß. Die Voraussetzungen für die Entfaltung von Mitgliederpartizipation müssen in den selbstinitiierten SHO insgesamt als günstiger angesehen werden, da die fremdinitiierten SHO - eher als die selbstinitiierten - der Gefahr ausgesetzt sind, daß die Entwicklung der Selbsthilfekräfte durch eine "Überdosis" an Fremdhilfe geschwächt oder gar von Anfang an blockiert wird.

Bei der Betrachtung von SHO im afrikanischen ländlichen Kontext müssen die tiefgreifenden gesellschaftlichen Wandlungsprozesse berücksichtigt werden. Die Einbindung bzw. Unterordnung der authochthonen (lokalen) Gesellschaften unter ein von Kolonialinteressen dominiertes politisches und ökonomisches System bildete dabei den Ausgangspunkt für Destabilisierungsprozesse, die je nach spezifischer Struktur einer autochthonen Gesellschaft eine unterschiedliche Wirkungsintensität hatten. So reichten die Reaktionsformen der betroffenen Gesellschaften von der weitgehenden Aufrecherhaltung bis hin zur erzwungenen Aufgabe eines gesellschaftlichen Reproduktionsmodells.

Durch das Eindringen der Geldwirtschaft entwickelten sich in den autochtonen Gesellschaften neue Verteilungskonflikte um die Verwendung des Geldeinkommens, die mit zunehmender Verbreitung des cash crop-Anbaus, gerade auch in der Nach-Unabhängigkeitsphase, an Intensität und Gewicht zunahmen. Die zentrale Konfliktlinie verlief zwischen den jüngeren und älteren Mitgliedern der autochthonen Wirtschaftseinheiten, da erstere unter den Bedingungen einer Überschussverteilung nach autochthonen gerontokratischen Regeln einer größeren ökonomischen Unabhängigkeit den Vorzug gaben.

Damit war der Weg einer zunehmenden ökonomischen Individualisierung vorgezeichnet, die sich je nach konkreten gesellschaftlichen Bedingungen in unterschiedlichen Formen und Graden sozioökonomischer Differenzierung und einer damit verbundenen Auflösung des tradierten Bodenrechts ausdrückte.

Die Spuren der zunehmenden sozioökonomischen Differenzierungsprozesse lassen sich bei einer allgemeinen Betrachtung der Partizipationserfahrungen afrikanischer SHO deutlich identifizieren. So können Spielräume für Mitgliederpartizipation gerade bei dörflichen SHO dadurch nachhaltig eingeschränkt sein, daß es den ökonomisch besser Gestellten gelingt, die SHO für die Durchsetzung ökonomischer Partikularinteressen zu nutzen. Bei weniger starker Ausprägung sozioökonomischer Differenzierungen kann eine SHO jedoch auch einen Beitrag dazu leisten, daß bestehende ökonomische Ungleichheiten unter den Mitgliedern verringert werden können.

Die zunehmende Ausdifferenzierung der in lokalen Gesellschaften verfügbaren Wissensbestände begründen häufig ausgeprägte Disparitäten hinsichtlich der in einer SHO gegebenen Partizipationskompetenzen, die zwangsläufig mit Disparitäten hinsichtlich der faktischen Chancen zur Mitgliederpartizipation korrespondieren. Dieses Problem gewinnt mit zunehmender Komplexität der SHO-Organisationsstruktur an Gewicht.

Die in den SHO geltenden Partizipationsregeln zeigen je nach SHO-Typ und je nach lokalen gesellschaftlichen Bedingungen unterschiedliche Kombinationen des Mehrheits- und Konsensprinzips.

Bei der Analyse des konkreten Beispiels der "Groupement Villageois" (GV) in der Region von Houndé/Burkina Faso muß davon ausgegangen werden, daß die GV 1975 als fremdinitiierte, polyvalent angelegte dörfliche SHO entstanden sind, wobei das Interesse des "Organisme Regional de Développement" (ORD) als SHO-Förderorganisation in einem Verantwortungstransfer in zentralen Feldern der ländlichen Entwicklung (Baumwollvermarktung, Kreditabwicklung und -sicherung) lag. In Verbindung mit diesen zugewiesenen Aktivitäten konnten die GV jedoch ein breites Spektrum autonomer Aktivitäten entwickeln. Im Vergleich zu den in allen Teilen Burkina Fasos arbeitenden GV ergeben sich für die GV in Houndé als einer der Hauptregionen des Baumwollanbaus sehr günstige Einnahmemöglichkeiten. Die autochthone dorfgemeinschaftliche Gesellschaft der Bwa hat im Zuge der Verbreitung der Baumwollproduktion grundlegende sozioökonomische Differenzierungsprozesse verarbeiten müssen, die jedoch noch nicht zur Herausbildung neuer sozialer Strata mit entsprechender eindeutiger Abgrenzung hinsichtlich Ressourcenausstattung und Interessenlagen geführt hat.

Das für die empirische Untersuchung maßgebliche methodische Konzept konzentrierte sich auf qualitative Forschungsmethoden. Bei der Umsetzung des explorativen Fallstudienansatzes wurde vor allem mit qualitativen Interviews und teilnehmender Beobachtung gearbeitet.

Im Zuge der fallstudienbezogenen Analyse eines GV (Boho) konnten verschiedene partizipationsfördernde und -hemmende Faktoren identifiziert werden, auf deren Hintergrund die für das GV spezifische Struktur der Mitgliederpartizipation sowohl in ihrer Entstehung wie auch in ihrer Funktionsweise erklärt werden konnte. Zwar begründeten die materiellen Verbesserungen, zu denen das GV seinen Mitgliedern Zugang verschaffen konnte, eine grundsätzlich positive Einstellung der Mitglieder zum GV. Diese Einstellung wurde durch die relative Homogenität der ökonomischen Interessenlagen der Mitglieder noch gefestigt. Auch der relativ große Freiraum, den der ORD - mehr aus administrativ-technischen Defiziten als aus SHO-förderungspolitischen Überzeugungen heraus - den GV in der Entwicklung einer GV-spezifischen internen Organisationsstruktur ließ, gehört auf die Seite der partizipationsfördernden Faktoren.
Diese grundsätzlich positive Einstellung der Mitglieder zum GV kontrastierte jedoch augenfällig mit deutlichen Partizipationsdefiziten in einigen Partizipationsbereichen: 'Organisation und Verwaltung', 'Entscheidungsprozesse' und 'Aktivitäten ohne

direkte materielle Vorteile'. In diesen drei Bereichen hatten die Mitglieder des GV-Leitungsgremiums einen dominierenden Einfluß, woraus sich ihre Machtposition innerhalb des GV herleitete.

Bei der Analyse dieser Disparitäten stellte sich heraus, daß sich im Büro diejenigen Mitglieder der Dorfgemeinschaft konzentrierten, die durch Erfahrungen außerhalb des Dorfes ein Zusatzwissen erwerben konnten, das zur Bewältigung der GV-Aufgaben von zentraler Bedeutung war. Dies führte bei den GV-Mitgliedern ohne Auswärtserfahrung zu einem Partizipationsverhalten, in dem sich sowohl ein Unterlegenheits- wie auch ein Delegationssyndrom äußerte.

Die Virulenz dieser Syndrome erklärt sich jedoch nicht nur aus der Dominanz der "Auswärtserfahrenen" im GV-Leitungsgremium sondern auch aus den fehlenden autochthonen Vorgaben für Mitgliederpartizipation. Die Dorfversammlung ist zu keinem Zeitpunkt ein Entscheidungsforum gewesen. Die Delegation von Macht- und Entscheidungsbefugnissen an gerontokratisch legitimierte Führungspersönlichkeiten ist allen Dorfgemeinschaftsmitgliedern vertraut. Diese Führungspersönlichkeiten müssen sich durch die Vorbereitung möglichst konsensfähiger Entscheidungen legitimieren; direkten Kontrollmechanismen sind sie nicht unterworfen.

Das Delegationssyndrom speist sich jedoch auch aus der zunehmenden Bedeutung, die die Verbesserung der eigenen ökonomischen Position im Relevanzsystem vor allem der jüngeren GV-Mitglieder gewinnen konnte.

Die Skizzen von vier anderen GV in der Region von Houndé, in denen das Besondere der jeweiligen Partizipationsstrukturen herausgearbeitet werden konnte, stützen insgesamt die Ergebnisse der Fallstudie. Sie belegen darüber hinaus die unterschiedliche Virulenz des Generationenkonflikts, die im "Fallstudien"-GV eher latent gegeben war, während sie im Nachbar-GV (Kassaho) wie auch im GV von Kiere eine prägende Wirkung auf die GV-Biographie hatten. Während in Kassaho die

Einrichtung des GV den Abschluss eines dorfinternen Machtumschichtungsprozesses markierte, gelang es den Ältesten in Kiere, das GV zur Festigung ihrer Machtposition zu nutzen. Im GV von Dohoun war im Vergleich zum "Fallstudien"-GV eine wesentlich stärkere Ausprägung des Delegationssyndroms im Partizipationsverhalten der GV-Mitglieder auffällig, was mit einer geringeren Bedeutung des Unterlegenheitssyndroms korrespondierte, da relativ viele GV-Mitglieder über Auswärtserfahrungen verfügten.

In der <u>Gesamtbetrachtung der empirischen Ergebnisse</u> wurde deutlich, daß in den Partizipationsstrukturen der untersuchten GV, trotz der in einer dorfgemeinschaftlichen Gesellschaft vermeintlich günstigen Voraussetzungen für die Entfaltung von Mitgliederpartizipation, Partizipationsdisparitäten vorherrschend waren. Diese Partizipationsdisparitäten waren trotz des Entstehungshintergrundes der GV als fremdinitiierte SHO vor allem durch die soziopolitischen und -ökonomischen Strukturen in den dörflichen Gesellschaften und weniger durch unangepasste Außeninterventionen durch die SHO-Förderorganisationen induziert.

Für die SHO-Förderung stellt sich als Konsequenz aus den Untersuchungsergebnissen die Frage, wie Beratungs- und Bildungsangebote verbessert werden können, die einerseits einen Beitrag zum Abbau von Partizpationsdisparitäten innerhalb der SHO leisten können und andererseits akzeptable Unterstützungsangebote aus der Sicht der angesprochenen SHO darstellen.

LITERATURVERZEICHNIS

ACI (ALLIANCE COOPERATIVE INTERNATIONALE) (1987): Recherche de nouvelles lignes d'action et de stratégies pour un développement coopératif propre à l'Afrique de l'Ouest. 9 Länderstudien: Bénin, Burkina Faso, Cap Vert, Côte d'Ivoire, Guinée/Conakry, Mali, Mauritanie, Senegal, Togo. - Feldafing.
ALLARDT, E. (1969): Soziale Partizipation, in: Wörterbuch der Soziologie. - Stuttgart. S. 983 ff.
AMIN, S. (1973): Neo-Colonialism in West Africa. - Harmondsworth.
AMIN, S. (Hrsg.) (1975): L'agriculture africaine et le capitalisme. - Paris.
AMIN, S. (1976): Unequal Development. An Essay on the Social Formations of Peripheral Capitalism. - Delhi, Bombay, Calcutta, Madras.
AMIRA (Groupe de recherche pour l Amélioration des Méthodes d'Investigation en milieu Rural Africain (GASSE, D.)): Les fichiers de village. Problématique générale et expérience gabonaise. - Paris.
AMIRA (Groupe de recherche pour l'Amélioration des Methodes d'investigation en milieu Rural Africain) (1978): Bilan des Travaux de la création du groupe à la mi-78, hrsg. von AFIRD (Association Francaise des Instituts de Recherche pour le Développement), Paris.
AMSELLE, J.L. (1978): Migration et société néo-traditionnelle: le cas des Bambara du Jitumu (Mali), in: Cahiers d'Etudes Africaines, No. 72 (4/84), S. 487-502.
AMSELLE, J.L. (1988): Le développement vu du village, in: Sociologica Ruralis, Band 68, Nr. 2-3/88, S. 176-181.
ARBEITSGRUPPE BIELEFELDER SOZIOLOGEN (Hrsg.) (1979): Subsistenzproduktion und Akkumulation. - Bielefelder Studien zur Entwicklungssoziologie, Band 5. - Saarbrücken.
ASSCOD (Archives de Sciences Sociales de la Coopération et du Développement) (1987): Associations villageoises de développement. - Nr. 81, 7-9/87. - Paris.
AY, P. (1980): Agrarpolitik in Nigeria. Produktionssysteme der Bauern und die Hilflosigkeit von Entwicklungsexperten. Ein Beitrag zur Revision agrarpolitischer Maßnahmen in Entwicklungsländern - Feldforschung in Westnigeria. - Hamburg.
BALANDIER, G. (1970): The Sociology of Black Africa. Social Dynamics in Central Africa. - New York, Washington.
BALDUS, R./RÖPKE,J./SEMMELROTH, D. (1981): Einkommens-, Verteilungs- und Beschäftigungswirkungen von Selbsthilfeorganisationen in Entwicklungsländern. - München, Köln, London.
BÄNZIGER, A. (1986): Die Saat der Dürre. Afrika in den achtziger Jahren. - Bornheim-Merten.
BEAUDOUX, E./NIEUWKERK, M. (1985): Groupements paysans d'Afrique - Dossier pour l'action. - Paris.

BECK, J./DORLÖCHTER, S. (1988): Frauen als "Opfer der Entwicklung"? Strategien und Handlungsspielräume Afrikanischer Kleinbäuerinnen zur Sicherung ökonomischer Unabhängigkeit. Zwei Fallstudien aus der Nord-West-Provinz Zambias. - Unveröffentlichtes Manuskript (Diplomarbeit). - Berlin.

BEDARD, G. (1986): Die Volksbanken in Rwanda - eine Fallstudie, in: DSE/DSGV/BMZ: Bedeutung von Sparen bei der Armutsbekämpfung durch Selbsthilfe. - Band II.- Berlin. S. 59-75.

BELLERMANN, M. (1985): Subsidiarität und Selbsthilfe - Entwicklungslinien in der Sozialstaatsdiskussion und heutige Aktualität, in: HEINZE, R.G. (Hrsg.): Neue Subsidiarität: Leitidee für eine zukünftige Sozialpolitik?. - Opladen. S. 92-116.

BELLONCLE, G. (1978): Coopératives et développement en Afrique noire sahélienne. - Sherbrooke.

BELLONCLE, G. (1981): Structures villageoises et stratégie de développement. Projets coopératifs et projets éducatifs en Afrique Noire, in: Archives de Sciences Sociales de la Coopération et du Développement, Nr. 56, 4-6/81, S. 61-104.

BELLONCLE, G. (1982): La Question Paysanne en Afrique Noire. - Paris.

BELLONCLE, G. (1983): Organisation et gestion des coopératives agricoles en Afrique et Haiti, Extrait de: Archives des Sciences Sociales de la Coopération. - Paris.

BELLONCLE, G. (1985): Paysanneries sahéliennes en péril. Carnets de route,, tome 2 (1982-1984). - Paris.

BELLONCLE, G./EASTON, P./ILBOUDO, P./SENE, P. (1982): Alphabétisation et gestion des groupements villageois en Afrique Sahélienne. - Paris.

BELLONCLE, G./GENTIL, D. (1983): Politiques et structures de promotion coopérative dans l'Afrique sahélienne (Haute-Volta, Mali, Niger, Sénégal), rapport de synthèse, Studie für COPAC (Committee for the Promotion of Aid to Cooperatives) und die holländische Regierung. - Paris.

BENINI, A.A. (1978): Community Development in a Multi-Ethnic Society. Volume 2: The Upper River Division of the Gambia, West Africa, with minor comparative studies from Upper Volta and Benin. - Dissertation. - Bielefeld.

BENOIT, M. (1982): Oiseaux de mil. Les Mossi du Bwamu (Haute Volta). - Paris.

BERG-SCHLOSSER, D. (1986): Zur Typologie afrikanischer Politischer Systeme im postkolonialen Zeitalter, in: NUSCHELER, F. (Hrsg.): Politikwissenschaftliche Entwicklungsländerforschung. - Darmstadt. S. 184-203.

BERGER, Hartwig (1974): Untersuchungsmethode und soziale Wirklichkeit. - Frankfurt am Main.

BERGMANN, H. (1972): Die genossenschaftliche Demokratie zwischen traditionalen Machthabern und der Entwicklungsverwaltung, in: WESTERMANN, H. (Hrsg.): Genossenschaften - Demokratie und Wettbewerb. - Tübingen. S. 145-183.
BERRY, S. (1986): Social Sciences Perspectives on Food in Africa in: HANSEN, A./McMILLAN, D.E. (Hrsg.): Food in Sub-Saharan Africa. - Boulder/Colorado. S. 64-81.
BMZ (1977): Grundsätze für die Förderung von Selbsthilfeorganisationen in Entwicklungsländern. - Bonn.
BMZ-Arbeitspapier (1984): Anlagenband I (Zusammenstellung der Fallbeispiele) zum Schlußbericht der Arbeitseinheit S. 24, entwicklungspolitische Sonderaufgaben, über "Ansätze zur Armutsbekämpfung durch Selbsthilfe und durch zielgruppengerechte Finanzierungsinstrumente".- Bonn.
BMZ-Arbeitspapier (1986): Schlußbericht der speziellen Arbeitseinheit "Armutsbekämpfung durch Selbsthilfe" (ES 31) über die zweite Arbeitsphase (10/84-4/86) (OSNER/ HARDER/ROJAHN/SCHMIDT-BURR/SCHÖCK). - Bonn.
BMZ/GTZ (1984): Développement rural régional. Un cadre d'orientation. - Eschborn.
BODENSTEDT, A.A. (Hrsg.) (1975): Selbsthilfe: Instrument oder Ziel ländlicher Entwicklung. - Saarbrücken.
BODENSTEDT, A.A. (1980): Genossenschaften und Selbsthilfeorganisationen im ländlichen Raum, in: HOHNHOLZ, J.H. (Hrsg.): Die Armut der ländlichen Bevölkerung in der Dritten Welt - Möglichkeiten zur Verbesserung der Lebensbedingungen. - Baden-Baden. S. 103-117.
BOESEN, J. (1975): Les paysans et l'exportation du café - Une région exportatrice de café en Tanzanie - Une structure économique déformée et une agriculture stagnante, in: AMIN, S. (Hrsg.): L'agriculture africaine et le capitalisme. - Paris. S. 107-141.
BOLGER, P.(1977): The irsh co-operative movement. Its History and Development. - Dublin.
BONI,N. (1971): Histoire synthétique de l'Afrique résistante. Les réactions des peuples africains face aux influences extérieures. - Paris.
BONTE, Pierre: Séchéresse et Impérialisme en Afrique, Sonderdruck aus: économie et politique, notes et études, Paris, o.J.
BOSERUP, E. (1970): Women's Role in Economic Development. - New York.
BOSSE,H. (1979): Diebe, Lügner, Faulenzer. Zur Ethno-Hermeneutik von Abhängigkeit und Verweigerung in der Dritten Welt. - Frankfurt am Main.
BRINKSCHULTE, B. (1976): Formen und Funktionen wirtschaftlicher Kooperation in traditionalen Gesellschaften Westafrikas. - (Kultureller Wandel; Band 3). - Meisenheim/Glan.
BRUCHHAUS, E.M./MEVISSEN, H.P. (1985): die eigenen kräfte stärken. Senegal - Einsichten in ein Selbsthilfeprojekt. - Weltfriedensdienst e.V.- Berlin (West).

BUGNICOURT, J. (1982): Popular participation in development in Africa, in: assignment children, Nr. 59/60, 2/82, S. 57 ff.- Genf.
BUNTZEL, R. (1976): Entwicklung kleinbäuerlicher Exportproduktion in Tansania. Zur Entwicklung der Unterentwicklung und zur Agrarpolitik des Ujamaa-Ansatzes. - Saarbrücken.
BUREAU OF APPLIED SOCIAL RESEARCH (1962): Das Qualitative Interview, in: KÖNIG, René (Hrsg.): Praktische Sozialforschung Band I. Das Interview, 3. Auflage - Köln, Berlin. S. 143-160.
CAPRON, Jean (1971): Association d'âge, économie, pouvoir chez les populations bwa pwesya, in: PAULME, Denise: Classes et Associations d'Age en Afrique de l'Ouest.- Paris. S. 24-61.
CAPRON, J. (1973): Communautés Villageoises Bwa. Mali - Haute Volta, Band I. - Paris.
CASLEY, D.J./LURY, D.A. (1987): Data collection in developing countries. 2. Auflage. - Oxford.
CESAO (1975): Document sur le DC, Séminaire des instructeurs des stages pour les agents de DC, 24.-27.01.1975.- Bobo-Dioulasso.
CHAUVEAU, J.-P./RICHARD, J. (1977): Une <<périphérie recentrée>>: à propos d'un système local d'économie de plantation en Côte d'Ivoire, in: Cahiers d'Etudes Africaines, Nr. 68 (4/77), S. 485-523.
CHAUVEAU, J.-P. (1985): L'avenir d'une illusion. Histoire de la production et des politiques vivrières en Côte d'Ivoire, in: Etudes Rurales, No 99-100, S. 281-325. - Paris.
CLARKE, P.B. (1987): Islam, Development and African Identity: The case of West Africa, in: PETERSEN, K.H. (Hrsg.): Religion, Development and African Identity. - Uppsala. S. 127-143.
CNR (1984A): Ordonnance No 84-050/CNR/PRES, Portant réorganisation agraire et foncière au Burkina Faso du 13 Août 1984. - Ouagadougou.
CNR (1984B): An II Programme Populaire de Développement- Octobre 1984 - Décembre 1985. - Ouagadougou.
COHEN, J.M./UPHOFF, N.T. (1977): Rural development participation: Concepts and measures for project design, implementation and evaluation. - Cornell University. - Ithaca.
COLIN, R. (1966): Animation et développement rurale en Afrique noire francophone, in: Archives Internationales de Sociologie de la Coopération, No. 20, 7-12/66, S. 133-199.
COLIN, R. (1984): L'institutionalisation de la participation au développement, in: UNESCO: Participer au développement. - Paris. S. 67-139.
COMITÉ D'INFORMATION DU SAHEL (1975): Qui se nourrit de la famine en Afrique. Le dossier politique de la faim au Sahel. - Paris.

CONAC, F. (1985): Les enjeux de la participation paysanne dans les politiques de l'eau, in: CONAC, G./SAVONNET-GUYOT, C./CONAC, F. (Hrsg.): Les politiques de l'eau en Afrique. Développement agricole et participation paysanne. - Paris. S. 101-113.
COOK, R.C. (1988): Farmers and the State, in: RIMMER, D. (Hrsg.): Rural Transformation in Tropical Africa. - London. S. 116-139.
COPAC (Committee for the Promotion of Aid to Cooperatives) (1978): Cooperatives against rural poverty. - Rom.
COQUERY-VIDROVITCH, C. (1977): Research on an African mode of production, in: GUTKIND, P.C.W./WATERMAN, P. (Hrsg.): African Social Studies. A Radical Reader. - London, Ibadan, Nairobi, Lusaka. S. 77-92.
DABIRE, F./OUANGRAOUA, H. (1988): Chemin de fer du Sahel. La bataille de l'espoir, in: Carrefour africain, Nr. 1047 vom 31.7.1988, S. 27-30. - Ouagadougou.
DACHER, M. (1984): Génies, ancêtres, voisins. Quelques aspects de la relation à la terre chez les Ciranba (Goin) du Burkina-Faso, in: Cahiers d'Etudes Africaines, No. 94, vol. 24, No. 2. S. 157-192.
DAO, O. (1969): Culture cotonnière et développement agricole dans la région de Houndé, in: Notes et Documents Voltaiques, Nr. 2/69, S. 9-26.
DEMONQUE, M./EICHENBERGER, J.Y. (1969): La participation. - Paris.
DESCLOITRES, R. (1965): Evolutions des fonctions des communautés rurales en Afrique, in: Sociologica Ruralis, Jg. 5, NR. 4. S. 349-365.
DEUTSCHES SAHEL-PROGRAMM (WINCKLER, G.) (1982): Desertifikation in den Sahel-Ländern. Bericht des Deutschen Sahel-Programms zur aktuellen Situation und zu den Aussichten der Desertifikationsbekämpfung in den Sahel-Ländern. - Ouagadougou.
DIA, M. (1975): ISLAM Sociétés Africaines et Culture Industrielle. - Dakar, Abidjan.
DIANDA, H.D. (1988): Impact socio-économique de l'introduction de la motorisation intermédiaire dans l'exploitation agricole dans le secteur de Houndé. - Dissertation. - Ouagadougou.
DIDIERLAURENT, M. (1985): Les ONG dans le développement rural, in: BOIRAL, P./LANTERI, J.-F./OLIVIER DE SARDAN, J.-P. (Hrsg.): Paysans, experts et chercheurs en Afrique Noire. Sciences sociales et développement rural. - Paris. S. 185-200.
DOOREN van, P.J. (1982): Co-operatives for developing countries. Objectives, policies and practices. - Plunkett Development Series No. 4. - Oxford.
DOZON, J.-P. (1977): Economie marchande et structures sociales: les cas des Bété de Côte d'Ivoire, in: Cahiers d'Etudes Africaines, Nr. 68 (4/77), S. 463-483.
DRAHEIM, G. (1965): Genossenschaften (I), in: Handwörterbuch der Sozialwissenschaften, Band 4. - Stuttgart, Tübingen, Göttingen. S. 350-373.

DSE/GTZ (BALDUS, R.D./KOHLBACH, C./ULLRICH. G. (Berichterstattung und Redaktion)) (1982): Fachseminar "Selbsthilfe in der ländlichen Entwicklung ". - Feldafing.
DSE/FAO (OAKLEY (Berichterstatter)) (1985): Challenge of rural poverty - how to meet it? - Report of an expert consultation, 28/10 - 1/11/85 in Berlin (West). - Feldafing.
DSE/DSGV (Deutscher Sparkassen- und Giroverband)/BMZ (BEDARD, G. (Berichterstatter)) (1986): Bedeutung von Sparen bei der Armutsbekämpfung durch Selbsthilfe.- 2 Bände. - Berlin.
DSE/BMZ (v.BRAUNMÜHL, C. (Berichterstatterin)) (1987): Armutsbekämpfung durch Selbsthilfe II. Bericht der Internationalen Tagung vom 29. September bis 4. Oktober 1986 in Feldafing. - Feldafing.
DSP (Deutsches Sahel-Programm)/CILSS (Comité Inter-Etats de Lutte contre la Sécheresse au Sahel) (1982): Desertifikation in den Sahel-Ländern. - Ouagadougou.
DÜLFER , E. (Hrsg.) (1975): Zur Krise der Genossenschaften in der Entwicklungspolitik. - Göttingen.
DÜLFER, E. (1977): Aufbau und Förderung von Selbsthilfeorganisationen in Entwicklungsländern nach dem Phasenschema, in: Zeitschrift für das gesamte Genossenschaftswesen, Band 27, S. 15-35.
DÜLFER, E./HAMM, W. (Hrsg.) (1983): Die Genossenschaften zwischen Mitgliederpartizipation, Verbundbildung und Bürokratietendenz. Arbeitsergebnisse der X. Internationalen Genossenschaftswissenschaftlichen Tagung 1981 in Marburg. Sonderband der Zeitschrift für das gesamte Genossenschaftswesen. - Göttingen.
DÜNKI, M. (1987): Ins Feld, in die Freiheit gezogen; Gespräche mit Entwicklungshelfern. - Zürich.
DUMAS, A. (1983): Participation et projets de développement, in: Revue Tiers Monde, Band 24, Nr. 95, 7-9/83, S. 513-536.
DUMONT, R./MOTTIN, M.-F. (1980): L'Afrique étranglée. Zambie, Tanzanie, Sénégal, Côte d'Ivoire, Guinée-Bissau, Cap-Vert. - Paris.
DUMONT, R. (1986): Pour L'Afrique j'accuse. - Paris.
DUPRIEZ, H. (1985): Paysans d'Afrique Noire. - Nivelles/Belgique.
DWHH/DIE (Deutsche Welthungerhilfe/Deutsches Institut für Entwicklungspolitik (BRANDT/EUSSNER/GSÄNGER/LACHENMANN/ SCHNEIDER-BARTHOLD/ZEHENDER)) (1986): Afrika in Bedrängnis. Entwicklungskrise und Neugestaltung der Entwicklungspolitik. 2 Bände. - Bonn.
ELA, J.-M. (1985): Développement agricole et structures non-étatiques de participation en Afrique Noire, in: CONAC, G./SAVONNET-GUYOT, C./CONAC, F. (Hrsg.): Les politiques de l'eau en Afrique. Développement agricole et participation paysanne. - Paris. S. 69-77.
ELWERT, G. (1983): Bauern und Staat in Westafrika, Die Verflechtung ökonomischer Sektoren am Beispiel Benin, Frankfurt am Main.

ELWERT, G. (1984): Hunger in der Dritten Welt - Krise der Subsistenzproduktion und Anti-Agrarpolitik, in: FIEGE, K./RAMALHO, L. (Hrsg.): Landwirtschaft = Hungerwirtschaft? Umbrüche und Krisen in den Agrarsystemen der Dritten Welt. - Saarbrücken, Fort Lauderdale. S. 37-49.

ELWERT, G./PROJEKTGRUPPE WESTAFRIKA (1979): Von der Subsistenzökonomie zur staatskapitalistischen Produktion - Struktur und Entwicklungstendenzen der Agrarproduktion in Bénin, in: ARBEITSGRUPPE BIELEFELDER SOZIOLOGEN (Hrsg.): Subsistenzproduktion und Akkumulation. - Saarbrücken. S. 13-60.

ELWERT, G./BIERSCHENK, T. (1988): Development Aid as an Intervention in Dynamic Systems. An Introduction, in: Sociologica Ruralis, Band 68, Nr. 2-3/88, S. 99-112.

ENDA (1985): Initiatives paysannes au Sahel. S'organiser et lutter contre la " fatalité ". - Dakar.

ETZIONI, A. (1975): A comparative analysis of complex organizations - On power, involvement,and their corre- lates. - New York, London.

FALKENBERG, C.-M. (1986): Boni - ein Dorf organisiert sich, in: IMFELD/MEYNS: mit bauerngruppen arbeiten Burkina Faso: Einsichten in ein Ausbildungsprojekt, Eigenverlag Weltfriedensdienst e.V. - Berlin. S. 9-14.

FALS-BORDA, O./ATHORPE, R./INAYATULLAH (1976): The crisis of rural cooperatives: Problems in Africa, Asia and Latin America, in: NASH J./DANDLER, J./HOPKINS, N.S. (Hrsg.): Popular participation in social change. Cooperatives, Collectives, and nationalized industry. - The Hague, Paris. S. 439-456.

FAO (VAN HECK,B.)(1979): FAO Rural Organizations Action Programme (ROAP). Participation of the Poor in Rural Organizations. A consolidated report on the studies in selected countries of Asia, Near East and Africa. - Rom.

FAO/DSE (1984): The People's Participation Programme in Africa. A review of implementation experiences in 7 african countries. - Report on the FAO/DSE Regional Training Workshop for the PPP Project Field Staff. Harare, 26/11 - 7/12/84. - Rom.

FETT, R./HELLER, E. (1982): Von der Subsistenzproduktion zur Marktproduktion - Die Transformation der bäuerlichen Ökonomie der Boko in Nord-Benin, in: ELWERT, G./FETT, R. (Hrsg.): Afrika zwischen Subsistenzökonomie und Imperialismus. - Frankfurt am Main, New York. S. 70-92.

FIEGE, K./RAMALHO. L. (Hrsg.) (1984): Landwirtschaft = Hungerwirtschaft? Umbrüche und Krisen in den Agrarsystemen der Dritten Welt. - Saarbrücken, Fort Lauderdale.

FISCHER, H. (Hrsg.) (1985): Feldforschungen. Berichte zur Einführung in Probleme und Methoden. - Berlin.

FORTES, M./EVANS-PRITCHARD, E.E. (Hrsg.) (1948): African Political Systems. - London, New York, Toronto.

FRIEDRICHS, J. (1984): Methoden empirischer Sozialforschung, 12. Auflage, Opladen.
GABELMANN, E. (1971): Die Genossenschaften in Kamerun. - Marburg/Lahn.
GALLAIS, J. (1959/60): La signification du village en Afrique Soudanienne de l'Ouest. Forces et faiblesses de la communauté villageoise, in: Cahier de Sociologie Economique, Nr. 2, S. 128 - 162. - Le Havre.
GASTELLU, J.-M. (1980): ...Mais, ou sont donc ces unités économiques que nos amis cherchent tant en Afrique?, in: Cahiers O.R.S.T.O.M. série sciences humaines, vol. 17, NO. 1-2/80, S. 3-11.
GASTELLU, J.-M. (1981): L'égalitarisme économique des Serer du Sénégal. - Travaux et Documents de l'O.R.S.T.O.M. No 128. - Paris.
GDI (German Development Institute (OTZEN/FEIGE/FRIEDRICH/MARTIN/SCHEIDEL/WILLE)) (1988):Development Management from Below. The Potential Contribution of Cooperatives and Village Development Committees to Self-Management and Decentralized Development in Zimbabwe. - Berlin.
GENTIL, D. (1981): Promotion des Groupements Villageois et des Coopératives en Haute Volta. Bericht im Auftrag der Friedrich-Naumann-Stiftung. - Paris.
GENTIL, D. (1984): Les pratiques coopératives en milieu rural. - Paris.
GENTIL, D. (1986): Les mouvements coopératifs en Afrique de l'Ouest. Interventions de l'Etat ou organisations paysannes? - Paris.
GESCHIERRE, P. (1984): La paysannerie africaine est-elle captive? Sur la thèse de Goran Hyden, et pour une réponse plus nuancée, in: Politique Africaine, Band 14, No. 6/84, S. 13-33.
GLISCYNSKI-HINNENKAMP v., P. (1984): Agrarische Exportproduktion und häusliche Reproduktion - Gesellschaftliche Transformationsprozesse bei den Gouro in der Elfenbeinküste. Unveröffentlichtes Manuskript (Diplomarbeit). - Bielefeld.
GOODE, W.J./HATT, P.K. (1962): Die Einzelfallstudie, in: KÖNIG, René (Hrsg.): Praktische Sozialforschung Band II: Beobachtung und Experiment in der Sozialforschung, 2. Auflage. Köln, Berlin. S. 299-337.
GOSSELIN, G. (1976): Traditional Collectivism and Modern Associations: The Example of Southern Dahomey, in: NASH/J./DANDLER, J./HOPKINS, N.S. (Hrsg.): Popular participation in social change. - The Hague. S. 55-70.
GOUROU, P.(1979):Pour une nécessaire amélioration de la condition paysanne en Afrique Noire: réformer sans détruire, in: ORSTOM (Hrsg.): Maîtrise de l'espace agraire et développement en Afrique Tropicale. - Mémoires ORSTOM Nr. 79. - Paris. S. 567-573.
GOUSSAULT, Y. (1970): Interventions éducatives et animation dans les développements agraires (Afrique et Amérique Latine). - Paris.

GRACIA, M./MUNYESHEMA, E. (1986): La participation dans les coopératives d'épargne et de crédit, in: Archives de Sciences Sociales de la Coopération et du Développement, Nr. 77, Juli-September 1986, S. 14-49.
HALL, A. (1988): Community participation and development policy: a sociological perspective, in: HALL, A./ MIDGLEY, J. (Hrsg.): Development policies: sociological perspectives. - Manchester, New York. S. 91-107.
HANEL, A. (1986): State-sponsored cooperatives and self-reliance - Some aspects of the reorganizing of official co-operative structures with regard to Africa. - Paper presented at the seminar "Co-operatives Revisited", held in Uppsala 7-9 November 1986. - Nordiska Afrikainstitutet. Uppsala.
HANISCH, R. (1981): Selbsthilfe, Genossenschaften und Staat in Entwicklungsländern. Einige vorläufige Überlegungen, in: MÜLLER, J.O. (Hrsg.): Gesellschaftspolitische Konzeptionen der Förderung von Selbsthilfe durch Fremdhilfe in Afrika. - Marburg/Lahn. S. 30-37.
HANISCH, R. (Hrsg.) (1983): Soziale Bewegungen in Entwicklungsländern. - Baden-Baden.
HANISCH, R./TETZLAFF, R. (Hrsg.) (1979): Die Überwindung der ländlichen Armut in der Dritten Welt.- Frankfurt.
HANISCH, R./TETZLAFF, R. (1986): Der Staat in Entwicklungsländern als Gegenstand sozialwissenschaftlicher Forschung, in: NUSCHELER, F. (Hrsg.): Politikwissenschaftliche Entwicklungsländerforschung. - Darmstadt. S. 276-316.
HARDIMAN, M. (1988): Social perspectives on women and development policy, in: HALL, A./MIDGLEY, J. (Hrsg.): Development policies: sociological perspectives. - Manchester, New York. S. 69-90.
HARTFIEL, G./HILMANN, K.-H. (1982): Wörterbuch der Soziologie. - 3. überarb. u. erg. Aufl. - Stuttgart.
HETTLAGE, R. (1979): Genossenschaftstheorie und Partizipationsdiskussion. - Frankfurt/New York.
HILPERT, K. (1984): Der Traum von Bier und einem Motorrad. Beobachtungen über Veränderungen des Konsumverhaltens im Baumwollgebiet Obervoltas, in: FIEGE, K./RAMALHO, L. (Hrsg.): Landwirtschaft = Hungerwirtschaft? Umbrüche und Krisen in den Agrarsystemen der Dritten Welt. - Saarbrücken, Fort Lauderdale. S. 105 -126.
HOMANS, G.C. (1969): Theorie der sozialen Gruppe. - Köln und Opladen.
HOROWITZ, M./PAINTER, T. (Hrsg.) (1986): Anthropology and rural development in West Africa. - Boulder, London.
HUGHES, A. (1985): Alternative forms and levels of popular participation: A general survey, in: LISK, F. (Hrsg.): Popular participation in planning for basic needs - concepts, methods and practices. - Studie für die ILO. - Aldershot (Hampshire). S. 52-94.
HYDEN, G. (1980): Beyond Ujamaa in Tanzania. Underdevelopment and uncaptured peasantry. - London, Ibadan, Nairobi.

HYDEN, G. (1982): Kooperation im ländlichen Bereich, in: BLANKENBURG, P.v./CREMER, H.D.(Hrsg.): Handbuch der Landwirtschaft und der Ernährung in Entwicklungsländern. - Stuttgart. S. 86-100.
ILLY, L.B./ILLY, H.F. (1979): Mobilisierung der ländlichen Bevölkerung im frankophonen Afrika. Eine Kritik der 'Animation Rurale' als Partizipationsmodell, in: HANISCH, R./ TETZLAFF, R. (Hrsg.): Die Überwindung der ländlichen Armut in der Dritten Welt. - Frankfurt am Main. S. 241-281.
IMFELD, A./MEYNS, P. (1986): mit bauerngruppen arbeiten Burkina Faso. Ein-Sichten in ein Ausbildungsprojekt, Eigenverlag Weltfriedensdienst e.V., Berlin.
JANSSEN, V. (1984): Bäuerliche Selbsthilfe in einer ökologisch abgesicherten ländlichen Entwicklung, in: entwicklung + ländlicher raum, Nr. 3/84, S. 20-22.
JANSSEN, V./SCHWEDERSKY, Th. (Berichterstatter) (1986): Promouvoir l'autopromotion paysanne. Rapport sur le cours de perfectionnement professionnel "L'assistance aux organismes d'autopromotion et l'amélioration de leur gestion", Bobo-Dioulasso, 28.11.-10.12.1983. Zentralstelle für Ernährung und Landwirtschaft der Deutschen Stiftung für Internationale Entwicklung.- Feldafing.
JOBERT, B. (1983): Clientalism, Patronage and Popular Participation, in: UNRISD Popular Participation Programme: Dialogue about participation, Nr. 4, S. 7-31.
JOERGES, B. (1968): Community Development in Entwicklungsländern. - Stuttgart.
JOHN, P. (1979): Bedingungen und Grenzen politischer Partizipation in der Bundesrepublik Deutschland am Beispiel der Entstehungs- und Entwicklungsphase von Bürgerinitiativen. - München.
JONES, C.W.(1986): Intra-Household Bargaining in Response to the Introduction of New Crops: A Case Study from North Cameroon, in: MOOCK, J.L. (Hrsg.): Understanding Africa's Rural Households an Farming Systems. Boulder, London. S. 92-104.
KABARE, A. B. (1978): Exploration systémique d'un Organisme Régional de Développement: L'ORD de Bobo-Dioulasso en Haute-Volta. Unveröffentlichtes Manuskript (Thèse de Maîtrise). -Laval.
KABBA, M.R.A. (1978): Self-Help als a Strategy of Rural Development in Sierra Leone. - Unveröffentlichtes Manuskript. - Bielefeld.
KALHÖFER, W. (1983): Westafrikanische Landjugend und Dekolonisierung - Lernprozesse und Konflikte in Obervolta.- Münster.
KEMPF,U./BUNDESZENTRALE FÜR POLITISCHE BILDUNG (Hrsg.) (1974): Bürgerinitiativen - neue Formen politischer Beteiligung. - Bonn.
KI-ZERBO, J. (1979): Die Geschichte Schwarz-Afrikas. - Wuppertal.

KIRSCH, O.C. (1975): Das Problem staatlicher oder eigener Initiative bei Genossenschaftsgründen in Entwicklungsländern - Selbsthilfe oder Hilfe zur Selbsthilfe? in: BODENSTEDT, A.A. (Hrsg.): Selbsthilfe: Instrument oder Ziel ländlicher Entwicklung. - Saarbrücken. S. 53-65.
KIRSCH, O.C./BENJACOV, A./SCHUJMANN, L. (1980): The Role of Self-Help Groups in Rural Development Projects. - Saarbrücken, Fort Lauderdale.
KIRSCH, O.C., ARMBRUSTER, P.G. und KOCHENDÖRFER-LUCIUS, G. (1983): Selbsthilfeeinrichtungen in der Dritten Welt. - München, Köln, London.
KLEENE, M./KEMPER T. (1985): Umweltkrise im Yatenga (Burkina Faso). Gesellschaftliche Ursachen, bäuerliche Strategien und institutionelle Praxis. - Unveröffentlichtes Manuskript (Diplomarbeit). - Bielefeld.
KOTSCHI, J./ADELHELM, R. (1984): Standortgerechte Landwirtschaft zur Entwicklung kleinbäuerlicher Betriebe in den Tropen und Subtropen. - GTZ. - Eschborn.
KUHN,. J. (1985): Internal and External Conditions for the Operation of Self-Help Organizations, in: Internationales Institut der Konrad-Adenauer-Stiftung (Hrsg.): Promotion of Self-Help Organizations. Report on a Follow-up Seminar on the Role of Non-Governmental Organizations in Promoting Self-Help Organizations held in Jos/Nigeria, 3rd to 13th October, 1983. - Sankt Augustin. S. 125-150.
LABAZEE, P. (1985A): La voie étroite de la révolution au Burkina, in: Le Monde Diplomatique, Februar, S. 12f.
LABAZEE, P. (1985B): Réorganisation économique et résistances sociales: la question des alliances au Burkina, in: Politique Africaine, Nr. 20, Dezember 1985, S. 10-28.
LABAZEE, P. (1987): De la révolution à la <<rectification>> au Burkina Faso. L'encombrant héritage de Thomas Sankara, in: Le Monde Diplomatique, November, S. 15.
LACHENMANN, G. (1983): Die Destabilisierung der ländlichen Produktions- und Sozialsysteme in Schwarzafrika, in: afrika spectrum, Nr. 83/1, S. 5-25. - Hamburg.
LACHENMANN, G. (1984): Ökologie und Sozialstruktur in Sahel. Wechselwirkungen zwischen ökologischen und ökonomischen Veränderungen sowie soziostrukturellem und -kulturellem Wandel, in: africa spectrum, 19. Jg., Nr. 3/84, S. 209-229.
LACHENMANN, G. (1988): Development Policy and Survival Strategies in the Zone Lacustre Mali, in: Sociologica Ruralis, Band 68, Nr 2-3/88, S. 182-198.
LACLAVERE, G. (1975): Atlas de la Haute Volta, Editions Jeune Afrique. - Paris.
LAMNEK, S. (1988): Qualitative Sozialforschung, Band 1 Methodologie. - Weinheim.
LE BRIS, E./LE ROY, E./LEIMDORFER, F. (1982) (Hrsg.): Enjeux fonciers en Afrique Noire. - Paris.
LECAILLON, J./MORRISSON, C. (1985): Economic policies and agricultural performance. The case of Burkina Faso. OECD. - Paris.

LIPEP, M. (1980): Verbindende und trennende Elemente bei autochthonen Selbsthilfeorganisationen und Genossenschaften, in: MÜNKNER, H.-H. (Hrsg.): Wege zu einer afrikanischen Genossenschaft.- Marburg.
LISK, F. (Hrsg.)(1985): Popular participation in planning for basic needs - concepts, methods and practices. - Studie für die ILO im Rahmen des Welt-Beschäftigungs-Programms, Aldershot (Hampshire).
LÜHR, V. (1987): Armutsbekämpfung durch Hilfe zur Selbsthilfe? in: SCHWEFEL, D. (Hrsg.): Soziale Wirkungen von Projekten in der Dritten Welt. - Baden-Baden.
MAE (Ministère de l'Agriculture et de l'Elevage) (1985): Rapport du séminaire national sur la mise en oeuvre de la politique agricole, Matourkou 23-28 Mars 1985.- Ougadougou.
MARCHAL, J.-Y. (1985): La déroute d'un système vivrier au Burkina. Agriculture extensive et baisse de production, in: Etudes Rurales, Nr. 99-100, 7-12/85, S. 265-280.
MARCHÉ, Y. (1978): Les associations traditionnelles d'épargne et de crédit chez les Kom du Caméroun. - Paris.
MARTIN, J.Y. (1976): Etudes des communautés villageoises et démarches sociologiques, in: Travaux et Documents de l'O.R.S.T.O.M., No 53, "Communautés Rurales et Paysanneries Tropicales", S. 147-158. - Paris.
MARX, M.T./MÖNIKES, V./SEIBEL, H.D. (1988): Soziokulturelle Faktoren der Entwicklung in afrikanischen Gesellschaften. Entwicklung von oben oder Entwicklung von unten?. - Saarbrücken, Fort Lauderdale.
MAYER-TASCH, P.C. (1976): Die Bürgerinitiativbewegung. Der aktive Bürger als rechts- und politikwissenschaftliches Problem. - Reinbek bei Hamburg.
MAZOYER, M.L. (1975): Développement de la production agricole marchande et transformation d'une formation agraire en Côte d'Ivoire, in: AMIN, S. (Hrsg.): L'agriculture africaine et le capitalisme. - Paris. S. 143-166.
MDR (Ministère du Développement Rural) (1979): Le mouvement coopératif en Haute-Volta. Sa vie, son développement, sa nouvelle politique. - Ouagadougou.
MDR (Ministère du Développement Rural) (1983): Ordonnance portant statut des sociétés coopératives et des groupements villageois en Haute Volta, Ouagadougou.
MEILLASSOUX, C. (1964): Anthropologie économique des Gouro de Côte d'Ivoire. De l'économie de subsistance á l'agriculture commerciale. - Paris, Den Haag.
MEILLASSOUX, C. (1978): " Die wilden Früchte der Frau. "Über häusliche Produktion und kapitalistische Wirtschaft. - Frankfurt am Main.
MEISTER, A. (1969): participation, animation et développement. - Paris.
MICHALON; T. (1985): Rêves étatiques et réalités politiques en Afrique: l'Etat Nation, obstacle au développement?, in: CONAC, G./SAVONNET-GUYOT, C./CONAC, F. (Hrsg.): Les politiques de l'eau en Afrique. Développement agriole et participation paysanne. - Paris. S. 81-87.

MILLS, T. (1969): Soziologie der Gruppe. - München.
MÜLLER, J.O. (1976): Voraussetzungen und Verfahrensweisen bei der Errichtung von Genossenschaften in Europa vor 1900. - Göttingen.
MÜLLER,J.O. (1978): SOZIALE Partizipation - Konzept, Probleme und Bedingungen eines entwicklungsstrategischen Ideals, in: GROENEVELD/MELICZEK (Hrsg.) (1978): Rurale Entwicklung zur Überwindung von Massenarmut. Hans Wilbrandt zum 75. Geburtstag. - Saarbrücken. S. 57-67.
MÜLLER, J.O. (1980A): Bedingungen und Motive für die Partizipation an autochthonen Selbsthilfeorganisationen und Genossenschaften, in: MÜNKNER, H.H. (Hrsg.): Wege zu einer afrikanischen Genossenschaft. - Marburg. S. 15-33.
MÜLLER, J.O. (1980B): General socioeconomic conditions for the active participation of members in the development of rural cooperatives and other self-help organizations, in: DSE/FAO (Hrsg.): Government promotion of cooperatives and other self-help organizations for rural development, Band 2.- Berlin. S. 37-46.
MÜLLER, J.O. (1980C): Kritische Anmerkungen zu Selbsthilfe, Fremdhilfe und Partizipation in fremdbestimmten "Selbsthilfe"-Organisationen der Entwicklungspolitik, in: Verfassung und Recht in Übersee, Nr. 3, S. 213-225.
MÜLLER, J.O. (1980D): Rural poverty, traditional forms and conditions of cooperation in Europe - some basic consequences for establishing modern rural self-help organizations in developing countries, in: DSE/FAO (Hrsg.): Government promotion of cooperatives and other self-help organizations for rural development, Band 2. - Berlin. S. 21-36.
MÜLLER, J.O. (1981) (Hrsg.): Gesellschaftspolitische Konzeptionen der Förderung von Selbsthilfe durch Fremdhilfe in Afrika - Theorie und Praxis im Test konkreter Vorhaben. - Studien und Berichte des Instituts für Kooperation in Entwicklungsländern Nr. 13. - Marburg.
MÜLLER, J.O. (1984A): Selbsthilfe-Organisationen als an lokale Strukturen angepaßte Organisationsformen, in: FÖW (Förderungswerk für rückkehrende Fachkräfte der Entwicklungsdienste) (SCHWEDERSKY, T. (Zusammenstellung)/HAMPEL, D. (Redaktion)): Mitwirkung der ländlichen Bevölkerung an der Entwicklung ihrer sozialen und natürlichen Umwelt. Seminar 4/84 vom 11.-13.5.1984 in Münster. - Bensheim. S. 19-31.
MÜLLER, J.O. (1984B): Rechtliche, soziokulturelle und ökologische Wirkungen unter dem Einfluß von Bodenrechtswandel im Zuge kapitalwirtschaftlicher Entwicklung. Fallstudie zur Problematik dualistischen Bodenrechts unter Bauerngesellschaften im tropischen Regenwald der Elfenbeinküste, in: MÜNKNER, H.-H. (Hrsg.): Entwicklungsrelevante Fragen der Agrarverfassung und des Bodenrechts in Afrika südlich der Sahara. - Marburg/Lahn. S. 35-83.

MÜLLER, J.O. (1985): Etude sur la sensibilisation de la population locale en vue de sa participation active à des mesures agroforestières.- Studie im Auftrag der GTZ.- Göttingen.
MÜLLER, J.O. (1986): Frühe Spar- und Kreditvereine auf der Grundlage von Selbsthilfe zur Überwindung von Armut und Abhängigkeit in Deutschland: die Fallbeispiele durch Schulze-Delitzsch und Raiffeisen, in: DSE/DSGV (Deutscher Sparkassen- und Giroverband)/BMZ (BEDARD, G.(Berichterstatter)): Bedeutung von Sparen bei der Armutsbekämpfung durch Selbsthilfe, Band II. - Berlin. S. 45-58.
MÜLLER, J.O. (1988A): Probleme eigenständiger Agarkultur im Sahel. Bauern zwischen Erwerbsdruck und Desertifikation, in: GÖDDE,H./VOEGELIN,D. (Hrsg.): Für eine bäuerliche Landwirtschaft. Materialien zur Tagung in Bielefeld-Bethel vom 27.-30.1.1988, S. 136-140. - Kassel.
MÜLLER, J.O. (1988B): Gedanken zu einer Standort-Bestimmung des ökologischen Landbaus in Afrika - in Betrachtung natürlicher und kultureller Ganzheit. - AGRECOL-Schriften. - Langenbruck/Schweiz.
MÜLLER, J.O. (1988C): The Land Laws and Community Reform as an Example of Institutional Change in Senegal. Legal Principles, Implementation and Preliminary Results from the Semi-arid Land in the Ferlo, in: Quarterly Journal of International Agriculture, Vol. 27, No. 1, 1-3/88. S. 80-101.
MÜLLER, J.O. (1988D): Probleme der Akzeptanz des Kahuzi-Biéga-Nationalparks, Hoch-Kivu, durch die ländliche Bevölkerung an seiner Peripherie. Untersuchungen zur Lösung des Konflikts zwischen sozialen, Bedürfnissen, Schutz und Nutzung natürlicher Ressourcen im GTZ-Vorhaben "Integrierter Naturschutz Ost-Zaire". - Gutachten im Auftrag der GTZ. - Göttingen.
MÜNKNER, H.-H. (1980A): Die Rolle der staatlichen Entwicklungsbürokratie bei der Förderung von Selbsthilfeorganisationen, in: Rabels Zeitschrift für ausländisches und internationales Privatrecht, 44. Jg, Heft 1, S. 17-40.
MÜNKNER, H.-H. (1980B) (Hrsg.): Wege zu einer afrikanischen Genossenschaft. - Studien und Berichte des Instituts für Kooperation in Entwicklungsländern Nr. 11. - Marburg.
MÜNKNER, H.-H. (1980C): Zur Reform des Genossenschaftsrechts in Obervolta. Bericht im Auftrag der Friedrich-Naumann-Stiftung. - Marburg.
MÜNKNER, H.-H. (1981): Characteristic Features and Goals of Co-operative Organizations, in: WÖRZ, J. (Hrsg.): Co-operation as an Instrument for Rural Development in the Third World. Proceedings of the 11th Witzenhausen University Week. - Witzenhausen. S. 19-33.

MÜNKNER, H.-H. (1984) (Hrsg.): Entwicklungsrelevante Fragen der Agrarverfassung und des Bodenrechts in Afrika südlich der Sahara. - Studien und Berichte des Instituts für Kooperation in Entwicklungsländern Nr. 17. - Marburg/Lahn.

MÜNKNER, H.-H./JEETUN. B. (1986): Entwicklungspolitisch unerwünschte Nebenwirkungen von Förderungsmaßnahmen im SHO-Bereich (am Beispiel der Federacion de Asociaciones Cooperativas de Ahorro y Credito de Honduras, Ltda (FACACH)). Gutachten im Auftrag der GTZ. - Marburg.

MUSTO, S. (1987): Die hilflose Hilfe: Ansätze zu einer Kritik der manipulativen Vernunft, in: SCHWEFEL, D. (Hrsg.): Soziale Wirkungen von Projekten in der Dritten Welt. - Baden-Baden. S. 419-503.

NARR, W.D./NASCHOLD, F. (1971): Theorie der Demokratie. - Stuttgart, Berlin, Köln, Mainz.

NÖSSLER, B./DE WITT, M. (Hrsg.) (1976): Wyhl - Kein Kernkraftwerk in Wyhl und auch sonst nirgends - Betroffene Bürger berichten. - Freiburg.

NUSCHELER,F./ZIEMER, K. (1978): Politische Organisation und Repräsentation in Afrika, in: STERNBERGER, D. (Hrsg.): Die Wahl der Parlamente und anderer Staatsorgane: ein Handbuch. - Berlin, New York. Band 2 (Afrika).

NUSCHELER, F. (1987): Lern- und Arbeitsbuch Entwicklungspolitik. - Bonn.

NZABAHIMANA, F. (1986): Variétés et variations des participations coopératives. Sur un échantillon, in: Archives de Sciences Sociales de la Coopération et du Développement, Nr. 77, Juli-September 1986, S. 50-60.

OAKLEY, P./MARSDEN, D. (1984): Approaches to participation in rural development. - ILO Genf.

OBBELODE. M./BUSACKER, D. (1984): Wem hilft Selbsthilfe? Voltaische Bauern und ein entwicklungspolitisches Konzept, in: FIEGE, K./RAMALHO, L. (Hrsg.): Landwirtschaft = Hungerwirtschaft? Umbrüche und Krisen in den Agrarsystemen der Dritten Welt. - Saarbrücken, Fort Lauderdale. S. 213-236.

OBERMAIER, D. (1986): Die Situation von Frauen in Entwicklungsländern, in: entwicklung + ländlicher raum, Nr. 6/86, S. 3-6.

OBERMAIER, D.: La participation des femmes aux groupes d'autopromotion d'après l'exemple du Burkina Faso, in: JANSSEN/SCHWEDERSKY: Promouvoir l'autopromotion paysanne, a.a.O., S. 103-126.

OFFE, C. (1974): Doppelstrategie der planenden Verwaltung, in: BAHR, H.E./GRONEMEYER, R. (Hrsg.): Konfliktorientierte Gemeinwesenarbeit. - Darmstadt. S. 74-82.

OLIVIER DE SARDAN, J.-P. (1988): Peasant Logics and Development Project Logics, in: Sociologica Ruralis, Band 28, Nr. 2-3/88, S. 217-226.

OLLAWA, P.E. (1977): On a dynamic model for rural development, in: The Journal of Modern African Studies, Band 15, S. 401-423.

ORD DES HAUTS BASSINS (o.J.): Sensibilisation des villages avant la création des nouveaux groupements. - Internes Arbeitspapier. - Bobo-Dioulasso.
ORD DES HAUTS BASSINS (1975): Secteur de Houndé: Liste des villages des la sous-préfecture de Houndé (récensement 1975). - Bobo-Dioulasso.
ORD DES HAUTS BASSINS (1976): Rapport d'activités de la campagne agricole 1975-76. - Bobo-Dioulasso.
ORD DES HAUTS BASSINS (1982): Secteur de Houndé: Rapport d'activités de la campagne agricole 1981-82. - Houndé.
ORD DES HAUTS BASSINS (1983): Secteur de Houndé: Rapport d'activités de la campagne agricole 1982-83. - Houndé.
ORD DES HAUTS BASSINS (1984): Secteur de Houndé: Rapport d'activités de la campagne agricole 1983-84. - Houndé.
ORD DES HAUTS BASSINS (1985): Secteur de Houndé: Rapport d'activités de la campagne agricole 1984-85. - Houndé.
ORD DES HAUTS BASSINS (1985): Secteur de Houndé: Rapport d'activités du mois d'Avril 1985. Campagne 1985-86. - Houndé.
ORD DES HAUTS BASSINS (1985): Secteur de Houndé: Rapport d'activités du mois d'Octobre 1985. Campagne 1985-86. - Houndé.
ORD DU YATENGA/ORD DU SAHEL/DED (Deutscher Entwicklungsdienst) (1985): Projet Agro-Ecologie. Erfahrungsbericht nach 4 Jahren Projekttätigkeit. - Ouahigouya.
ORSTOM (Hrsg.) (1979): Maîtrise de l'espace agraire et développement en Afrique Tropicale. Logique paysanne et rationalité technique. Actes du Colloque de Ouagadougou (4.-8.12.1978). Mémoires ORSTOM Nr. 79. - Paris.
ORTH, M. (1981): Form, Auswirkungen und Bedeutung des Baumwollanbaus in Obervolta - Eine Fallstudie im Secteur Houndé und ihr nationaler und internationaler Kontext. Unveröffentlichtes Manuskript (Diplomarbeit). - Berlin.
PAUL, S. (1987): Community participation in development projects. The World Bank experience. - World Bank Discussion Paper Nr. 6. - Washington.
PAYR,G./SÜLZER,R. (1981):Landwirtschaftliche Beratung, 2 Bände. GTZ Handbuchreihe Ländliche Entwicklung. - Eschborn.
PETERS, N. (1988): Ist die Revolution mit Sankara gestorben? Ein Jahr nach dem Umsturz ist der Alltag wieder entpolitisiert, in: blätter des iz3w, Nr. 153, November 1988, S. 3-7.
POST, K. (1977): Peasantization in West Africa, in: GUTKIND, P.C.W./WATERMAN, P. (Hrsg.): African Social Studies. A Radical Reader. - London, Nairobi, Ibadan, Lusaka. S. 241-250.
RAPP, J.-P./ZIEGLER, J. (1987): Burkina Faso - eine Hoffnung für Afrika? Gespräch mit Thomas Sankara. - Zürich.
RASCHKE, J. (1985): Soziale Bewegungen: ein historisch-systematischer Grundriβ. - Frankfurt/Main, New York.
REUKE, L. (1982): Obervolta, in: Handbuch der Dritten Welt, Band 4 West- und Zentralafrika, Hamburg, S. 318-331.

RIAD EL GHONEMY, M. (Hrsg.) (1984): Development strategies for the rural poor. Analysis of country experiences in the implementation of the WCARRD Programme of Action. - FAO Economic and Social Development Paper Nr. 44. - Rom.
RICHARDS. P. (1985): Indigenous Agricultural Revolution. - London und Boulder, Colorado.
RINGLE, G. (1983): Mitgliederaktivierung durch Partizipation in modernen Primärgenossenschaften. - Göttingen.
ROTTACH, P. (1984) (Hrsg.): Ökologischer Landbau in den Tropen. Ecofarming in Theorie und Praxis. - Karlsruhe.
RUCHT, D. (1982): Planung und Partizipation Bürgerinitiativen als Reaktion und Herausforderung politischadministrativer Planung. - München.
SAHLINS, M. (1972): Stone Age Economics.- London.
SAUL, J.S./WOODS, R. (1971): African Peasantries, in: SHANIN, T. (Hrsg.): Peasants and Peasant Societies. Harmondsworth. S. 103-114.
SAUTTER, G. (1980): Migrtions, société et développement en pays Mossi, in: Cahiers d'Etudes Africaines, Nr. 79, XX-3, S. 215-253.
SAWADOGO, B.-M. (1984): La place du mouvement associatif agricole dans une stratégie réaliste de développement agricole pour le Burkina Faso. Thèse pour le Doctorat de 3ème cycle. - Paris.
SAVANÉ, M.A. (1986): The Effects of Social and Economic Changes on the Role and Status of Women in Sub Saharan Africa, in: MOOCK, J.L. (Hrsg.): Understanding Africa's Rural Households and Farming Systems. - Boulder, London. S. 124-132.
SAVONNET, G. (1959): Un système de cultures perfectionné, pratiqué par les Bwaba-Bobo-Oulé de la région de Houndé (Haute Volta), in: Bulletin de l'IFAN. Band 21, Nr. 3-4/1959, S. 425-458.
SAVONNET, G. (1976): Inégalités de développement et organisation sociale (exemples empruntés au sud-ouest de la Haute Volta), in: Cahiers ORSTOM, série sciences humaines, vol. XIII, No 1, S. 23-40. - Paris.
SAVONNET-GUYOT, C. (1975): La communauté villageoise comme système politique: un modèle ouest-africain, in: Revue Francaise de Science Politique, vol. XXV, No 6, Décembre, S. 1112-1144.
SCHADE, B. (1983): Psychologische Aspekte umweltgerechter Entwicklungspolitik, in: Entwicklung + Zusammenarbeit, Nr. 10/83, S. 24f.
SCHMITZ, E. (1987): Thomas Sankara und die burkinabische Revolution. Ein Staatschef und eine Politik neuen Typs, in: afrika spectrum, 22. Jg., Nr. 87/2, S. 157-179.
SCHNEIDER, B. (1986): Die Revolution der Barfüßigen. Ein Bericht an den Club of Rome. - Wien, München, Zürich.
SCHÜTZE, F. (1975): Die Technik narrativer Interviews. Unveröffentlichtes Manuskript. - Bielefeld.

SCHÜTZE, F. (1976): Gemeindefeldforschung und dokumentarische Methode der Interpretation, in: ARBEITSGRUPPE BIELEFELDER SOZIOLOGEN (Hrsg.): Kommunikative Sozialforschung. - München. S. 165-172.
SCHULZ, M. (1979): Arbeitskraftreservoir und Pflanzerökonomie am Beispiel der Verflechtung von Obervolta und der Elfenbeinküste, in: HANISCH, R./TETZLAFF, R. (Hrsg.): Die Überwindung der ländlichen Armut in der Dritten Welt. - Frankfurt am Main. S. 115-142.
SCHWARTZ, A. (1971): Tradition et changements dans la société Guéré (Côte d'Ivoire). Mémoire ORSTOM No 52. - Paris.
SCHWARZ, A. (1974): Mythe et réalités des bureaucraties africaines, in: Canadian Journal of African Studies, 8. Jg., Nr. 2/74, S. 255-284.
SCHWEDERSKY, T. (1977): Pädagogische Aspekte eines 'Développement Communautaire' in Obervolta, Unveröffentlichtes Manuskript (Staatsexamensarbeit). - Münster.
SCHWEDERSKY, T. (1983): Erfahrungsbericht Obervolta: 1980 - 1983. Bericht für den Weltfriedensdienst e.V. - Göttingen.
SCHWEDERSKY, T. (1986): Jedes Dorf schafft sich sein groupement, in: IMFELD, A./MEYNS, P. u.a.: mit bauerngruppen arbeiten. Burkina Faso: Ein-Sichten in ein Ausbildungsprojekt. - Eigenverlag Weltfriedensdienst e.V. - Berlin. S. 104-107.
SCOTT, W.R. (1986): Grundlagen der Organisationstheorie. - Frankfurt/New York.
SEIBEL, H.-D./KOLL, M. (1967): Einheimische Genossenschaften in Afrika. Formen wirtschaftlicher Zusammenarbeit bei westafrikanischen Stämmen. - Freiburg.
SEIBEL, H.D. (1980): Autochthone Sozialsysteme und partizipative Organisationen, in: MÜNKNER, H.-H. (Hrsg.): Wege zu einer afrikanischen Genossenschaft. - Studien und Berichte des Instituts für Kooperation in Entwicklungsländern Nr. 11. - Marburg. S. 35-52.
SEIBEL, H.-D./DAMACHI, U.G. (1982): Self-help Organizations. Guidelines and Case Studies for Development Planners and Field Workers - A Participative Approach -. - Bonn.
SEIBEL, H.-D./MARX M.T. (1984): Ansatzmöglichkeiten für die Mobilisierung von Sparkapital zur Entwicklungsfinanzierung. Genossenschaften und autochthone Spar- und Kreditvereine in Nigeria. - München, Köln, London.
SEIBEL, H.-D./DEDY, S./HERWEGEN, S./KADJA, D,M. (1987): Ländliche Entwicklung als Austauschprozess. Einheimische Sozialsysteme, staatliche Entwicklungsstrukturen und informelle Finanzinstitutionen in der Republik Elfenbeinküste. - Saarbrücken, Fort Lauderdale.
SENGHAAS, D. (Hrsg.) (1974): Peripherer Kapitalismus Analysen über Abhängigkeit und Unterentwicklung. - Frankfurt.
SENGHAAS, D. (1977): Weltwirtschaftsordnung und Entwicklungspolitik Plädoyer für Dissoziation. - Frankfurt.
SIGRIST, C. (1967): Regulierte Anarchie. Untersuchungen zum Fehlen und zur Entstehung politischer Herrschaft in segmentären Gesellschaften Afrikas. - Olten, Freiburg.

SOFITEX (1982): La campagne cotonnière 1981-82, Rapport annuel. - Bobo-Dioulasso.
SOFITEX (1985): La campagne cotonnière 1984-85, Rapport annuel. - Bobo Dioulasso.
SPITTLER, G. (1975A): Defensive Reaktionen von Bauern gegenüber der Verwaltung. - Unveröffentlichtes Manuskript. - Freiburg.
SPITTLER, G. (1975B): Die Lernkapazität von Agrarbürokratien, in: SSIP-Bulletin, Nr. 41, S. 110-123.
SPITTLER, G. (1976): Niger als exportabhängiger Bauernstaat, in: afrika spectrum, Nr. 11, S. 127-144.
SPITTLER, G. (1977): Staat und Klientelstruktur in Entwicklungsländern. Zum Problem der politischen Organisation von Bauern, in: Europäisches Archiv für Soziologie, Nr. 18/77, S. 57-83.
SPITTLER, G. (1978): Herrschaft über Bauern. Die Ausbreitung staatlicher Herrschaft und einer islamisch-urbanen Kultur in Gobir (Niger). - Frankfurt/M., New York.
SPITTLER, G. (1981A): Die Struktur der Bürokratie in afrikanischen Agrarstaaten und die Agrarpolitik, in: HANISCH, R./TETZLAFF, R. (Hrsg.): Staat und Entwicklung. Studien zum Verhältnis von Herrschaft und Gesellschaft in Entwicklungsländern. - Frankfurt/Main, New York. S. 297-318.
SPITTLER, G. (1981B): Verwaltung in einem afrikanischen Bauernstaat. Das koloniale Französisch-Westafrika 1919-1939. - Wiesbaden.
SPITTLER, G. (1982): Kleidung statt Essen - Der Übergang von der Subsistenz- zur Marktproduktion bei den Hausa (Niger), in: ELWERT, G./FETT, R. (Hrsg.): Afrika zwischen Subsistenzökonomie und Imperialismus. - Frankfurt/Main, New York. S. 93-105.
SPITTLER, G. (1983): Passivität statt sozialer Bewegung. Familiäre Subsistenzwirtschaft als Basis für defensive Strategien der Bauern und Passivität der Verwaltung, in: HANISCH, R. (Hrsg.): Soziale Bewegungen in Entwicklungsländern. - Baden-Baden. S. 45-73.
SSENKOLOTO, G.M. (1984): The psychology of participation in development work. Behaviour related to participation within the African context, in: MONDJANAGNI, A.-C. (Hrsg.): La participation populaire au développement en Afrique Noire. - Douala, Paris. S. 105-124.
STATISTISCHES BUNDESAMT (Hrsg.) (1984): Statistik des Auslandes, Länderbericht Obervolta 1984. - Stuttgart und Mainz.
STATISTISCHES BUNDESAMT (Hrsg.) (1988): Statistik des Auslandes, Länderbericht Burkina Faso 1988. - Stuttgart und Mainz.
STEINMETZ, S.R. (1931): Selbsthilfe, in: VIERKANDT, A.(Hrsg.): Handwörterbuch der Soziologie, Neudruck 1959. - Stuttgart. S. 518-522.

TALLET, B. (1987): Instabilité des unités familiales de production alimentaire et fragilisation des systèmes de production (Burkina Faso), in: COMITE NATIONAL FRANCAIS DE GEOGRAPHIE (Hrsg.): Crise agricole et crise alimentaire dans les pays tropicaux. Journées de Géographie tropicale C.N.R.S. - Université de Bordeaux (20-22/02/1986). - Bordeaux.

TERRIBLE, M. (1981): Pour un développement rural en accord avec le milieu naturel et humain. Série Eglise et Développement. - Ouagadougou.

THODEN VON VELZEN, H.U.E. (1973): Staff, Kulaks and Peasants: A Study of a Political Field, in: CLIFFE, L./SAUL,- J.S. (Hrsg.): Socialism in Tanzania. An Interdisciplinary Reader, Band II (Policies). - Dar-es-Salam. S. 153-179.

TRAPPE, P. (1966): Die Entwicklungsfunktion des Genossenschaftswesens am Beispiel ostafrikanischer Stämme.- Neuwied, Berlin.

TRAPPE, P. (1984): Entwicklungssoziologie. - Basel.

UNITED NATIONS (1962): Decentralisation for national and local development. - New York.

UNITED NATIONS (Technical Cooperation Department) (1982): Participation Populaire. - Rapport du séminaire international. Ljubljana, Yugoslavie, 17-25/05/1982. - New York.

VERHAGEN, K. (1987): Self-help promotion: a challenge to the NGO Community: integrated report of a study conducted by three non-governmental organizations in Brazil, Indonesia and Thailand, coordinated by CEBEMO, on the promotion of economic activities in rural areas. - Amsterdam, Oegstgeest.

VILMAR, F. (1986): Partizipation, in: MICKEL, W. (Hrsg.): Handlexikon zur Politikwissenschaft. - Schriftenreihe der Bundeszentrale für Politische Bildung Band 237. - Bonn. S. 339-344.

VILMAR, F./RUNGE, B. (1986): Auf dem Weg zur Selbsthilfegesellschaft? - Essen.

VINCENT, J. (1976): Rural Competition and the Cooperative Monopoly: A Ugandan Case Study, in: NASH, J./DANDLER, J./HOPKINS, N.S. (Hrsg.): Popular participation in social change. - The Hague. S. 71-97.

WEBER, J. (1975): La région cacaoyère du Centre Sud Cameroun (Essai d'analyse d'une forme locale de production dominée), in: AMIN, S. (Hrsg.): L'agriculture africaine et le capitalisme. - Paris. S. 91-105.

WEICKER, M. (1982): Die Beziehungen zwischen Nomaden und Bauern im senegalesischen Sahel. Eine konflikttheoretische Analyse. - Dissertation. - Bayreuth.

WEISSER, G. (1956): Selbsthilfeunternehmen, in: Handwörterbuch der Sozialwissenschaften, Band 9. - Stuttgart, Tübingen, Göttingen, S. 217-219.

WELTFRIEDENSDIENST e.V. (Hrsg.) (1976): Aspekte zu Community Development und Animation Rurale in ländlichen Gebieten Westafrikas. - Berlin (West).

WELTFRIEDENSDIENST e.V. (1978): Evaluierungsbericht über das Projekt zur Gemeinwesenarbeit in der Upper River Division, Gambia. - Berlin.
WISWEDE, G./KUTSCH, T. (1978): Sozialer Wandel. - Darmstadt.
WORLD BANK (Operations Evaluation Department) (1988): Cotton development programs in Burkina Faso, Côte d'Ivoire, and Togo. - Washington, D.C..
ZIMPEL, G. (1970): Der beschäftigte Mensch - Beiträge zur sozialen und politischen Partizipation. - München.

A N N E X E S

I   Dorf- und GV-Steckbrief

II   Interview-Leitfäden

ANNEXE I: GV-Steckbrief   Name:........................

1. Zahl der Mitglieder: ....
2. Auf welche Zeiträume entfallen die Mitgliederzugänge:
   ....
3. Wer ist zahlungsberechtigt für die 1.000 Frs.?:............
4. Wie oft tagt die AG:....... eigene Schätzung ....
5. Bei welchen Anlässen tagt die AG? ....
6. Wieviel Prozent der Mitglieder nehmen teil? ....
   eigene Schätzung ....
7. Haben die AG mehr Informations- oder mehr Entscheidungscharakter? ....
   ....
8. Wie oft tagt das Büro? .... eigene Schätzung ....
9. Wer sitzt im Büro?
   - Präsident: .... seit wann: ....
   - Vizepräsident: ....   "   : ....
   - Schatzmeister: ....   "   : ....
   - Vize-   ....   "   : ....
   - Sekretär: ....   "   : ....
   - Vize-   ....   "   : ....
   - conseiller: ....   "   : ....
   -       2.   ....   "   : ....
   -       3.   ....   "   : ....
   -       4.   ....   "   : ....
   -       5.   ....   "   : ....
   - Kassenprüfer: ....   "   : ....
   -       2.   ....   "   : ....
   - Sonstige-!!!! ....   "   : ....
   -             ....   "   : ....
10. Welche Veränderungen gab es in der Bürozusammensetzung?
    ....
    ....
11. Für den Fall, daß bestimmte Posten nicht besetzt sind, welche Gründe gibt es dafür? ....
    ....

12. Welche traditionellen Würdenträger befinden sich unter den Büromitgliedern? ....
....
13. Wie ist das Büro ins Amt gekommen? ....
....

Zur Gründungsphase
14. Wann gegründet? ....
15. Von wem ging die Initiative aus? ....
16. Was waren die ursprünglichen Erwartungen an das GV? ......
....
....
17. Gab es Gegner/Skeptiker bezüglich der GV-Gründung? ....
....
....
18. Wurden in der Gründungsphase Erkundigungen bei anderen GV eingezogen? .... Welche? ....
....

Aktivitäten
19. Was waren die übertragenen Aktivitäten (Mit Jahresangaben)
    - Wiederaufforstung ....
    - moyen terme-Kredit ....
    - Encadreurhausbau ....
    - Getreidevermarktung ....
    ....
    - Getreidespeicher ....
20. Was waren die autonomen Aktivitäten?
    - Infrastrukturprojekte: ....
    ....
    - Getreidespeicher ....
    - Zwischenhandel ....
    - entraide ....
    - Kleinkredite ....
    - Sonstiges ....
    - Gemeinschaftsfeld ....
    ....

Wer machte die Arbeit? ....
....

Außeninterventionen
21. Durch welche Maßnahmen hat der ORD das GV gefördert? .....
    - Beratertätigkeit ....
    - regionale Fortbildung ....
    - Alphabetisierung ....
    - Besuche von höheren Kadern ....
    - Bau- und Kreditprogramme ....
    - Sonstiges
22. Welche anderen Organismen haben das GV gefördert? ....
    ....
    Wenn ja, durch welche Maßnahmen? ....
    ....
23. Hat das GV an bestimmte Organismen Interventionsanfragen gerichtet?
    - Anfragen nach materieller Hilfe ....
    - Anfragen nach Beratung ....
    - Anfragen nach Krediten ....
    - Sonstiges ....

Finanzen
24. Welches sind die Einnahmequellen des GV?
    - Baumwollvermarktung   (Einnahmen mit Jahresangabe)
    ....
    ....
    - Mitgliedsbeiträge ....
    - Getreidevermarktung ....
    - Sonstige ....
25. Wer paßt auf das Geld auf? ....
26. Wer hat den Schlüssel zur Kasse? ....
27. Wer führt das Kassenbuch? ....
28. Wie und wann wird die Kassenprüfung durchgeführt? ....
    ....
29. Wer entscheidet über die Ausgaben? ....
    ....

30. Wer ist beim Öffnen der Kasse für Ausgaben anwesend? .....
    ....
31. Wie werden die Mitglieder über die Ausgaben informiert?
    ....

Probleme und Schwierigkeiten

32. In welchen Bereichen traten welche Probleme und Schwierigkeiten auf?
    - Vermarktung ....
       Was wurde unternommen? ....
    - Kreditverwaltung ....
       Was wurde unternommen? ....
    - Buchhaltung ....
       Was wurde unternommen? ....
    - Dorfprojekte ....
       Was wurde unternommen? ....
    - Konflikte mit ORD ....
       Was wurde unternommen? ....
    - GV-interne persönliche Konflikte ....
       Was wurde unternommen? ....
       ....
    - Beteiligung der Mitglieder ....
       Was wurde unternommen? ....
    - Arbeitsbelastung des Büros ....
       Was wurde unternommen? ....
    - Konflikte mit dörflichen Autoritäten ....
       Was wurde unternommen? ....

DORF-STECKBRIEF

I. Basisinformationen

1. Name des Dorfes ....
2. Bevölkerung: a) letzte Volkszählung (1975): ....
   b) eigener Census ....
   c) eigene Schätzung ....
3. Welche Ethnien sind im Dorf vertreten? ....
   ....
   Quantitatives Verhältnis nach Census oder Schätzung? .....
   ....
4. Sofern Quatiers im Dorf unterschieden werden, wieviele gibt es und welche Namen tragen sie? ....
   ....
5. Anzahl der 'zin' im Dorf: ....
6. Anzahl der Kernfamilien: ....
7. Welche Bedeutung haben forgerons und/oder griots?
   ....
8. Welche Funktionäre gibt es? ....
9. Landwirtschaftsberatung durch ORD/Weltbank, seit wann?
   ....

II. Dorfgeschichte/traditionelle Institutionen

1. Seit wann existiert das Dorf an dieser Stelle? ....
2. Was bedeutet der Name des Dorfes? ....
3. Wie heißen die Familien im Dorf und in welcher Reihenfolge haben sie sich angesiedelt? ....
   ....
   ....
4. Wie sind die verschiedenen Chefferie-Posten verteilt worden? ....
   ....
5. Wie verlief die koloniale Penetration? ....
   ....
   ....
6. Wie und wann verlief die Einführung des Geldes? ....
   ....
   ....

7. Wie und ab wann erfolgte die Einführung der Baumwolle ....
   ....
   ....

8. Wie und ab wann erfolgte die Einführung der Pfluganspannung und der inputs (Dünger, Insektizide?) ....
   ....
   ....

9. Auswirkungen des Parteiensystems der nachkolonialen Ära auf dörflicher Ebene? ....
   ....

10. Besondere Ereignisse vor, während oder/und nach der Kolonialzeit? ....
    ....

11. Funktion und Aufgaben des 'lo muu waani'? ....
    früher: ....
    ....heute:........................
    ....

12. Funktion und Aufgaben des 'zin waani': früher: ....
    ....
    heute: ....

13. Bedeutung des 'dôh'?: früher: ....
    ....
    ....

14. Funktion und Aufgaben der Altersklassen?: früher: ....
    ....
    heute: ....
    ....

15. Wichtige administrative Interventionen?: ....
    ....

16. Erfolgreiche und/oder gescheiterte Entwicklungshilfeprojekt-Angebote von außen?: ....
    ....

17. Wie hat sich das Verhältnis zwischen den Religionen verändert? (Wenn praktizierende Christen im Dorf, ab wann und wie entwickelte sich die Christianisierung?) ....
    ....
    ....

III. Sozio-ökonomische Strukturen

1. Regeln und Verfahren des heute praktizierten Bodenrechts? (Welche Veränderungen seit der Kolonialzeit?) ....
2. Unterschiede in der Landverteilung zwischen den einzelnen Familien? ....
3. Veränderungen durch die Mossi-Immigration? ....
4. Ökonomische Aufgabenverteilung zwischen 'zin' und Kernfamilien? ....
5. Proportionen zwischen 'zin' und Kernfamilien als dominierende ökonomische Einheiten? ....
6. Warum haben sich die 'zin' aufgelöst? ....
7. Ist der individuelle Anbau bestimmter Produkte verboten?
8. Wie ist die Feldarbeit organisiert? ....
   - für Nahrungsfrüchte: ....
   - für Verkaufsfrüchte: ....
9. Welche Rolle spielen die 'sociétés de culture' bei der Feldarbeit? ....
10. Mit welcher Hilfe kann jemand rechnen, der während der Hauptarbeitszeit krank wird? ....
11. Inwieweit werden bezahlte Arbeitskräfte für die Feldarbeit eingesetzt? ....
12. Nach welchen Kriterien wird über das flächenmäßige Verhältnis der einzelnen Anbaukulturen entschieden? ......

13. Bewirkt der Baumwollanbau einen Mangel an Nahrungsmitteln auf Dorfebene? ....
    - Wie versuchen die betroffenen Familien ihr Nahrungsmitteldefizit auszugleichen? ....
14. Wofür wird das Baumwollgeld ausgegeben? (prozentuale Angaben nach Schätzung)
    - Kauf von landwirtschaftlichem Material ....
    - Kauf eines Fahrrades, Mofas ....
    - Kauf eines Motorrades ....
    - Hausbau ....
    - Getränke (vor allem Bier!) ....
    - religiöse- und Familienfeste ....
    - Sparen ....
    - Kauf von Nahrungsmitteln ....
    - Kauf von Kleidern ....
    - Vergütung der Mitarbeit der Frauen ....
    - anderes? ....
15. Wird außer der Baumwolle auch Getreide verkauft? ....
    Wenn ja, an wen? ....
16. Wie groß sind die Einkommensunterschiede im Dorf? ....
17. Wie stark ist die Pfluganspannung verbreitet? ....
    Was sind ihre Vor- und Nachteile? ....
18. Wie stark sind Dünger- und Insektizideneinsatz verbreitet?
    Was sind die Vor- und Nachteile? ....
19. Wie hat der Boden auf die veränderten Produktionstechniken reagiert? ....
20. Wie sind die Konsumtionsgemeinschaften organisiert? ....
    - Arbeitsteilung zwischen Mann und Frau?: ....
    - Wer sorgt für die Alten? ....

IV. Infrastruktur/Außenbeziehungen

1. Situation in der dörflichen Wasserversorgung? ....
   ....
   - Falls Schwierigkeiten bestehen, wodurch wurden sie verursacht? ....
   - Wie wurde versucht, diese Schwierigkeiten zu beheben?
   ....
2. Situation der medizinischen und sozialen Infrastruktur?
   ....
   - Falls im Dorf nicht vorhanden, wo im näheren Umkreis zugänglich? ....
3. Was gibt es an sonstiger ökonomischer Infrastruktur (Markt, Getreidebank, Dünger-Lagerhaus u.a.)?: ....
   ....
4. Wieviele Flaschenbier-Kneipen gibt es? ....
   - Wie hat sich ihre Zahl in den letzten zehn Jahren verändert? ....
5. Welche Rolle spielen die Händler als Aufkäufer (Getreide, Schibutternüsse) und als Verkäufer (Konsumgüter)?: ....
   ....
   ....
6. Welche Stellung hat das CDR im Dorf? ....
   ....
   - Verhältnis zu den Ältesten? ....
   ....
   - Verhältnis zum GV? ....
7. Wieviele Dorfbewohner haben Auswärtserfahrung? ....
   ....
   - Um welche Art Auswärtserfahrung handelt es sich? ....
   ....
   - Wie ist das Ansehen der "Auswärtserfahrenen" im Dorf?
   ....
   ....
8. Welche Stellung hat der Landwirtschaftsberater im Dorf?:
   ....

- Welchen Nutzen brachte und bringt die Arbeit des Landwirtschaftsberaters für die dörfliche Landwirtschaft?
  ....
  ....
9. Gab es aktive Reaktionen auf administrative Interventionen in der jüngeren Vergangenheit? ....
   - Wenn ja, was waren die Anlässe? ....
   ....
   - Wie wurde reagiert und mit welchen Konsequenzen? ....
   ....

ANNEXE II: INTERVIEWLEITFÄDEN

1. Interviewleitfaden für die Gespräche mit den Ältesten

a) Allgemeine Dorfgeschichte
   - Entstehung des Dorfes
   - Bedeutung des Dorfnamens
   - Familien und Chefferie-Verteilung
   - Kolonialgeschichte
   - Politische Einflüsse nach der Unabhängigkeit

b) Traditionelle Institutionen
   - 'zin waani', 'lo muu waani', Altersklassen:
   - Partizipationsformen, -rechte und -regeln:
     - Aufgaben und Zusammenfassung der genannten Institutionen
     - Interventionsmöglichkeiten der Beteiligten
     - Verlauf der Konsenssuche
     - Krisenmanagement bei gescheiterter Konsenssuche
     - Widerspruchsmöglichkeiten gegen getroffene Entscheidungen
     - interne Sanktionsmechanismen
     - informelle Beschwerde- und Kritikmöglichkeiten

c) Sozio-ökonomische Veränderungen
   - Baumwollanbau und die Folgen
   - Auflösung der 'zin'
   - Nahrungsmitteldefizite: Bedeutung, Entstehung, Vermeidung
   - veränderte Konsumgewohnheiten
   - unterschiedliche Lebensperspektiven von Alten und Jungen

d) Einschätzung des GV
   - Entstehungsgeschichte des GV (Rolle der Ältesten)
   - Vor- und Nachteile des GV: für den Befragten und für das Dorf
   - Rolle der Ältesten im GV
   - zukünftige Entwicklung des GV

2. Interviewleitfaden für die Gespräche mit den GV-Mitgliedern

a) Allgemeine Einschätzung des GV
   - Entstehungsgeschichte des GV
   - Eintritt ins GV: Wann und mit welcher Erwartung?
   - Vor- und Nachteile des GV: für den Befragten und für das Dorf
   - Schwierigkeiten bei der GV-Arbeit: Art/Ursachen/Problemlösungsversuche und ihre Folgen

b) Partizipationsmöglichkeiten im GV
   - Beiträge des Einzelnen für das gute Gelingen der GV-Arbeit
   - Häufigkeit der Teilnahme an GV-Versammlungen: Hintergründe
   - Sanktionsmechanismen bei Nicht-Teilnahme
   - Art der Beiträge bei GV-Versammlungen
   - Einschränkungen des Rederechts für die Mitglieder: Hintergründe/Konsequenzen
   - Vorschläge des Befragten, die nicht angenommen wurden?
   - informelle Beschwerde- und Kritikmöglichkeiten
   - Teilnahme an kollektiven Arbeiten: Häufigkeit und Sanktionsmechanismen bei Nicht-Teilnahme: Hintergründe

c) Interne Organisation des GV
   - Konfliktlösung bei Streit zwischen zwei Mitgliedern und/oder bei fehlgeschlagener Konsenssuche? Beispiele?
   - Informationsstand über die finanzielle Situation des GV? Wie und wann informiert das GV-Büro darüber?
   - Einschätzung der Rolle der Ältesten im GV
   - Informationsfluß GV-Büro - GV-Mitglieder

d) Sonstiges
   - Verbesserung der bäuerlichen Interessenvertretung durch die GV-Arbeit?
   - Wie könnte die GV-Arbeit besser laufen?
   - Welche Dorfentwicklungsprojekte sollte das GV zukünftig

in Angriff nehmen?

3. Interviewleitfaden für die Gespräche mit den GV-Büro-Mitgliedern

a) Allgemeine Einschätzung des GV
   - Entstehungsgeschichte des GV
   - Eintritt ins GV: Wann und mit welcher Erwartung?
   - Eintritt ins GV-Büro: Wann und mit welcher Erwartung?
   - Vor- und Nachteile des GV: für den Befragten und für das Dorf
   - Schwierigkeiten bei der GV-Arbeit: Art/Ursachen/Problemlösungsversuche und ihre Folgen

b) Interne Organisation des GV-Büros
   - Funktionsträger und ihre Aufgaben
   - Veränderungen in der Büro-Zusammensetzung: Hintergründe
   - Teilnahme an Büro-Sitzungen: Häufigkeit und Sanktionsmechanismen bei Nicht-Teilnahme: Hintergründe
   - Organisation der Buchhaltung
   - Organisation der Kreditverwaltung (kurz- und mittelfristige Kredite)
   - Organisation der Baumwollvermarktung
   - Zusammenarbeit mit den Ältesten

c) Interne Organisation des GV
   - Teilnahme der GV-Mitglieder an Vollversammlungen: Häufigkeit und Sanktionsmechanismen bei Nicht-Teilnahme: Hintergründe und Veränderungsmöglichkeiten
   - Rolle der GV-Büromitglieder während der Vollversammlungen
   - Vor- und Nachbereitung der Vollversammlungen
   - informelle Beschwerde- und Kritikmöglichkeiten für die Mitglieder
   - Informationsfluß GV-Büro - GV-Mitglieder
   - Konfliktlösung bei Streit zwischen zwei Mitgliedern und/oder bei fehlgeschlagener Konsenssuche? Beispiele?

d) Sonstiges
- Verbesserung der bäuerlichen Interessenvertretung durch die GV-Arbeit?
- Was könnte in der GV-Arbeit verbessert werden?
- Was könnte in der Arbeit des GV-Büros verbessert werden?
- Welche Dorfentwicklungsprojekte sollte das GV zukünftig in Angriff nehmen?

4. Interviewleitfaden für die Gespräche mit den Frauen

a) Das Leben der Frauen im Dorf
- Arbeitsteilung zwischen Frauen und Männern:
  - Feldarbeit
  - Hauswirtschaft
  - Beiträge zum Familienbudget
  - kollektive Arbeiten im Dorf

- Aufgaben und Bedeutung der 'société de culture' der Frauen
- Partizipation (formell/informell) bei der Beratung und Entscheidung dörflicher Angelegenheiten
- Konsequenzen des Baumwollanbaus und der damit verbundenen Auflösung der 'zin' für die Frauen

b) Hirsebierproduktion und -verkauf als Haupteinkommensquelle
- ansatzweise Kosten/Nutzen-Rechnung
- Herkunft des verwendeten Getreides
- Verhältnis von Angebot und Nachfrage
- Bewältigung des Kredit-Problems: Kreditgewährungs- und Rückzahlungsmodalitäten in den Hirsebierkneipen
- Verwendung der Einkünfte
- Verhältnis von Hirsebier- und Flaschenbierkonsum: Veränderungen

c) Die Frauen und das GV
- informelle und formelle Partizipationsmöglichkeiten im GV: Ursachen/Hintergründe

- Vor- und Nachteile des GV: für die Befragte und für das Dorf
- Besteht Interesse daran, mehr im GV zu partizipieren?
- Sind Versuche unternommen worden, um das zu erreichen?
- Könnte die Beteiligung der Frauen am Büro des CDR ein Vorbild sein?

d) Organisationsbemühungen der Frauen
   - Welche Initiativen? Wie entstanden? Welche Ergebnisse?
   - gegebenenfalls Gründe für das Fehlen von Organisationsbemühungen
   - Gab es Anregungen von außen (ORD o.a.)? Wenn ja, mit welchen Konsequenzen?